시민정치연감 2020
지역기반교육의 이론과 실천

시민정치연감 2020
지역기반교육의 이론과 실천

초판 1쇄 발행 2021년 1월 27일

지은이   김의영·미우라 히로키 외
펴낸이   김선기
펴낸곳   (주)푸른길
출판등록   1996년 4월 12일 제16-1292호
주소   (08377) 서울시 구로구 디지털로 33길 48 대륭포스트타워 7차 1008호
전화   02-523-2907, 6942-9570~2
팩스   02-523-2951
이메일   purungilbook@naver.com
홈페이지   www.purungil.co.kr
ISBN   978-89-6291-888-5 93340

• 이 저서는 2018년 대한민국 교육부와 한국연구재단의 지원을 받아 수행된 연구임(NRF-2018S1A5A2A03034198).

• This work was supported by the Ministry of Education of the Republic of Korea and the National Research Foundation of Korea(NRF-2018S1A5A2A03034198)

시민정치연감
2020

지역기반교육의 이론과 실천
Community Based Learning

푸른길

차례

서문 | 김의영·미우라 히로키 •6

제1부_ 시민정치 기획연구

제1장_ 지역기반 시민정치교육을 통한 대안적 지식 창출

성격, 한계, 과제에 관한 탐색적 연구 | 미우라 히로키·김의영 •12

제2장_ 한국 지방의회의 개선 방안

청주시의회의 참여 관찰 및 지방의원 면담을 중심으로 | 정상호 •44

제2부_ 시민정치교육과 현장연구

제3장_ 전북대학교 양적연구방법: 글로컬 문제들에 대한 지역의 해결 •76

지구화로 인한 문제를 지역 차원에서 해결할 수 있을까 | 유인태 •79

전주 시민의 다문화 인식과 인식 증진 방안에 관한 연구

| 김우진·황재정·Bravomalo Geovanna·Cabascabgo Janina •84

전주시 주민자치조직 발전 방안 연구 | 김성우·김성태·윤현빈 •110

제4장_ 경희대학교 NGO와 시민정치: 동대문구의 시민민주주의 •132

지역의 현장에서 시민민주주의의 탐구: 동대문 | 미우라 히로키 •135

풀뿌리민주주의로서의 주민자치 현황분석: 회기동 주민자치회 사례를 중심으로

| 박찬미 •141

제5장_ 건국대학교 시민정치론 •163

지역사회 문제해결을 위한 청년정책 아이디어 제안 프로젝트 | 이현출 •166

광진구 어린이 교통안전을 위한 새로운 스케치북: 5E 전략을 중심으로

| 김민재·박강산·이주룡·이하늘 •174

제6장_ 국민대학교 정치분석연구(캡스톤디자인) •214

'참여'는 '참석'이 아니었다 | 김은경 •216

여성안심귀가서비스: 〈안심이앱〉 인식조사 및 현황 개선을 위하여

| 남수경·박민지·전희재·딜푸자 •220

마을x대학, 마을과 대학을 잇다 | 이해강·임정재·장성진·김기환·조언 •239

제7장_ 한림대학교 통일, 북한의 로컬적 이해 •256

로컬, 체득, 갈등완화의 통일·북한 수업 | 김재한 •261

북한 로컬 신문의 현황과 변화 방향 | 성민정 •266

북한 로컬의 ODA형 발전 모델 | 박명준·류동현·이소현·김주연 •288

제8장_ 서울대학교 시민정치론: 서울시 참여예산제 프로젝트 •311

시민정치론: 서울시 참여예산제 프로젝트 | 김의영·전소연 •313

서울시 시민참여예산위원회 온예산분과의 민주성과 효율성

| 윤정찬·김민석·김성주·이민예·허수연 •318

참여예산제도 운영의 민주성·효과성 연구: 서울시 참여예산제도 사례를 중심으로

| 김채윤·문지윤·이재순·조용준 •361

서문

책의 구성과 배경

2019년에 이어 시리즈 제2권이 되는 이 책은 시민정치(citizen politics)의 현황과 변화에 관한 연구를 담고 있다. 2020년도 역시 지역 기반 시민정치교육을 세부 주제로 기획되었으며 관련된 논문 2편과 각 대학에서의 실천적 리포트를 중심으로 구성되었다. 리포트는 2019년도 2학기와 2020년도 1학기에 6개 대학에서 개설된 지역 기반 시민정치 관련 수업 수강생들의 연구 결과물이다. 각 대학에서 수강생들이 팀을 꾸려서 수행한 현장 중심, 문제해결 지향의 시민정치 연구 중 우수한 10편을 선정해 이 책에 싣게 되었다. 2편의 기획논문과 각 수업의 주제 해설(교수 작성)과 함께 총 18개의 글에 총 43명의 교수와 대학생, 대학원생이 저자로 참여하였다.

이러한 시리즈와 기획의 배경을 설명하면, 우선 시민정치를 전문으로 하는 편저자들이 대학 수준의 정치학전공 수업에 대해 지역 기반 학습(community-based learning), 프로젝트 기반 학습(project-based learning)과 같은 교육모델을 도입해 실천해 왔다. 강의실에서만 진행되는, 교과서적인 지식의 학습과 사고훈련을 넘어, '현장이 바로 강의실', '현장이 바로 교과서'와 같은 생각으로 정치학 교육의 혁신에 도전해 온 것이다. 지역의 현장에서 이루어지는 시민들의 생생한 정치를 온몸으로 느끼는 수업, 지역의 문제해결을 위해 대학생 스스로 아이디어를 제시하는 지식 창출과 실천형의 학습, 그리고 이러한 모델을 통해 시민정치의 심층적 역동성과 어려움, 보람 등을 보다 효과적으로 대학생들에게 전달하여 이미 도래한 시민의 시대에 실제로 활약할 수 있는 정치 인재의 육성 교육을 지향해 온 것이다. 수업을 통해 작성된 리포트와 편저자들의 연구를 모아 『동네 안의 시민정치』, 『동네 안의 시민경제』, 『관악구의 시민정치』, 『시민정치의 문화기술지』와 같은 책 형태로 대학생, 대학원생, 교수가 함께 성과를 출판해 왔다. 2018년에는 유사한 뜻을 가진 교수들이 모여, 한국정치학회 차원에서 시민정치 교육·연구·실천 네트워크를 구성했다. 전국 18개 대학의 시민정치 수업 결과를 모아, 강의 매뉴얼과 같은 『Community-based Leaning: 대학-지역 연계 수업 길라잡이』와 32명의 대학생이 저자로 참여한 『시민정치 현장 연구: 참여, 분석, 제안』이 출판되었다. 이 단계에서는 학회뿐만 아니라 서울시 마을공동체 종합지원센터나 중앙선거관리위원회 그리고 각종 언론사나 지자체, 비영리단체들과의 긴밀한 협업이 이루어지면서 지역 기반 시민정치 수업은 점에서 선으로, 줄기를 넘어 흐름으로 전환이 시작되었다. 네트워크의 확대 과정에서 편저자 본인들도 몰랐던 전국 각지의 선구적인 정치학 수업이나 학자, 활동가들을 만나게 되었으며, 이러한 교육적 노력이 단순한 정치학 내부의 혁신을 넘어 분권과 참여, 자치와 협치, 지속가능발전과 사회적 가치창조와 같은 시대적 과제와 긴밀하게 연결됨을 인식하게 되었다. 『시민정치연감 2020』은 이와 같은 다각적인 네트워크 확대 과정의 중요한 한 부분이라고 할 수 있다.

시민정치의 질적 개선을 향하여: 코로나19가 남겨진 한 교훈

시민정치는 사회의 발전이나 정치 형태의 변화, 민주주의 진화와 같은 거시적 흐름과 직결되는 주제이자 시대적 패러다임이라고도 할 수 있다. 시민, 인간, 의지, 마음과 같은 인적 요인 또는 내재적 규범이나 도덕·윤리의 잠재력에 주목하여 상향적이며 주체적, 점진적, 연속적인 변화 메커니즘 또는 실천을 중요시하는 패러다임이다. 위에서 언급한 분권, 참여, 자치, 협치, 지속가능발전, 사회적 가치 등을 위한 정책이나 프로그램도 심층적인 차원에서는 이와 같은 시민 패러다임과 연결되는 것으로 볼 수 있다. 관련된 중앙정부와 지자체의 정책이나 시민사회 조직들의 활동 그리고 기업의 지원 프로그램 등이 최근 몇 년 동안에 동시적으로 등장한 것은 우연의 일치가 아닐 것이다. 더군다나 이는 한국뿐만 아니라 세계적인 변화 추세이다. 즉, 시민 한 사람의 잠재력 그리고 시민과 시민 사이의 협력과 신뢰·연대의 힘에 주목하는 것은 20세기 후반에 시작하며, 21세기 전반을 하나의 목표로 진행되고 있는 전 세계적인 사상 흐름이라고 할 수 있다. 유엔의 지속가능발전목표(SDGs)가 그 거시적인 예이다.

이러한 맥락에서 볼 때 2020년은 '양'과 더불어 '질'에 대해서도 유의해야 하는 시민정치의 새로운 발전 단계에 진입했다고도 할 수 있다. 전국 각지에서 다양하고 흥미롭고, 혁신적인 시도가 이루어지는 것은 이제 놀라운 일은 아니다. 동시에 활동의 어려움, 미흡한 성과, 정책·제도의 혼선과 낭비와 같은 부정적 문제가 나타나고 있는 것도 전국 공통의 흐름이다. 이러한 경험과 시행착오를 꾸준히 축적하면서 더 나은 방법을 찾아 혁신을 거듭해 가는 것이 중요할 것이다. 즉, 양적 확대와 동시에 질적 개선에 신경을 쓰면서 시민정치를 보다 내실 있게 발전시켜 가는 것이 2020년대의 과제가 되지 않을까 한다.

이러한 개선의 필요성은 2020년 뜻밖의 곳에서 갑자기 요구받았다. 바로 코로나

19의 확산이다. 기존의 대면 활동이 제한되면서 비대면의 사회가 (일시적일지도 모르지만) 도래한 것이다. 대학 강의나 지역 기반 프로젝트는 물론, 기존에 다양한 정책이나 프로그램들이 제한을 받게 되었다. 특히, 면대면의 대화를 통한 인식 변화와 신뢰 조성, 참여의 현장이 만드는 에너지와 시너지, 주민총회를 중심으로 한 풀뿌리 민주주의 메커니즘과 시민적 역량 강화 등 시민정치를 촉진 할 수 있는 본질적 요인·방법으로 여겼던 것이 제약을 받게 된 것이다. 과연 이러한 시대 상황에서 시민정치는 어떻게 이루어질 것인가? 계속 시도해 왔던 노력을 잠시 멈추거나 연기하면 어떤 문제가 나타날 것인가? 기존 방법이 아닌 다른 방법으로 본래의 가치를 계속 추구해야 할 것인가? 새로운 방법을 바탕으로 새로운 가치나 목표를 재창조해야 할 것인가? 코로나19는 이처럼 시민정치의 본질에 대해서 우리가 잠시 멈추고 거리를 두면서 성찰하는 계기를 만들었다.

이 책에서는 코로나19로 인한 문제나 이슈를 직접 다루지 않았지만, 본질적 가치나 규범에 대한 성찰과 방법론에 대한 재구성은 시민정치의 질적 개선과 집결되는 문제이기 때문에 향후 시민정치연감의 주요 주제로 다루어질 것으로 예상한다.

책의 출판과 감사

마지막으로, 이 책의 출판을 위해서 협력해주신 모든 분에게 저자를 대표해서 감사의 마음을 전하고자 한다. 우선, 총 34명 대학생의 노력은 물론, 프로젝트는 전국 각지의 수많은 활동가나 공무원들의 협력으로 이루어졌다. 이 책에 포함되지 않은 프로젝트에 대해서도 많은 분의 헌신적인 협조와 협력이 있었다. 모두가 시민정치의 주체나 파트너이며, 이 책의 탄생을 위한 기여에 감사의 뜻을 표하고 싶다. 책 프로젝트에 참여해주고 각 대학에서 시민정치 관련 수업을 운영해준 유인태 단국대 교수, 이현출 건국대 교수, 김은경 국민대 교수, 김재한 한림대 교수 그리고 기획논문에 참여해주신 정상호 서원대 교수에게도 다시 한번 깊이 감사를 드린다. 편집 과정과 자세한 교정은 서울대학교 사회혁신 교육연구센터 윤성은 사무국장의 노고가 있었기에 가능했다. 사실, 수업 리포트를 출판한다는 일은 쉬운 일이 아니며 수많은 수정, 연락, 확인 작업을 필요로 했다.

『시민정치연감』 시리즈는 앞으로도 지속적인 출판을 통해 다양한 주제를 기획·분석하면서 더 나은 시민의 시대를 만들기 위해 고유의 지적 역할을 모색하며 수행할 것을 다짐하고자 한다. 함께 고민하고 함께 실천하는 각 지역, 각 섹터의 시민들에게 조금이나마 생각과 실천의 도움이 되기를 편저자로서 기대한다.

2020년 12월

김의영·미우라 히로키

제1부

시민정치 기획연구

제1장

지역기반 시민정치교육을 통한 대안적 지식 창출
성격, 한계, 과제에 관한 탐색적 연구[1]

미우라 히로키 (서울대학교 사회혁신 교육연구센터 수석연구원)

김의영 (서울대학교 정치외교학부 교수, 사회혁신 교육연구센터장) *교신저자

논문초록 본 연구는 정치학 교육에 있어 지역기반 시민정치교육(community-based learning on citizens politics. 이하, CBL-CP)을 통한 대안적 지식 창출의 가능성과 한계를 논한다. 이에 대해 분석적으로 접근하기 위해서 기존 지식 유형인 전문지식, 현장지식, 행정지식과 대비되는, 대안적 지식의 차별성 즉, CBL-CP의 지식론을 논의한다. 본문에서는 먼저 정책 지식론을 참조하면서 이와 같은 대안적 지식 유형을 사회적 매개지식으로써 개념화한다. 다음으로 2015년에서 2019년까지 수행된 수업 프로그램에서 제시된 수강생 연구 프로젝트를 사례로 사회적 매개지식의 현실적 특징, 한계, 과제를 해석적으로 고찰한다. 결론적으로 사회적 매개지식의 특징인 연계성, 혁신성, 잠정성은 해당 사례에서도 나타났다. 사례에 대한 고찰을 통해 저자들은 지식의 세부 유형과 내재적 한계 그리고 지식 민주주의와 같은 거시적 지식 비전과 교육 효과 촉진을 위한 과제 등을 제시했다.

핵심주제어 지역기반 시민정치교육, 정책 지식론, 학생 연구 프로젝트, 사회적 매개지식, 지식 민주주의

---

1. 이 연구는 사회적가치연구원과 행복나눔재단의 학술연구비 지원을 받아 수행되었음. 「한국정치연구」제29집 제1호(2020)에 게재된 논문을 보완한 것임.

Ⅰ. 서론

본 연구는 정치학 교육에 있어 지역기반 시민정치교육(community-based learning on citizens politics. 이하, CBL-CP)을 통한 대안적 지식 창출의 가능성과 한계를 논한다. 대학 정치학 교육은 민주시민교육이나 평생교육 등 다양한 형태의 교육 프로그램이 활성화되는 흐름에서 새로운 변화에 직면하고 있다. 수업을 통해 지역사회 발전에 현실적으로 기여하려고 하는 CBL-CP 또한 후술하는 바와 같이 학계나 대학 교육의 현장에서 주목받고 있으며, 수업 방법론, 교육 효과론, 대학-지역 연계 발전론 등 다양한 연구과제가 등장하고 있다. 본 연구는 이러한 수업의 사회적 중요성과 관련된 심층적인 문제로서 수강생의 연구 프로젝트 즉, 수업을 통해 제시되는 실천적인 문제 해결안이나 정책안, 사업 아이템 등이 학문적·현실적으로 어떠한 의의가 있는지에 대해 탐구한다. 다시 말해, 강의실에서 이루어지는 교재학습을 중심으로 한 일반적인 정치학 교육과 달리, 특정 지역사회 및 지역 행위자와의 긴밀한 연계를 통해, 현장 중심의 참여·관찰을 지향하는 수업의 연구 결과물은 어떠한 차별적 성격을 가지며, 지역사회의 발전에 기여할지에 대해 관심을 둔다.

본 연구의 문제의식은 정치학 교육 담론이자 이른바 정책 지식론(policy epistemics)과 관련이 있다. CBL-CP의 중요한 교육적 특징은 지식의 전달이나 습득뿐만 아니라 지식창조에 있다. 특히, 전문가나 활동가가 아닌 '대학생'의 연구결과의 질적 특수성 혹은 잠재력에 주목한다. 즉 수업의 틀을 통해 수강생들이 제시하는 분석, 주장, 제안, 아이디어, 지혜 등을 특정 형태의 지식(knowledge)으로 보고 이것이 가지는 차별성이나 잠재력, 한계나 과제 등을 탐구하는 것이다. 비록 '대안적 지식'이라는 추상적 표현·개념을 사용하지만, 본 연구의 초점은 대학 정치학 교육과 대학-지역 연계방법의 개선이라는 실천적이고 제한적 차원에서 대안적 지식의 역할·가능성을 논의하는 데에 있다.

본 연구는 실제 필자들이 수행한 수업 프로그램 경험에 기초하고 있다. 우선, 기존 연구 흐름에 대한 분석에 기초하여 CBL-CP를 통해 창출되는 지식 형태의 이념형을 설계한다. 다음으로, 필자들이 수행한 수업에서 제시된 대표적 학생 연구 프로젝트 사례를 이념형에 비추어 해석한다. 마지막으로, 이러한 해석을 바탕으로 CBL-CP에 의한 대안적 지식의 성격, 한계, 과제에 대해 고찰하는 방식이다.

특히 본 연구는 이러한 대안적 지식의 이념형을 '사회적 매개지식'으로 명명하고자 한다. 후술하는 바와 같이 이는 지역사회에 존재하는 기존 지식이나 전문적 지식 등을 부분적으로 매개·보완할 수 있는 혁신적 지식을 의미하지만, 불완전하고 잠정적인 성격으로 인해 많은 한계를 동시에 가지고 있다. 대학 교육 프로그램의 체계나 수업 방법론의 개선을 통해 사회적 매개지식의 지속적 축적을 강화한다면 CBL-CP가 지역사회의 발전에 이바지할 수 있는 유익한 사회·교육적 수단이 될 수 있다는 것이 기본 주장이다.

Ⅱ. CBL-CP의 특징, 현황, 연구의 초점

1. CBL-CP의 특징

본격적인 논의에 앞서, CBL-CP의 기본적 특징과 실천적 현황을 확인하여 연구의 초점을 재정리한다. 우선, CBL-CP는 '특정 지역을 주제로 하여 강의뿐만 아니라 지역의 문제해결이나 분석을 수강생이 직접 수행하는 교육-연구-지역발전의 연계 프로젝트'라고 할 수 있다. 정치학 교육을 지역의 현장과 연계시킴으로써 다양한 효과와 시너지를 역동적, 창의적으로 추구한다. 이 효과에는 예를 들어 대학-지역사회의 동반자 관계의 강화, 지역의 사회혁신과 협업 촉진, 지역에 애착과 책임감을 가진 지역인재의 육성, 정치학 교육과 민주시민교육의 개선 등이 포함된다. CBL-CP의 기본적 특징을 정리하면 다음과 같다.[2]

첫째 '정치적 삶의 현장에 대한 관여'이다. CBL-CP는 정치적 삶의 현장을 수업 대상으로 하여, 교재학습과 더불어 수강생들의 직접적인 관여(참여, 체험, 조사, 문제해결, 서비스 등)를 중심으로 진행된다. 정치적 삶의 현장이란 현실적인 문제나 갈등의 해결 혹은 특정 이익이나 가치의 구현을 위해 시민들이 자발적, 자율적으로 행동하여 지속적으로 노력하는 지역사회의 현장을 의미한다.

둘째, '통합적 지식 형성 교육'이다. CBL-CP는 지식의 습득과 활용, 창조를 모두 중요시하는 통합적 지식 프로젝트이다. 교재학습 혹은 현장 경험에 의한 지식습득을 바탕으로 하면서 봉사 활동이나 재능기부 등에 의한 지식 활용, 나아가서 지역의 문제해결을 위한 지식창조를 시야에 둔다. 인간, 시민, 공동체, 사회, 국가 등의 의미나 동태, 문제, 해법에 대한 지식을 통합적으로 탐구하면서 수강생의 지적 역량 강화나 문제의 실제적 해결 혹은 지역사회의 지적 기반 강화에 기여한다.

셋째, '수업 형태나 지향점의 다양성'이다. 수업은 공통으로 위의 두 가지 조건을 포함하면서 '지역'이나 '지식'의 내용이나 의미, 설정 방식, 목표 수준 등은 개별 수업마다 다양하다. CBL-CP에는 유일한 모델이 있는 것이 아니라 일정 범위 내에서 다양한 방법론이나 지향점이 존재한다.

CBL-CP는 독자적으로 등장·발전한 교육 모델이 아니라 아래와 같은 다양한 대학 수업 프로그램이나 지역 밀착형 연구 방법론들과 함께 발전해 왔다. 이들과 특징을 공유하면서 서서히 정치학적 교육-연구 연계 모델의 성격이 드러나고 있다. 유사한 '대학 수업 프로그램'으로 문제기반학습(problem-based learning, PBL), 액션 러닝(action learning), 서비스 러닝(service learning), 캡스톤 프로그램 (capstone program), 민주시민교육, 소셜 랩(social lab) 등이 있으며 모두 국내외에서 활발하게 발전하고 있다. 한편 유사한 '지역연구 방법론'으로서는 참여 지향 액션연구, 지역기반 참여연구, 지역참여형 실천 교육, 대학-지역의 참여적 동반자 관계 모델 등이 있다. 역시 관점이나 지향점의 차이는 있으나 모두 중심적인 연구자와 보조 연구원 및 학부생들이 대상 이슈나 지역에 직접 관계를 맺으며 연구를

---

2. CBL-CP의 기본적 특징에 대한 논의는 이태동(2016) 참조. 여기서 지적한 3가지 기본 특징은 김의영·미우라(2018, 80-81)의 정리를 재구성·개선한 것이다.

수행하면서 연구발전과 현장의 문제해결, 지역발전 등의 복합적 시너지를 추구한다. 최근에는 이러한 지향점을 가지고 수행되는 대학–지역 연계 프로젝트에 관한 실천 사례집이나 이론 연구가 국제적 차원에서 상당히 활발하게 등장하고 있다.[3]

2. CBL–CP의 발전 현황

CBL–CP의 유사 프로그램의 국내적 발전 현황을 보면 민주시민교육 형태의 원형은 1960년대에 이미 등장했고, PBL이나 액션 러닝, 서비스 러닝 등은 1980년대 이후 서서히 다양한 대학, 학과에 도입되기 시작했다(김의영·미우라 2018, 84-88). 유사 프로그램의 발전을 바탕으로 CBL–CP는 2010년 전후 등장하여 2015년 전후에 본격적으로 확산했다. 가령 2011년에 경희대학교가 교양 대학인 후마니타스 칼리지를 설립하면서 모든 신입생을 대상으로 현장 활동을 의무화한 시민교육 과목을 개설한다(채진원 2015).

2015년을 전후하여 지자체와 기업, 민간재단 등의 지원 때문에 이러한 흐름이 가속되었다. 서울시 마을공동체종합지원센터는 2015년에 대학–지역사회 연계사업을 수행했으며, 서울시 소재 17개 대학에서 32개 수업을 개설·지원했다. 서울시 서대문구도 2015년에 도시재생정책의 일환으로 대학–지역 연계 수업을 지원하여, 학생들의 연구결과를 타운 홀 미팅 방식으로 발표하는 행사를 매년 수행하고 있다. 지역 소재 4개 대학(연세대, 이화여대, 서강대, 추계예술대)에서 10개 정도의 학과·수업 팀이 참여하며, 학생들이 지역발전에 관한 독창적 아이디어를 구청에 제시하고 있다. 전라북도는 2015년부터 지역–대학의 상생모델 창출과 지역발전을 위한 아이디어 창출 그리고 지역인재 육성을 목적으로, '대학연계 지역사회 창의학교'를 운영하고 있다. 지역 내 6개 대학(전북대, 원광대, 전주대, 우석대, 전주기전대, 군산대)이 참여하여 학생 프로젝트 성과 보고회를 개최하고 있다. SK

---

3. 대학–지역 연계 프로젝트를 새로운 교육·연구 패러다임으로 전망하는 것은 다음과 같은 기존 문헌에서 공통으로 볼 수 있다. Fitzgerald et al.(2010); Hall(2013); Pham(2016).

그룹(행복나눔재단)은 2013년에 KAIST에 사회적기업가 MBA 과정 개설을 시작으로, 약 30개 대학 및 연구기관을 지원하면서 약 230개의 사회혁신 수업을 개설·지원했다(2019년 6월 시점). 수업에 참여한 학생 수는 약 4,700명에 달한다(ENSI 2019).

3. CBL-CP에 대한 주요 연구과제와 본 연구의 초점

이와 같은 실천과 연구현황을 배경으로 CBL-CP의 주요 연구과제를 다음과 같이 제시할 수 있다. 첫째, 교육 방법론이다. 이는 개별적 수업 사례의 유익성이나 성과 등을 바탕으로, CBL-CP의 기본적 특징이나 모델, 지향점 등을 탐구하는 가장 기본적인 과제라고 할 수 있다. 둘째, 지식론과 지역발전론이다. 이는 CBL-CP의 성과를 보다 심층적으로 검증하여 수업의 의의나 역할을 명료화하는 과제라고 할 수 있다. '통합적 지식 형성'이 구체적으로 어떠한 형태로 나타나는지, 수업의 결과가 지역발전에 어느 정도, 어떠한 범위와 방법으로 영향을 주는지 등에 관한 연구이다. 심층적 차원에서 수업의 중요성이나 기능이 증명되어야 더욱 광범위한 확산을 기대할 수 있게 된다. 셋째, 대학·정책 혁신론이다. 이는 CBL-CP를 제도적이며 대규모로 발전시키는 단계에서 등장할 과제이며, 대학 내에서의 과제(수업 지원 방식이나 교과과정 편성, 대한의 지역사회 기여 방식 등)와 중앙 및 지방정부의 정책적 과제(산학정 협력 정책, 지역인재 육성 정책 등)가 포함된다. 넷째, 교육·사회·정치 혁신론이다. 장기적인 관점에서 보면 CBL-CP는 결국 정치·사회 시스템의 혁신과 깊이 관련된다. 기존의 '사회를 위한 도구적 교육' 그리고 제한된 지역 행위자에 의한 정책형성과정으로부터, '교육을 위한 사회' 그리고 교육을 통한 지속적이고 창의적인 정책형성과정으로 발상의 전환을 함으로써 정치 메커니즘의 혁신에 일조할 수 있다.

본 연구는 이 중 두 번째 단계인 지식론에 초점을 두고자 한다. 교육 방법론에 대해서는 어느 정도 연구가 축적되고 있으나, 심층적인 지식론에 대한 관심은 상대적으로 등한시되어 왔다고 보인다. 비록 기초적 수준에 머물겠지만 본 연구는 이를 위해 이론연구와 사례연구를 결합하여 CBL-CP에 의한 지식창조를 탐색적으로 논의한다.

III. 지식 유형론과 사회적 매개지식의 개념적 틀

1. 기존 정책 지식론에서 논의되고 있는 지식 유형들

사회 발전이나 정책적 개선을 위한 지식의 성격이나 타당성, 창출 방법이나 유효성을 논의하는 담론 영역을 정책 지식론 혹은 정책학상의 인식론이라 부른다(Fischer 2009).[4] 예를 들어, 환경정책을 사례로 이에 영향을 주는 지식 유형을 세 가지로 분류한 연구가 있다(Maiello et al. 2013, 142-143). 첫째, 해당 환경 속에서 살아온 지역 주민이 보유하고 있는 현지지식(lay knowledge), 둘째, 환경과학이나 보편적 데이터를 바탕으로 전문가가 제시하는 전문지식(expert knowledge), 셋째, 법·제도나 정책집행 규정 등을 바탕으로 실행 가능한 대안 정책이나 방식, 기준 등을 제시하는 정부 공무원들의 행정지식(administrative knowledge)이다.

사회적 문제의 해결안이자 정책적 근거의 원천으로서 전통적으로 중요시되는 지식 유형은 전문지식, 과학지식(scientific knowledge), 학술지식(academic knowledge) 등이다. 문제의 심각성이나 불확실성, 복잡성이 높을수록 합리적, 논리적, 과학적, 보편적 지식이 필요하게 되는 것은 과거나 지금이나 마찬가지이다. 이 지식의 구체적 형태로 검증된 인과관계나 객관적 데이터, 심도 있는 체계나 보

---

4. 이외에도 지식 이론(theory of knowledge)으로서 일반적인 지식론이나 철학을 고려할 수 있으며, 지식경영론(knowledge management)에서도 지식의 유형화가 논의되고 있다. 여기서는 본 연구 주제(대학 수업에서 제시되며 지역사회를 대상으로 하는 특정 지식 형태)와의 관련성을 고려해서 정책 지식론에서 주로 논의되는 유형에 초점을 두고 있다.

편적 사상 등에 바탕을 둔 정책 모델이나 주장, 예측, 현황 진단·평가, 비전 등이 포함될 수 있다.

1980년대에서 1990년대 사회학에서는 다양성, 다원성, 불확실성, 복잡성의 증가 그리고 과도한 도시화나 양극화 등을 배경으로, 현대적 사회문제의 심층적 해결이나 삶의 질 개선에 있어서 과학, 기술, 객관성 등을 중요시한 기존 전문지식의 한계가 널리 지적되었다(Wynne 1990; Giddens and Lash 1994). 이를 극복하기 위한 대안적 지식 유형으로서 각 지역사회나 개별적 인간 생활의 현실적 수준에서 작동되는 현장지식(local knowledge), 고유지식(indigenous knowledge), 상황적 지식(situated knowledge), 문화적 합리성(cultural rationality), 전통적 지혜나 노하우(know-how) 등의 중요성이 주목받기 시작했다(Fischer 2000; Wynne 2005; Binde 2005). 전문지식 자체를 부정하는 것은 아니지만 대안적 정책이나 사회 비전의 유효성이 지역이나 집단마다 다를 수 있다는 것이다. 결국, 현대 사회에서 정책이나 비전 개발에 있어 현장지식과 전문지식의 효과적 통합이 중요한 과제로 수렴되는 것으로 보인다.[5]

한편, 사회학적 담론과 병행하면서 정치학이나 공공철학(pubic philosophy)에서도 지식 유형에 관해서 중요한 논의가 이루어졌다. 대표적으로 하버마스(Habermas)나 롤즈(Rawls)는 다원적 사회에서 유력하고 타당성 있는 지식이나 사상의 형태를 공론장(public sphere)이나 숙의 과정(deliberation)을 통해서 나타나는 시민적 이성(civic reason) 혹은 공적 이성(public reason)으로 개념화했다(Habermas 1998; Rawls 2001). 이들이 주도한 공공철학의 발전 이후 국내에서도 공공성이나 규범적 시민의식, 잠재적 공익관과 같은 지식 유형이 논의되었다(박정택 2007; 권향원·공동성 2015). 특히 하버마스는 기존 과학지식이나 구조화된 인

---

5. 다음과 같은 정책 지식론의 대표적 문헌들은 공통으로 전문-현장 지식 간의 융합 필요성을 주장하고 있으며, 각각 유사한 대안적 비전이나 방법을 제기하고 있다. Fischer(2000); Mackinson(2001); Bodorkos and Pataki(2009); Raymond et al.(2010); Cumberbach(2015); Lawson(2015); Ninomiya and Pollock(2017).

식체계에 대한 비판이론(critical theory)을 제시했는데, 과학적 이론을 중심으로 한 도구적 지식(instrumental knowledge)과 행정 제도나 기존 사회질서에 대한 실천적 이해(practical understanding)에 대해 시민들의 비판적 성찰을 통해서 얻을 수 있는 해방지식(emancipatory knowledge)의 중요성을 주장해 왔다(Habermas 1971).

경영학이나 일반적인 지식론에서도 지식 이론의 발전에 있어 위와 유사한 흐름을 확인할 수 있다. 예를 들어 철학자 마이클 폴라니(Michael Polanyi)의 지식 사상을 배경으로 발전된 1990년대의 지식경영론에서는 객관적 검증을 통해서 보편화 및 체계화된 형식지(explicit knowledge)와 아직 체계화도 검증도 되지 않았지만, 지역사회나 조직, 개인 등이 효과적으로 활용하고 있는 암묵지(tacit knowledge)를 구분했다(Nonaka and Nishiguchi 2001). 전자는 앞에서 정리한 전문지식이나 행정지식과 유사하며, 후자는 인간의 주관적 지각이나 의식 형태도 포함하는 것으로 현장지식과 유사하면서 질적으로 광범위한 특징이 있다. 효과적인 조직 운영이나 경영전략 수립을 위해서는 형식지와 암묵지의 역동적 상호작용을 통한 지식창조가 제안되었다.[6] 또한, 2000년대에 들어서는 혁신이라는 관점에서 더욱 주체적인 모델이 제시되었다. 사회기업가정신이나 적응 리더십과 같은 개념이 대표적이다(Elkington and Hartigan 2008; Bornstein 2005). 세계 각지에서 나타난 사례를 바탕으로 혁신적인 정책이나 조직 활동, 사회문제 해결이 가능했던 원인으로 리더의 사고방식이나 정신적 능력에 주목하게 되었는데, 구체적으로 정감(empathy), 영감(inspiration), 용기, 통찰력, 상황판단 능력 등이 제시되었다.

---

6. 대표적으로 SECI 모델에서는 암묵지의 공유(socialization)와 형식지로서의 표출(externalization), 기존 형식지와 결합(combination), 새로운 암묵지로서의 내면화(internalization) 과정을 통해서 지식이 진화하는 것으로 설명된다(Nonaka and Nishiguchi 2001).

2. 각종 지식 유형의 통합과 재구성

상기한 정책 지식 유형들을 통합·융합하는 방향으로 논의가 전개되고 있으며, 이와 관련하여 다음과 같은 세 가지 흐름을 확인할 수 있다.

첫째, 지식 통합이나 연계의 구체적 방법론이나 전략에 대한 주목이다. 예를 들어 어업정책의 사례에서 과학적 데이터(전문지식)와 현장 정보(현장지식)를 순환적으로 입력·처리하여 최적의 어업 방법을 어민에게 알려준 시스템(컴퓨터 프로그램)을 개발하거나(Mackinson 2001), 사회 발전 분야에서 커뮤니티 참여나 참여 관찰 연구의 촉진을 위해 대학 연구자의 훈련이나 연구 전략 수립의 중요성이 지적되고 있다(Ninomiya and Pollock 2017. 35). 이러한 맥락에서 대학 차원의 수업은 지식 융합의 구체적 방법으로 주목을 받는다. 헝가리의 지역발전 사례에서 대학 소속 연구자가 지역 주민과 공동으로 수행한 참여적 액션 리서치가 학술지식과 현장지식을 통합시켜 지역의 다양한 활동 프로그램이나 모임, 네트워크를 활성화하는 데 이바지했다는 연구가 있다(Bodorkos and Pataki 2009). 또한, 참여적 수업에서 설계·실행되는 프로젝트가 역시 양 지식의 융합에 기여할 수 있으며 이때 지역의 사회적 맥락(social context)이 중요한 변수가 된 점도 지적되었다(Cumberbach 2015, 74-76). 이에는 지역의 문화, 행정 현황, 사회변동 현황, 갈등 현황, 지리적 특징 등이 포함된다.

둘째, 단순한 융합을 넘어 새로운 지식 유형의 개념화를 시도한다. 호주의 자연 생태계 보존을 위한 주민-전문가 공동 프로젝트 사례에 관한 연구에서는 과학지식과 고유지식의 통합을 작동지식(또는 실천 지식, working knowledge)으로 개념화했다(Barber et al. 2014, 54-55). 환경정책에 관한 또 다른 연구에서는 현장지식과 전문지식의 통합을 혼합지식(hybrid knowledge)으로 명명했으며(Raymond et al. 2010, 1767-1769), 통합을 위한 전략, 일반화 수준, 개방성, 외부 접근성 등의 이론적 과제가 제시되었다. 이 밖에도 시민 지식(civic knowledge)(Hatcher 2011)이나 바탕 지식(grounded knowledge)과 같은 개념화도 있다(Ashwood et al. 2014). 나아가서 대학 연구기관의 참여적 연구나 수업 프로젝트에서도 새로운 개념이 제시되고 있다. 서비스 러닝에서 학생 연구자에게 기대되는 효과로서 비판적 성찰(critical reflection)이나 비판적 의식(critical consciousness)을 개념화하여(Cipolle 2010, 7-15), 구체적 세부 요소를 논의하고 있다. 참여적 액션 리서치에서도 학술지식과 현장지식의 만남을 통해 창출되는 지식을 실천 가능 지식(actionable knowledge)으로 유형화한 사례가 있다(Lawson 2015, xii).

셋째, 기존 지식 간의 융합과 새로운 유형 창출을 포함하여 더 포괄적인 관점에서 사회적 비전의 수립을 지향한다. 유명한 사례로서 오스트럼(Ostrom) 등이 주장한 지식공동체론(knowledge commons)이 있다(Hess and Ostrom 2007). 아이디어, 주장, 데이터, 경험 등을 포함한 지식이란 사회 발전을 위한 중요한 자원이기 때문에 이를 적극적으로 공유하는 메커니즘이나 제도, 사회체계를 구축하는 것이 공동체의 지속적 발전을 촉진한다. 홀(Hall 2013)은 연구기관이나 대학 수업 등을 통해 학술, 현장, 기타 다양한 유형을 포함한 지식 생태계를 창출하면서 사회발전을 촉진하는 모델을 지식 민주주의(knowledge democracy)로 명명했다. 이는 지식이나 데이터를 경제성장의 중요한 자원으로 여기는 지식경제(knowledge economy)와 대비되는 비전이다.[7] 또한, 노르웨이에서 1970년대에 시작한 직장 내 노동환경에 관한 액션 리서치가 중소·대기업의 참여와 정당 개입 등을 통해 2000년대에 EU 차원의 노동환경기준 형성에 기여한 것을 분석한 연구가 있는데(Gustavsen 2014, 353-354), 이와 같은 지식의 창출과 제도화 메커니즘을 참여적 구성주의(participatory constructivism)로 명명한 바 있다. 액션 리서치에 있어서 연구 결과의 개별적, 일시적 효과도 중요하지만 이러한 노력의 장기적 축적이 제도변화를 일으킬 수 있다는 것이다.

---

7. 지식 민주주의는 대의민주주의나 참여민주주의와 같이 국가 시스템 수준에서 도입·기획되는 거시적 이론·모델과 달리 아직 담론 수준에서 논의되는 수준이며, 교육정책 학술연구 발전 정책, 지역사회의 의사소통 방법 등 제한적 영역에 적용되는 프로그램으로 이해된다.

3. 사회적 매개지식의 개념적 윤곽과 분석 틀

이상에서 정리한 다양한 정책적 지식 유형들과 이들의 관계 그리고 대학 수업 프로그램의 관련성을 재구성하여 본 연구의 분석적 관점을 제시하면 〈그림 1〉과 같다. 이는 심각성, 복잡성, 다양성 등의 성격을 가진 지역사회 문제를 개선하기 위해서 효과가 기대되는 지식 유형과 이들의 관계를 나타내고 있으며, 특히 현장, 전문, 행정지식이라는 기본 유형에 대한 '제4의 지식'으로 사회적 매개지식(social catalytic knowledge)을 제시하고 있다. 이러한 분석적 관점의 각 구성요소와 CBL-CP의 지적 역할에 대해 재정리하면 다음과 같다.

- 전문지식: 과학, 데이터, 이론, 학술적 사상이나 이념 등을 원천으로 제시되는 아이디어나 개념, 분석 틀, 주장, 정책 모델 등을 포함한다. 과학적 합리성, 논리성, 보편성, 체계성 등을 근거로 정당화되며, 주로 학자, 연구자, 전문가에 의해 제시된다.
- 현장지식: 지역사회의 내부적 문화, 역사, 관습, 경험 그리고 문제의 고유 현황 등을 원천으로 제시되거나 존재하는 이해나 아이디어, 주장, 개별적 사업 모델 등을 포함한다. 현실적 관련성이나 맥락, 당사자들의 집단적 이해와 주관성, 문화적 합리성 등을 근거로 정당화되며, 주로 지역사회의 주민이나 리더, 단체, 사업체 등에 의해 제시된다.
- 행정지식: 관련된 법규나 제도·정책, 관례나 예산체계 등의 내용자체, 정책형성 과정에 관한 공식적 절차나 공평성 원칙, 지배적 행정 문화, 그리고 이러한 공식적 문서나 절차를 원천으로 제시되는 설명이나 제안, 비전 등을 포함한다.[8] 공식성, 민주성, 책임성, 법적 의무나 절차 등을 근거로 정당화되며, 주로 정치인이나

---

8. 최근 각 지자체에서 시민들이 활용할 수 있는 제도적 기회나 권한, 자원 등이 복잡하게, 급속히 발전된 결과 시민들이 이에 대해 이해하기 어려운 상황도 나타나고 있다. 이에 따라 행정지식에 관한 관심 또한 갈수록 높아지고 있다.

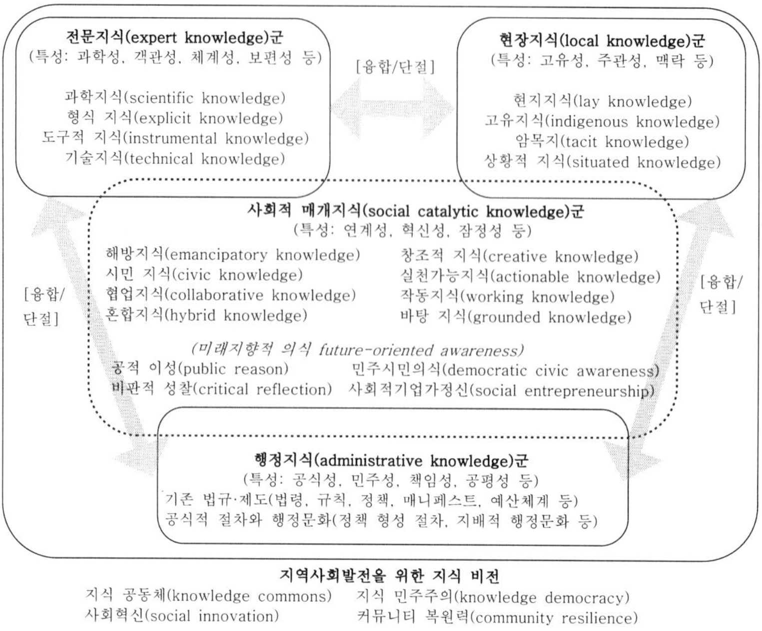

<그림 1> 지역 사회문제 해결에 관한 지식 유형과 관계

공무원, 실무자에 의해 제시된다.

- 사회적 매개지식: 지역 사회문제의 해결이나 심층적 이해를 위해, 기존 지식(전 문, 현장, 행정지식)의 한계·미흡이나 각자의 단절 상태와 불균형의 문제를 극 복하기 위한 지적 욕구나 희망, 창의성 등을 원천으로 제시되는 아이디어, 메시 지, 분석적 이해, 주장, 사업 모델, 정책 모델 등을 포함한다. 연계성(형성 과정의 특징), 혁신성(내용적 특징), 잠정 성(효과의 특징)의 특성을 가지며, 지역 사회 문제에 대한 미래지향적 관점이나 현실적 가능성, 기대 등에 의해 정당화된다. 사회기업가, 공공기업가, 시민 전문가(citizen expert)와 같은 중간적 행위 주체 에 의해 주로 제시된다. 이들은 주민, 전문가, 공무원의 입장을 모두 고려하면서 사회 발전이나 문제해결 가능성을 전망하는 미래지향적 의식 혹은 통합적 정체 성을 지향한다. 사회적 매개지식의 세부 특징을 정리하면 다음과 같다.

  −연계성(connective): 사회적 매개지식은 단독으로 존재하거나 무(無)에서 나

타나는 것이 아니라 배경이나 원천, 지향점 등에 있어서 기존 지식과 긴밀하게 연계된 형태로 나타난다. 제시된 지식 또한 기존 지식에 영향을 미치거나 생산적으로 환원될 수 있다. 즉, 정책제안이나 분석 결과가 지역 주민의 이해방식(현장지식)이나 공무원의 업무계획(행정지식)에 영향이나 영감을 주고 이를 변화시킬 수 있으며, 그러한 실천의 결과로부터 새로운 이론(전문지식)이 나타날 수도 있다.

－혁신성(innovative): 각 지식을 연계·매개하는 사고 과정 혹은 사회문제의 해결안을 제시하는 단계에서 새로운 아이디어나 관점, 기술 등이 추가되면 내용면에서 질적 변화가 이루어진다. 즉, 기존 지식을 그대로 강조하거나 대변하는 것이 아니라 사회문제에 대한 대안적 아이디어로서 차별성, 비판성, 혁신성 등의 내용적 성격을 가지게 된다. 또한, 지식의 전부 혹은 일부가 활용되면서 지역 행위자들의 혁신적 활동을 간접적으로 촉진하는 이른바 촉매적 혁신(catalytic innovation)을 일으킬 수도 있다.

－잠정성(provisional): 사회적 매개지식은 기존 지식 유형과 비교하면 고도로 완성된 정책 모델이나 사업 아이디어가 아니라 잠정적이며 부분적, 실험적 수준에서 제시된다. 또한, 제시된 모든 매개지식이 의미 있는 영향력을 가지는 것도 아니다. 완성도가 낮은 이유로서는 지식의 제시·형성 과정에서 창의성을 추동력으로, 주로 특정한 연계 결과와 특정 목적의 혁신에 제한된 내용으로 제시되는 점을 들 수 있다. 즉, 지역사회 현황의 광범위한 측면과 그 개선 방법의 다양한 가능성을 고려할 때 사회적 매개지식은 종종 현실 적합성과 일반화의 한계를 드러낼 수 있다. 잠정성이란 사회적 매개지식의 내재적이고 본질적인 특징이다.

• 지식 간의 융합과 단절: 기존 지식 유형(전문, 현장, 행정)은 독자적으로 발전하기도 하고 지역사회 내의 소통·학습을 통해 서로 영향을 받기도 한다. 가령 현장지식이 풍부한 주민 리더가 행정지식과 전문지식을 학습하여 시민 전문가로 성장할 수 있다(Fischer 2000). 또한, 개별적 정책 모델은 등장과 발전, 실천, 내

면화, 확산 등의 과정에서 각 지식 유형을 순환하기도 한다. 즉, 현실에서 세 유형은 모두 상당히 유동적 형태로 존재한다. 이러한 환경 속에서 사회적 매개지식은 특히 기존 지식 간 순환적 발전이 부족한 상태에서 나타나며, 순환적 관계가 회복됨에 따라 지식 간 융합이 이루어질 수 있다. 지식 간의 단절은 주체들의 인위적 이유(학습 부족, 소통 부족, 협력 부족 등)에 기인할 수도 있고, 사회문제 자체의 심각성이나 확산, 기존 지식의 취약성 등에 기인할 수도 있다.

- 거시적 지식 비전과 외부 환경: 사회적 매개지식의 지속적 창출을 바탕으로 세 가지 지식 유형이 효과적으로 순환하는 이상적인 상태가 있을 수 있다. 지식 민주주의, 지식 공동체, 사회혁신, 커뮤니티 회복력과 같은 사회적 비전의 구현이 이와 관련된다. 개별적인 사회적 매개지식과 이와 같은 거시적 지식 비전은 구별되어야 한다. 또한, 일반적 여론이나 사회경제적 조건, 정치체제나 지배이념 등은 각 지식 혹 거시적 비전에 공히 영향을 미치는 '외부 환경'으로 간주한다. 거시적 지식 비전과 외부 환경 간의 상호 작용을 포괄적으로 분석하는 것이 정책 지식론의 중요한 장기적인 과제일 것이다.

- CBL-CP의 지적 역할: CBL-CP 수강생들은 지역 사회문제에 관한 전문, 현장, 행정의 각 지식을 계획적으로 학습·체험한 결과, 사회적 매개지식을 제시할 수 있는 '중간적 행위 주체'의 시각을 얻을 수 있다. 수강생 스스로가 지역 행위자일 수도 있고, 아닐 수도 있지만, CBL-CP는 수업 기획을 통해 이들에게 '통합적 정체성'을 자각 혹은 경험하는 기회를 마련한다. 이러한 기회를 활용해 사회적 매개지식을 실제로 창출하는 것이며, 이것이 단기적 혹은 장기적, 직접적 혹은 간접적 방식으로 지역의 문제해결에 기여할 수 있게 된다. 다시 말해 CBL-CP는 지역 관여나 연계를 통한 지식창조라는 방법으로 수강생의 인식을 자극하여 지역발전과 교육 효과를 동시에 추구하게 된다. 다만, 잠정적 성격으로 인해 제시한 지식이 주목을 받지 못하고 소멸하는 경우도 있다.

이상에서 정리한 것은 정책 지식에 관한 분석적 관점이자 사회적 매개지식의 이념형 혹은 이론적 가설이다. 이하에서는 실제 수업에서 제시된 사례로 이를 검증한다. 구체적으로 다음과 같은 분석적 관점을 적용해 사회적 매개지식의 현실적 특징을 논한다.

첫째, '지식 간 연계 시도'를 살펴본다. 각 연구 프로젝트는 관련 전문지식, 현장지식, 행정 지식을 어떠한 방식이나 내용으로 활용하거나 연계하고 있는가? 둘째, '혁신적 분석·제안 시도'를 살펴본다. 각 연구 프로젝트는 어떠한 방식이나 내용으로 창의력이나 상상력을 발휘하여 직·간접적으로 혁신을 유도하려고 하는가? 셋째, '잠정성의 구체적 내용과 전망'을 살펴본다. 각 연구 프로젝트의 결과는 어느 수준의 완성도에 도달하고 있는가? 연구 결과의 활용이나 실천에 관해서 어떠한 문제나 한계를 가지고 있으며, 이를 보완할 수 있는 기제나 가능성이 내재하는가?

IV. CBL-CP의 연구 프로젝트 사례

1. 서울대학교 CBL-CP의 개요

저자들은 2015년 1학기부터 2019년 1학기까지 7회의 CBL-CP 수업을 수행했으며 총 53개의 수강생 연구 프로젝트가 이루어졌다. 프로젝트 결과물은 대부분 편집된 책으로 출판되었거나 관련 지자체의 보고서에 수록되었다.[9] 수업 개요를 정리하면 다음과 같다.

첫째, 모두 서울대학교 정치외교학부 전공과목으로 개설되었으며 수업은 한 학기(약 5개월)로 완결되었다. 수강생(학부생)은 최소 3명 최대 50명의 규모로 이루어졌으며 연구 프로젝트는 그룹 과제로 진행되었다. 그룹 규모는 2명에서 5명 수

---

9. 김의영 외(2015) 「동네 안의 시민정치」 등의 책으로 출판되었다. 2017년 1학기와 2019년 1학기 수업은 지자체 연구용역과 결합된 방식으로 이루어졌으며 프로젝트 결과는 각각 「시흥형 사회적경제 모델 전략계획연구」, 「강동구 마을공동체 기본계획 수립 연구」 보고서에 수록되고 있다.

준으로, 수강생 규모에 따라 설정했다. 학기 말에 팀별로 20페이지 내외의 보고서를 제출했다.

둘째, 연구대상 지역과 주제는 수업마다 다르다. 주제를 미리 설정하되 지역을 수강생들이 자유롭게 모색하는 방법과 지역을 설정하되 주제를 자유롭게 모색하는 방법 그리고 지역과 주제가 어느 정도 지정된 방법을 사용했다.

셋째, 지역 행위자들과의 관계 또한 수업마다 다르다. 중심적 연락 담당자가 되는 지역기관이나 지역 매니저를 미리 지정하는 방식과 수강생들이 자율적으로 접근하는 방식을 활용했다. 또한, 지역 행위자를 대학으로 초청하거나 지역행사를 직접 개최하면서 이들과 포괄적 차원에서 접근하는 방법도 시도했다.[10]

넷째, 수업 운영에 있어 전반 부분에서 전문지식의 습득을 중요시하며 관련된 행정지식에 대한 학습도 추진했다. 전문지식에 관해서는 수업 대주제마다 다르지만, 주로 사회적 자본 협력적 거버넌스, 민주주의 혁신, 사회적경제 등의 이론·개념을 학습했다. 행정지식에 관해서는 사회적기업, 협동조합, 마을공동체 등의 지원 관련 법제도, 주민참여예산제나 협치, 민관협력 관련 법제도, 지자체의 연도별 주요업무계획 등을 소개했다.

수업에서 수행된 수강생 프로젝트는 세부 주제, 조사과정, 주요 내용, 완성도 등의 측면에서 다양하며, 이를 체계적으로 정리하거나 계량적으로 분석하는 것은 어렵다. 본 연구에서는 이 중에서 사회적 매개지식으로서 구체적 메시지를 포함하고 있으며 결과적으로 지역 행위자의 호응이 높았던 대표적인 프로젝트를 선별하여, 이들에 대한 해석적 분석(interpretive analysis)을 시도한다. 세 가지 사례에서 나타난 각종 지식 유형의 현실적 내용과 연구 결과물의 형성 배경(학습, 조사 등), 활용 의도(정책제안, 기존 지식 간의 매개 등) 그리고 이와 관련된 수업 활동(워크숍이나 보고회를 통한 기존 지식의 융합 촉진) 등을 전체적으로 정리하면 〈그림 2〉와 같다.

---

10. 구체적으로 실무자 초청 워크샵, 활동가 콜로키움, 주민과 함께하는 소셜픽션 워크샵, 연구보고회, 기관 방문 수업 등을 진행하여, 수강생과 지역 행위자의 접촉을 촉진했다.

2. 사례 1: "바라지에게 바라지: 시흥시 사회적경제형 생태계보전 방안 제안"

경기도 시흥시를 대상 지역으로, 사회적경제를 주제로 지정한 수업에서 제시된 정책·사업 제안이다. 결론적으로 이 프로젝트는 '바라톤'의 개최를 제안했다. 이는 시흥시가 가진 7개 생태 축(바라지)을 활용한 마라톤 대회를 통해 시가 도입한 친환경적 금융 상품인 에코증권의 사용 활성화와 환경 보전 정책을 동시에 추진하는 사회적경제 사업을 의미한다. 이 밖에 2011년에 주식회사 형태로 설립된 시흥시민 햇빛발전소를 사회적협동조합으로 발전시키는 안과 에코증권의 활성화와 인지도 개선을 위한 홍보 안을 제시했다.

2017년 1학기에 개설된 '시흥시 사회적경제' 관련 시민정치론 수업의 프로젝트로서 시흥시사회적경제지원센터 실무자가 대주제(주요 분야)를 제시하여 시내 주요 단체를 소개하는 방식으로 추진되었다. 프로젝트 시작 전에 수업 전체에서 시흥시 사회적경제의 현황과 과제, 시흥시정의 전체적 동향, 시흥시 사회적경제의 전략적 발전에 관한 기존 연구 결과 그리고 사회적경제 법·제도의 현황에 대해서 사전학습을 했다. 또한, 사회적경제 이론과 거버넌스 이론에 대한 이론 학습도 마쳤다. 팀 구성 후 해당 사례를 수행한 환경팀은 시흥갯골사회적협동조합, 시흥시민햇빛발전소, 공정여행동네, 환경보전센터, 시흥환경운동연합 등 8개 민간조직과 시흥시청 미래산업과, 시흥시사회적경제지원센터, 시흥시지속가능발전협의회 등의 공공기관을 방문하여 지역의 환경문제와 사회적경제 방식의 활용 가능성에 대해 인터뷰를 시행했다. 또한, 생태 축의 중심에 있는 호조벌의 보존에 대해서 시민 97명에게 설문 조사를 시도했다. 정리하면, 사회적경제 이론과 전문가가 제시한 기존의 전략모델로 구성되는 전문지식, 관련 법제도 현황과 시청 공무원의 생각 등으로 구성되는 행정지식 그리고 주민과 단체들의 문제 인식이나 주관적 생각, 지역의 자연 자원 상태나 이용·활동 방식 등으로 구성되는 현장지식을 다각적으로 습득했다.

결과물로서의 정책안은 거버넌스, 민주적 숙의, 이윤 창출, 환경보존이라는 네

가지 관점에서 기존 환경단체의 운영을 평가하여 이를 배경으로 특히 지속적인 시민참여라는 규범적 측면에서 중요한 과제로 시민햇빛발전소의 조직적 개선안 그리고 공동의 과제로서 바라지 생태 축의 보존 방법을 제시했다. 생태 축의 보존 문제는 시흥시의 시정 운영 차원에서 중요시되어온 과제로서 지역사회 모두가 알고 있으므로 새로운 주제라 할 수 없다. 다만, 환경팀의 연구 프로젝트에서는 이에 지역 마라톤 대회의 개최와 에코증권의 이용을 결합해, 지리적·경제적으로 시내 전체로 확산할 수 있는 혁신적 정책안을 창조했다. 여기에 '바라톤'이라는 독자적 네이밍도 아이디어에 추가했다.

수업의 일환으로 실시된 보고회에서 시흥시 실무자들로부터 호응을 받았으며, 환경 활동가들의 인식도 긍정적이었다.[11] 다만, 제안 내용에는 이러한 아이디어를 누가, 언제, 어떻게, 어느 수준으로 구현할 것이지 자세한 설명이 미흡한 상태이며, 사회적협동조합의 설립 절차 이외의 환경 관련 사업이나 체육, 금융 등에 관한 기존 정책, 법·제도에 대한 자세한 조사도 미흡했다. 특히 실용성의 수준을 고려한다면, 시흥시는 2015년부터 갯골의 일부 구간을 활용해 전국하프마라톤대회를 개최하고 있는데, 이와 어떠한 방식으로 정책적으로 연결할 수 있는지에 대한 검토가 필요했던 것으로 보인다. 호조벌 보존을 위한 에코증권의 발행에 관해서도 이미 정책을 시행하고 있으므로 마라톤 대회라는 '추가적 아이디어'를 도입해야 할 근거나 설득력, 필요 예산, 담당 부처 등에 관해서는 주장 내용이 불확실하다.

3. 사례 2: "아파트 민주주의로 바라본 성북구 동행 아파트: 아파트 민주주의 확대 제안"

서울시 성북구를 대상 지역으로 하여, 동 지자체가 지향하는 마을민주주의를 주제로 지정한 수업에서 제시된 분석적 주장이다. 이 프로젝트는 성북구가 2014년부

---

11. 연구결과는 중간보고회(2017년 5월 24일, 장소: 서울대학교), 소셜픽션 행사(2017년 6월 14일, 장소: 시흥시 시흥ABC행복학습타운), 최종보고회(2017년 9월 25일, 시흥시청)에서 발표되었다.

터 추진하고 있는 동행(同幸) 정책의 탄생 배경이자 핵심 부분인 아파트 내의 정치 즉, 입주자대표회의와 경비업체의 민주적 관계형성을 연구한 것이다. 당시 성북구 석관동에 소재한 두산아파트에서 이해당사자 간의 합의에 따라 경비원의 고용안전과 아파트 환경의 개선이 동시에 이루어졌으며 이를 계기로 성북구가 기존의 갑(甲)-을(乙) 대신 동(同)-행(幸)이라는 명칭을 사용하는 '동행계약서'를 도입했다. 이어서 아파트 내 에너지 절약 사업(지하주차장 내 LED 도입)과 계약방식의 개선으로 인해 관리비 절감도 이루어졌다.

2018년 1학기에 수행된 '성북구 시민정치' 관련 시민정치론 수업은 시민정치, 거버넌스, 협치, 사회적 자본, 민주주의 등 다양한 이론 학습부터 시작해서 2개 팀에 의한 자율적 프로젝트가 이어졌다. 동행 정책을 선택한 해당 팀은 우선, 아파트를 둘러싼 문제에 대해서 추가적인 자율학습을 추진하며, 정헌목이 2017년에 출판한 『가치 있는 아파트 만들기』에서 제기된 '아파트 공동체' 개념(정헌목 2017), 수원시에서 도입된 아파트 민주주의 정책이나 광주시의 아파트 공동체 정책을 참조했다. 이어서 성북구의 사례 또한 '아파트 민주주의' 임을 재인식하여 배경적 성공요인을 분석하기로 했다. 이처럼 전문지식과 행정지식으로 출발하여, 정책의 성공요인을 현장지식 속에서 발굴하는 방향으로 연구를 수행했다. 이 과정에서 두산아파트와 동아에코빌아파트에 대한 방문과 구청 관계자에 대한 인터뷰를 시도했다. 결국, 연구 결과를 '아파트 민주주의의 보편적 요인'으로 주장했다.

연구는 특히 두 아파트의 공통적 성공 요인을 네 가지로 설명했다. 1) 숙의 과정에 대한 지속적 참여를 통한 신뢰 쌓기, 2) 이야기하기(story telling) 등을 통한 공동체의 문제에 대한 인식의 공유와 관계 맺기, 3) 전시효과(demonstration effect) 등으로 인한 효능감의 구현, 4) 강력한 리더십을 통한 문제해결이다. 또한, 연구팀은 이러한 과정이 성공적으로 구현되더라도 주민들의 관심과 참여가 떨어지는 문제가 계속되며, 이에 대해 더 강력한 리더십이 등장하는 민주성과 모순되는 딜레마도 지적했다. 즉, 아파트 민주주의의 성공 사례 내부에서 민주주의를 위한 근본적 과제가 끊임없이 나타나는 점을 발견한 것이다. 그러나 이러한 문제를 포함해서 결론적으로는 입주자대표회의를 중심으로 한 민주적 숙의와 협력, 리더의 육성 등이 현재 한국의 거주 문화를 개선하는 데 중요한 역할을 할 수 있다는 규범적 문제의식을 제시하고 아파트 민주주의의 확산에 대해서 긍정적 전망을 서술했다.

이 프로젝트는 전문지식을 활용해 아파트 민주주의의 규범적 및 분석적 개념 정의에서 출발해 사례조사의 결과를 체계적으로 정리하는 등 학술적 논문으로서 완성도는 높다. 분석적 관점들은 국내외의 기존 이론을 활용한 것이지만 이를 아파트 민주주의로 재구성한 점은 어느 정도 혁신적 시도라고 할 수 있다. 다만, 성북구 두 아파트의 경험이 다른 아파트에서도 활용할 수 있는지에 대한 근거나 분석에 미흡한 점이 있다. 아파트와 관련된 기타 주거 복지 문제나 숙의 제도와 관련된 분석도 제한적이다. 연구 결과로서의 '발견'이 구체적으로 누구를 위한 메시지인지를 명료화하는 것도 필요해 보인다.[12]

4. 사례 3: "공간과 사람을 잇는 플랫폼, 강동고 강동락 애플리케이션 개발"

서울시 강동구를 대상 지역으로 하여, 마을공동체를 주제로 지정한 수업에서 제시된 사업제안이다. 이 프로젝트는 마을공동체의 운영과 지원정책의 이용, 홍보 등을 효과적으로 수행하기 위해 스마트폰용 애플리케이션을 개발하는 안을 제시했다. "어디서, 누구랑, 무엇을 할까?"라는 스토리를 중심으로 세 가지 기능을 강조하며, '마을공동체 통합 관리 애플리케이션'을 지향하고 '강동고(go), 강동락(樂)'이라는 이름도 제시했다.

2019년 1학기에 개설된 '거버넌스의 이해' 수업은 강동구의 마을공동체 기본계획 수립 연구와 병행하는 방식으로 추진되었다. 5개 팀이 각각 마을공동체의 지속성, 마을축제, 마을교육, 시민역량, 그리고 마을 정보력 강화라는 세부 주제를 선택

---

12. 연구결과는 성북시민의 밤, 동행원크숍(2018년 6월 25일, 장소: 성북구 평생학습관), 유권자 정치페스티벌(2018년 11월 3일, 장소: 수원시 선거연구원)에서 발표되었으며 이후 영어 논문으로 발전시켜 세계정치학학생회학술회의(2018 11월 19~23일, 싱가포르)에서 발표되었다.

하여, 강동구마을공동체지원센터와 긴밀하게 협력하는 방식으로 학습과 현지조사, 아이디어 개발이 이루어졌다. 프로젝트 시작 전에 수업을 통해 마을공동체의 개념과 이론, 법제도 현황, 강동구의 실천 현황, 주민자치와 협치와 같은 유사 정책 영역의 현황 등 전문지식을 학습했다. 또한, 강동구 실무자의 초청특강이나 활동가 콜로키엄을 통해 맥락적 이해를 중심으로 현장지식을 학습했다.

프로젝트에서는 현황이나 문제점, 주민 의식을 더 자세히 파악하기 위해서 마을활력소 성내어울터, 길동 다온 작은도서관 등 마을 거점이나 풀뿌리 민간조직을 방문하여, 구청의 마을공동체 담당 공무원이나 사회적경제지원센터장 등 실무자에게도 인터뷰를 시도했다. 이러한 결과 특히 마을에 대한 인식이나 홍보가 부족한 점을 알게 되고, 또한 신규 입주민에 대한 효과적인 접근방법이 필요한 상황이라는 현장의 인식도 공유했다.

연구 결과로서 '연계하자, 통합하자, 알리자'라는 정책적 방향성을 설정하여 통합 플랫폼으로서 스마트폰 애플리케이션을 개발하게 되었다. 개발의 첫 단계에서는 강동구 내의 기존 온라인 소통 채널로서 '강동구마을공동체 지원센터 플러스친구'와 홈페이지 정보에 대해 점검했으며, 더욱 고도의 정보 플랫폼의 필요성을 제기했다. 다음으로, 경기도가 도입한 따복공간 앱과 공동육아 사회적협동조합이 만든 공동육아와 공동체 교육 앱을 소개하며 벤치마킹했다. 후반 부분에서는 앱의 주요 콘텐츠와 조작법 등을 제안하며, 간단한 UI(사용자 화면)을 디자인했다. 마지막으로, 이를 도입하기 위해서 민관 공동의 TF팀에 의한 추진체계의 수립과 구청 정보팀 혹은 민간업체에 위탁하는 두 가지 대안적 개발방식을 제안했다.

강동구 실무자와 활동가들이 참석한 연구 결과 발표회에서는 상당히 높은 수준의 호응을 얻었으며, 실제로 도입하고 싶다는 의견이 제시되었다.[13] 또한, 지역 재개발 완료 이후 대규모로 유입될 것으로 예측되는 젊은 층을 중심으로 신규 입주민들에게 마을공동체의 정보와 정책을 소개하기 위해서도 유력한 수단으로서 지

---

13. 강동구 마을공동체 기본계획 수립연구의 2차 활동가 콜로키엄(2019년 6월 25일, 장소: 강동구청), 중간보고회(2019년 7월 16일, 장소: 강동구청) 등에서 나온 지적임.

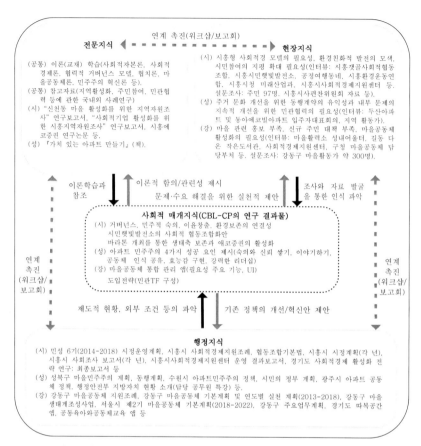

연계 촉진(워크샵/보고회)

전문지식   **현장지식**

(공통) 이론(교재) 학습(사회적자본론, 사회적
　경제론, 협력적 거버넌스 모델, 협치론, 마
　을공동체론, 민주주의 혁신론 등).
(공통) 참고자료(지역활성화, 주민참여, 민관협
　력 등에 관한 국내외 사례연구)
(시) "신천동 마을 활성화를 위한 지역자원조
　사" 연구보고서, "사회적기업 활성화를 위
　한 시흥지역자원조사" 연구보고서, 시흥에
　코증권 연구논문 등.
(성) 『가치 있는 아파트 만들기』(책).

(시) 시흥형 사회적경 모델의 필요성, 환경친화적 발전의 모색,
　시민참여의 지평 확대 필요성(인터뷰: 시흥갯골사회적협동
　조합, 시흥시민햇빛발전소, 공정여행동네, 시흥환경운동연
　합, 시흥시청 미래산업과, 시흥시사회적경제지원센터 등.
　설문조사: 주민 97명, 시흥시사판찬위원회 자료 등).
(성) 주거 문화 개선을 위한 동행계약의 유익성과 내부 문제의
　지속적 개선을 위한 민관협력의 필요성(인터뷰: 두산아파
　트 및 동아에코빌아파트 입주자대표회의, 지역 활동가).
(강) 마을 관련 홍보 부족, 신규 주민 대책 부족, 마을공동체
　활성화의 필요성(인터뷰: 마을활력소 성내어울터, 길동 다
　온 작은도서관, 사회적경제지원센터, 구청 마을공동체 담
　당부처 등. 설문조사: 강동구 마을활동가 약 300명).

이론학습과 　　　이론적 함의/관련성 제시　　　　　조사와 자료 발굴
참조　　　　　　문제·수요 해결을 위한 실천적 제안　　을 통한 인식 파악

사회적 매개지식(CBL-CP의 연구 결과물)
(시) 거버넌스, 민주적 숙의, 이윤창출, 환경보존의 연결성
　시민햇빛발전소의 사회적 협동조합안
　바라톤 개최를 통한 생태축 보존과 애코증권의 활성화
(성) 아파트 민주주의 4가지 성공 요인 제시(숙의와 신뢰 쌓기, 이야기하기,
　공동체 인식 공유, 효능감 구현, 강력한 리더십)
(강) 마을공동체 통합 관리 앱(필요성 주요 기능, UI)
　도입전략(민관TF 구성)

연계　　　　　　　　　　　　　　　　　　　　　　　　　연계
촉진　　　　　　　　　　　　　　　　　　　　　　　　　촉진
(워크샵/　　　　　　　　　　　　　　　　　　　　　　(워크샵/
보고회)　　제도적 현황, 외부 조건 등의 파악　　기존 정책의 개선/혁신안 제안　　보고회)

행정지식

(시) 민선 6기(2014-2018) 시정운영계획, 시흥시 사회적경제지원조례, 협동조합기본법, 시흥시 시정계획(각 년),
　시흥시 사회조사 보고서(각 년), 시흥시사회적경제지원센터 운영 결과보고서, 경기도 사회적경제 활성화 전
　략 연구: 최종보고서 등.
(성) 성북구 마을민주주의 계획, 동행계획, 수원시 아파트민주주의 정책, 시민의 정부 계획, 광주시 아파트 공동
　체 정책, 행정안전부 지방자치 현황 소개(담당 공무원 특강) 등.
(강) 강동구 마을공동체 지원조례, 강동구 마을공동체 기본계획 및 연도별 실천 계획(2013-2018), 강동구 마을
　생태계조성사업, 서울시 제2기 마을공동체 기본계획(2018-2022), 강동구 주요업무계획, 경기도 따복공간
　앱, 공동육아와공동체교육 앱 등

〈그림 2〉 각 사례에서 나타난 각종 지식의 현실적 형태와 연계·매개의 시도

*(시)는 사례 1(시흥시 연구), (성)은 사례 2(성북구 연구), (강)은 사례 3(강동구)을 의미함.

지를 받았다.

　다만, 프로젝트 내용 면에서 비용이나 사용 편의에 대한 분석이나 실험, 정보 수
집과 공개, 공유에 관한 법·제도적 문제에 대한 분석이 미흡했다. 또한, 콘텐츠의
구체적 활용 방법이나 광역지자체인 서울시의 정보 플랫폼과의 관계 등에 관해서
현황이나 기존 제도에 관한 분석이 부족했다. 실제로 프로젝트 이후 실무자의 사
전적 검토에서 기초지자체 차원에서 이와 같은 앱 개발을 위한 제도적 절차가 상
당히 힘들 것이라는 코멘트를 받았다.

V. 사례에서 나타난 사회적 매개지식의 성격, 한계, 과제에 관한 탐색적 고찰

1. 연계성과 혁신성의 구체적 특징

우선, 사례에서 공통으로 확인할 수 있는 것은 개념적 틀에서 그렸던 사회적 매개지식의 기본적 특징이다. 전문지식, 현장지식, 행정지식을 어느 정도 학습하거나 조사·발굴한 수강생들은 이들을 바탕으로 어떠한 아이디어를 추가하면서 새로운 주장이나 정책안을 제시했다. 각 주장은 바로 도입되는 것은 아니었으나 어느 정도의 실천적 유익성을 지역사회에서 인정받을 수 있었다. 즉, 기존 지식 간의 단절과 제4의 지식 영역의 존재 그리고 CBL-CP를 통한 지식창조의 가능성을 사례에서 현실적으로 확인할 수 있다.

사례에서 제시된 지식을 더 자세히 검토하면 다음과 같은 특징을 지적할 수 있다. 1) 기존 지식의 연계 방식이나 제시된 결과에서 가장 부족한 지식 측면은 사례마다 다르다. 2) 기존 지식의 학습에서 중심적 주장을 도출하는 과정에서 어떠한 촉발요인(trigger)이 작용하고 있다. 3) 모두 특정 정책이나 사업에 관한 단순화된 주장으로 제한되고 있다.

1)은 사회적 매개지식의 기본 특징인 연계성, 매개성과 관련된 것이며, 현실적으로는 다양한 형태, 수준, 단계 등으로 나타나는 것을 시사한다. 2)는 기존 지식의 학습 이후 혁신적 제안을 고안하는데 별도의 계기가 개입하는 것을 의미한다. 시흥시와 성북구의 사례에서는 각각 시민참여 촉진과 주거문화 개선을 중요시하는 수강생의 '규범적 판단'이 개입했고, 강동구 사례에서는 경기도 정책 등에 대한 '벤치마킹 수법'이 중요한 역할을 했다. 이는 사회적 매개지식의 도출에 있어서 계획적으로 기존 지식을 학습하는 것뿐만 아니라, 규범적 원천이 되는 통합적 정체성이나 미래지향적 의식의 개입 그리고 자율적 프로젝트 운영의 중요성 등을 시사한다. 3)은 두 가지 중요한 함의를 가진다. 첫째, 약 5개월로 제한되는 짧은 시간과 20

페이지 수준의 보고서 작성 등 저자들이 설계한 CBL-CP '수업 형식'으로 인해 수강생들은 초점을 제한적으로 설정할 수밖에 없었다. 즉, 수업 설계가 제시될 사회적 매개지식의 내용에 영향을 미칠 수 있는 것이다. 둘째, 연구 초점이 제한된 결과 내용의 주안점에 차이가 나타났다. 시흥시와 강동구 사례는 정책·사업의 구체적 제안이 중심이며, 성북구 사례는 성공 요인의 해석적 분석이 중심이다. 전자는 제안을 어떻게 실현할 것인지에 관한 논의가 중심이며, 후자는 왜 그러한 요인이 나타났는지 규명하는 것이 중심이다. 이러한 성격 차이는 다른 수강생 프로젝트에서도 널리 볼 수 있다. 즉, 단기적으로 이루어지는 CBL-CP에서는 창출될 사회적 매개지식을 두 가지 세부 유형으로 분류할 수 있는 것이다. 이를 해결지식(solution knowledge)과 분석지식(analytic knowledge)이라고 규정해 본다. 양자 모두 기존 지식을 매개하면서 새로운 주장이나 이해를 제공하는 점은 동일하다. 그렇다면 CBL-CP의 설계를 개선함으로써 양자를 통합한 보다 포괄적인 사회적 매개지식을 유도할 방법을 생각해 볼 수 있을 것이다. 예를 들어 지역의 종합적인 정책계획의 수립이나 포괄적인 지역 재생 프로젝트 등의 개발이다. 이와 같은 통합지식(integrative knowledge)을 창출하기 위해서는 단기적인 CBL-CP에는 한계가 있으며, 프로그램의 장기적 운영이나 복합적 협력, 권한이나 기회의 부여·확대 등 보완책이 필요할 것이다. 이러한 고찰을 바탕으로 사회적 매개지식의 세부 유형에 관한 모델 그리고 CBL-CP의 설계나 방법론, 수강생 과제의 효과적 방향성 등에 관한 후속 연구를 수행할 필요가 있을 것이다.

2. 사회적 매개지식의 한계와 지식 민주주의의 촉진 필요성

사례에서 제시된 지식은 모두 제한적 성격과 동시에 잠정성으로 인하여 불완전한 주장이라는 특징도 가지고 있다. 세 가지 모두 부분적 경험이나 이론을 기반으로 제시된 '가상'의 제안이며, 이를 실제로 도입하기 위해서는 예산, 절차, 추진 행위자, 관련 정책의 조율, 도입 범위나 규모, 수준, 단계, 타이밍, 그리고 반대 의견이나 세력과의 조율 등에 관해서 추가적 검토가 필요하다. 이는 특히 행정지식에 관한 검토가 부족했다는 해석을 할 수 있겠지만, 본질적으로 사회적 매개지식의 '내재적 한계'로 보는 것이 적절하다. 아직 실천하거나 확산되지 않은 지식의 미래 상황에서 일어날 수 있는 문제나 과제는 무한대로 존재하는 한편, 정책제안 단계에서는 주요 내용이나 방향성을 구체적으로 제시해야 하기 때문이다.

이러한 한계는 특히 민관 모든 행위자가 관여하는 지역사회의 정책 이슈를 CBL-CP가 주제로 설정하고 있으므로 뚜렷하게 나타난 것으로 보인다. 즉, 최종적으로 주민, 공무원, 시민단체 등 지역 행위자가 동의하고, 공식적 절차를 거쳐 실천될 정책안을 제안하는 것이기 때문에 잠정성의 성격이 강하게 나타날 수밖에 없다. 반면, PBL이나 서비스 러닝 프로그램에서는 주로 수강생 스스로가 실천할 수 있는 범위로 주제나 활동이 제한되기 때문에 잠정성의 성격은 비교적 완화될 수도 있다.

CBL-CP에서 잠정성으로 인한 약점을 완화하는 두 가지 방법을 생각해 볼 수 있다. 첫째는 세 가지 기존 지식의 학습과 연계를 강화하는 것이다. 이는 사회적 매개지식의 기본적 창출 방법인 연계성을 충실하게 지키는 방법이기도 하다. 또한, 수강생 자신의 학습 노력 이외에도 주민, 공무원, 전문가와 같은 지역 행위자들과 연결하여 사회적 매개지식이 필요하게 된 외부 환경(기존 지식 간 단절 상태)을 개선하는 방법도 있을 것이다. 수업 사례에서 주민과 실무자를 대상으로 소셜픽션(social fiction) 워크숍이나 활동가 콜로키움을 개최한 것도 이러한 의도를 포함하고 있다. 둘째, 사회적 매개지식의 내재적 한계를 그대로 받아들이고, 거시적 지식 비전의 공유나 제도화를 촉진함으로써 지식의 잠재력이나 필요성에 관한 인식을 개선하는 방법이다. 이념이나 지지세력이 아니라 교육과 지식창조를 정책형성 과정의 원동력으로 하는 지역제도나 교육연구기관, 민관협업 모델 등이 강조될수록, 잠정적 성격을 가진 사회적 매개지식의 가치 자체가 향상될 것이다. 가상적이고 미래지향적인 아이디어를 지속적으로 창조, 축적, 공유하여, 이를 바탕으로 지역 행위자들의 본격적 숙의와 협업을 역동적으로 촉발하는 것이 이른바 지식 민주

주의나 지식 공동체의 이상적 비전이다.[14]

정리하면 CBL-CP에서 창조하는 사회적 매개지식에는 잠정성이라는 한계가 내재되어 있으며, 이를 완화하기 위해서는 기존 지식에 대한 체계적 학습을 강화하는 것과 동시에 지식창조에 대한 지역사회의 인식이나 제도·프로그램을 개선하는 노력이 필요하다. 전자는 수업 내부의 과제이며 후자는 수업을 넘어 대학이나 지역사회 전체의 장기적 과제일 것이다.

3. 실천적 효과와 교육적 효과의 시너지 창출과 평가 과제

마지막으로, 수강생의 내면에 관한 교육적 효과라는 관점에서 사회적 매개지식의 성격을 고려하는 것도 중요할 것이다. 이상에서 논의한 연계성, 혁신성, 잠정성은 지역사회의 발전에 대한 직·간접적 기여 가능성 즉, '결과적 측면'에 주목한 것이지만 본래 CBL-CP가 정치학 교육 프로그램이라는 점을 기억할 필요가 있다.

사례에서도 이에 관한 평가의 어려움이 나타나고 있다. 주장이나 모델의 형성 '과정'에 주목하면 단계적 학습과 자율적 발견, 규범적 가치의 자각과 같은 교육적 효과를 어느 정도 파악할 수 있다. 다만, 이러한 노력 과정과 최종적으로 제시된 주장의 완성도 사이의 관련성은 미지수이다. 교육적 효과가 높은 팀이 완성도가 높은 아이디어를 제시할지, 실천적 효과가 높은 아이디어 창출 팀에게 높은 교육적 효과가 나타날지는 불확실하다고 말할 수밖에 없다. 특히, '해결지식'을 지향하고 실천적 아이디어 제시에 중점을 둔 연구(시흥시 사례, 강동구 사례)의 경우, 수강생 보고서를 근거로 교육적 효과를 평가하는 것은 어려운 일이다.

재정리하면 사회적 매개지식의 특징에 관해서 본 연구에서 제시한 틀과 기존 담

---

14. 이러한 제도나 협업을 단기간에 완성할 수 없고 지속적인 노력이 필요할 것이다. 본 연구에서 강조하는 지식 민주주의 또한 지식의 창조와 공유, 실험의 촉진을 위한 다양한 장치나 프로그램을 지역사회나 지자체 차원에서 개선해 가는 과제를 의미한다. 구체적으로, 연계방법의 개선(예: MOU 방식, 공모방식, 위탁 방식, 네트워크 방식)이나 연구 방법의 개선(예: 소셜 랩, 정기적 협업 워크숍, 참여·실습, 주민토론회 기획) 등이다.

론은 공통으로 지식창조의 결과적 측면에 주목하는 경향이 강하며, 교육 효과가 나타나는 과정적 측면에 대한 보완이 필요하다.

기존 담론을 참조할 때, 이 실마리는 지식창조의 원천 또는 배경이 되는, 수강생들의 '의식 변화'에 있을 것으로 생각된다. 공적 이성, 민주시민의식, 비판적 성찰, 사회기업가정신과 같은 미래지향적 의식의 형성이나 자각, 발휘를 연구 프로젝트 수행 과정에서 적극적으로 유도하거나 이러한 의식과 구체적 지식창조 활동의 연결성을 강화하도록 하는 수업 방법론이 유효할 것이다. 결국, 분석이나 아이디어 탐구 과정에서 기존 지식의 연계나 혁신을 위해서 수강생들은 다양한 방법을 시도하게 되는데, 이때 규범적인 의식을 투영하거나 심층적으로 참조하는 것이 교육과 실천의 시너지 효과를 지향하면서 사회적 매개지식의 가치를 더욱 향상하는 데 중요한 실마리가 될 수 있다.

VI. 결론

본 연구는 정치학 교육의 혁신 모델이라 할 수 있는 CBL-CP의 지식론을 주제로, 수강생들의 지적 결과물의 성격과 한계, 개선 과제를 논의했다. 기존 정책 지식론을 참조하면서 관련 지식의 유형화와 체계화를 시도했으며, 저자들이 수행한 수업 프로그램에서 나타난 수강생 연구 프로젝트를 재해석하는 방식으로 분석했다. 이 결과로 소위 사회적 매개지식의 현실적 특징이나 한계, 과제를 탐색적 수준에서 서술했다. 기존의 정치학 교육 연구에 있어 지식론은 아직 충분히 발전되지 못한 분야이며, CBL-CP 또한 아직 확산 과정에 있다. 이러한 상황에서 본 연구는 엄격한 검증이나 계량적 평가를 통한 비판적 연구가 아니라, 배경적 이론 정리와 소수 사례에 대한 해석을 통하여 기본적 문제와 과제를 도출하고자 하였다.

연구 결과를 요약하면 1) CBL-CP를 통해서 실제로 연계성, 혁신성, 잠정성을 가진 대안적 지식을 충분히 창조할 수 있다. 2) 단기적으로 이루어지는 CBL-CP에서는 사회적 매개지식의 구체적 형태가 해결지식 또는 분석지식으로 구분되는 경향이 있다. 3) 세부 유형과 상관없이 사회적 매개지식의 창출 과정에는 다양한 방법론을 활용할 수 있으며 이에 따라 연계성, 혁신성을 강화하고, 잠정성으로 인한 문제를 어느 정도 완화할 수 있다. 4) 잠정성 문제와 교육 효과의 개선을 위해서는 CBL-CP의 지식론에 관한 연구 강화와 거시적 지식 비전의 구축 노력이 관련된다. 지식 민주주의나 지식 공동체와 같은 비전을 구현해가는 과정에서 교육과 지식의 존재 의의가 재평가되면 미래 지향적이고 창의적인 주장이나 연구결과의 가치가 함께 개선될 것으로 전망된다. 이러한 특징이나 현황, 과제, 한계 등은 본 연구에서 살펴본 사례뿐만 아니라 저자들이 수행한 7회의 수업 프로그램에서 빈번하게 나타났으며, 동시에 전국 대학의 정치학 관련 학과·학부로 확산되고 있는 많은 CBL-CP가 공통으로 직면하고 있는 과제라고 할 수 있다.[15]

다시 강조하지만, CBL-CP의 지식론은 아직 활성화되지 못하고 있는 연구 영역이다. 나아가 풀뿌리 차원의 시민정치 시대의 정치학 교육의 내용과 방향성 그리고 교육과 결합할 시민정치의 실천적 방향성 등에 관한 연구도 시대적 흐름에 맞춰 발전시켜야 할 중요한 과제일 것이다. 본 연구는 이를 위한 탐색적 시도를 통해 CBL-CP의 의의와 개선을 위한 몇 가지 기본적 과제를 도출했다. 탐색적인 연구 결과이지만, 향후 보다 다각적 이론 연구나 심도 있는 경험적 연구를 통해 CBL-CP의 방법론, 지식론, 정책론, 교육 효과론 등이 활성화되며 체계적으로 이루어지길 기대한다.

---

15. CBL-CP의 실천 성과에 관한 공유나 학술적 검토도 확산하고 있다. 예를 들어 한국정치학회는 2018년 11월 3일(유권자정치페스티벌)에 18개 대학에서 수행된 수업을 비교·검토하는 학술회의를 개최했으며(한국정치학회 2018) 그 결과를 수업 매뉴얼로 펴낸 바 있다(서울시 마을공동체종합지원센터 2018).

〈참고문헌〉

권향원·공동성. 2015. "공공철학으로서의 행정학: 한국 행정개혁의 사상적 빈곤과 편향에 대한 비판적 검토와 교훈." 『한국행정학보』. 제49권 제2호, 25-60.

김의영 외. 2015. 『동네 안의 시민정치』. 서울: 푸른길.

김의영·미우라 히로키. 2018. "지역 기반 시민정치 교육의 내부적 긴장성 문제: 서울대학교 정치외교학부 수업 사례의 분석과 시사점." 『한국정치연구』. 제27권 제3호, 79-108.

박정택. 2007. 『일상적 공공철학하기』. 과주: 한국학술정보.

서울시 마을공동체종합지원센터. 2018. 『Community Based Learning 대학-지역 연계수업 길라집이』. 서울: 서울시 마을공동체종합지원센터.

이태동. 2016. "지역기반 시민정치교육의 지향, 방법론, 활성화 구조에 대한 연구: 마을학개론 사례를 중심으로." 『한국정치연구』. 제25집 제2호, 119-143.

채진원. 2015. "시민교육 교과에서 현장활동의 방법론과 매뉴얼 탐색." 『인문사회 21』. 제6권 제1호, 71-101.

한국정치학회. 2018. "시민정치 교육, 연구, 실천." https://rilla7.wixsite.com/civicpolitics. (검색일: 2019.9.20).

ENSI(사회혁신교육자네트워크). 2019. "주요 연혁." https://ensi.skhappiness.org/about/history.do. (검색일: 2019.6.30).

Ashwood, Loka, Noelle Harden, Michael M. Bell, and William Bland. 2014. "Linked and Situated: Grounded Knowledge." *Rural Sociology* 79(4), 427-452.

Barber, M., S. Jakson, J. Shellberg, and V. Sinnamon. 2014. "Working Knowledge: Characterising Collective Indigenous, Scientific, and Local Knowledge about the Ecology, Hydrology and Geomorphology of Oriners Station, Cape York Peninsula, Australia." *The Rangeland Journal* 36(1), 53-66.

Binde, Jerome. 2005. *Towards Knowledge Societies*. Paris: UNESCO Publishing.

Bodorkos, Barbara and Gyorgy Pataki. 2009. "Linking Academic and Local Knowledge: Community-based Research and Service Learning for Sustainable Rural Development in Hungary." *Journal of Cleaner Production* 17, 1123-1131.

Bornstein, David. 2005. *How to Change the World: Social Entrepreneurs and the Power of New Ideas*. New York: Oxford University Press.

Cipolle, Susan Benigni. 2010. *Service-Learning and Social Justice*. Lanham: Rowman & Littlefield Publishing.

Cumberbatch, Janice. 2015. "Effective Engagement: Critical Factors of Success." In Amy E. Lesen ed. *Scientist, Expert, and Civic Engagement: Walking a Fine Line*, 57-81,

Surrey: Ashgate.

Elkington, John and Pamela Hartigan. 2008. *The Power of Unreasonable People: How Social Entrepreneurs Create Markets that Change the World.* Boston: Harvard Business Press.

Giddens, Anthony and Scott Lash. 1994. *Reflective Modernization.* Cambridge: Polity Press.

Fischer, Frank. 2000. *Citizens, Experts, and the Environment: the Politics of Local Knowledge.* London: Duke University Press.

_____. 2009. *Democracy and Expertise: Reorienting Policy Inquiry.* Oxford: Oxford University Press.

Fitzgerald, Hiram E., Cathy Burack, and Sarena D. Seifer eds. 2010. *Handbook of Engaged Scholarship: Contemporary Landscapes, Future Directions: Volume 1: Institutional Change.* Lansing: Michigan State University Press.

Gustavsen Bjørn. 2014. "Social Impact and the Justification of Acton Research Knowledge." *Action Research* 12(4), 339-356.

Habermas, Jurgen. 1971. Knowledge and Human Interests. Boston: Beacon Press.

_____. 1998. *The Inclusion of the Other: Studies in Political Theory.* Cambridge, Mass.: MIT Press.

Hall, Budd L. 2013. "Knowledge, Democracy and Action: an Introduction." In Hall, Budd L., Edward T. Jackson, Rajesh Tandon, Jean-Marc Fontan, and Nirmala Lall eds. *Knowledge, Democracy and Action: Community-University Research Partnerships,* 3-16, Manchester: Manchester University Press.

Hatcher, Julie A. 2011. "Assessing Civic Knowledge and Engagement." *New Directions for Institutional Research* 140, 81-92.

Hess, Charlotte and Elinor Ostrom. 2007. *Understanding Knowledge as a Commons: From Theory to Practice.* MA: Cambeidge. the MIT Press.

Lawson, Hal A., 2015. "Introduction." In Hal A. Lawson, James C. Caringi, Loretta Pyles, Janine M. Jurkowsli, and Christine T. Bozlak eds.. *Participatory Action Research,*. ix-xxvii. New York: Oxford University Press.

Mackinson, Steven. 2001. "Integrating Local and Scientific Knowledge: An Example in Fisheries Science." *Environmental Management* 27(4), 533-545.

Maiello, Antonella, Cláudia V. Viegas, Marco Frey, José Luis D. Ribeiro. 2013. "Public Managers as Catalysts of Knowledge Co-production? Investigating Knowledge Dynamics in Local Environmental Policy." *Environmental Science & Policy* 27, 141-

150.

Ninomiya, Melody E. Morton and Nathaniel J. Pollock. 2017. "Reconciling Community-based Indigenous Research and Academic Practices: Knowing Principles is Not Always Enough." *Social Science & Medicine* 172, 28-36.

Nonaka, Ikujiro and Toshihiro Nishiguchi eds. 2001. *Knowledge Emergence*. New York: Oxford University Press.

Pham, Theresa Thao. 2016. "Engagement in Knowledge Production, Authentication, and Empowerment: A Community-based Participatory Research Project with Moroccan Immigrants in Spain." *International Social Work* 59(3), 368-380.

Rawls, John. 2001. *The Law of Peoples with "The Idea of Public Reason Revisited."* New York: Harvard University Press.

Raymond, Christopher M., Ioan Fazey, Mark S. Reed, Lindsay C. Stringer, Guy M. Robinson, and Anna C. Evely. 2010. "Integrating Local and Scientific Knowledge for Environmental Management." *Journal of Environmental Management* 91, 1766-1777.

Wynne, Brain. 1990. "Major Hazards Communication: Defending the Challenges for Research and Practice." H. B. F. Gow and H. Otway eds. *Communicating with the Public about Major Accident Hazards*, 599-612. London: Elsevier.

_____. 2005. "Reflexing Complexity: Post-genomic Knowledge and Reductionist Returns in Public Science." *Theory, Culture & Society* 22(5), 67-94.

제2장

한국 지방의회의 개선 방안
청주시의회의 참여 관찰 및 지방의원 면담을 중심으로

정상호 (서원대학교 사회교육과 교수)

논문초록 지방의회 개혁을 위해 의원 면담과 의회 관찰을 통해 얻은 핵심 제안과 해법은 다음과 같다. 첫째는 지방의원의 의무와 윤리를 확립하는 것과 연계하여 지방의회의 권한을 강화시키는, 즉 지방의회 개혁을 위한 사회적 대타협 또는 지역협약이다. 구체적으로는 권한 강화를 위해 지방의회가 그동안 꾸준하게 요구해온 의정비를 합리적 수준에서 현실화시키고, 유급 정책보좌관제도를 도입하며, 의회사무처의 독립성을 보장하는 것이다. 이와 연계하여 지방의회는 〈지방의원 겸직 금지 조례〉 제정 및 '윤리특별위원회'의 외부 인사 50% 이상 임명 의무화 등을 적극 수용한다. 물론 이는 지방자치법을 비롯한 국회의 입법이 전제되어야 하는 만큼 국민적 공론화와 여야 정당의 합의가 필수적이다. 둘째, 가장 시급한 대목 중 하나가 공정한 평가 지표의 구축이다. 한국 정치학회나 행정학회가 중심이 되고 국회사무처와 한국연구재단 등이 후원하는 형태로 의정활동을 평가할 수 있는 표준화된 평가 지표를 만들고 이를 개별 정당들이 적극 활용한다면 정치와 정책의 질이 지금보다 훨씬 제고될 것이다. 마지막으로는 투명성과 주민 소통을 제고하기 위한 지방의회 차원의 자구 노력의 전개이다. 이러한 맥락에서 지방의회 내에 〈시민청원실〉을 설치하여 문자 그대로 '주민의 대표'로서 제도 개선 및 정책 제안을 하게끔 유도할 수 있다. 또한, 지방의회 스스로 의원별·정당별 본회의와 상임위원회 출석률을 공개함으로써 의회의 투명성과 신뢰도를 높여야 한다.

I. 지방의회에 대한 인식 전환의 필요성

1. 지방정치의 변방이자 지방자치의 사각지대인 지방의회

1991년 지방선거의 부활로 지방의회가 활동한 지 내년이면 벌써 30년이 되지만 여전히 '정당공천제 폐지'와 '지방의회 무용론', '기초의회 폐지론'이 여론의 힘을 얻을 만큼 지방의회는 생활정치의 토대이자 민주주의의 학교로 자리 잡지 못하고 있는 것이 현실이다. 사실 지방에서 기초의회를 폐지하고 단체장을 임명하자는 주장은 새롭지 않다. 이명박 정부 시절 〈대통령 직속 지방행정체제 개편추진위원회〉는 6개 광역시에 속한 74곳의 기초단체장을 광역단체장이 임명하도록 하고, 서울과 6개 광역시 기초의회는 아예 없앤다는 내용의 개편안을 의결하였으나 시민단체와 해당 기초단체의 강력한 반대로 무산된바가 있다.[1]

비록 30여년밖에 안 되는 짧은 기간이지만 한국의 지방자치의 문제점과 개선 방향에 대해서는 이론적으로나 제도적으로나 적지 않은 사회적 합의와 제도적 진전이 있었다. 먼저, 제도적 측면, 특히 주민참여라는 점에서 적지 않은 변화가 있었다. 중앙집권적 강성 국가인 우리나라는 주민투표·주민발의·주민소환·주민소송이라는 직접 민주주의 4법이 이미 모두 도입된 상태이다. 직접민주주의의 법제화라는 관점에서 볼 때 이주민이 어떤 유형의 참정권도 갖지 못하는 일본의 무권리(no right type) 모델과 달리 한국은 일정한 요건을 갖춘 모든 외국인에게도 참정권은 물론 주민투표 권한을 제공하는 비차별적 지방 참정권(nondiscriminatory local right) 모델에 해당된다.[2] 또한, 유엔이 이미 1996년에 '40대 시민참여 제도'로 선정한 참여예산 제도가 단체장이나 다수당의 이념 성향이나 당적과 상관없이 우리나라의 모든 지방정부가 채택하고 있다. 노무현 정부는 '투명·참여·효율' 예산

---

1. 참여연대. 2012년 4월 18일. "'기초단체장 임명제·기초의회 폐지' 의결, 철회하라."
2. 정상호·전찬휘. 2013. "한국과 일본의 이주민 참정권 제도의 비교 연구." 「아시아연구」.16권 2호. pp.121–132.

을 강조하면서 주민 참여의 법적 근거를 마련한 〈지방재정법〉을 개정(2005,8)하였다. 이후 단체장의 의지에 따라 들쭉날쭉 시행되어 오던 참여예산은 2011년 3월 8일 강행 규정으로 개정됨으로써 의무적으로 운영되게 되었다.[3]

집행부인 자치단체장의 역할과 평가에서도 나름의 진전이 있었다. 주지하다시피 우리나라의 자치단체장은 지방정부의 수장으로서 학술적 용어로는 강시장형(strong mayor), 언론의 비유로는 제왕적 시장으로 불릴 만큼 정책추진과 예산배정의 우선순위를 결정하며, 지방 관료에 대한 광범위한 인사권을 갖는다. 그간의 연구를 통해 시장이 지방정치의 위계에서 가장 강력한 지위를 차지하고 있다는 사실은 충분히 밝혀졌다. 최근의 관련 연구들은 국회나 지방의회보다는 자치단체(지방정부)가 지방행정과 생활정치의 '혁신의 실험실'로 자리매김 되고 있음에 주목하고 있다. 미약한 지방분권 수준과 근절되지 않는 부정부패, 그리고 일방적인 관주도 행정 등의 문제점이 지속되고 있는 것은 사실이다. 그러나 민선 시대를 경과하면서 우리나라의 지방자치는 다음과 같은 패러다임의 변화를 가져왔다고 평가할 수 있다. ① 사람중심의 소통과 참여를 통한 거버넌스의 강화, ② 사회적경제와 공유경제를 통한 지역경제 활성화, ③ 보편적 복지와 혁신 교육 등 사회분야 정책의 업그레이드, ④ 토목중심의 개발에서 지속가능발전정책으로의 전환, ⑤ 공공서비스의 확장 등이다.[4] 아울러 그러한 변화가 총선과 대선의 가장 유력한 후보이자 정치인 충원의 새로운 저수지로 부상하고 있는 혁신 자치단체장에 의해 주도되고 있음을 주목하여야 한다.[5]

그러나 아쉽게도 지방의회의 개선이나 개혁은 자치단체장의 그것에 비교한다면 상대적으로 뒤쳐져 있다. 필자가 보기에 가장 큰 원인은 두 가지이다. 첫째는 그

---

3. 2005년에 삽입된 제39조 원안은 "지방자치단체의 장은 대통령령이 정하는 바에 따라 지방예산편성과정에 주민이 참여할 수 있는 절차를 마련하여 시행할 수 있다"는 근거규정이었다. 현행 지방재정법 제39조는 "지방예산 편성 과정에서 주민이 참여할 수 있는 절차를 마련하여 시행하여야 한다."는 강행 규정으로 바뀌었다.

4. 희망제작소. 2014. 『지방자치가 우리 삶을 바꾼다: 지역을 바꾼 77가지 혁신사례』. 목민관 총서. pp.14-15.

5. 정상호. 2016. "기초단체장의 '거버넌스 리더십'에 관한 연구." 『한국지방정치학회보』. pp.123-154.

동안 학계와 지방의회를 중심으로 이와 관련된 다양한 논의가 있어 왔지만, 핵심 과제나 우선순위에 대한 사회적 합의가 매우 취약하였다. 다른 하나는 지방의회와 관련된 담론 수준에서 '부패'와 '비리' 그리고 '외유' 같은 부정적 용어들이 끊임없이 생산되고 확산되었기 때문이다. 본 연구는 청주시의회에 대한 참여적 관찰을 통해 풀뿌리 민주주의의 근간인 지방의회의 핵심 개혁 방안을 제안하고자 한다. 그 전에 살펴볼 것은 지방의회에 대한 사회적 인식의 전환이 시급하다는 점이다.

2. 지방의회 때리기는 이제 그만: 풀뿌리 민주주의 관점에서 생산적 공론화가 절실

물론 지방자치제에 대한 국민들의 강한 불신은 충분한 근거가 있다. 중앙선관위의 〈2000년 이후 재·보궐 선거 현황〉 자료에 따르면, 853명(교육감 제외)에 달하는 단체장이나 지방의원이 중도 하차하는 바람에 재·보궐 선거가 치러졌다. 이들이 그만둔 이유는 대부분 사직이나 당선무효 때문이다. 선거법위반이 확정돼 당선무효가 된 경우가 312명이나 되고, 300여 명은 사직을 했다. 사직 이유에 대해 선관위 관계자는 "일부 국회의원 선거 출마 등을 위해 사직한 경우도 있지만 상당수는 비리 혐의 등으로 재판을 받는 과정에서 형을 감면받기 위해 중도 사퇴한 경우"라고 설명했다.[6]

지방의회에 대한 불신은 청렴도 평가에서 극명하게 나타난다. 국민권익위의 조사에 따르면, 지방의회 종합청렴도는 10점 만점에 평균 6.11점에 그쳤다. 지난 3년간(2015-2017) 조사에서 6점대에 머물러 여전히 개선되지 않은 낮은 점수를 보이고 있다. 같은 시기(2017)에 조사된 공공기관의 종합청렴도가 10점 만점에 평균 7.94점이었고, 더구나 최근에는 상승 추세(2018년 8.12점, 2019년 8.19점)임을 고려한다면 지방의회 폐지론이 제기될만하다.[7]

---

6. 이종수. 2019. 2. "지방의회의원 비위실태 분석." 한국지방자치학회 동계대회 발표문.
7. 국민권익위원회. 2019.12. 「2019년도 공공기관 청렴도 측정 결과」. p.6.

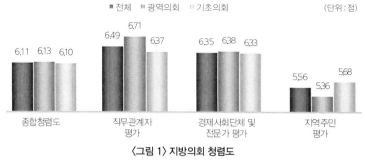

■ 전체　■ 광역의회　■ 기초의회　　　　　　　　　(단위 : 점)

〈그림 1〉 지방의회 청렴도

출처: 국민권익위원회(2017.12). p.7.

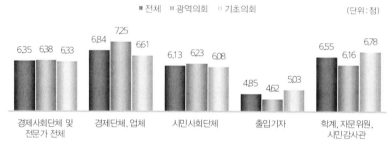

■ 전체　■ 광역의회　■ 기초의회　　　　　　　　　(단위 : 점)

〈그림 2〉 지방의회에 대한 경제사회단체 및 전문가 평가 세부 유형별 평가 점수

출처: 국민권익위원회(2017.12). p.17.

　그렇지만 눈여겨 볼만한 것도 있다. 평가 결과를 살펴보면 광역의회와 기초의회 모두 직무관계자 평가>경제사회단체 및 전문가 평가>지역주민 평가 순으로 조사되었는데, 특히 언론인(출입기자)의 평가가 통계적으로 유의미한 차이가 있을 정도로 매우 인색하다.

　중앙이든 지방이든 국가기관에 대한 감시와 견제가 생명인 언론과 시민단체에서 비판적 인식이 강하다는 것이 비난의 근거가 될 수는 없다. 문제는 그러한 언론의 인식과 보도 태도가 풀뿌리 민주주의 관점에서 지방의회의 제도 개혁이나 관행 개선의 생산적 논의보다는 현재 지방정치에서 발생하고 있는 모든 문제점을 지방의회의 탓으로 왜곡하고 과장함으로써 소모적 논쟁과 정치혐오증을 초래하고 있다는 점이다. 언론과 시민단체들이 주도하고 있는 지방의회 무용론은 일부 단체장을 비롯한 약삭빠른 정치인들이 자신들의 책임과 무능력을 감추기 위해 희생양을 찾는 시민들에게 바치는 '목마'일 수 있다. 지방의회에 대한 관행적 비판이 과도하며 비생산적이라는 근거로 두 가지를 제시할 수 있다. 첫째는 우리사회가 부패하다고 평가받는 이유에 대한 조사 결과이다. 〈표 1〉을 보면, 우리사회의 부패 평가에 대해 언론 보도의 영향이 지대함을 알 수 있다. 왜냐하면 일반국민이나 외국인, 기업인 집단은 모두 우리사회에 부패가 만연하다는 인식의 원인으로 '부정부패 등 언론보도의 영향'을 2위로 뽑았기 때문이다.

다른 하나는 지방자치단체장과 지방의원의 사법처리 추세가 확연히 감소하고 있다는 점이다. 〈그림 3〉을 보면 자치단체장의 경우 민선 4기를 정점으로 기소 건수가 크게 감소하고 있음을 알 수 있다.

지방의원의 경우 최근의 사법처리 현황을 알 수 있는 정확한 자료가 없어 단언

〈표 1〉 우리사회 부패 평가 이유

(단위: %)

이유	일반 국민	기업인	전문가	외국인	공무원
실제 우리 사회의 부패행위가 만연하기 때문에	58.1	72.3	73.1	46.0	66.3
부정부패 등 언론보도의 영향 때문에	20.9	11.2	6.5	31.0	10.5
우리 사회에 대해 믿기 어렵기 때문에	15.7	6.2	4.5	13.0	7.5
부패에 대한 인식수준·기대치가 높아졌기 때문에	4.8	9.7	14.9	8.0	12.0

출처: 국민권익위원회(2018.12). p.6.

〈그림 3〉 민선시대 자치단체장 기소 현황

출처: 「세계일보」. 2018년 3월 5일. "비리 얼룩진 풀뿌리 민주주의"

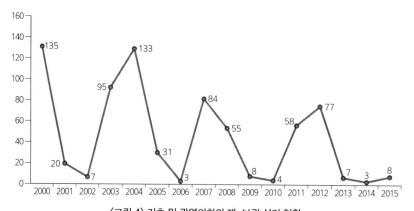

〈그림 4〉기초 및 광역의회의 재·보궐 선거 현황

출처: 중앙선거관리위원회(2016).

할 수는 없지만 위의 〈그림 3〉과 비슷한 추세일 것이라고 추정할 수 있는 근거가 있다. 〈그림 4〉는 2000년 이후 지방의원에 한정된 재·보궐 선거의 추이를 보여 주고 있다. 2000년부터 개정된 통합선거법(2000. 2. 16개정)에 따라 재·보궐선거가 상반기와 하반기로 나누어 정례화되었기 때문에, 특정 시기에 집중되는 양상을 보이고 있다. 어쨌든 시간이 지날수록 재·보궐선거가 점차 줄어들고 있음을 알 수 있다.

정리하자면, 지방의회 무용론이나 폐지론은 우리나라의 민주주의나 정치 발전에 전혀 도움이 되지 않는 비판을 위한 비판일 뿐이다. 민선7기 광역의원, 기초의원, 교육의원(제주)은 모두 3,756명이다. 이들이 심의하고 확정하는 1년 예산은 2017년 기준 193조 원이 넘는다. 그럼에도 불구하고 학계와 언론계를 비롯한 전문가 집단은 그동안 지방의회의 역할과 권한에 대해 평가 절하하거나 때로는 무시하는 태도를 은연 중 보여 왔다. 이제는 더 이상 지방의회 때리기(bashing)나 따돌리기(passing)에서 과감히 탈피해 지방의회 개혁을 위한 담론과 제도 구축에 진지하게 나설 때이다.

II. 참여적 관찰을 통해 본 청주시의회의 현황과 과제

1. 레드카드를 받은 민선 6기(2014-2018) 청주시의회

국민권익위원회는 전국 17개 광역의회와 30개 기초 지방의회의 〈2017년 청렴도 측정결과〉를 공개했다. 그 결과에 따르면 10점 만점의 종합 청렴도는 충북도의회가 5.91점을 기록하며 전국 평균 6.13점보다 낮은 점수를 받았다. 더욱 심각한 것은 청주시의회가 전국 30개 기초 지방의회 중 종합 청렴도 28위를 기록하는 초라한 성적을 받았다는 것이다. 청주시의회는 10점 만점에 5.55점(최하위인 5등급)을 기록하며 전국 평균 6.13점에 한참 못 미쳤다. 그동안 시의회는 신언식 의원의 업체 관계자와 해외 골프여행, 공원 정자를 무단 훼손한 박현순 의원을 경고, 교통사고를 낸 후 사고 처리를 안 한 김기동 의원을 '징계사유가 없다'고 결정하여 자정능력을 상실했다는 지적을 받은바 있다.[8]

의정활동 역시 상대적으로 저조한 것으로 나타났다.[9] 먼저, 민선 6기 청주시의회는 31회기 동안 302일을 개최하였다. 회기 일수만으로 의원들의 성실성을 평가하기는 어렵다. 보도에 따르면 통합 청주시의회가 개원한 지난 2014년 7월부터 지난 5월까지 2년 동안의 회기기간 100번 출석한 의원은 전체 38명 중 9명에 불과한 반면 회기 기간 10번 이상 출석하지 않은 의원은 모두 6명으로 집계되어 전반적으로 출석률이 저조한 것으로 나타났다.[10]

조례의 제·개정은 지방의회의 가장 중요하고도 본질적인 사무라 할 수 있다. 반면, 조례의 제정 건수만으로는 의회의 성실성을 평가하기가 어려운 측면이 있다.[11] 단순 비교를 위해 충청권 지방의회를 대상으로 한 조사에서 민선 6기 3년 동

---

8. 「충청뉴스라인」, 2017. 12. 21

9. 별다른 언급이 없는 한 의정활동 관련 자료는 충북참여자치시민연대. 2018. 3. 21. 〈민선 6기 충청지역 지방의회 평가와 과제〉 발표문을 인용하였다.

10. 이호상. 2016년 6월 24일. "청주시의원들, 회기중 청가·결석 남발." 「청주BBS」.

11. 사례로, 부산 동래구의회의 경우 최근 3년간 가장 많은 조례(9.92건)가 통과됐지만 공무원의 후생 복지를

〈표 2〉 충청권 지방의회의 조례의 재·개정 현황

		제정		전부 개정		일부 개정		폐지		총계		의원별 평균	
		건수		건수		건수		건수		건수		수	건수
충청북도의회		64	36	14	8	100	56	2	1	180	100	30	6
충북 기초 의회	괴산군의회	20	54	0	0	17	46	0	0	37	100	8	4.6
	단양군의회	26	59	4	9	14	32	0	0	44	100	7	6.3
	보은군의회	20	69	2	7	7	24	0	0	29	100	8	3.6
	영동군의회	11	34	7	22	14	44	0	0	32	100	8	4
	옥천군의회	15	43	1	3	19	54	0	0	35	100	8	4.4
	음성군의회	19	49	1	3	19	49	0	0	39	100	8	4.9
	제천시의회	20	51	2	5	16	41	1	3	39	100	13	3
	증평군의회	34	71	3	6	11	23	0	0	48	100	7	6.9
	진천군의회	6	30	2	10	10	50	2	10	20	100	7	2.9
	청주시의회	49	43	2	2	59	52	3	3	113	100	38	3
	충주시의회	24	50	1	2	20	42	3	6	48	100	19	2.5
대전광역시의회		171		31		142		1		345		22	15.7
대전 기초 의회	동구의회	35		–		35		–		70		11	6.4
	중구의회	28		1		18		–		47		12	3.9
	서구의회	31		6		37		–		74		20	3.7
	대덕구의회	38		2		20		–		60		9	6.7
	유성구의회	36		3		54		3		96		11	8.7
세종자치시의회										191		15	12.7

출처: 국회·지방의회 의정자료 공유통합시스템(http://clik.nanet.go.kr/index.do)

안(2014-2017) 제정된 재개정 조례의 총 건수는 1,547건이며 이는 261명의 지방 의원이 평균 5.93건을, 연 평균 1.98건을 처리하였음을 의미한다. 이를 근거로 살펴보면 충북은 다른 광역의회에 비해, 청주시의회는 전체 평균에도 미치지 못하는 초라한 성적을 낳았다.

건의안과 결의안은 의정활동의 다양성을 보여 주는 간접 지표이다. 대전시의 경

늘리는 조례, 안전신고 포상금을 늘리는 조례, 구청 청사 신축 지원 조례, 구의원들의 월정 수당을 3.5 가량 인상하는 조례 등에 치중했다. 부산일보, 2018년 3월 11일. "조례 만들랬더니 '구의원 수당 인상' '공무원 복지 증대'."

〈표 3〉 충청권 지방의회의 건의·결의안과 5분 발언 현황

		의원정수	결의안	건의안	합계	1인당	5분 자유발언		대집행부 질문	
							건수	의원당 평균	건수	의원당 평균
충청북도의회		30	14	23	37	1.2	148	4.9	36	1.2
충북 기초 의회	괴산군의회	8	2	4	6	0.8	6	0.8		
	단양군의회	7	2	15	17	2.4	12	1.7		
	보은군의회	8	2	2	4	0.5	10	1.3		
	영동군의회	8	2	8	10	1.3	7	0.9	4	0.5
	옥천군의회	8	1	4	5	0.6	26	3.3		
	음성군의회	8	11	6	17	2.1	18	2.3		
	제천시의회	13	2	7	9	0.7	49	3.8	50	3.8
	증평군의회	7	10	1	11	1.6	7	1		
	진천군의회	7	3	4	7	1	8	1.1		
	청주시의회	38	3	8	11	0.3	122	3.2	32	0.8
	충주시의회	19	3	1	4	0.2	12	0.6		
대전광역시의회		22	30	87	117	5.3	105	4.8	212	9.6
대전 기초 의회	동구의회	11	1	73	74	6.7	14	1.3	63	5.7
	중구의회	12	4	4	8	0.7	10	0.8	60	5
	서구의회	20	4	36	40	2	7	0.4	17	0.9
	대덕구의회	9	11	6	17	1.9	3	0.3	62	6.9
	유성구의회	11	1	4	5	0.5	4	0.4	58	5.3
세종자치시의회		15	13	1	14	0.9	79	5.3	205	13.7

출처: 국회·지방의회 의정자료 공유통합시스템(http://clik.nanet.go.kr/index.do)

우 통상적인 의정활동의 뒷받침(예결위구성 결의안), 지역현안에 대한 입장 표명 (국립철도박물관 유치 특별위원회 구성 결의안, 미래창조과학부 세종시 조속 이전 촉구 결의안), 정치사회적 현안에 대한 주장(역사교과서 국정화 중단 촉구 결의안, 북한의 제5차 핵실험 규탄 결의안), 중앙정부에 대한 요구(지방소방공무원의 국가 직 전환 촉구 건의안, 수도권 규제완화 중단 촉구 건의안) 등 매우 다양하다. 조사 결과 가장 부진한 지역은 충북도와 청주시, 충주시의회였고, 가장 활발한 활동을 보인 지역은 대전시와 대전시 동구의회였다.

한편, 5분 자유발언과 대 집행부 질문은 행정사무감사와 더불어 집행부를 견제

하는 가장 유력한 수단으로 알려져 있다. 조사 결과 통상 기초보다는 광역, 군 의회보다는 시 의회가 보다 적극적인 것으로 나타났다. 5분 자유발언의 경우 1년에 1회도 안하는 의원이 상당수(의원 당 평균 수치가 3이하)이며, 대 집행부 질문에 있어서도 청주시의회는 가장 낮은 성적을 기록하였다.

2. 새로운 출발: 민선 7기 청주시의회의 현황

1987년 민주화 이후 충북의 정당 및 선거정치의 특징은 영호남 지역주의에 대한 반작용으로 탄생했으며 표의 수나 결속력의 측면에서도 낮은 수준을 보이는 '반사적 지역주의'와 이념성이 약한 대신 실리적인 측면을 강조하는 '전략적' 또는 '정책적 지역주의'로 요약할 수 있다.[12] 그 결과 지역 패권정당이 부재한 상황에서 집권여당과 제1 야당이 경합하는 양당체제가 구축되어 왔다.[13] 〈표 4〉가 보여 주는 것처럼 청주시의회의 구성 또한 집권여당과 제1 야당이 번갈아가며 다수당을 차지하는 전형적인 양당제 모습을 보여 주고 있다.

청주의 정당정치의 또 다른 특성은 해방 이후 단 한 명의 지역구 국회의원도 배

〈표 4〉 청주시의회 당적별 의원 현황

의회명	시의원			당적							
	계	지역	비례	자유한국당		더불어민주당		바른미래당		정의당	
				지역	비례	지역	비례	지역	비례	지역	비례
민선7기(2018년)	39(10)	35(6)	4(4)	12	1(1)	23(6)	2(2)	–	–	–	1(1)
민선6기(2014년)	38(7)	33(3)	5(4)	16	3(2)	15(2)	2(2)	2(1)	–	–	–

주: ( )는 여성의원의 수
출처: 청주시의회 의원현황(http://council.cheongju.go.kr/index.php)

---

12. 이에 대해서는 김욱. 2005. "충청 지역주의의 역사적 발전과정과 특성." 『정치정보연구』 10-2. 117-134 과 윤종빈. "2007 대선과 수도권 투표성향: 지역, 이념, 그리고 인물." 『한국정당학회보』 6-2를 참조.
13. 충남·대전과 달리 충북지역주의는 존속 기간이 짧고 강도기 약했는데, 그 이유는 지역주의를 주도한 정치인과의 친밀성과 유대감이 낮고, 개방적인 역사적 정체성을 갖고 있으며, 수도권과의 교류가 밀접했다는 점에서 찾을 수 있다. 이에 대해서는 정상호·송정호. 2017. "역대 선거를 통해서 본 충북 지역주의의 동태와 특성." 『선거연구』 참조.

출하지 못한 여성정치의 불모지(不毛地)라는 점이다. 지난 20대 총선에서 총 51명의 여성 의원이 탄생했다. 전체 의석의 17%로 역대 최고 성과이다. 하지만 이는 다른 지역 이야기이다. 왜냐하면, 청주를 포함하여 충북 지역의 지역구 여성의원은 단 한명도 없었는데, 충북은 충남, 제주와 더불어 여성후보를 내지 못한 3개 광역단체 중 하나였다. 이러한 특징은 청주시의회에서도 그대로 나타난다. 〈표 4〉에서 보듯이 청주시의회의 민선 7기 기초지방의회의 여성 비중은 17.1%였고, 민선 6기 기초지방의회의 여성 비중은 9.1%였다(비례대표 제외). 이는 민선 7기와 6기 각각의 전국 평균 20.7%와 14.6%에 한참 못 미치는 결과였다. 그럼에도 불구하고 민선 6기에 비해 민선 7기에 와서 여성의원의 비중, 특히 지역구 의원의 비중이 증가하였다는 것은 눈여겨 볼만한 성과이다. 아울러, 다수당의 변화 또한 의정활동에 어떤 변화를 가져왔는지 살펴볼 대목이다.

3. 참여적 관찰을 통해 본 청주시의회: 무엇이 바뀌었고 무엇이 그대로인가?

(a) 나아진 점

의정활동의 차원에서 평가하자면, 먼저 민선 7기의 전반부만 마친 상황이라 엄격한 비교는 시기상조라 할 수 있다. 그럼에도 불구하고 몇 가지 눈에 띄는 개선점을 찾을 수가 있다. 무엇보다 말도 많고 탈도 많았던 의장단 선출과 상임위 구성이 원만하게 이루어졌다. 여야 합의에 따라 의장은 다수당인 더불어 민주당에서, 부의장은 제1 야당인 자유한국당이 맡았으며, 상임위원장 및 상임위 구성은 의석수에 따라 배분되었다.[14]

의정활동 역시 견제와 균형의 원리가 작동하고 있는 것으로 보인다(〈표 5〉 참조). 민선 7기 청주시의회의 의안처리율은 99.2%로서 다른 광역 및 기초의회에 비해 양호한 편이다. 특징적인 것은 원안 가결율과 부결율이다. 원안 가결율은 단지

---

14. 충북뉴스. 2018년 7월 1일. "청주시의회 전반기 원구성 갈등 없이 마무리."

<표 5> 청주시의회 의정활동 비교: 민선 7기와 민선 6기

구분		접수	처리	처리내용						보류	기타
				가결		채택	부결	폐기	철회		
				원안	수정						
총계		361	354	218	91	30	13	0	2	3	4
		1097	1087	903	131	19	22	7	5	0	10
조례안	소계	206	202	108	83	1	9	0	1	3	1
		788	787	656	110	0	14	4	3	0	1
	의원	73	70	32	34	0	4	0	0	3	0
		182	182	117	55	0	4	4	2	0	0
	위원회	0	0	0	0	0	0	0	0	0	0
		0	0	0	0	0	0	0	0	0	0
	시장	133	132	76	49	1	5	0	1	0	1
		606	605	539	55	0	10	0	1	0	1
	기타	0	0	0	0	0	0	0	0	0	0
		0	0	0	0	0	0	0	0	0	0
재의요구안		0	0	0	0	0	0	0	0	0	0
		1	1	1	0	0	0	0	0	0	0
예산안		8	8	3	5	0	0	0	0	0	0
		16	16	2	14	0	0	0	0	0	0
결산안		0	0	0	0	0	0	0	0	0	0
		0	0	0	0	0	0	0	0	0	0
동의(승인)안		80	80	74	1	0	4	0	1	0	0
		109	109	98	6	0	4	0	1	0	0
결의안		2	2	1	0	1	0	0	0	0	0
		7	7	6	0	1	0	0	0	0	0
건의안		5	5	1	0	4	0	0	0	0	0
		11	11	6	0	5	0	0	0	0	0
의견제시의 건		23	23	0	0	23	0	0	0	0	0
		42	42	30	0	11	1	0	0	0	0
규칙안		2	2	1	1	0	0	0	0	0	0
		16	16	16	0	0	0	0	0	0	0
규정안		0	0	0	0	0	0	0	0	0	0
		12	12	12	0	0	0	0	0	0	0
기타	소계	35	32	30	1	1	0	0	0	0	3
		94	85	76	1	2	2	3	1	0	9
	중요동의	6	6	6	0	0	0	0	0	0	0
		1	1	1	0	0	0	0	0	0	0

기타	안건	29	26	24	1	1	0	0	0	0	3
		93	84	75	1	2	2	3	1	0	9
청원		0	0	0	0	0	0	0	0	0	0
		1	1	0	0	0	1	0	0	0	0

주: 고딕은 민선 7기임

출처: 청주시의회. 의안통계(검색일 2019년 1월 26일)

http://council.cheongju.go.kr/index.php?control=bill&com_code=billstat&lm_uid=260&stcode=main

〈표 6〉 의안처리 현황의 비교

(단위: %)

의회명		처리율	처리내용						미처리율 (계류)
			가결		부결율	폐기율	철회율	기타	
			원안률	수정율					
청주시(민선 7기)		99.2	68.7	25.2	3.6	0.0	0.6	1.1	0.8
민선 6기	청주시	100.0	84.0	11.9	2.0	0.6	0.5	0.9	0.0
	서울특별시	81.8	59.1	15.2	0.1	6.0	1.5	0.0	18.2
	부산광역시	97.6	97.6	0.0	0.0	0.0	0.0	0.0	2.4
	대구광역시	99.3	81.0	13.5	0.4	0.9	1.5	1.9	0.7
	인천광역시	97.6	61.9	34.0	1.0	0.6	0.0	0.1	2.4
	광주광역시	79.8	70.0	8.3	0.7	0.2	0.4	0.2	20.2
	대전광역시	99.9	99.8	0.0	0.0	0.0	0.0	0.1	0.1
	울산광역시	100.0	87.9	5.5	0.0	0.0	0.0	6.7	0.0
	세종자치시	99.1	80.5	14.3	0.1	2.6	1.6	0.0	0.9
	경기도	92.6	65.1	24.1	0.7	1.9	0.7	0.2	7.4
	강원도	98.0	80.3	15.5	1.6	0.0	0.6	0.0	2.0
	충청북도	100.0	82.7	14.0	1.1	1.0	0.8	0.3	0.0
	충청남도	91.5	73.2	14.7	0.6	0.7	2.2	0.0	8.5
	전라북도	97.7	83.3	11.8	1.5	0.0	1.1	0.0	2.3
	전라남도	99.7	83.1	13.5	0.8	1.1	1.1	0.0	0.3
	경상북도	95.2	83.2	7.8	0.4	0.0	1.1	2.7	4.8
	경상남도	100.0	100.0	0.0	0.0	0.0	0.0	0.0	0.0
	제주자치도	41.6	28.0	9.7	0.1	0.1	3.7	0.1	58.4

출처: 국회·지방의회 의정자료 공유통합시스템(http://clik.nanet.go.kr/index.do)

68.7%에 그치고 대신 수정안 가결이 무려 25.2%에 이르고 있다. 또한, 부결율 역시 3.6%에 달하고 있다. 청주시의회는 시장과 다수당의 당적이 같은 여대야소 상

황이다. 통상 그러한 경우, 〈표 6〉의 대전이나 경남, 울산 등은 거의 100%에 육박하고 있다. 일반적으로 바람직한 모델은 단체장과 의회의 협상과 타협을 통해 원안과 수정 처리율을 높이고, 어느 일방의 패배인 부결 처리(교착 국면 deadlock)를 방지하는 것이라 할 수 있다. 그런 점에서 민선 7기는 외형은 여대야소이지만 내용적으로는 초당적 의회가 집행부를 감시하는 견제형 의회라고 할 수 있다. 이는 민선 7기에 이르러 민주당 당적의 시장이 제안한 조례의 수정 가결율이 무려 25.2%나 되고 부결율 또한 3.6%에 달한다는 사실로 입증된다.

한편, 행정 사무 감사와 상임위의 현장 관찰에 의하면, 의원들의 자세는 적극적이고 진지했다. 과거 청주시의회의 행정사무감사가 잦은 이석은 물론이고 감사 내내 단한차례의 질의조차 하지 않는 의원이 있었는가 하면 대부분의 감사가 2–3시간 내에 마무리 되는 등 성의 없이 진행했던 것과는 달리 크게 변화된 모습을 발견할 수 있었다. 필자가 참관하였을 때 도시건설위원회의 의원들은 겨울철 도로의 빙설 방지를 위한 〈자동염수분사장치〉의 누수 및 파손에 대한 해당 구청의 안이한 대응에 대해 질타하였다. 특히 해당 의원들은 〈자동염수분사장치〉의 공급과 사후 관리를 맡고 있는 특정 업체(이택 산업)의 적합성 여부에 대해 집중 질의하였다(〈그림 5〉 참조).

〈그림 5〉 도시건설위원회 행정 사무 감사의 영상회의록
출처: 청주시의회 영상회의록 (http://council.cheongju.go.kr/index.php)

또한 의정활동의 투명성과 개방성이라는 관점에서 볼 때도 청주시의회는 진일보한 모습을 보여 주었다. 먼저, 청주시의회는 본회의는 물론 상임위와 특별위원회까지도 인터넷 중계가 되고 있으며, 관심 있는 시민이라면 누구나 홈 페이지에서 관련 동영상과 회의록을 볼 수 있다.[15] 또한 필자의 경험에 따르면, 행정사무감사 기간 대체로 원활한 방청이 이루어졌다. 방청인에 대한 열람용 자료도 대부분의 상임위원회에 일괄 제공되어 원활한 모니터링을 진행할 수 있었다.

(b) 개선 과제

지방의회의 행정사무 감사는 물론이고 국회의 국정감사나 교육청에 대한 감사때마다 불거지는 논란이 과도한 자료 제출 문제이다. 예를 들어 여주시 공무원노조는 과도한 자료 제출 요구에 항의하는 피켓 시위를 벌였는데, 이에 대해 여주시의회는 행정과 예산 감시를 위한 의원들의 정당한 권리라고 맞섰다.[16] 물론 불필요한 과다 자료나 중복 자료 제출 요구 등은 절제될 필요가 있다. 필자가 관찰한 바에따르면, 본질적 문제는 과도한 자료 요구가 아니라 내실 있는 감사를 가로막는 관련 공무원의 부실한 자료와 무책임한 답변에 있다.

〈그림 6〉 자동염수분사장치의 부실 관리에 대한 언론 보도

출처: MBC충북(2019.11.27.).

---

15. 청주시의회. http://minutes.council.cheongju.go.kr/content/minutes/meeting.html 참조.
16. 경기일보. 2018년 9월 12일. "행감자료 요구 과다" vs "항의 시위 부당."

앞서 설명한 것처럼, 도시건설위원회의 행정사무 감사는 〈자동염수분사장치〉의 안이한 관리 실태에 대해 심도 있는 추궁과 질의를 벌였다. 이 문제는 지역 언론에 보도되어 향후 감사와 관련 공무원의 문책으로 이어질 가능성도 있다. 하지만, 문제가 된 13곳 모두 한 업체가 시공과 점검을 맡았고, 예산이 42억 7천만 원이 투입되었지만 수의계약의 타당성 및 업체의 적합성 여부에 대한 자료 및 답변은 부실하였다. 특히, 시공 이후 유지보수와 관련된 계약 및 부품 등 추가 비용에 대한 자료가 제출되지 않아 심도 있는 감사를 진행할 수 없었다.

부실한 자료는 부실 감사뿐만 아니라 조례의 제정에도 심대한 영향을 미칠 수 있다. 필자가 참관(2019.12.3)한 복지교육위원회의 상임위에서는 〈청주시 발달장애인 권리보장 및 지원에 관한 조례안〉이 논란이 되었다. 사실 이 조례는 충북도의회가 2018년 7월 〈충청북도 발달장애인 권리보장 및 지원 조례〉를 제정하였고, 후속 조처로 〈발달장애인 지원 기본계획 수립〉 용역 중간보고회를 개최하였던 터라 큰 문제없이 진행될 사안이었다. 또한, 청주시의 발달 장애인이 4,816명이나 있어 그 필요성이 인정되었고, 대표 발의 의원과 관련 부처인 노인 장애인과와 사전에 합의가 이루어지기도 하였다. 그러나 〈청주시 발달장애인 권리보장 및 지원에

〈그림 7〉 복지교육위원회의 〈발달장애인 지원 조례〉에 대한 질의 및 응답 장면

출처: 청주시의회 영상회의록 (http://council.cheongju.go.kr/index.php)

관한 조례안)에 따라 발생할 예산 16억 원에 대한 세부 비용 추계 자료가 제출되지 않아 결국 논란 끝에 가결대신 '계속 심사'하기로 의결하였다. 필자가 보건데, 일차적으로는 발의 의원과 관련 부처와의 추가 소요 예산에 대한 세심한 준비가 필요했고, 상임위 내에서 다수당이자 위원장을 맡고 있던 민주당의 적극적 원내 전략이 아쉬웠다. 왜냐하면, 복지교육위원회(8명)에서 민주당은 위원장을 포함하여 5명이나 되었고, 더구나 다른 한 명은 정의당이었기 때문이다.

마지막으로 증인으로 출석한 공무원의 업무파악 부족도 공통적으로 나타났다. 자료 부실과 부정확한 답변은 잦은 정회로 이어졌다. 이러한 모습들은 모두 그동안 청주시가 행정사무감사를 얼마나 책임감이 없고 형식적으로 받아왔는지 보여주는 대목들이다.

III. 청주시의원의 성찰과 제안

1. 주요 경력[17]

우연하게도 세 의원 모두 정치권에 입문하게 된 주요 계기는 지역, 구체적으로는 마을(동네)에서의 활동이었다. 먼저, 정의당의 이현주의원(이하 이의원으로 호칭)은 25년 동안 어린이집을 운영해온 전문가로서 당에서는 보육·육아·아동·청소년 정책특보를 맡고 있다. 그녀는 의원이 되기 전에 청주시 어린이집 연합회 회장과 강서1동 주민자치위원회 위원을 역임하였고, 정의당원이 되기로 결심한 계기는 고인이 된 노회찬 의원의 삼성 엑스파일 사건이었다고 한다. 민주당의 김용규의원(이하 김의원)은 지방의원 중 다채로운 경력의 소유자이다. 그는 386세대로

---

17. 면담 관련 정보는 다음과 같다. 이현주의원(정의당/ 교육복지위/ 초선) 인터뷰(2019.12.16/ 서원대학교 미래창조관 801호). 김용규의원(더불어민주당/ 도시건설위원회/ 재선) 인터뷰(2020.1.3/ 도시건설위원장 사무실). 김태수의원(자유한국당/ 경제환경위원회/ 재선) 인터뷰(2020.1.14./ 경제환경위원장 사무실).

서 청주지역노동자연맹 사건으로 3년을 복역한 민주화 운동 인사로서 한때는 민주노동당의 창당 발기인이었다. 그럼에도 민중당을 선택하지 않은 이유는 통합진보당의 분화와 갈등에 대한 실망 때문이었다고 한다. YS 특사로 출옥한 후 운동의 새로운 방향을 모색하였는데, 그 결론이 지역으로의 헌신이었고 그 시작이 공동주택(개신1단지아파트)의 입주자 대표회의 대표였다고 한다. 특히 그가 눈에 띠어 지방의원이 된 결정적 계기는 성화·개신동의 주민자치위원으로 작은 도서관 설립(2009-2010) 운동에 적극 참여한 것이라고 한다. 그는 '개신글마루작은도서관 관장'과 주민자치위원으로 3년간 마을축제를 주도하였는데, 이러한 과정을 통해 점진적·단계적 개혁의 중요성과 '마을이 변해야 세상이 변한다.'는 필요성을 깨닫게 되었다고 한다.[18] 끝으로 김태수의원(이하 김위원장)은 세 의원 중 유일하게 2010년에 출마하여 낙선한 경험과 민주당에서 자유한국당으로의 당적 변경(2013)을 갖고 있다. 하지만 다른 의원들과 마찬가지로 그 역시 의원이 되기 전에 적극적인 주민자치위원 활동과 직능단체 경험이 지방의원의 밑거름이 되었다.

2. 민선7기 의정활동에 대한 자평(自評)과 소회

(a) 총평

초선으로서 1년 반의 의정활동에 대한 평가를 묻는 질문에 이의원은 "최선을 다했기 때문에 계량화된 점수를 말하기 어렵다"고 털어 놓았다. 하지만 그녀는 소수정당 의원으로서 아쉬움에 대해서는 꽤 시간을 할애해 설명하였다. 일례로 청주시의회는 5명 이상 소속의원을 가진 정당을 하나의 교섭단체로 구성해 중요 사안의 사전 협의와 조정으로 의회 운영의 효율성을 제고하고자 〈청주시의회 위원회 조례 일부 개정 조례안〉을 발의(2018.11)하였다. 여야 담합을 우려한 일부 의원들과 시민단체의 반발로 1년에 걸쳐 미뤄졌지만 결국 청주시의회는 47회 임시회 2차

---

18. 관련 보도는 http://www.ccdailynews.com/news/articleView.html?idxno=895996 참조.

〈그림 8〉 이현주 의원(정의당)과의 면담 사진

본회의에서 관련 조례안을 표결 끝에 가결(찬성 15: 반대 9: 기권 1)했다.[19] 그녀는 이 과정에서 다수결 원칙 앞에 무력함을 느낄 수밖에 없었다. 하지만 의미 있는 진전도 있었다. 합리적 의정활동과 의원들의 특권 내려놓기를 주장해온 정의당과 비례대표의원, 그리고 시민단체의 노력 탓에 의원 1인당 연간 1억 5천만 원에 달하는 '소규모 주민숙원 사업'이 폐지되었다.[20]

그녀는 지방의원의 본질적 업무로서 무엇보다도 '예산감시를 통한 시정에 대한 감시와 견제'로 보았다. 그런 점에서 예결위원으로서 청주시의 문화재조창(연초제조창) 사업에 대한 관리운영비 2억 2800만 원을 전액 삭감한 것을 나름 의정활동의 성과로 보았다.[21] 그녀는 민선 6기와 7기를 비교해 달라는 질문에 대해 의미 있는 답변을 해 주었다. 이의원에 따르면, 민선 7기에 들어 민주당이 시장과 다수당을 차지하였지만 자유한국당은 보수 정당의 정체성이 분명하지만 민주당은 야당인지 여당인지 때로 모호한 처신을 하며, 두 당이 같은 목소리와 인식을 보여 주는 경우가 더 많다고 지적하였다. 또한, 여성의원들과 시민단체 출신의 개혁 성향 의

19. 뉴시스. 2019년 10월 25일. "청주시의회, 도내 첫 '교섭단체 구성 조례안' 가결."
20. 중부매일. 2018년 9월 10일. "청주시의회 '소규모 주민숙원사업 예산' 폐지."
21. 이와 관련된 사업 중 하나인 열린도서관 사업은 '북스리브로' 라는 시공사 계열의 대형유통업체가 도서관과 서점을 공동 운영하기 위한 사업자로 거론되면서 지역 서점조합과 시민사회단체의 큰 반발을 사왔다. 관련 내용은 프레시안. 2019년 9월 30일. "청주시의회 예결위 문화제조창 추경 삭감…사업 난항."을 참조.

원이 증가하였지만 대부분 초선이고 소수 세력이라 분명한 한계가 있다고 진단하였다. 정의당의 문화상 공천과 선거에 있어, 제왕적 운영위원장이나 중앙당의 일방적 영향력은 없으며, 따라서 정당공천제는 필요하지만 시스템 개선과 보완은 필요하다고 설명하였다.

흥미로운 점은 책임 있는 집권 여당이자 다수당으로서 민주당의 질책에 대해 민주당의 김용규 의원 역시 비슷한 인식을 하고 있다는 사실이다. 그는 "민주당의 정책과 가치를 제대로 구현하였는지 의문이며" **"자신을 포함하여** 지방의원의 자질과 능력이 문제"라며 답답함을 토로하였다. 한편, 그는 의정활동은 오히려 초선 때가 더 왕성하였으며, 이제는 상임위원장으로서 조정과 조율능력이 더 중요하다고 밝혔다. 여야를 떠나 집행부에 대한 의견 조율, 특히 "3,500명에 달하는 청주시 공무원의 강력한 집합적 포섭과 로비 능력을 견제하는 것이 가장 어렵다"고 답했다. 또한, 이번 회기의 가장 기억에 남는 성과로 성장위주의 도시 계획(100만 청주)에 근거하여 2030 도시기본계획을 일부 변경하려는 청주시의 조처를 도시건설위원회가 좌절시킨 점을 뽑았다. 그는 관련 상임위의 위원장으로 난개발을 부르고, 도심 공동화를 촉진할 수 있는 "변경안 추진은 불가하며, 계획인구는 다음 기본계획(2040) 수립 시 적정하게 조정하는 것을 검토하라"는 의견을 제시하였다.[22] 한편 아쉬운 점으로는 공원 및 녹지문제가 자신이 위원장으로 있는 도시건설위에서 환경위로 이관됨으로써 청주 최대 현안인 소각장과 매립장 문제를 해결하지 못한 것을 꼽았다.

김태수 의원의 경우도 지방의원으로서 조례 제정과 같은 본연의 활동보다는 위원장으로서의 중재 및 조정 역할에 더 많이 신경 쓰고 있음을 토로하였다. 그는 주저 없이 초선 시절 전국에서 최초로 자신이 대표 발의하였던 〈시유 재산 찾기 지원 조례〉의 제정(2017. 12.4)과 그에 따라 200억 원 대 시유 재산을 되찾은 것을 의정활동의 최대 성과로 꼽았다.[23] 가장 아쉬운 점으로는 청주시 오창읍 후기리에 건립

22. 연합뉴스. 2019년 1월 3일. "청주 인구 83만 명대 지속 '2030년 105만명' 목표 요원."
23. 중부매일. 2018년 3월 22일. "청주시, 전국 최초 '시유재산찾기 지원조례' 첫 성과."

64

〈그림 9〉 김태수 의원(자유한국당)과의 면담 사진

중인 쓰레기 매립장과 소각장, 슬러지 건조장을 둘러싼 청주시와 주민반대대책위원회, 그리고 주민들 사이의 민-민 갈등을 해결하지 못한 것을 뽑았다. 의원의 본질적 역할에 대해서는 주민과의 소통·민원해결이라는 지역 활동과 의정활동의 병행(two-track)이며, 이를 위해서는 직능단체와 경로당 방문, 소모임 초청 등 현장 중심의 활동에 치중하고 있다고 답했다. 한편, 시민들의 의식 개선과 정치관계법의 정착 등으로 더 이상 돈이 없어 선거 못하는 단계는 넘어 섰으며, 자신의 경우에도 법정선거비용이외에 크게 들어가지 않았다고 회고하였다. 주목할 부분은 그 역시 다수당의 변화가 의정활동과 정치문화에 커다란 변화를 가져오지 않았다는 진단이다. 오히려 그는 다수당의 변화보다는 시민단체 출신 지방의원들의 입성이 가져온 변화를 주목하였는데, 때로 그들의 현실보다는 이상에 치우친 생각들이 재량사업비(주민숙원사업) 폐지와 같은 관념론적 정책을 가져왔다고 비판하였다. 그는 오랫동안 관행이었던 주민숙업사업은 의원들이 쌈짓돈 쓰듯이 쓰는 것도 아닌데 전격 폐지됨으로써 의정활동의 위축을 가져올 것을 우려했다.

(b) 집행부와 동료의원에 대한 평가

이현주의원은 시장이나 동료의원의 수평적 평가에 대해 다소 인색한 평가를 내

놓았다. 먼저, 민주당 소속의 청주시장이 시의회를 대상으로 한 수평적 협의나 소통보다는 지역행사나 의전 때만 만나는 상황이라고 한다. 또한 공무원들도 자료제출에 소극적이고 불투명한 업무 처리 관행에서 완전히 탈피하지 못했다고 평가했다. 또한 시의장이나 상임위원장의 과도한 권한과 역할에 대해 지적했는데, 전문위원이나 공무원들이 위원장에게 의존적이거나 심지어 종속적으로 보일 때가 있다고 한다. 또한 소수당의 초선의원으로서 동료의원과의 합의 구조가 모호하고 어렵다고 토론하였다. "뭔가 흑막과 거래가 있는 듯, 옳지 않거나 바람직하지 않는데 통과"되는 게 적지 않다고 고백하였다. 한편, 주민 소통의 방법으로써 공청회나 토론회, 세미나가 가장 효율적인 수단이라고 말했다. 정의당의 경우 일선 주민의 민원 수렴의 창구로써 〈민생비상구〉가 잘 작동하기 때문에 민원 탐방에 별다른 시간과 노력을 기울이지 않는다고 한다.

　김용규의원과의 인터뷰에서 가장 흥미로운 점은 지방의원의 가장 중요한 활동으로서 집행부에 대한 견제와 감시와 조례의 제정과 예산 심의·의결을 7:3의 비중으로 뽑았다는 점이다. 지역의 민원 및 숙원사업 해결이나 주민과의 소통은 이러한 업무를 잘 수행하기 위한 보조 방법과 수단이라는 분명한 철학을 갖고 있었다. 또한, 산남동의 두꺼비 생태공원처럼 마을의 공동 거점을 마련하는 것이 중요한데, 이를 위해선 지역 특성과 주민들의 정책 욕구에 대한 정확한 파악이 필수적이

〈그림 10〉 김용규 의원(더불어민주당)과의 면담 사진

라고 말하였다. 또한, 동료의원과 단체장과의 협조에 대해서도 확고한 신념이 있었다. 그에 따르면 의회의 갑질 문화나 과도한 자료 제출 요구는 이제 거의 사라졌다. 이러한 문제제기나 인식은 오히려 '의회의 힘을 빼기 위한 언론과 단체장의 술책'이라고 반박했다. 그는 공무원들은 생리상 모든 자료를 다 공개하거나 제공하지 않으며, 이를 입수하고 추궁하는 것이 바로 의원의 능력이라는 것이다.

김태수의원 역시 시장의 추진력과 소통 능력이나 다수당으로서 민주당의 응집력과 원내 대처 능력에 대해 의구심을 나타냈다. 하지만 공무원과의 협조는 의원들마다 다르지만 큰 문제가 없다고 평가하였다. 그는 일각에서 제기하는 지역 토박이로서 공무원과 지방의원과의 유착 가능성에 대해 시장은 모르겠지만 인사 및 예산권을 갖고 있지 못한 시의원은 그럴 가능성이 거의 없다고 잘라 말했다.

(c) 지방의원이 진단하는 지방의회의 나아갈 길

이현주의원은 5분 자유발언을 통해 〈여성청소년들의 생리대 무상지급 조례〉의 필요성을 역설한 바 있다.[24] 또한 일부 지자체에서 도입된 18세 미만 청소년 의료 상한제와 아동학대 예방 및 방지에 관한 조례를 의욕적으로 추진하여 왔다. 하지만 소수당 의원으로서뿐만 아니라 의정 경험의 일천함으로 이를 관철하지 못한데 대해 '준비된 의원'이 아니었다는 자괴감을 토로하였다. 그는 몇 가지 지방의회의 개혁 방안을 제안하였는데, 첫째는 주민을 우선으로 한 의정활동으로의 전환과 지방의원의 청렴성을 강조하였다. 그녀에 따르면, 현재의 지방의회는 두 가지에 사로잡혀 있다. 하나는 자구수정과 불필요한 조례를 양산하는 과도한 실적 내기 경쟁이다. 다른 하나는 청주시민의 가장 큰 관심 중 하나는 미세먼지 대책 등 환경이슈인데, 시와 의원들은 예산 특히 SOC 사업에 엄청 관심과 욕심을 낸다는 것이다. 주민들의 기대와 요구보다는 형식적으로는 절차와 요식을 내세우고, 뒤에서는 이권을 챙기기 때문에 주민들의 삶이 나아지지 않는다는 것이다. 벌써 전반기가 지

---

24. 일요신문. 2019년 6월 20일. "이현주 의원, 여성청소년 생리대 무상지급 조례 개정 필요."

났기 때문에 그녀는 향후 자신의 의정활동의 중심을 예산감시보다는 새로운 정책의 개발과 추진에 역점을 둘 것이라고 설명했다. 또한 장기적으로는 정의당의 정치적 토대이지만 지역 여건상 청년과 여성이 취약하기 때문에 단순 지지자를 넘어서 적극 나설 수 있도록 이들을 육성하고 양성할 방법을 심각하게 고민하고 있음을 밝혔다.

김용규의원은 재선 경력의 위원장답게 지방의회와 관련된 제도 개선을 강조하였다. 그가 제시한 첫 번째 방안은 단지 업무가 상이할 따름인데 국회–광역의회–지방의회의 수직적, 중앙집권적 위계구조가 본질적 문제이며, 이를 타파하기 위해서는 공천 등 국회의원(제왕적 지역위원장)과 종속적 지방의원의 관계 개선이 시급하다는 것이다. 다른 하나는 상임위와 본회의 중심의 세심하고 현장 중심의 모니터링의 필요성이다. 가령 현재의 조례의 재개정 실적은 따져보면 집행부 요구를 단순히 반영한 사례가 태반이며, 평가를 위한 단순한 양적 지표에 불과한 측면이 존재한다. 조례가 중요한 업무이기는 하나 의정활동을 평가할 보다 객관적이고 공정한 체계가 필요하다는 것이다. 끝으로는 전문위원의 독립성 보장과 인력의 강화, 그리고 의정비의 현실화(4인 가족 기준, 현재 310만 원 수준)이다.[25] 지방의원의 실제 근무 여건은 언론에 알려진 것보다 열악한 게 사실이다. 일례로 의원사무실은 민원인을 맞을 개별 공간 없이 5–7명의 의원들이 공동으로 사용하고 있는 실정이다(〈그림 11〉 참조).

끝으로 김태수의원은 지방의회의 구체적인 개선방안으로 세 가지를 강조하였다. 그는 출석율과 질의·응답 태도 등 많은 점에서 개선이 있었지만 국민과 시민단체의 불신이 큰 상황에서 의정활동을 평가할 객관적 평가 기관이 없는 게 가장 큰 문제라고 지적하였다. 그러다보니 양적 지표에 매달려 사문화된 불필요한 조례가 양산되고 있는 게 현실이 되었다. 두 번째는 소모적 논쟁을 줄이기 위해 해외연

---

25. 실제 의정비는 2019년 기준 월정수당 3005만 3000원에 의정활동비 1320만 원을 합하여 연 4325만 3000원인 것으로 확인되었다. 충북인뉴스. 2018년 12월 24일. "청주시의회 의정비 '장고 끝' 2.6% 인상 결정."

〈그림 11〉 도시건설위원회의 의원사무실 전경

수나 출장과 관련된 전국적으로 통일된 지침의 작성이 필요하다는 것이다. 청주시의회가 해외연수와 관련하여 쟁점이 없는 것은 이번 회기에 아무도 가지 않았기 때문이지, 모범을 보였기 때문이 아니라는 것이다. 그의 말을 종합하면, 의정활동에 대한 중앙당과 학계, 시민단체의 객관적인 평가가 없기 때문에, 자연히 공천권이 제왕적 국회의원이나 지구당위원장, 아니 그를 보좌하고 있는 지역보좌관에 좌우되게 되었다고 한다. 마지막으로 그는 지방의회 의장단과 원내대표의 역할을 강조하였다. 지금까지는 의장단이 지역의 현안이나 갈등적 이슈에 대해 '청주시의회의 입장'에서 소신 발언과 입장을 내기보다는 침묵으로 일관하였다고 한다. 여야합의가 쉬운 합의 이슈(유치찬성이나 이전반대 등)보다는 갈등 이슈(예를 들어 하이닉스LNG 발전소 건립 등)에 대해 의장단이 각 당의 입장을 조율·협상하여 의회의 독자적 견해나 대안을 제시하는 것이 사색당파로 쪼개진 한국정치 속에서 그나마 지방정치가 살아남을 수 있는 해법임을 강조했다.

IV. 결론: 지방의회 대타협 방안

사실 지금까지 지방의회의 개혁에 대해서는 나올 수 있는 모든 방법들이 제시되

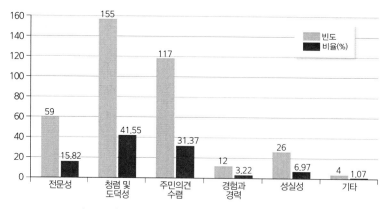

〈그림 12〉 청주시민을 대상으로 한 지방의원의 자질 문항

출처: 충북참여자치시민연대(2014.7).

었다고 해도 과언이 아니다. 본 연구에서는 중복을 피하기 위해 면담과 관찰을 통해 얻은 제언과 사실을 중심으로 핵심만 정리하고자 한다.

첫째는 지방의원의 의무와 윤리를 확립하는 것과 연계하여 지방의회의 권한을 강화시키는, 즉 지방의회 개혁을 위한 사회적 대타협 또는 지역협약이다. 이번 면담 과정에서 느낀 바는 의원의 이해와 주민의 인식이 서로 상이하다는 사실이다. 필자의 조사에 의하면 주민들은 지방의원의 첫 번째 자질로서 항상 도덕성과 청렴을 뽑았지만(〈그림 12〉 참조) 지방의원들은 조례 및 예산과 관련된 전문성과 의정 능력을 선정하였다.[26]

결국 해법은 지방의원의 이해와 주민의 요구를 절충하고 타협함으로써 곤경에 처한 지방의회를 회생시키는 것이다. 구체적으로는 권한 강화를 위해 지방의회가 그동안 꾸준하게 요구해온 의정비를 합리적 수준에서 현실화시키고, 유급 정책 보좌관제도를 도입하며, 의회사무처의 독립성을 보장하는 것이다. 이와 연계하여 지방의회는 〈지방의원 겸직 금지 조례〉 제정 및 '윤리특별위원회'의 외부 인사 50% 이상 임명 의무화 등을 적극 수용한다. 물론 이는 지방자치법을 비롯한 국회의 입

---

26. 하지만 2013년 조사에서 지방의원들은 가장 개선이 필요한 부분으로 '권한 확대를 통한 견제기능 강화' (40.5%)와 '의원의 전문성 강화'(32.4%)를 골랐다. 충북참여자치시민연대(2014.7).

법이 전제되어야 하는 만큼 국민적 공론화와 여야 정당의 합의가 필수적이다.

둘째, 지방의회 개혁을 위해서는 서두에서 언급했듯이 학계와 언론, 시민단체 등 정책 전문가 집단의 인식과 담론 전환이 필요하다. 이제 지방의회 때리기(bashing)나 따돌리기(passing)는 충분하다. 필요한 것은 풀뿌리 민주주의의 관점에서 지방의회 나아가 지역정치가 정착할 수 있는 제도적 개선과 창의적 대안이다. 가장 시급한 대목 중 하나가 공정한 평가 지표의 구축이다. 민주화 이후 세계적으로 이 분야는 활황 산업이다. 사회과학 영역에 한정해도 부패 지수, 평화 지수, 민주화 지수, 인간발전 지수, 행복 지수, 정보화 지수, 세계화 지수, 경쟁력 지수 등 등 일일이 열거할 수 없을 정도이다. 그동안 메니페스토나 일부 언론, 그리고 시민단체를 중심으로 경쟁적으로 의원 및 의정 평가 지표를 발표하여 왔지만 신뢰도나 영향력은 제한적이다. 한국 정치학회나 행정학회가 중심이 되고 국회사무처와 한국연구재단 등이 후원하는 형태로 의정활동을 평가할 수 있는 표준화된 평가 지표를 만들고 이를 개별 정당들이 적극 활용한다면 정치와 정책의 질이 지금보다 훨씬 제고될 것이다.

마지막으로는 투명성과 주민 소통을 제고하기 위한 지방의회 차원의 자구 노력의 전개이다. 그 효력과 의도에 있어 논란은 있지만 〈청와대 국민청원 게시판〉은 문재인 정부의 최대 히트 상품 중 하나이다. 이러한 맥락에서 지방의회 내에 〈시민청원실〉을 설치하여 문자 그대로 '주민의 대표'로서 제도 개선 및 정책 제안을 하게끔 유도할 수 있다. 특히, 온라인 청원의 활성화에 초점을 두어 운영할 필요가 있다. 또한, 지방의회 스스로 의원별·정당별 본회의와 상임위원회 출석률을 공개함으로써 의회의 투명성과 신뢰도를 높여야 한다.[27]

---

27. 서울시의회를 대상으로 한 시민단체 보고서에 따르면, 106명의 서울시의원 중 본회의와 상임위 출석률 모두 100%를 기록한 의원은 3명(김용석, 김경자, 허기회 의원)이었고, 상임위 제외하고, 본회의 출석률 100%를 기록한 의원은 총 11명에 불과하였다. 반면, 2년 동안 본회의와 상임위의 출석률이 80% 미만인 의원은 각각 6명과 13명에 달하였다. 이에 대해서는 바른사회시민회의(2016) 평가보고서 참조.

〈참고문헌〉

경기일보. 2018. 9. 12. "행감자료 요구 과다" vs "항의 시위 부당." http://www.kyeon gin. com/main/view.php?key=20180913010004768. (검색일: 2020년 1월 28일).

국민권익위원회. 2017.12. 『2017년도 지방의회 청렴도 측정 결과』.

국민권익위원회. 2018.12. 『2018년도 부패인식도 조사 종합 결과』.

국민권익위원회. 2019.12. 『2019년도 공공기관 청렴도 측정 결과』.

김 욱. 2007. "충청 지역주의의 역사적 발전과정과 특성." 『정치정보연구』.10권 2호.

김대균. "국민권익위 충북도의회, 청주시의회 청렴도 전국 밑바닥." 『충청뉴스라인』. https:// blog.naver.com/skyman1171/221168514287. (검색일: 2020년 1월 28일).

뉴시스. 2019. 10. 25. "청주시의회, 도내 첫 '교섭단체 구성 조례안' 가결." http://www. newsis.com/view/?id=NISX20191025_0000810328&cID=10899&pID=10800. (검 색일: 2020년 1. 28일).

바른사회시민회의. 2016. 8. 〈반환점을 돈 지방의회 연속 보고서: 9대 서울시의회 의원평가보 고서〉.

부산일보. 2018. 3. 11. "조례 만들랬더니 '구의원 수당 인상' '공무원 복지 증대'." http:// www.busan.com/view/busan/view.php?code=20180311000179. (검색일: 2020년 1월 28일).

세계일보. 2018. 3. 5. "비리 얼룩진 풀뿌리 민주주의" http://www.segye.com/newsView/2 0180305019398?OutUrl=naver. (검색일: 2020년 1월 28일).

연합뉴스. 2019. 1. 3. "청주 인구 83만 명대 지속 '2030년 105만명' 목표 요원." https:// www.yna.co.kr/view/AKR20190103118100064?input=1179m (검색일: 2020년 1 월 28일).

윤종빈. "2007 대선과 수도권 투표성향: 지역, 이념, 그리고 인물." 『한국정당학회보』. 6권 2호.

이종수. 2019.2. "지방의회의원 비위실태 분석." 한국지방자치학회 동계대회 발표문.

이호상. 2016. 6. 24. "청주시의원들, 회기중 청가·결석 남발." 『청주BBS』. http://news. bbsi.co.kr/news/articleView.html?idxno=757508. (검색일: 2020년 1월 28일).

일요신문. 2019. 6. 20. "이현주 의원, 여성청소년 생리대 무상지급 조례 개정 필요." http:// ilyo.co.kr/?ac=article_view&entry_id=338563. (검색일: 2020년 1월 28일).

정상호. 2016. "기초단체장의 '거버넌스 리더십'에 관한 연구." 『한국지방정치학회보』.

정상호·송정호. 2017. "역대 선거를 통해서 본 충북 지역주의의 동태와 특성." 『선거연구』.

정상호·전찬휘. 2013. "한국과 일본의 이주민 참정권 제도의 비교 연구." 『아시아연구』.16권 2호.

중부매일. 2018. 3. 22. "청주시, 전국 최초 '시유재산찾기 지원조례' 첫 성과." http://www.jbnews.com/news/articleView.html?idxno=834643. (검색일: 2020년 1월 28일).

중부매일. 2018. 9. 10. "청주시의원 '소규모 주민숙원사업 예산' 폐지." https://cp.news.search.daum.net/p/70942752. (검색일: 2020년 1월 28일).

중앙선거관리위원회. 2016. 〈역대 재·보궐선거 실시현황: 2000년 이후〉.

참여연대. 2012. 4. 18. "'기초단체장 임명제·기초의회 폐지' 의결, 철회하라." https://www.peoplepower21.org/Local/896023. (검색일: 2020년 1월 28일).

출처: 청주시의회. 의안통계. (검색일 2019년 1월 26일).

충북뉴스. 2018. 7. 1. "청주시의회 전반기 원구성 갈등 없이 마무리." http://www.cbnews.kr/news/articleView.html?idxno=104205. (검색일: 2020년 1월 28일).

충북인뉴스. 2018. 12. 24. "청주시의회 의정비 '장고 끝' 2.6% 인상 결정." http://www.cbinews.co.kr. (검색일: 2020년 1월 28일).

충북참여자치시민연대. 2014. 7. 18. "지방의회 무엇을 어떻게 바꿀 것인가?." 〈동네정치활력소 출범 기념 발제문〉.

충북참여자치시민연대. 2018. 3. 21. 〈민선 6기 충청지역 지방의회 평가와 과제〉 발표문.

프레시안. 2019. 9. 30. "청주시의회 예결위 문화제조창 추경 삭감…사업 난항." http://www.pressian.com/news/article/?no=259204&utm_source=daum&utm_medium=search. (검색일: 2020년 1월 28일).

희망제작소. 2014. 『지방자치가 우리 삶을 바꾼다: 지역을 바꾼 77가지 혁신사례』. 목민관 총서.

제2부

시민정치교육과 현장연구

제3장

전북대학교

양적연구방법: 글로컬 문제들에 대한 지역의 해결

* 수업 소개 *

수업 명	전북대학교 국제인문사회학부 〈양적연구방법: 글로컬 문제들에 대한 지역의 해결〉		
교수자명	유인태	수강 인원	11명
수업 유형	전공선택	연계 지역/기관	전라북도지역

수업 목적

본 수업의 주 주제는 '글로컬 문제들에 대한 지역의 해결'이다. 지역의 문제들이 지구화의 진행과 맞물려 발생하는데, 학생들이 스스로 문제를 찾고 해결책을 고민해 보는 수업이다. 나아가 학생들이 생각하는 문제가 정말로 문제인지, 그리고 학생들이 생각하는 해결책이 과연 효과가 있을 것인지를 학문적 분석 도구를 사용해 검증한다.

주요 교재

김의영 외. 2015. 『동네 안의 시민정치: 서울대생들이 참여 관찰한 서울시 자치구의 시민정치 사례』. 푸른길.

김의영 외. 2016. 『동네 안의 시민경제: 서울대생들이 참여 관찰한 지자체의 사회적경제 사례』. 푸른길.

김의영·미우라 히로키 편. 2019. 『시민정치연감 2019: 지역기반교육의 이론과 실천』. 푸른길.

이태동 외. 2017. 『마을학개론: 대학과 지역을 잇는 시민정치교육』. 푸른길.

전주도시혁신센터(http://www.jsec.or.kr/)

McCartney, Alison Rios Millett, Elizabeth A. Bennion and Dic Simpson. eds. 2013. *Teaching Civic Engagement: From Student to Active Citizen*. Washington D.C.: American Political Science Association.

Lee, Taedong, Jungbae An, Hyodong Sohn and In Tae Yoo. 2018. "An Experiment of Community-Based Learning Effects on Civic Participation." *Journal of Political Science Education*. 15(4): 443-458.

(상기 자료 외에 각 주마다 개별 논문들이 제시되었음)

수업 일정

제1주: 강의소개, 학기일정, 과제요구사항 및 지역기반교육(Community-Based Learning, CBL)에 대한
개론 설명함. 그리고 다른 지역사회의 문제 및 갈등 상황에 대한 환기함

제2주: CBL이란 무엇인가?

CBL에 대한 개념적 정리하기. 다른 유사한 개념들, 예를 들어, 자원봉사나 인턴하고는 어떻게 다른가
를 학문적으로 논의함

학문적 논의를 바탕으로 CBL은 실천적으로 어떤 활동을 수행하는 가에 대한 토의함

(읽기: 다음 책들의 서론(김의영 외 2015; 김의영, 미우라 히로키 편 2019; 이태동 외 2017)

제3주: CBL이란 어떻게 작동하는가?

CBL은 어떤 메커니즘을 통해 무슨 문제들을 해결할 수 있는가에 대한 이론적 논의를 함

CBL이 작동하려면 어떤 요인 혹은 활동들이 중요한가.

CBL의 지역적 유익은 무엇인가 그리고 더 중요하게 학생들에게 어떤 유익이 있는가를 논의함

(읽기: 김의영, 미우라 히로키 편 2019, 2장; 이태동 외 2017, 1장; McCartney et al., 2013, 1장)

제4주: 주제와 관련하여 지역에 어떤 문제 혹은 갈등이 있는가?

지역의 문제 혹은 갈등의 이슈를 탐색하기 위한 브레인 스토밍을 함

큰 틀에서 지역의 문제를 보고자 다른 지역의 문제들을 살펴보았음

(읽기: 김의영 외 2015; 2016; 김의영, 미우라 히로키 편 2019; 이태동 외 2017; McCartney et
al., 2013에서 관심 있는 사례들을 두 편 이상 읽어오기)

개별적 사례 선정과 그에 따른 조 구성 시작 그리고 구성되는 데로 활동 개시함

제5주: 조사방법(1)-사례선정

전 주에서는 과목 주제 관련해서 적절한 주를 판단하고자 했다면, 해당 주는 방법론적으로 타당한 주
제를 설정하기 위한 논의를 함

이와 관련해서 양적 방법론에서 말하는 표본과 질적 방법론에서 언급하는 사례 선정 방법을 논의하
였음

나아가 연구디자인 관련 전반적인 논의를 하여, 관심 주제들의 학문적 접근을 도모함

(읽기: Babbie 2010, chap. 7; Levy 2008)

제6주: 조사방법(2)-설문조사와 실험

해당 주에서는 설문조사와 사회과학 실험에 대해 강의 함

가장 많이 사용될 수 있는 방법론이기 때문에 실습 시행을 병행하여 연구 방법 기술들에 대한 이해를
증진함

(읽기: Babbie 2010, chap. 8, 9; Shadish, William R. et al. 2002, chap. 1)

제7주: 조사방법(3)-필드워크

필드워크란 무엇인가?

'행동 연구' 그리고 '참여 관찰'이라는 기법을 통해 과학적이고 체계적인 필드워크 방법론에 대해 강의
그리고 가상 필드워크 계획을 준비하고자 함

(읽기: Worcester, Kent. ed. 2018, Chapter 11 and 12)

제8주: 중간고사

학기 중간까지 배워온 CBL 관련 핵심 개념들에 대한 학생들의 이해도를 평가함

방법론에 대한 이해와 실제적인 적용을 고민케 하는 문항들로 평가함

제9주: 조사방법(4)-인터뷰

목적과 주어진 환경에 따라 다양한 인터뷰 방법론을 강의함

가장 많이 활용될 것으로 예상되는 심층면접 방법론을 실습함

(읽기: Boyce and Neale 2006)

제10~13주: 매주 현장에 나가 활동, 활동 후 진행 보고, 그리고 수업 전체로 또는 조별로 피드백을 줌

제14주: 보고서 초안 작성 및 발표
　　　 초안 및 발표를 중심으로 학생들 간의 토의 및 교수로부터의 피드백 줌
제15주: 조별 상담 및 최종보고서 작성

프로젝트 개요와 결과

본 수업의 팀은 3~4명이 1개 팀을 구성히였다. 수업제목에 따라 글로컬한 요인 때문에 일어나는 문제점에 중점을 두었으나 반드시 그에 국한되지 않은 지역 내에서의 갈등이나 문제점이라면 정치·경제·사회·문화적 영역에 국한되지 않고, 학생들 스스로 찾아내도록 혹은 제기하도록 하였다. 보고서 작성 시에는 단순히 문제점을 지적하는 것이 아니라, 잠재적 해결책 혹은 대안책도 염두에 두고 작성하도록 독려하였다. 그리고 문제점에의 접근이나 해결책의 제시도 최대한 과학적 그리고 학문적 접근을 취해서 도출할 수 있도록 수업을 디자인하였다. 이하에 본 수업에서 행해진 대표적인 세 팀의 프로젝트를 소개한다. 책에서는 1팀과 3팀이 소개된다.

팀1) 이 팀은 전북권에 늘어나는 외국인 유입에 촉발되어, 우리 사회의 구성원으로 어떻게 이들을 맞이할 것인가라는 질문을 던졌다. 외국인들이 지역 사회의 진정한 일원으로 살아가는 것이 지역과 외국인들이 서로 상생하는 길임을 전제하고, 이 팀은 어떻게 하면 이를 이룰 수 있는가를 고민하였다. 이 팀의 연구 초점은 지역에 사는 한국인들의 외국인들에 대한 인식에 있다. 외국인들 대한 편견과 오해가 이들이 지역 사회의 일부가 되는 데에 가장 큰 장애물이라고 생각했기 때문이다. 따라서 다중문화주의적 인식이 편견과 오해를 극복할 수 있는 방안이라 주장한다. 이 팀은 그들의 주장을 검증하기 위해 설문조사와 실험방법을 원용하였다. 학부생으로서 정교하게 기획한 실험과 조심스럽게 작성한 설문조사 문항 그리고 체계적으로 구성된 연구디자인이 주목할 만하다. 우연히 실험에 참여한 지역 교사들이, 학생들이 기획한 프로그램을 학교 커리큘럼에 도입할 의사를 내비칠 정도로 관심을 보였다.

팀2) 이 팀은 전주의 명소라 할 수 있는 한옥마을에 관심을 두고, 한옥마을의 지속가능한 발전 방안에 대해 고민하였다. 무엇보다 줄어드는 관광 인구의 문제점에 초점을 맞추고, 왜 그러한 추세가 보이는 가에 대한 문제제기를 한다. 문제의 소지와 해결책을 자체적 설문 조사뿐 아니라, 비빔공동체라는 자생적 지역 토착 결사체와의 인터뷰에서 찾아내고자 하였다. 연구결과로 한옥마을의 개선을 위해 다양한 해결책을 제안하였다. 더욱이 수요자인 관광객의 필요와 공급자인 지역 상인들의 선호를 동시에 파악하여, 학생들이 둘 사이에서 가교자의 역할을 하고자 한 점도, CBL 교육 목표 관점에서 높이 평가될 수 있다.

팀3) 이 팀은 지방자치의 핵심 제도인 주민자치위원회의 운영실태 파악을 통해 주민자치의 현 문제점과 발전방안을 모색하였다. 다른 지역과의 비교를 통해 큰 틀에서 어떤 부족한 점이 있는지를 파악하고자 하였고, 나아가 전주시내에서의 설문조사를 통해, 보편적 혹은 특수한 문제점이 있는지를 파악하고자 하였다. 연구 수행에 있어 주민자치위원회의 의식과 운영 측면을 개념화하고 조작화하여, 주민자치위원회의 구체적 발전 방안을 제시한 점이 흥미롭다. 그뿐 아니라, 선행연구를 착실히 살피고, 기존 연구의 연장선상에서 이해될 수 있도록 하여 학문적 축적을 이루어 냈다고 평가될 수 있다.

지구화로 인한 문제를 지역 차원에서 해결할 수 있을까

유인태 (단국대학교 정치외교학과 교수)

1. 수업의 목표와 진행방식

수업의 주제는 '글로컬 문제들에 대한 지역의 해결'이며, 단국대로 이직하기 전인 전북대학교 국제인문사회학부에서 개설되었다. 행정상의 문제로 등록 과목명에는 '양적연구방법'이 포함되었지만, 수업은 지역기반교육(Community-Based Learning, CBL)을 목적으로 진행되었다. 하지만 이러한 수업 명칭은 오히려 CBL을 과학적 그리고 분석적으로 접근케 하였다. CBL 주제들을 질적연구방법뿐 아니라 양적연구방법으로도 접근케하도록 학생들에게 동기부여가 되었기 때문이다.

수업 주제에서 글로컬 문제를 언급한 것은 전북권에서 보이는 꾸준한 지구화, 국제화 혹은 다문화 추세와 관련이 있다. 이 추세는 학교나 지역 사회로의 외국인들의 유입이 증가하고 있는 것에 기인한다. 학교로 오는 외국인 유학생들은 그 수나 다양성이 눈에 띄게 증가했으며, 도 단위에서도 다문화 가정의 수도 꾸준히 늘어나고 있다. 더욱이 국제인문사회학부는 국제학에 역점을 두고 교육을 하고 있으며, 외국인 유학생 비율도 상대적으로 많기 때문에, 소속된 학생들은 자연스럽게 국제와 국내의 연결 고리가 될 글로컬 문제들에 대한 관심이, 타학과에 비해 컸다.

'글로컬 문제들에 대한 지역의 해결(Community Solutions for Glocal Problems)'이라는 수업은 무엇보다 지역의 문제와 갈등을 학생들이 자체적으로 발견할 것이 요구되었다. 문제 자체가 기존의 이해관계자들의 관점과 소위 전문가들의 관심에 따라 주어지는 것이 아니라, 학생들의 관점에서 문제를 발굴할 것이 기대되었다. 자연스럽게, 문제와 갈등에 대한 해결책도, 교수에 의한 권위적 가르침이 아닌, 학생들 스스로 고민하도록 수업을 이끌어 나갔다. 그리고 학생들의 자율성을 최대한 존중하지만 그들을 방목하지 않고, 오히려 학생들이 가져오는 주제의 방향성에 대해 그리고 접근하는 방법에 대해 끊임없이 비판적인 질문을 던지고 더 나은 방안을 같이 고민하였다.

이러한 학습 과정에서, 학생들뿐 아니라 연루된 모든 이해당사자들이 이익을 얻을 수 있도록 CBL을 개념화하고 과제를 수행하도록 독려하였다. 이해당사자들이란 학생, 교수, 지역주민, 행정관료, 자치 활동가, 지역 정치인 등을 포함할 수 있으며, 이들이 학생들 자신들의 CBL 활동을 통해 얻을 수 있는 유익도 생각해 보도록 했다. 물론, 학생들 자신들을 위한 유익도 생각해 보았다. 그 과정에서 학생들이 얻을 수 있는 유익을 활동에 따라 구별했는데, 인턴이나 자원봉사 활동과 같은 다른 유사활동을 통해 얻는 유익과의 차별점을 인식하도록 했다. 그 밖에도 학생들의 CBL에의 적극적 참여를 독려하기 위해, 학생들에게 돌아가는 실질적인 여러 유익들을 수업 설계 가운데 삽입했다.

CBL 활동 가운데, 가장 경계해야 할 대상은, 아마도 학생들 스스로의 문제의 발견과 해결책의 모색 가운데 불가피하게 반영될 수밖에 없는 아마추어리즘이 아닌가 싶다. 따라서 이를 가능한 배제할 필요가 있었다. 학생들의 활동의 전문성을 높이기 위해서는, 그래서 이해당사자 모두에게 돌아가는 유익이 크기 위해서, 교육이 필요했다. 이를 위해, 우선 문제설정 단계에서, 조별 내에서, 수업 내에서 그리고 교수와의 팀별 미팅을 통해, 의미 있는 주제를 설정하기 위한 논의가 여러 번 반복되었다. 나아가 그 문제의식이 보편적으로도 공유될 수 있는 것인가를 확인하기 위해, 선행연구를 최대한 참조할 것을 강조했다.

그뿐 아니다. CBL활동에 유의미한 문제 설정을 하였더라도, 그 문제를 발견해 내는 과정이 그리고 해결책을 모색해내는 과정이 어설프면, 활동 결과물의 의미는 심각하게 퇴색될 수 있다. 따라서 문제와 해결책의 도출 과정 또한 그 간 학계에서 개발되어온 사회과학방법론에서의 연구 설계 논리와 사회과학방법론 기술들을 교육을 통해 향상시키고, 이를 통해 학생들의 CBL 활동의 전문성과 신뢰성을 높이고자 했다.

그런데 한 학기 내에서 학생들이 이론 수업과 활동을 병행하며, 더욱이 방법론까지 샅샅이 학습하는 것은 거의 불가능하다. 따라서 가장 많이 활용될 것이라 예상되는 지식들을 중심으로, 이론적인 설명을 최소화하면서, 실습을 병행하여, 당장 쓸모 있는 지식을 전달하고자 하였다. 방법론적 기술들에는 양적 방법론뿐 아니라 질적 방법론도 포함되었다. 물론, 이러한 방법론에 대한 이해는 강의만을 통해서 쉽게 이해되는 것이 아니기 때문에, 현실과 그리고 교수와의 수많은 상호작용이 있었다. 이러한 도전적인 학습 목표가 있었지만, 학생들은 자신들이 관심 있어 하는 주제를 현실적으로 다루고 있었고, 관련 이해당사자들과 실제로 어떻게 풀어나가야 할지에 대한 고민이 있었기 때문에, 학문적 지식에 대한 욕구는 컸고, 학습에 대한 열망도 상대적으로 컸다.

학기가 지나면서 점차 현장에 나가야 할 시기가 다가오자, 학생들은 CBL의 개념과 무엇을 주제로 잡을 것인가에 대한 당혹감을 나타낸 것도 사실이다. 무엇을 해야 하는지, 주제를 어떻게 접근해야 하는지에 대한 막연함은, 아마도 CBL 수업을 하는 모든 수업에서 공통적인 현상일 것이다. 이럴 때 본 수업에서는, 첫째, 다양한 선행 사례들에 대해 소개를 하여, 본인들과 유사한 입장에 있는 학생들이 이전에 어떤 주제를 어떤 방식으로 접근했는가를 알려 주었다. 이때, 선행 사례들을 모은 본 책과 같은 자료들은, 갈피를 못잡는 학생들에게 요긴한 지침서가 되었다. 둘째, 교수의 실제 경험과 지식에서 지역에 어떤 갈등과 문제가 있는지를 상세히 논하였다. 이 과정에서 학생들과 서로 소통하며, 어떤 주제를 택해야 할지, 어떻게 접근해야 할지에 대한 '감'을 잡아 나가는 것으로 보였다. 이 때, 교수의 전문 지식과 지역에 대한 사전 지식이 있으면 더욱 좋을 것이다. 물론 그 이후로는 팀별 논의를 통해서, 자신들의 활동 목표, 대상, 그리고 계획을 더욱 구체화 시켜나갔음은 말할 것도 없다. 마지막으로, 특강 강사들을 초빙하여, 다른 관점에서 지역기반 활동들이 어떻게 진행되고 이해될 수 있는가를 생각할 수 있는 기회를 가졌다. 이들은 시민사회운동 또는 지역활성화 프로그램에 참여하고 있는 이들로, 이들의 전문적이고 구체적인 경험은 학생들로 하여금, 앞으로 있어 자신들의 활동에 있어 난관을 미리 예측하고, 실패의 요인들에 경계심을 가질 수 있도록 하였다.

학생들이 실제로 활동을 시작하자 여러 문제점이 불거지기 시작했다. 첫째, 학생들 팀 내부에서의 갈등이다. 다행이 본 수업에서는 팀 내 큰 갈등은 없었다고 말할 수 있다. 그러나 모든 협업 과제에 수반하는 팀워크 관련 이슈들은 보편적인 현상이라 할 수 있다. 이러한 문제가 불거졌을 때, 교육자로서 중요한 점은 이 문제가 너무 커져서 팀이 좌초되기 전에, 팀의 분위기를 민감하게 파악하고, 팀의 돌파구를 같이 찾아야 한다는 것이다. 둘째, 지역사회로부터의 협력이다. 학생들이 가장 자신 없어 하는 부분은 자신들의 활동이 과연 지역사회로부터 도움을 받을 수 있을 것인가이다. 여러 사람과 단체, 조직들을 접촉하고 대화를 해야 하는데, 그런 과정은 쉽지 않으며 용기를 필요로 한다. 특히, 처음으로 그러한 활동을 하는 학생들에게는 이런 과정은 큰 도전이 될 수 있다. 자신들이 접촉을 시도했을 때, 상대를 해 줄 것인가에 대한 자신감이 부족한 경우가 종종 있었기 때문이다. 활동을 해 보면 관공서 또는 정치인들과의 접촉이 가장 어렵다는 것이 보인다. 그에 반해, 상인 및 활동가들은 비교적 용이했다고 할 수 있다. 본 수업은 공식적 공문 발송과 교수 개인의 해당 기관 혹은 인물에 대한 접촉을 도모함으로써 학생들의 활동의 공신력을 높이려고 하였고, 그들의 계획이 실현될 수 있도록 최대한 지원해 주고자 하였다. 상기의 어려움들은 아마도 다른 수업에서도 겪는, 비록 정도의 차이는 있을지언정, 일반적인 현상들일 것이다. CBL 수업의 보편화는, 사회구성원들의 이러한 학생들의 활동에 대한 인식의 전환을 촉구하고, 학생들의 지역 참여와 기여를 더욱 수월하게 하는 데 도움이 되지 않을까 생각해 본다.

학기를 마무리하며 학생들의 기존 지역 문제들에 대한 독창적인 접근에 즐거웠고, 그들의 열심에 감탄하였다. 여러 좋은 기억이 있지만, 향후 발전을 위해 아쉬운 점들을 몇 가지 회상하며 글을 마무리하고자 한다. 첫째, 수업을 통한 학생 활동 프로젝트의 계속성이다. 학생들이 한 학기 동안 일구어 놓은 활동이, 지역에서 효과를 보려면 한 학기 이상 꾸준히 지속을 요하는 성격의 것들이 있다. 어떻게 하면 프로젝트를 지속시켜 지역 사회의 장기적인 발전 계획으로 계승시킬 수 있을까. 여러 학기가 반복될 경우, 학생들도 활동하기 더 어려워질 수 있지 않을까. 매학기 다른 학생들이 들어와도 활동이 지속될 수 있도록, 기존에 축적된 체계적인 지식과 노우하우의 전달이 필요하지 않을까라는 생각도 든다. 이런 맥락에서 관련 성과의 출판은 환영할 만하다. 그 이상으로 각 교수들이 그리고 집단적으로 무엇을 할 수 있을까가 고민이 되었다.

둘째, CBL 활동을 통해, 지역사회와 연결되는 학생들에 대한 지속적 지원을 어떻게 할 것인가의 고민도 있다. 일례로 수업 활동을 통해서 학생들이 접근한 방법이 너무 매력적이어서 외부 기관이 유사한 방법의 도입 여부를 타진해 온 경우가 있다. 이러한 경우, 수업 혹은 학교 차원에서 학생들을 어떻게 지원해 줄 수 있을까에 대한 고민도 생긴다. 이는 시민정치를 증진 및 확산시키고자 하는 정치학계도 풀어야 할 문제가 아닐까 싶다.

마지막으로 한 학교의 울타리를 넘어선 학생 간 교류이다. 서로 다른 학교에 있는 학생들이 학기 중간에 CBL 수행을 위한 과정을 서로 공유하는 기회가 있으면, 나만의 고민이 아니라는 점을 깨닫고 자신감과 노우하우를 얻을 수 있다. 심지어 지역적 차이를 넘어선 협업도 생각해 볼 수 있다. 학기말에는 학회와 같은 공간에서 학부생들의 성과물을 발표할 수 있는 기회도 마련된다면, 시민 정치 분야의 차세대 양성에도 도움이 되지 않을까 생각이 든다.

전주 시민의 다문화 인식과 인식 증진 방안에 관한 연구

전북대학교 국제인문사회학부 김우진·황재정·Bravomalo Geovanna

전북대학교 사회학과 Cabascango Janina

논문초록 오늘날 한국 사회가 다양한 문화적 배경을 가진 사람들에게 더 개방적으로 변화하는 가운데, 이러한 변화가 "다문화 사회"라는 개념에 부합하는가에 대한 의문이 제기되고 있다. 본 연구는 이러한 배경 아래, 19세에서 30세 사이의 전주 시민들을 대상으로 준실험설계 방식을 사용하여 이들의 다문화 인식을 조사하였다. 이후 해당 집단에게 사전에 준비된 다문화 인식 개선 교육 프로그램을 제공한 후, 다시 그에 따른 변화를 R을 비롯한 디지털 통계 처리 프로그램을 이용하여 분석하였다. 본 연구진은 이를 토대로 지역 시민사회에서 다문화 인식을 증진할 보편적이고 실현 가능한 방안에 대한 연구를 진행하였고, 그 결과 정교하게 준비된 대면 강연을 통한 교육 프로그램이 지역 시민사회 구성원들의 다문화 인식 수준에 있어서 유의미한 수준의 인식 개선을 가져온다는 결론에 도달하였다.

핵심주제어 다문화사회, 다문화인식

Ⅰ. 한국의 다문화 사회로의 전환점과 다문화 인식 개선 방안 이라는 관점에서 다문화 교육의 중요성

최근 몇 년간 한국으로 유입되는 외국인의 숫자는 혼인, 교육, 일, 사업과 같은 다양한 이유와 함께 꾸준히 증가하고 있다. 윤인진(In-Jin Yoon) 등에 따르면, 한국에 거주하는 외국인의 숫자는 1997년부터 2006년까지 10년 동안 135% 증가한 후 2007년에 1백만 명을 넘어섰다.[1] 2018년 지표에 따르면 이 숫자는 약 240만 명으로 증가하였다.[2] 이러한 최근의 현상을 감안하면 한국 국민은 앞으로 더 많은 사

---

1. In-Jin Yoon et al. South Koreans' Attitudes toward Foreigners, Minorities and Multiculturalism. p.325
2. e-나라지표. 2019년 7월 26일. "체류 외국인 현황." www.index.go.kr.

상, 문화, 전통, 인생관의 다양성을 맞이하게 될 것이 자명하다. 그렇다면 문제는 한국인들은 민족적 동질성과 역사적 이상이 일치하지 않는 사회에서 살 준비가 되어 있는가, 또한 외양뿐 아니라 한국인들과는 다른 문화, 역사, 언어를 가지고 있는 사람들을 이해하고 소통하며 상호 작용하도록 노력할 준비가 되어 있는가, 그리고 이러한 노력이 어떤 방향이나 방식으로 다루어질 것인가 하는 것이다. 이러한 관점에서 다문화 사회로의 전환을 위해서는 한 국가 안에서 다양한 문화를 가진 사람들의 혼재 그 이상의 것이 요구된다고 할 수 있다. 그리고 이를 위해서는 기존 사회 구성원들과 새롭게 유입되는 다문화 구성원들 간에 올바른 문화 간 인식과, 이러한 인식의 차이에 대한 이해와 존중의 태도가 필요하다. 이러한 문제의식에서 출발한 본 저자들의 프로그램은 앞서 제기한 다문화 인식의 제반 핵심 요소들을 반영하고자 한 작은 실험이라고 할 수 있다.

1. 다문화 교육과 연구 질문

다음의 연구 질문들은 본 연구에 사용된 설문 조사와 시험연구에 사용되었다.

설문 조사:
다문화 교육을 받은 사람과 받지 않은 사람 사이에 다문화 인식 수준은 어떤 차이를 보이는가?
다문화 교육 활동에 대한 참여가 전주 시민의 다문화 인식 수준을 높이는가?
시험연구:
다문화 교육이 다문화 인식 수준에 긍정적인 영향을 끼치는가?
다문화 교육 프로그램의 효과성을 증대시킬 수 있는 요인은 무엇인가?

따라서 본 연구에서 개발된 가설과 통계적 효율성에 대한 귀무가설은 다음과 같다.

일반 설문 조사:

   H1: 다문화 교육 프로그램 참여는 전주 시민의 다문화 인식 수준에 영향을 미칠
      것이다.

  본 연구를 위해 개발된 다문화 인식지수에 따라 다문화 인식 수준을 측정하고, 그에 따라 단순가설과 귀무가설(H0)은 다음과 같이 표현된다.

   H1: 다문화 교육은 시민의 다문화 인식지수에 영향을 줄 것이다.
   H0: 다문화 교육은 시민의 다문화 인식지수에 영향을 주지 않을 것이다.

  시범연구 설문 조사에 대한 가설은 유사한 논리를 따르며 다음과 같이 정의된다.

   H1: 프로그램 참가 전·후 조사에서 차이가 존재할 것이다.
   H0: 프로그램 참가 전·후 조사에서 차이가 발견되지 않을 것이다.

2. 올바른 다문화 사회 정착의 관점에서 바라본 본 연구의 중요성

  첫 번째로, 본 연구에서 제시한 문제점은 "다른 문화에 대한 잘못된 관점과 인식은 다문화주의에 대한 부적절한 행동과 태도를 심어줄 수 있다"는 것이었다. 이런 맥락에서 사람들에게 올바른 인식을 심어줄 수 있는 다문화 교육은 상당히 중요하다. 이러한 부정확한 인식은 개인뿐만 아니라 사회 전체에 큰 영향을 미친다. 따라서 특정 계층에만 한정된 다문화 교육이 아니라 일반 시민에게까지 확대되는 다문화 교육이 중요하다고 할 수 있다. 그러나 최근까지의 한국에서의 다문화 교육의 대상을 보면 주로 학생들과 다문화 가정이 대부분이었고, 일반 지역 사회와 다문화 가정이 아닌 일반 사람들에 대한 다문화 교육은 드물었다. 이런 이유에서 다문화 교육을 받지 않은 사람들에게 올바른 다문화에 대한 이해와 인식을 심어주기

어려웠다. 결론적으로 다문화 교육 참여 경험을 바탕으로 다문화 인식을 조사하여 다문화 교육의 중요성을 강조할 수 있다. 이에 관한 결과로서, 본 연구는 특정 계층을 넘어 지역 사회에서의 다문화 교육의 중요성을 제시하고, 국적, 피부색, 종교 등과 관계없이 모두가 더불어 살아갈 수 있는 공정한 사회를 만들어 나갈 수 있을 것이다.

II. 연구를 위한 문헌 검토와 한국 다문화 교육의 문제점 고찰

1. 한국에서의 다문화와 문화 간 인식

인구통계학적 다양성에서 한국은 이미 외국인 인구가 기하급수적으로 증가한 것을 경험했다. 통계를 보면, 2018년에 한국에 거주하는 외국인 숫자는 약 240만 명에 달했는데, 이 수치는 한국의 총인구의 약 4.57%에 해당하고 전년도와 비교했을 때 8.6% 증가한 수치이다.[3] 같은 통계에 의하면, 중국 국적 사람은 45.2%로서 가장 큰 비율을 차지했고, 태국인 8.4%, 베트남인 8.3%, 미국인 6.4%, 우즈베크인 2.9%, 일본인 2.6%로 그 뒤를 이었다. 외국인 인구의 증가는 이미 인식된 사실이지만 그들의 문화에 대한 인식 수준은 그만큼 증가하지 않았다. 오히려 연구들은 한국인들이 특정 국가의 사람들에 대한 긍정적인 태도를 보이는 측면에서 선택적인 경향이 있다는 것을 보여 주었다. 윤인진 등에 의하면 2006년에 수행된 한국인 의식 및 가치 조사 결과 83%의 응답자가 한국인은 선진국에서 온 외국인들에게 더 친절하다고 인식하는 것으로 나타났고, 이는 비선진국에 대한 응답 30%와 비교해 큰 차이를 보인다.[4]

이 문제는 2009년 뉴욕타임스가 백인이 아닌 외국인들이 직면한 차별과 편견을

---

3. e-나라지표. 2019년. "체류 외국인 현황."
4. Yoon et al. pp.334-335.

폭로하면서 국제 언론의 시선을 끌었다(Choe, 2009). 또한 '유엔인종차별철폐위원회'와 같은 국제기구는 "외국인을 대하고 존중할 수 있는 적절한 수단과 메커니즘의 부족"을 강조하기도 했다(Watson, 2010). 그러나 최근까지도 이런 추세가 크게 변하지 않았다. 2018년 아산정책연구원에 의해 수행된 다문화 인식 연구에 의하면, 한국인들의 외국인에 대한 부정적인 인식은 그들의 국적과 지역에 좌우된다.[5] 이 연구에 따르면 북미 지역 외국인에 대한 부정적인 의견은 21.9%에 불과한 것으로 나타났고, 동북아, 동남아, 아프리카, 중동 지역 외국인에 관한 부정적인 의견은 각각 32.8%, 38.4%, 49.8%, 66.7%로 나타났다.[6]

다른 연구에 따르면, 결혼 이주 여성이 증가하기 시작한 2000년대 이후로 한국 정부는 다문화 가정을 중심으로 한 다문화 정책을 채택하기 시작했다.[7] 그러나 이러한 노력의 결과는 한국 시민과 외국인들 사이에 진정한 문화간 인식보다는 공감의 감정을 조성하는 데만 국한될 수 있다. 토로퍼(Troper)는 다문화주의라는 용어에 대해 사회 문화적 다양성을 인정하고 존중하는 사회적 능력을 포함한다고 말하였다.[8] National Center for Cultural Competence(NCCC)의 '문화적 인식'에 대한 정의에 의하면, 문화적 인식은 문화 집단 간의 유사점과 차이점을 인식하고 관찰하며 의식하는 개인의 능력이라고 표현될 수 있다.[9] 따라서, 다문화 사회에서 사회 통합을 이루기 위해서는 개인의 역량을 포함한 문화간, 혹은 다문화적 인식이 포괄되어야 한다고 할 수 있다. 위에서 제안된 다문화 인식의 개인적 역량은 3개의 측면으로 나타내어진다. 첫째는, 볼스 베리와 알볼드(Balls-Berry, Albold)에 의하면, 다문화 인식은 사람들이 공유하는 인구통계학적 특성에 대해 서로 다른 집단의 사람들 사이의 유사점과 차이점을 이해하는 개인의 역량을 반영해야 한다.[10] 둘

---

5. 김지윤·강충구. 2018. 11. 16. "닫힌 대한민국 II: 한국인의 다문화 인식과 정책."
6. 김지윤·강충구. 2018. 11. 16. "닫힌 대한민국 II: 한국인의 다문화 인식과 정책."
7. 김지윤 외 2014. 2. 4. "닫힌 대한민국: 한국인의 다문화 인식과 정책."
8. Troper, Harold. 1999. "Multiculturalism." Encyclopedia of Canada's Peoples, edited by Paul Robert Magocsci. University of Toronto Press. (Yoon et al. "South Koreans' Attitudes toward Foreigners, Minorities and Multiculturalism." p.332에서 재인용).
9. National Center for Cultural Competence. 2007. Curricula Enhancement Module. p.11.

째로, 문화 간 인식은 개인의 문화적 배경과 경험에 따라 개인이 가질 수 있는 편견을 무시할 수 있게 프레임화되어야 한다.[11] 그리고 셋째로, 다문화 인식은 새로운 경험에 대한 성향을 통해 지식을 이해하고 경험하며, 습득하는 능력을 포함할 수 있다.[12]

따라서 문화간 인식에서의 중요성은 다른 문화권의 사람들과 본인 사이에 인식된 차이에 대해 최소한의 편견을 가지는 것이다. 같은 맥락에서, 문화적 인식은 편견 있는 생각과 행동의 감소, 문화적 차이에 대한 일관적인 인식, 그리고 문화적 차이에 대한 존중의 수준 등 세 가지 중요 요소에 의해 만들어져야 한다. 더해서, 이런 문화적 인식에 대한 개념은 개인과 집단의 문화적 특성을 강화하고, 다른 문화에 대한 더 나은 이해를 통해 편견을 감소시키고 더 존중되며 관대한 사회를 구축해 나갈 수 있는 긍정적인 측면으로 작용한다.

다만 다문화주의에 대한 것은 한국에서 특별한 것은 아니지만, Andrew Eungi Kim과 같은 사람은 이 용어가 그 의미와 함축의 다양성에 대한 적절한 이해 없이 적용되었다고 주장한다.[13] 따라서 다문화주의와 다문화 인식에 대해서 보다 명확한 정의가 필요하다. Kim은 처음 제시했듯, 다문화주의는 1) 사실, 2) 이념, 3) 정책으로 이해되어야 한다고 주장한다. 이 정의는 먼저 다문화주의를 3가지 구성요소로 정의한 트로퍼(Troper)에 의해 처음 제안되었다. 이 3가지 구성요소란 a) 인종,

10. Erdem Demiroz and Steven D. Waldman. 2019. "Asynchronous Education for Graduate Medical Trainess to Reduce Health Disparities and Address Social Determinants of Health: Online Education for Graduate Medical Trainees." Joyce E. Balls-Berry and Cheryll Albold eds. Optimizing Medical Education With Instructional Technology. IGI Global.

11. T. Meidl and M. Sulentic Dowell. 2018. "Preparing Globally Competent Educators Through Critically Engaging in Service Learning." Huber, T., Sanmiguel, E. R., Cestou, L.P., and Hernandez, M.L. eds. Handbook of Research on Service-Learning Initatives in Teacher Education Programs. IGI Global.

12. H. An. 2017. "Creating a Studying Abroad Experience for Elementary Teacher Candidates: Considerations, Challenges, and Impact." Parker, A., Webb, K. E., and Wilson, E. V. eds. Handbook of Research on Efficacy and Implementation of Study Abroad Programs for P-12 Teachers. IGI Global.

13. Andrew Eungi Kim. 2010. "Increasing ethnic diversity in Korea: Multiculturalism as a reality, ideology and policy." p.2.

민족 및 문화 측면에서의 인구 통계학적 다양성, b) 문화적 다양성을 인식하고 존중하는 사회 이데올로기, c) 모든 사회 구성원에게 동등한 기회를 부여하고 인종, 민족 및 국적에 근거한 차별을 없애는 정부 정책 및 프로그램이다.[14]

한국의 경우 첫 번째 요소는 갖추어져 있지만 사회 이념적 요소나 문화적 인식이 어느 정도까지 발전해 있는지, 그리고 정부 정책의 요소가 어디까지 발전되어 있는지에 대한 의문은 여전히 남아 있다.

한국인의 다문화 인식 수준은 성균관대학교에서 실시했던 한국인 의식 및 가치조사와 한국종합사회조사와 같은 여러 조사에서 연구됐다. 2006년 조사 결과에 의하면, 한국인들은 대체로 "이민자가 한국 경제에 이롭다고 생각한다."에 관해 더 긍정적인 답변을 하는 경향이 있었다. 그러나 "이민자들은 범죄율을 높인다." 혹은 "이민자들은 한국에서 태어난 사람들의 일자리를 빼앗는다." 와 같은 편견이 담긴 진술에 대해서는 각 32%와 23%로서 높은 응답률을 보였다.[15] 같은 조사에 의하면, 67%의 응답자가 한국에 거주하는 외국인의 수가 증가하는 것에 부정적이었고 2007년의 같은 조사에서는 62%의 응답자는 외국인들의 소수 문화와 관습을 보존하기 위해 정부 지출을 해야 한다는 것에 대해 긍정적이었지만, 48%는 이 문화 집단들이 "더 큰 사회에 적응하고 동화돼야 한다."라고 답변하였다.[16]

더 강화된 다문화 사회의 입장에 도달하기 위해 많은 이론이 적용될 수 있지만, 그 이전에 문제의 원인에 대해 알 필요가 있다.

이 문제의 주요 원인은 바로 편견인데, 스테판(Stephan)이 정의한 바로는, 편견이란 한 개인이 속한 문화 집단에 대한 누군가의 부정적인 인식의 결과로 개인이 다르게 인식되는 상황을 의미한다.[17] 그러나 이러한 잘못된 선입견과 행동은 단순

14. Troper, Harold. 1999. "Multiculturalism." Encyclopedia of Canada's Peoples. edited by Paul Robert Magocsci. University of Toronto Press. (Yoon et al. "South Koreans' Attitudes toward Foreigners, Minorities and Multiculturalism." pp.332-333에서 재인용).

15. Yoon et al. 2008. p.333.

16. Yoon et al. 2008. p.333.

17. Stephan, W.G., & Stephan, C.W. 2001. Improving Intergroup relations. SAGE Publications.

히 모호한 생각을 넘어 더 다양한 이유로부터 근거한다. 그리고 로위(Lowy)는 편견이란 실체가 없는 지식, 무지의 존재, 정보의 부족, 다른 문화에 대한 노출 경험 부재, 그리고 가장 중요하게는 교육의 부족과 같은 요소 때문에 존재한다고 주장한다.[18] 따라서 종합적으로 고려해 봤을 때 다문화 교육의 시행은 사람들의 문화 인식 수준을 높이고 다른 문화에 대한 편견을 줄일 수 있다는 점에서 필수적이라고 하는 것이 타당하다.

2. 한국의 다문화 교육

다문화 교육이라는 측면에서 뱅크스(Banks)는 5가지의 차원을 파악하였다. 첫째, 내용통합, 둘째, 지식구축 과정, 셋째, 편견 감소, 넷째, 형평 교육학, 마지막으로, 자율적인 학교 문화와 구조이다.[19] 또한 김진희, 윤한수는 다문화 교육을 "다양한 문화적 배경을 가진 사람들이 문화적 다양성을 인정하는 데서 출발했으며, 이주민과 정주민 모두를 대상으로 하는 교육이다."라고 정의하고 있다.[20] 하지만 채영란과 유승우의 1999년부터 2014년까지 다문화에 관한 학술지와 저널의 수를 분석한 연구 결과에 의하면 한국의 다문화 교육은 주로 학생들을 대상으로 시행되었다는 결론을 내렸다.[21] 구체적으로는 학생 52%, 이론 26.5%, 일반 성인 12.9% 그리고 교사 8.6%의 수치를 보였다.[22] 이러한 측면에서 이병준과 박정현은 다문화 교육의 대상이 지역 사회로 확장되어야 할 필요가 있다고 보았다.[23] 김진희와 윤한

18. Lowy, R. 1991. "Yuppie Racism: Race Relations in the 1980s." Journal of Black Studies. 21-4.
19. James A. Banks. 1993. "Multicultural Education: Development, Dimensions, and Challenges." The Phi Delta Kappan. 75-1. p.25.
20. 김진희·윤한수. 2016. "성인대상 다문화교육의 실제 분석과 방향." 「평생학습사회」. 제12집 3호. pp.107, pp.109.
21. 채영란·유승우. 2014. "다문화교육 프로그램의 연구 동향: 1999년 이후의 학위논문 및 학술지를 중심으로." 「유아교육학논집」. 제18집 6호. pp.561-563.
22. 채영란·유승우. 2014. pp.561-563.
23. 이병준·박정현. 2014. "다문화교육 정책프로그램의 분석과 평생교육적 대응방안 연구." 「문화예술교육연구」. 제9권 4호. pp.166-167.

수는 더해서 학교는 물론이고 시민사회에서도 인종, 국적, 종교 등과 관계없이 사람들이 사회에 적극적으로 참여할 수 있는 시민성을 기를 수 있는 다문화 교육이 중요하다고 보았다.[24] 따라서 다문화 교육은 단순히 학교뿐만 아니라 시민사회, 지역 사회에까지 확대되어야 할 필요가 있으며, 그 교육의 대상은 학생과 더불어 지역 시민이라는 광범위한 대상이어야 할 것이다.

한국에서의 다문화 교육 및 정책은 2006년 이후 본격적으로 정부 차원에서 도입되었고, 다른 행정 부서들도 다문화 사회에 초점을 맞추기 시작하였다.[25] 한국 정부의 기본적인 다문화 정책의 방향은 5가지인데, '다문화의 보장', '주류사회와 비주류사회 간의 상호이해 촉진', '소수집단 간의 교류', '사회 전반적인 평등수준 향상', '구조적 차별의 극복'이 그것이다.[26] 그러나 이러한 목표가 설정되었음에도 지역 사회 전반에 걸쳐 다문화 인식을 높이고 참여하며, 상호 소통할 수 있는 다문화 교육 프로그램이 거의 없다는 것이 현실이다.[27]

이러한 문제 인식에 따라 다문화 정책은 변화하고 있다. 지금까지는 한국의 다문화 정책을 이끌어 나가는 여성가족부가 외국인의 한국 사회에서의 적응과 지원에 주력했다면, 이제는 일반 시민들이 다문화 사회에서 외국인에 대한 차별을 근절하기 위해 사회 구조와 인식의 변화에 참여하는 모델로 옮겨가고 있다.[28]

다문화 교육의 효과성에 관해선 여성가족부가 2015년과 2018년에 수행한 조사를 참고할 수 있다. 2015년 조사에 의하면 다문화 교육에 참여한 사람들은 다문화에 관해 더 높은 수준의 수용성을 보였다. 추가로 참가한 다문화 교육에 횟수에 따라 수용성 수준의 차이를 분석한 자료를 보면 3번 이상 참여한 사람들은 64.03점을 기록, 한 번 혹은 두 번 받은 집단이 56.29점과 55.13점을 기록한 것에 비교해

24. 김진희·윤한수. 2016. p.108.
25. 한승준. 2008. "우리나라 다문화정책의 거버넌스 분석." 『한국행정학회 학술발표논문집』. pp.74-75.
26. 윤창국. 2009. "다문화사회 담론 및 정책 분석을 통해 본 평생교육의 과제." 『한국평생교육학회』. pp.259-260.
27. 김미숙 외 2009. 『지역 사회 다문화 가족 교육 지원 인프라 현황과 과제』. (김진희·윤한수. 2016. p.109에서 재인용).
28. 김진희·윤한수. 2016. p.109.

상대적으로 높은 수준의 수용력을 보였다.[29] 2018년의 조사 결과 역시 2015년과 비슷한 결과를 보였다. 한 번 이상 다문화 교육에 참여한 사람들이 다문화 수용성에 관해 57.7점을 기록, 52.7을 기록한 미참여 집단보다 높은 점수를 보였다. 또한 다문화 교육에 2번 이상 참가한 사람들은 58.62점을 기록, 한 번 참가한 사람들이 55.23점을 기록한 것에 비해 높은 점수를 보이기도 하였다.[30] 위와 같은 조사 결과는 다문화 교육에 참여하는 것이 다른 문화에 대한 이해, 수용, 인식을 위해 상당히 중요하다는 것을 보여 준다. 추가로, 이러한 수용성 측면에서 다문화 교육에 참여한 사람은 59.13점을 기록했고, 다문화 행사와 축제에 참여한 사람은 60.51점, 다문화와 관련된 봉사활동에 참여한 사람은 60.79점을 기록했으며 외국인 이주민과 취미를 공유하는 등의 동아리 활동을 함께 한 사람들은 64.65점을 기록, 실질적으로 외국인과 직접 접촉할 수 있는 교육 프로그램의 효과성이 가장 좋다는 결과도 있다.[31] 결국 이런 관점에서 문화 간 상호작용이 특정 문화에 대한 편견을 감소시키는 데 효과적인 요인이라고 할 수 있다.

여기서 후자의 내용은 동아리 활동과 같은 적극적 다문화 교육 프로그램과 다문화 상호작용이 결합하면 어떤 효과를 보일지에 대한 질문을 준다. 여기서 가장 중요한 점은 외국인과 한국인의 직접적 상호작용이 이루어져야 한다는 점이다. 이러한 질문들을 바탕으로 먼저 최저 점수를 기록한 다문화 교육에 관해서 외국인이 한국어로 직접 한국인에 대해 다문화 교육을 한다면 어떤 변화가 보일지에 대해서 알아보기 위해 실험에 기초한 시범연구 프로그램을 기획했다.

---

29. 안상수 외 2015. "국민 다문화수용성 조사 연구." p.7.
30. 김이선 외. 2018. "2018년 국민 다문화수용성 조사." p.13.
31. 안상수 외. 2015. p.6.

Ⅲ. 연구 계획과 설계

1. 용어 개념화와 정의 정리

본 연구를 위해 다음과 같은 용어들을 먼저 정의하고자 한다.

(1) **문화**: 본 연구에서 문화의 개념은 사회학적 접근과 매우 관련이 있다. 문화란 특정 국가의 특정 개인이 공유하는 물질적, 비물질적 측면을 말하며 동시에 다른 문화를 지닌 사람들과 구별되는 독특한 형태를 말한다. 본 연구에서 문화를 구성하는 비물질적 측면에는 종교, 언어, 사회와 가족, 사회적 규범, 그리고 지리적 위치와 역사와 관련된 특징들이 있다. 물질적 측면에서는 전통적, 현대적 의복, 음식, 건축 양식 등을 고려한다.

(2) **다문화주의**: 문헌검토에서 논의한 바와 같이 다문화주의는 1) 사실, 2) 이념, 3) 정책으로 이해될 수 있다.[32] 그러나 본 연구에서는 문화적 다양성을 인식하고 존중하는 사회 이념으로 정의되는 다문화주의의 이념적인 부분을 지칭할 것이다.[33]

(3) **문화간 인식/다문화 인식**: 본 연구에서 말하는 문화간 인식과 다문화 인식이란 편견이 존재하지 않는 상황에서 공정한 방식으로 타 문화에서 온 사람들과 자신의 차이를 인식하는 능력, 그 차이를 존중할 수 있는 능력을 말한다. 더 자세히 말해 이 개념은 다음의 3개의 차원을 통해 구성되고 측정될 것이다.

　3-1) **편견**: 경험 또는 비 경험적 편견에 근거한 특정 문화 집단에 대한 선입견을 나타낸다. 일반적으로 '편견'이라는 단어는 부정적인 뜻을 수반하나 긍정적인 선입견을 배제하지는 않는다. 그리고 이러한 선험적 편견이 없다는 것은 문화간

---

32. Andrew Eungi Kim. 2010. "Increasing ethnic diversity in Korea: Multiculturalism as a reality, ideology and policy." p.2.
33. Troper, Harold. 1999. "Multiculturalism." Encyclopedia of Canada's Peoples, edited by Paul Robert Magocsci. University of Toronto Press. (Yoon et al. "South Koreans' Attitudes toward Foreigners, Minorities and Multiculturalism." pp.332-333에서 재인용).

인식 수치에 긍정적인 영향을 끼칠 것이다.

3-2) 문화적 차이에 대한 인식: NCCC의 개념에 따라 자신의 문화와 다른 사람들의 문화적 특성에 대해 유사점과 차이점을 확인하고 관찰하고 인식하는 능력을 말한다.

3-3) 인식된 차이에 대한 존중: 이 개념은 일반적으로 '무언가에 대한 존중'으로 인식된다. 문화적 맥락에서 케임브리지 사전은 다른 관습이나 문화가 본인이 가진 그것과 다르더라도 그것을 수용하고 다른 문화를 가진 사람들에 대해 불쾌감을 주지 않는 방식으로 행동하는 것이라고 정의하였다.[34] 이 개념은 개인이 지닌 특정한 문화와 비교하여 다른 문화와 거리가 얼마나 먼지와는 상관없이 다른 문화에 대해 항상 받아들인다는 개인의 의지를 포함한다. 존중의 개념은 이러한 문화적 차이에 대해 '이해'를 필요로 하는 것이 아니라 어떤 타 문화의 특징이 자신의 문화적 기준에서 봤을 때 비논리적이고 이해하기 힘들다 하더라도 배려 의식을 갖출 의지를 포함한다.

여기서 3-2)와 3-3)을 더한 개념을 외국 문화에 대한 개방성이라고 하자. 이 개념은 외국 문화와 관련해 개방적인 사람들이 새로운 정보 혹은 반복된 정보에 대응해 편견 없는 방식으로 얼마큼의 개방성을 나타내는지 보여 줄 수 있다. 만약 편견 수치가 높다면 저항(낮은 개방성)을 보일 것이고, 반면 인식 능력이 낮다면 개인의 무관심함을 나타냄으로 타 문화에 대한 정보를 수용할 수 있는 개방성이 낮다는 것을 의미한다. 따라서 이러한 개방성은 존중을 위한 결정적인 조건이라고 할 수 있다.

(4) 다문화 교육: 다문화 교육은 다문화 인식을 높이고 특정 문화에 대한 편견을 줄이기 위한 목적으로 시행된다. 그 내용은 기초적인 지리적 위치, 언어, 종교, 음식, 전통과 같은 주제에만 국한되지 않고 외국의 문화적 특성에 대한 지식을 제공하는

---

34. Cambridge Dictionary, "respect."

것을 목적으로 하는 교육으로 정의된다. 지식은 열려 있기 때문에 다문화 교육을 통해 전달된 지식과 다른 출처로부터 얻은 지식이 동시에 습득될 수 있으며, 따라서 두 가지 지식 출처를 차별화할 필요가 있다.

공식적인 지식 출처: 권위 있는 전문가가 발표한 유효하고 사실적인 지식, 혹은 학계와 교육 기관 등이 그 지식의 출처가 될 수 있다.

비공식적 지식 출처: 간접적인 방식으로 전파되고 편향의 가능성이 있는 지식은 주로 미디어와 소셜 네트워크를 통해 확산한다. 구체적으로 본 연구에서 말하는 비공식적 지식 출처란 잠재적 편향성을 지니고 연구의 결과에 의도치 않은 영향을 미칠 수 있는 것들을 의미한다. 그리고 이러한 지식의 출처는 다음과 같다.

1. 신문, TV, 라디오와 같은 지역 언론과 미디어

2. 국제 미디어

3. 페이스북과 같은 소셜 미디어 등

2. 실험 설계와 참가자 구성 방식

본 연구의 참여자는 '눈덩이 표집(Snowball sampling) 방식'[35]과 무작위 표집을 통해 모집되었다. 이에 따라 연구의 대상 지역이 대학 지역인 덕진구 지역이라는 점에서 연구대상자는 청년 및 성인(19세부터 30세까지)으로 하였다.

(1) 연구 조사 방법 선정

본 연구 설계는 두 가지 요소로 이루어졌다. 첫째, 다문화 교육을 받은 사람들과 받지 않은 사람들 사이의 문화 간 인식 수준을 측정하기 위한 일반적인 조사이다. 둘째, 본 연구에서 선정한 4개 국가의 국민에 대한 인식과 태도 차이를 관찰하기

---

35. 눈덩이 표집 방식이란 연구자들이 표본을 수집하는 과정에서 우선 찾을 수 있는 대상으로부터 데이터를 수집한 다음, 그 대상들에게 다른 표본에 대한 정보를 얻어 그 표본으로부터 데이터를 수집하는 과정을 반복하며 표본을 증가시켜가는 방식이다.

위한 시범 교육 프로그램이 실시되었다. 베트남, 우즈베키스탄, 과테말라, 부르키나파소의 4개 국가에 대한 인식 개선(2시간 가량의 교육프로그램) 전후로, 참가자들을 표본으로 활용하여 다문화 교육의 효과를 관찰하고자 하였다. 이 프로그램은 대중에게 공개된 프로그램이며, 다문화라는 주제에 관심이 있는 시민들을 대상으로 했다(홍보에 사용된 전단은 부록 1 참조).

최종 실험 설계안은 표본집단이 부족하고 변인통제가 어려웠기 때문에 전형적인 실험 설계안을 사용할 수 없었다. 본 연구에 사용된 접근 방법은 "One-Group Pretest-Posttest Quasi-experimental Design"(Privitera & Ahlgrim-Delzell, 2019)에 더 가깝고, 내적 타당성에 있어 몇가지 한계점을 가진다. 본 연구 설계 방식의 일반적인 특징은 다음 표에 요약되어 있다.

〈표 1〉 조사연구 및 시범교육 프로그램

	조사 연구	시범 교육 프로그램
연구 설계	일반 조사 연구	준 실험연구
표본 크기	60인 이상을 목표	13인
표본 추출 방법	눈덩이 표집방식, 무작위 추출 방식	목적 판단 추출 방식
연구 설계의 특징	-온라인 조사(구글 설문 양식) -표본의 연령대(20-30) -지리적 한계: 전주시 덕진구 일대	• 한계점 -연구 설계 -표본크기 -시간 프레임워크

(2) 조사 개발

본 연구 조사는 저자들이 직접 개발하였다. 저자들은 한국종합사회조사, 한국의식 및 가치조사(Yoon, Song, & Bae, 2008), Gertrude B. Henry가 개발한 Cultural Diversity Awareness Inventory(CDAI) 등 신뢰 할 수 있는 조사모델을 참고하여 이를 바탕으로 개발하였다. 본 설문지는 전적으로 저자들이 제작하였으나, 유형분류체계는 상기한 세 가지 도구에 근거하여 제작하였다. 또한 본 연구의 독립변수는 문화 간 교육으로 설정되었으며 종속변수는 문화 간 인식으로 설정되었다. 우선 독립 변수를 측정하기 위해 응답자의 기본정보를 수집하기 위한 질문들을 제작했다. 이후 외부변수를 통제하기 위한 또 다른 질문들을 제작했다. 이는 '편향-통제 질문'으로, 연구 결과에 영향을 미칠 수 있는 각종 외부변수들을 통제하기 위한 것이다. 마지막으로 종속 변수를 측정하기 위한 질문의 경우 리커트 5점 척도를 사용했다. 기타 척도로는 예/아니오 질문과 다중 선택 질문, 서열 순위 척도를 사용하였다. 개발된 설문지는 한국어로 번역되었고 구글 설문 양식을 사용하여 온라인 버전을 만들었다(조사 모델은 부록 3 참조). 또한 웹링크와 QR 코드를 사용하여 잠재적 참가자들이 설문조사에 쉽게 접근할 수 있도록 배포하였다.

본 계측수단을 설계하는 과정에서 4개의 특정 국가가 선택되었다. 이는 베트남, 우즈베키스탄, 부르키나파소, 과테말라이다. 이 국가들은 한국의 다문화주의의 양가적 사고방식을 대표하기 때문에 선택되었다. 이는 다시 두 개의 그룹으로 나눠질 수 있다. 첫 번째 그룹은 베트남과 우즈베키스탄인데, 이는 한국에 거주하는 가장 큰 외국 문화 공동체들을 대표한다. 반면 한국에 거주하고 있는 공동체 구성원 수가 적은 나라를 대표하는 그룹에는 부르키나파소와 과테말라가 선정되었다. 비록 두 그룹이 서로 한국 사회에서 차지하고 있는 비중과 인구수가 다르다 할지라도 이들은 본질적인 공통점을 공유하고 있다. 이 공통점이란 그들의 문화와 전통에 대한 대중의 오해이다. 그러므로 이 두 그룹의 국가들은 한국 사회가 한국인들 사이에서 더 높은 평가를 받는 국가들과 그렇지 않은 국가들을 어떻게 인식하는지를 보여 주는 척도가 되어 이 연구에서 중요한 역할을 한다. Lowy(1991, p.456)는 사회에 실질적인 정보, 지식, 그리고 결함 없는 문화 교육이 부족하면 오히려 다문화 교육이 해롭게 작용할 수 있다고 주장했다. 더 나아가 본 연구는 한국에 살고 있는 소수 민족과 다수 문화 공동체 간의 관련성 또한 한국에서 다문화 교육을 시행하는 데 있어 잠재적으로 중요한 요소로 인식했다.

설문지의 첫 번째 섹션은 연령, 성별, 거주지와 같은 응답자의 배경 정보와 편견에 대한 변인 통제 질문을 수집하기 위한 것이었다. 두 번째 섹션은 독립 변수의 측정에 관한 문항으로, 이는 해당 응답자가 다문화에 관한 교육 프로그램에 적어도 한 번 이상 참여했는지 확인하는 문항이다. 본 섹션의 목적은 다문화 교육을 받은 사람과 다문화 교육을 받지 않은 사람을 구분하기 위함이다. 세 번째 섹션은 종속변수의 측정과 전주시민의 다문화 인식 수준을 측정하고 수치화하는 것과 관련이 있다. '용어 개념화와 정의 정리' 섹션에서 언급했듯이 이 변수는 다시 편견, 문화적 차이에 대한 인식, 존중심의 세 가지 하위 섹션으로 구성된다. 다음 파트에서 섹션과 하위 섹션들 각각의 척도 측정에 대해 자세히 설명한다.

(3) 섹션과 하위 섹션

배경 정보 섹션에서 문항 1부터 문항 3까지는 응답자의 일반적인 측면을 포함하였고, 문항 16은 응답자가 가질 수 있는 편견(특정 국가의 문화에 대한 사전 지식의 수준으로 표현)과 응답자들이 비공식적으로 습득한 지식의 출처(각각 문항 16.1 및 문항 16.2 참조)를 통제하였다. 프로그램 이후 다문화 교육 프로그램에 참여하고자 하는 참가자의 의향이나 성향은 문항 9에 포함되어 있는데, 이 항목은 프로그램 이후 다문화에 대한 교육 프로그램의 인기를 반영할 것이다(부록 2 참조).

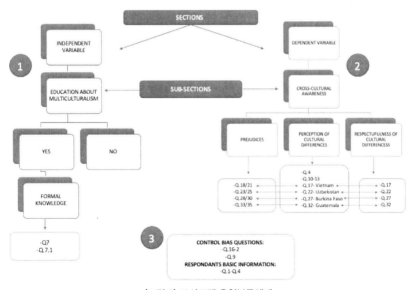

〈그림 1〉 조사모델 유형분류체계

독립 변수 부분은 Q7에 구체화된 다문화 교육의 변수에 관한 것이다. 이 질문은 응답자를 1) 이전에 (정규 교육 과정으로서)다문화 교육을 받은 적이 있는 사람과 2) 이전에 (정규 교육 과정으로서)다문화 교육을 받은 적이 없는 사람의 두 부류로 분류하려는 것이다. 이전에 다문화 교육을 받은 적이 있다고 밝힌 응답자들에게는 보완을 위한 질문이 필수적으로 추가되었다. 이를 위해 10개국의 목록이 만들어졌다. 여기에는 이번 연구를 위해 선정된 주요 국가 4개국(베트남, 우즈베키스탄, 부르키나파소, 과테말라)과 남아공, 필리핀, 브라질, 영국, 미국, 일본(문항 7.1 참조)이 포함됐다. 이것은 한국의 다문화 교육 프로그램에서 전형적으로 다루어지는 나라들을 식별하고, 다문화 교육 프로그램에서 더 많이 노출되고 있는 문화 그룹을 강조하는 데 유용했다. 이 질문은 또한 1) 본 연구를 위해 선택된 국가(베트남, 우즈베키스탄, 부르키나파소, 과테말라)를 포함한 공식적인 다문화 교육 프로그램에 참가했던 이력과 2) 응답자의 배경지식으로서의 문화 인식 수준을 식별하는 데 있어 중요한 역할을 한다. 이 섹션에서 사용한 측정 척도는 다음과 같다.

1) 예/아니오 질문
문항 7: 나는 다문화에 대해 교육 받은 적이 있다.

　　　– 예　　　　　　　　　– 아니오

2) 다중 선택 질문
문항 7.1: 다음 중 당신이 기존의 다문화 교육에서 배웠던 국가를 모두 골라주세요.

　a. 우즈베키스탄　b. 필리핀　　c. 미국　　　　d. 브라질　　　e. 영국
　f. 일본　　　　　g. 베트남　　h. 과테말라　i. 부르키나 파소　j. 남아공

종속변수 섹션은 각 문화 간 인식의 변수를 측정하려는 의도로 설계되었다. 본 섹션은 다시 세 개의 하위 섹션으로 설계되었다.

1) **편견**: 본 섹션은 응답자가 가지고 있는, 특정한 문화 집단에 대한 선입견이나 잘못된 인식의 수준을 파악하기 위해 설계되었다. 저자들은 이런 식의 편파적 추론을 일반화시킨 문항을 만들기 위해 베트남, 우즈베키스탄, 부르키나파소, 과테말라 등 4개 국가의 강연자들을 대상으로 일련의 인터뷰를 실시했다. 이 섹션에서 적용한 측정 척도는 서열 순위 척도 및 리커트 5점 척도로서 "전혀 그렇지 않다"(1), "그렇지 않다"(2), "보통"(3), "조금 그렇다"(4) "매우 그렇다"(5)이다.

예) 문항 21: 그들의 빈곤한 경제 사정을 고려할 때, 동남아시아 사람들은 주로 경제적 기회를 위해 한국을 찾아온다.

2) **문화적 차이에 대한 인식**: 본 섹션은 응답자가 서로 다른 문화 그룹 간의 유사성과 차이점을 식별, 관찰 및 인지할 수 있는 능력 수준을 측정하기 위한 목적을 가지고 있다(Goode, 2007). 이 섹션에서 적용한 측정 척도는 서열 순위 척도 및 리커트 5점 척도로서 "전혀 그렇지 않다"(1), "그렇지 않다"(2), "보통"(3), "조금 그렇다"(4) "매우 그렇다"(5)이다.

예) 문항 17: 내 생각에 한국의 문화와 동남아시아/베트남의 문화는…

3) **존중심**: 본 섹션은 응답자들이 소속된 본래 문화와 다른, 또 다른 개인이나 집단이 보유하고 있는 문화적 차이에 대한 응답자의 관점을 측정하는 것을 목적으로 한다. 본 섹션의 질문은 외국 문화에 대한 관용이나 무관용을 보여 주는 일련의 진술로 설계되었다. 예를 들어 37번 문항은 다른 문화에 대해 긍정적이거나 관용적인 진술을 보여 주는 반면, 41번 문항은 비관용적이고 공감하지 않는 입장을 보여 준다. 이 섹션에서 적용한 측정 척도는 서열 순위 척도 및 리커트 5점 척도로서 "전혀 그렇지 않다"(1), "그렇지 않다"(2), "보통"(3), "조금 그렇다"(4) "매우 그렇다"(5)이다.

예) 문항 37: 나는 다른 문화를 가진 외국인들이 한국에 방문하는 것이 불편하게 느껴지지 않는다.

문항 41: 만약 내 외국인 지인이 그들의 음식을 한국 음식보다 더 선호한다면, 그들과 함께 어울리는 것은 힘든 일일 것이다.

(4) 시범연구 프로그램 설계

이 시범연구 프로그램은 교육 프로그램의 성격을 지니고 있다. 첫째로, 전주 시민의 문화 인식과 다문화 인식에서의 변화를 관찰하기 위해 설계 및 수행되었다. 둘째로, 전주 지역 다문화 교육 프로그램 시행의 효과를 검증하기 위해 설계되었다.

이 시범연구 프로그램에서의 연구 질문은 다음과 같다.

다문화 교육활동 참여가 전주 시민의 문화적 인식 수준을 높일 수 있는가?

(5) 연구 설계

본 연구는 실험 연구로서 설계되었다. 피실험자들은 본 교육 프로그램에 노출되었고, 연구자들은 이러한 자극으로부터 도출될 수 있는 결과에 대해 적절한 추론을 하였다. 다문화 교육 자극이 변화를 주었는지 확인하기 위해 교육 전과 후 각각 테스트를 진행함으로써 그 수치를 확인할 수 있었다. 본 연구에 사용된 표본추출 방법은 '의도적 표집 방법(Judgemental purposive sampling)'을 사용하였다.[36] 이러한 의미에서 연구 참여 대상자의 특징은 명시적으로 확립되었다. 참석자들은 각 조건을 충족하여야 한다.

첫째, 전주 시민일 것.

※혹은 전주 출신은 아니지만, 전주시에서 오랜 기간 정착한 시민도 포함.

둘째, 공식적으로 성인이라고 간주하는 19세 이상일 것.

위와 같은 조건에 시범연구 프로그램은 다음과 같은 과정을 통해 개발되었다.

시범연구 프로그램 설계 과정은 3단계에 걸쳐 진행되었는데 연구 설계, 예비 실

---

36. 의도적 표집 방법이란 연구자의 판단으로 일부 대표 지역 혹은 대상을 임의로 지정, 표본을 수집하는 방식이다. 본 연구에서는 전북대학교가 위치한 지역인 덕진구와 19세에서 30세 사이의 성인을 대상으로 표본을 수집하였다.

행 단계, 그리고 본 프로그램 실행 단계이다. 그리고 여기에 인식 수준 측정 도구 개발, 교육 프로그램 내용 및 역학 개발, 그리고 제도적 동반관계(partnership) 창출의 과정이 더해졌다.

(6) 다문화 교육 프로그램의 세부 내용

이 단계에서 수행된 첫 번째 활동은 연구 도구의 개발이었다(부록 3 참조). 이를 위해 다문화 교육 프로그램의 역할 수행 모델로서 4개의 나라를 설정하였다. 그 나라들은 베트남, 우즈베키스탄, 부르키나파소, 과테말라였다. 본 4개의 나라를 선택한 이유로는 첫째, 베트남과 우즈베키스탄의 경우 한국 거주 외국인 비율 중 상당 비율을 차지하지만 한국인들에게 있어 직접적인 문화적 교류의 경험은 드물다는 점, 둘째, 부르키나파소와 과테말라는 지리적인 위치를 포함해 그 문화들이 한국인들에겐 매우 생소해 다문화 인식 수준이 낮으리라는 것, 셋째, 제한 시간 동안 진행되는 프로그램인 만큼 이미 잘 알려진 서방 국가들과 비교해 다문화 교육이 사람들의 인식에 미치는 영향을 관측하기 쉬울 것이라는 이유에서이다. 이러한 단계를 거쳐 본 연구팀은 이러한 다문화 교육 프로그램에 포함될 사항들을 설정하여 내용 개발에 집중하였다. 그 결과 지리적인 정보, 종교, 의복, 음식과 같은 식습관, 언어, 사회규범, 한국 사회에서 경험한 편견에 관한 내용으로 진행되는 것으로 결정되었다.

그 후, 팀은 4명의 발표자를 모집하였다. 발표자를 모집하는 과정에서 2가지 측면이 고려되었는데 첫째, 그 국가에서 태어나고 자란 원어민일 것과 둘째, 한국어로 발표를 진행하기 위해 한국어 구사 능력이 있을 것이 그 내용이었다. 동시에 이 프로그램의 홍보와 지원을 위해 제도적 동반관계가 구성되었다. 이 프로젝트에 협력한 기관 중 하나는 전라북도국제교류센터(JBCIA)로, 이 프로그램이 공식 홈페이지에 홍보되고 프로그램 실행을 위해 장소를 제공해 주는 등의 도움을 주었다. 또한 전북대학교 국제인문사회학부는 발표자들에게 제공된 참가증서 발급에 도움을 주었다.

(7) 프로그램 실행 구성

본 교육 프로그램을 시행하기 이전에 교육을 받기 위해 참가한 참가자들에게 다문화 인식 수준을 확인하기 위한 사전 설문 조사지를 배포하였다. 그 후 과테말라, 우즈베키스탄, 부르키나파소, 베트남 발표자 순으로 발표가 진행되었으며, 발표가 마무리된 이후 사후 설문 조사지를 배포, 데이터를 수집하였다(부록 2 참조).

(8) 프로그램의 종료 후 간단한 분석 결과

본 프로그램이 끝난 후 데이터 분석과 더불어 연구자들 간 토의를 했다. 본 연구는 문화 인식 수준이라는 측면에서 사전·사후 데이터를 참고했을 때 다문화 교육 프로그램이 가지는 유의미한 결과를 보여 주었다. 또한 본 연구는 그동안 한국에서의 다문화 교육 프로그램에서 외국인이 주 교육자가 아니었다는 점에 주목, 외국인을 직접 주 교육자로 삼는다는 혁신적인 다문화 교육 프로그램의 방향성을 제시하는 데 도움이 되었다. 그러나 동시에 저자들은 이 시범연구에 연구 설계, 표본의 크기, 시간 체계 측면에서 한계점이 있다는 것을 인식하였다. 첫째, 본 실험은 연구의 타당성 측면에서의 역할을 해 줄 대조군 그룹(통제집단)이 설정되지 못하여 결과가 분석된 후 진행되어야 할 타당성 검토가 진행되지 못하였다. 둘째로, 표본 크기가 겨우 14명밖에 되지 못하여 획득한 데이터가 크게 타당하며 유의미한 결과를 보인다고 하기는 어렵다는 점이다. 마지막으로 프로그램을 제대로 준비하기에 충분하지 못했던 시간 구성은 저조한 프로그램 참석률에 영향을 주었다. 그러나 위와 같은 한계점을 감안하여도 결과를 분석해 봤을 때, 분명 다문화 교육 프로그램이 문화적 인식 개선에 미치는 영향은 효과적이었다고 말할 수 있다.

IV. 종합 설문 조사 결과와 시범연구 결과와 분석

1. 종합 설문 조사 결과 분석

　실험설계 과정에서 전주 시민 간 다문화 의식의 개념은 '개방성'과 '존중심'이라는 두 가지 하위 개념으로 다시 구분하였다. 본 조사 연구에서는 각 질문을 4점 또는 5점의 거리를 가진 질문으로 구성하였다. 이후 각 항목의 점수를 합산하여 정량화하였다. 부정적인 질문들은 그 값을 역으로 간주하여 합산하였다. 이때 "다문화 교육을 받은 경험이 없는 그룹"을 그룹 A, "다문화 교육을 받은 경험이 있는 그룹"을 그룹 B로 정의하였다.

　전체 표본 46개를 분석한 결과 다문화 인식지수와 다문화 교육 경험 간에 통계적으로 유의미한 상관관계가 없는 것으로 나타났다. 그룹 B의 다문화 인식 종합지수는 44.36에서 43.07로 2.90% 하락하였다. '개방성' 항목의 인식지수는 26.30점에서 26.05점으로 0.95% 하락하였다. '존중심' 항목의 인식지수는 78.03점에서 77.05점으로 1.25% 하락하였다. 마지막으로 '편견' 부문 인식지수는 28.73점에서 26.11점으로 9.11% 하락하였다.

　R을 활용하여 실행한 t-검증의 결과에 따르면 두 그룹 사이에 통계적으로 유의미한 차이를 발견할 수 없었다. 귀무가설인 H0는 "다문화 교육은 시민의 다문화 인식 지수에 영향을 미치지 않는다"라고 정의한다. 대립가설 H1을 "다문화 교육이 시민의 다문화 인식지수에 영향을 미친다"라고 정의한다. 95% 유의 수준일 때, $p < 0.05$이라면 귀무가설을 기각하고 대립가설을 채택할 수 있다.

　'개방성' 항목에서는 그룹 A와 B에 대한 t-검증 결과가 $p = 0.6636$이다. 조건 $p < 0.05$를 만족시킬 수 없으므로 귀무가설 H0는 기각되지 않는다. '존중심' 항목에서 그룹 A와 그룹 B의 t-시험 결과는 $p = 0.5301$이다. 조건 $p < 0.05$를 만족시킬 수 없으므로 귀무가설 H0는 기각되지 않는다. '편견' 항목에서는 그룹 A와 그룹 B에 대한 t-검증 결과가 $p = 0.05238$이다. 조건 $p < 0.05$를 만족시킬 수 없으므로 귀무

가설 H0는 기각되지 않는다. 따라서 본 연구 조사의 결과, "다문화 교육이 시민들의 다문화 인식 지수에 영향을 미친다"라는 가설은 채택될 수 없다.

2. 시범연구 분석

실험을 통해 진행했던 시범연구에서는 전주 시민의 문화적 인식 개념을 '개방성'('문화적 차이 인식'과 '편견 없음'의 결합)과 '존중심'으로 구분하였다. 따라서 설문지에 제시된 10개의 일반 질문을 제외하고 나머지 질문은 위의 두 가지 범주로 분류하였다. 본 조사 연구에서는 각 질문을 4점 또는 5점의 거리를 가진 질문으로 구성하였다. 이후 각 항목의 점수를 합산하여 정량화하였다. 부정적인 질문들은 그 값을 역으로 간주하여 합산하였다. 표본 13개를 분석한 결과 이들의 다문화 인식 지수는 실험 전과 비교해 모든 방면에서 증가하였다. 종합 인식지수는 63.34에서 71.03으로 12.14% 상승하였다. '개방성' 항목의 인식지수는 63.23점에서 71.84점으로 13.62%포인트 상승하였다. '존중심' 항목의 인식지수는 63.46점에서 70.23점으로 10.67% 상승하였다. 그리고 '편견' 항목의 인식 점수는 21.38점에서 25.23점으로 18.00% 상승하였다. R을 사용하여 t-검증을 진행한 결과, 사전테스트와 사후테스트 사이에 통계적으로 유의미하고 뚜렷한 변화를 발견할 수 있었다. 귀무가설 H0를 "사전테스트와 사후테스트 간의 인식지수는 차이가 없을 것이다"로 정의한다. 대립가설 H1을 "사전테스트와 사후테스트 간의 인식지수는 차이를 보인다"로 정의한다. 95% 신뢰구간에서 $p < 0.05$일 때 귀무가설은 기각되고 대립가설을 채택할 수 있다. '개방성' 항목의 인식 지수에서 사전 테스트와 사후 테스트에 대한 t-검증 결과는 $p = 0.028$이다. 조건 $p < 0.05$가 충족되므로 귀무가설 H0는 기각되고 대립가설 H1을 채택할 수 있다. "존중심" 항목의 인식지수를 비교할 때 사전 시험과 사후 시험의 t-검증 결과는 $p = 0.00095$이다. 조건 $p < 0.05$가 충족되므로 귀무가설 H0는 기각되고 대립가설 H1을 채택할 수 있다. '편견' 차원에서는 사전 및 사후 테스트의 t-검증 결과가 $p = 0.018$이다. 조건 $p < 0.05$가 충족되므로 귀무가설

H0는 기각되고 대립가설 H1을 채택할 수 있다. 따라서 본 조사 연구의 결과, "다문화 교육 프로그램이 다문화 인식을 향상 시킨다"라는 주장은 통계적으로 유의미하며 수용할 수 있다.

V. 결론

한국은 최근 급속도로 다문화적인 사회로 변화하고 있다. 이는 한국의 과거와 비교했을 때 한국인들이 외국인들과 타문화와의 직·간접적인 교류가 더 많아질 것을 의미한다. 이러한 사회적 현상으로부터 출발한 본 연구는 과연 한국인들이 다문화 사회를 받아들일 준비가 되어 있는지, 다문화에 대한 올바른 인식을 가졌는지 확인하기 위해 수행되었다. 이러한 연구 수행 배경을 거치며 "다문화 교육을 받은 사람과 그렇지 않은 사람 간에 문화적 인식 수준의 차이는 정말 유의미한가?"라는 연구 질문을 도출하게 되었다. 이 질문으로부터 저자들은 "다문화 교육 활동 참여가 전주 시민의 다문화 인식 수준을 개선하는 데 도움을 줄 것이다"라는 가설을 제시하였다. 이러한 연구 질문과 가설을 점검, 확인하기 위해 본 저자들은 특정 계층에 치우쳐진 다문화 교육이 아닌 일반 지역 사회와 지역 시민에게로 확대된 다문화 교육 프로그램을 시행하였고, 다문화 교육이 올바른 다문화 인식을 심어주는 데 중요한 역할을 한다는 것을 부분적으로 증명해 보았다. 특히 외국인이 직접 주교육자가 되어 교육 프로그램을 진행할 때 그 효과가 더욱 증진된다는 방향성을 제시하였고, 결과적으로 19세와 30세 사이의 전주 시민 사이에서 다문화 인식 수준을 향상시킬 수 있다는 유의미한 결과를 도출해내었다.

〈참고문헌〉

김미숙 외. 2009. 『지역사회 다문화가족 교육지원 인프라 현황과 과제』. 한국교육개발원.

김이선 외. 2018. "2018년 국민 다문화수용성 조사." http://www.mogef.go.kr/mp/pcd/mp_pcd_s001d.do?mid=plc503&bbtSn=704816. (검색일: 1월 27일).

김지윤·강충구. 2018. 11. 16. "닫힌 대한민국 II: 한국인의 다문화 인식과 정책." http://www.asaninst.org/contents/%EB%8B%AB%ED%9E%8C-%EB%8C%80%ED%95%9C%EB%AF%BC%EA%B5%AD-%E2%85%A1-%ED%95%9C%EA%B5%AD%EC%9D%B8%EC%9D%98-%EB%8B%A4%EB%AC%B8%ED%99%94-%EC%9D%B8%EC%8B%9D%EA%B3%BC-%EC%A0%95%EC%B1%85/. (검색일: 2020년 1월 26일).

김지윤·강충구·이의철. 2014. 2. 4. "닫힌 대한민국: 한국인의 다문화 인식과 정책." http://www.asaninst.org/contents/%EB%8B%AB%ED%9E%8C-%EB%8C%80%ED%95%9C%EB%AF%BC%EA%B5%AD-%ED%95%9C%EA%B5%AD%EC%9D%B8%EC%9D%98-%EB%8B%A4%EB%AC%B8%ED%99%94-%EC%9D%B8%EC%8B%9D%EA%B3%BC-%EC%A0%95%EC%B1%85/. (검색일: 2020년 1월 27일).

김진희·윤한수. 2016. 8. "성인대상 다문화교육의 실제 분석과 방향." 『평생학습회』. 제12집 3호.

채영란·유승우. 2014. 12. "다문화교육 프로그램의 연구 동향: 1999년 이후의 학위논문 및 학술지를 중심으로." 『유아교육학논집』. 제18집 6호.

안상수 외. 2015. 11. "국민 다문화수용성 조사 연구." http://www.mogef.go.kr/mp/pcd/mp_pcd_s001d.do?mid=plc503. (검색일: 2020년 1월 27일).

윤창국. 2009. "다문화사회 담론 및 정책 분석을 통해 본 평생교육의 과제." 『한국평생교육학회』.

이병준·박정현. 2014. 8. "다문화교육 정책프로그램의 분석과 평생교육적 대응방안 연구." 『문화예술교육연구』. 제9권 4호.

한승준. 2008. "우리나라 다문화정책의 거버넌스 분석." 『한국행정학회 학술발표논문집』.

Balls-Berry, J. E., & Albold, C. 2019. Asynchronous Education for Graduate Medical Trainees to Reduce Health Disparities and Address Social Determinants of Health: Online Education for Graduate Medical Trainees. In E. Demiroz, & S. Waldman (Eds.), Optimizing Medical Education With Instructional Technology. Hershey, PA: IGI Global. doi:10.4018/978-1-5225-6289-4.ch001.

Cambridge University Press. 2019. "respect". Cambridge Dictionary. https://dictionary.
cambridge.org/dictionary/english/respect. (검색일: 2020년 1월 28일).

James A. Banks. 1993. 9. "Multicultural Education: Development, Dimensions, and
Challenges." https://education.uw.edu/sites/default/files/20405019.pdf. (검색일자:
2020년 1월 29일).

Cultural Diversity Awareness Inventory (CDAI) by Gertrude B. Henry. 1986. Cultural
Diversity Awareness Inventory by Gertrude B. Henry. Retrieved from https://files.
eric.ed.gov/fulltext/ED282657.pdf.

e−나라지표. 2019년 7월 26일. "체류 외국인 현황." http://www.index.go.kr/potal/main/
EachDtlPageDetail.do?idx_cd=2756. (검색일: 2020년 1월 15일).

National Center for Cultural Competence. 2007. "Curricula Enhancement Module."
Georgetown University Center for Child & Human Development, Washington,
DC. https://nccc.georgetown.edu/curricula/documents/awareness.pdf. (검색일:
2020년 1월 29일).

Huber, T., Sanmiguel, E. R., Cestou, L. P., & Hernandez, M. L. 2018. Preparing Glob-
ally Competent Educators Through Critically Engaging in Service-Learning.
In T. Meidl, & M. Sulentic Dowell (Eds.), Handbook of Research on Service-
Learning Initiatives in Teacher Education Programs. Hershey, PA: IGI Global.
doi:10.4018/978-1-5225-4041-0.ch026.

Lowy, R. 1991. Yuppie Racism: Race Relations in the 1980s. Journal of Black Studies,
21(4), 445-464. Retrieved from www.jstor.org/stable/2784688

NationMaster. (n.d). Top countries in inbound tourists from South Korea. Retrieved
from: https://www.nationmaster.com/nmx/ranking/inbound-tourists-from-south-
korea.

Parker, A., Webb, K. E., & Wilson, E. V. 2017. Creating a Studying Abroad Experience
for Elementary Teacher Candidates: Considerations, Challenges, and Impact. In H.
An (Ed.), Hannatinatidbook of Research on Efficacy and Implementation of Study
Abroad Programs for P-12 Teachers. Hershey, PA: IGI Global. doi:10.4018/978-1-
5225-1057-4.ch007.

Sang-hun, C. 2009. 11. 1. South Koreans Struggle With Race. Retrieved from https://
www.nytimes.com/2009/11/02/world/asia/02race.html.

Stephan, W.G., & Stephan, C.W. 2001. Improving intergroup relations. Thousand Oaks,
CA: Sage Publications.

전주시 주민자치조직 발전 방안 연구

전북대학교 정치외교학과 김성우
전북대학교 영어영문학과 김성태
전북대학교 지미카터국제학부 윤현빈

논문초록 본 연구의 목적은 향후 주민자치회의 도입을 위해 전주시가 나아갈 방안을 제시하기 위해 진행되었다. 우선 주민자치위원회의 실태를 파악을 위해 문헌조사와 설문조사를 통해 주민자치위원회의 현황과 문제점을 파악하였고, 다른 지역의 주민자치회 사례를 바탕으로 세 가지 결론을 도출하였다. 첫째, 주민참여 독려를 위한 방안을 연구를 통해 주민이 주도적으로 지역 화합과 지역발전에 참여하는 환경을 조성할 것. 둘째, 지역의 특성에 맞는 주민자치회를 꾸려 지역사회의 네트워크를 구축과 공동체 활성화를 이룰 것. 셋째, 주민자치회 지원 체계를 구성하여 주민자치회를 안정적으로 도입할 것. 결과적으로 이 연구는 정책 제언을 통해 전주시의 성공적인 지방자치와 주민자치의 방향성을 제시하였다.

핵심주제어 주민자치, 주민자치위원회, 지역사회 네트워크, 공동체 활성화

Ⅰ. 연구를 시작하며

본 연구는 CBL(Community Based Learning) 수업의 일환으로 시작되었다. CBL은 학교에서 배우는 교과 내용과 지역사회 기관에서의 경험을 연계시켜 지역사회 속에서 교과를 이해하고 이를 현장에서 활용하는 수업으로 우리의 주제는 지역 공동에 대한 전주시 지역 구의원의 5분 발언에서 시작되었다.

"지방 행정체제 개편을 위한 한 수단으로 지방자치회는 과소동 통합이나 행정동 개편이 되었을 경우를 대비해 지역의 자치기구 대안으로 생겼다고 하지만 민주주의와 지방자치를 실시함에 있어 주민참여를 기반으로 하는 주민자치가 반드

시 활성화되어야 한다는 것에 우리 모두 인식하고 있습니다. (중략) 주민자치회는 기본적으로 동주민센터와 협의·심의를 통해 위탁사무를 수행하면서 다양한 지역 문제를 직접 해결하고 마을계획 수립, 주민총회 개최 등 자치활동에 주민참여를 확대하기 위한 제도라고 할 수 있습니다. (중략) 다만 주민들이 지역공동체 문제를 스스로 논의하고 해결하는 새로운 계기가 될 것은 분명하며 주민자치회가 제대로 정착하고 성공적으로 운영될 수 있게 행정에서는 면밀한 검토와 준비를 해야 할 것입니다."

II. 주민자치위원회와 주민자치회

1. 연구 배경

현재 대한민국은 입법과 개헌을 통해 지방자치의 새 시대를 열기 위한 다양한 논의들이 진행되고 있다. 중앙집권적이고 제왕적인 현 정치 제도인 '대통령제'가 가진 한계점을 극복하고자 대통령을 포함한 중앙정부의 권한 조정과 이양을 통해 지방분권과 자치분권 개헌으로의 변화를 도모하고 있다. 이에 따라 정부의 대통령 직속 자치분권위원회를 중심으로 관련된 국가 비전과 정책이 제시되고 있다.

하지만 한국의 지방자치는 지방분권의 미비, 지방재정의 불균형, 시민 자치의식의 부족, 중앙 정치에 예속, 그리고 주민들의 공동체 의존 등으로 한계를 보이면서 미흡한 실정이다. 이러한 지방자치의 문제를 극복하기 위해 주민참여 및 지역공동체 육성방안이 제시되었고, 지방자치를 활성화하려는 노력이 시도되고 있다.

자치분권위원회의 자치분권 계획을 살펴보면 주민 참여권 보장, 숙의 기반의 주민참여 방식 도입, 주민자치회의 대표성 제고 및 활성화, 주민직접발안제도 도입, 주민소환 및 주민감사청구 요건의 합리적 완화, 주민투표 청구 대상 확대, 주민참여예산 확대 등의 세부 과제를 통해 주민주권구현이 핵심 추진 과제로서 제시되어 있음을 확인할 수 있다. 즉 현재 지방자치 및 자치분권은 지역에 거주하고 있는 주민들이 지역 정책의 기획과 결정 과정에 참여를 통해 지역 주민으로서의 의사 개진을 보장하는 것이다. 이로써 자치 단체는 주민들의 의견을 정책 입안에 적극 반영해야 하며 나아가 지방행정의 민주화와 효과성을 추구하는 과정으로서 주민참여는 지방자치제가 갖는 한계점을 보완하고 지방자치의 진정한 발전과 민주화를 도모할 수 있을 것이다.

이러한 지방자치 및 자치분권 실현의 중심축으로 주민자치센터는 현재 급변하는 정치·경제·사회적 변화에 맞춰 주민의 자치의식을 함양시켜 지방자치를 성공적으로 구축하는 것을 주목적으로 삼고 있다. 주민자치센터는 과거 1999년 김대중 정부 당시 기존 동사무소가 가지고 있던 행정기능을 구청, 시청으로 이전하는 등의 기능축소와 주민참여와 주민자치로의 기능집중을 통해 현재의 주민자치센터로 전환되었다. 이러한 목적을 가진 주민자치센터는 궁극적으로 지방자치의 실질적 주체이자 행위자로서 마을 공동체 구축에 핵심축으로 주민의 자발성에 기반을 둔 지역 주민의 대표로서 역할을 하여야 하며, 주민자치센터 내의 주민자치조직은 주민자치센터의 역할 실현의 수단으로서 궁극적으로는 지방자치와 자치분권의 실현 수단으로 주민참여의 매개체로 자리매김해야 한다.

2. 연구 목적과 의의

현재 주민자치센터는 풀뿌리 민주주의와 지방자치 실현 수단으로서 주민자치센터 내의 주민자치조직이 강화되어야 진정한 지방자치, 주민자치의 실현이 가능할 것으로 보인다. 이와 같은 자치분권, 지방자치의 부상과 주민참여 담론이 부상함에 따라 주민자치회 시범 운영지역이 확대되고 주민자치회 설치 권고 및 지속의 일환으로 행·재정적 근거가 마련되면서 주민자치회 대표성 제고 및 활성화를 위한 관련 정책들이 추진되고 있다. 더불어 정부 자치분권 계획 아래에 현재 주민자치센터 내 주민자치조직인 '주민자치위원회'에서 '주민자치회'로의 주민의 참여와 권한이 더욱 확장되는 주민자치조직 도입을 통해 주민자치조직 전환의 패러다임에 들어서고 있다.

하지만 이에 비해 각 지방자치단체의 주민자치센터 내에서 주민자치조직 기능, 운영, 인식 등에서 주민자치조직의 정확한 역할과 개념조차 정립되지 못하고 있고 지방자치단체들의 행·재정적 절차 및 계획은 아직 미흡한 현실이다. 전주시민으로서 이러한 새로운 주민자치조직으로의 전환의 패러다임 하에 전주시 주민자치조직의 운영과 인식 살펴보아 주민자치위원회 현황을 확인하고 궁극적으로 전주시가 나아가야 할 주민자치조직에 있어 발전 및 방안을 탐구하고자 한다.

먼저 현 전주시의 주민자치위원회의 실황, 실태에 관한 연구 비롯해 자치위원회의 주체이자 관련 행위자인 자치위원과 관련 공무원이 주민자치위원회에 대해 가진 인식과 운영에 관한 연구가 이루어지지 않은 점을 확인하였다. 따라서 본 연구는 전주시 주민자치위원회 운영과 기능을 중점적으로 조사를 통해 전주시 주민자치위원회의 현주소를 파악해 제시할 것이다. 나아가 본 연구를 통해 전주시의 주민자치 관련 정책을 살펴보고 정부의 자치 분권형 추진 모델로 제시되어 주민자치에 대한 여러 정책이 추진되고 있는 주민자치조직 우수사례로 비교분석을 통해 전주시의 주민자치조직의 나아가야 할 방향을 찾아보고자 한다. 더불어 현재 주민자치위원회에서 주민자치회의 도입에 있어 전주시의 주민자치조직의 현주소를 파악을 통해 앞으로의 전주시 주민자치조직의 운영, 그리고 역할과 전주시의 주민자치회 모델 구현에 있어 참고 되길 기대한다.

3. 주민자치회

2010년 제정된 자치분권 및 지방행정체제개편에 관한 특별법에서 보다 상향된 권한을 가지는 주민자치회 조직과 기능에 대한 규정이 마련되었다. 행정안전부는 2013년도부터 전국 49개 읍면동에서 주민자치회 시범사업을 실시하였다. 행정안전부 시범사업평가에서 주목해야 할 부분은 주민자치를 향상시키기 위한 지원체계가 필요하다는 점과 주민의 실질적인 자치활동을 수행하기 위한 권한과 역할이 보다 명료해야 한다는 점 등이다. 또한, 주민이 동 단위의 여러 주민참여 정책이나 사업을 종합적으로 논의하고 계획을 세울 수 있는 체계와 역량을 갖춘 주민자치회를 만들어야 한다는 점도 중요한 지점이다.

주민자치회는 주민자치위원회의 성과를 계승하고, 주민자치 제도와 자치역량의 한계를 극복하여 주민이 실질적인 자치활동을 전개할 수 있는 제도로 볼 수 있다. 따라서 주민자치회 시범사업은 주민자치의 뿌리가 제대로 내리고 튼튼한 나무로 자라서 상시적으로 풀뿌리 참여 민주주의의 꽃을 피우기 위한 토대가 되어야 한다.[1]

주민자치회와 주민자치위원회의 차이는 아래 〈표 1〉에서 확인할 수 있다.

기존의 주민자치위원회가 가지는 한계점을 보완·발전적 논의가 진행됨에 따라 주민자치회를 독립적으로 구성하였다. 지방행정체제 개편추진위원회[2]는 주민에게 실질적 권한부여와 운영의 자율성을 보장하기 위해 주민자치 모델을 설정하였으며 이를 위해 주민자치현장방문, 토론회, 위원회 논의를 통해 협력형, 통합형, 주

〈표 1〉 주민자치회와 주민자치위원회 비교

구분	주민자치회	주민자치위원회
형태	읍면동 주민자치기구	읍면동 자문기구
구성	20~30명 이내(지방의원 참여 배제)	25명 이내(지방의원 참여 가능)
대표성	주민대표성, 전문성 확보	지역유지 중심, 대표성 미약
주요기능	주민화합·지역발전에 관한 사항협의, 위탁사무 처리 등	주민자치센터 운영사항 심의
지자체와의 관계	대등한 관계에서 파트너십 구축	대부분 읍면동 주도로 운영

1. 2019 서울형 주민자치회 시범사업 매뉴얼 참고.
2. 지방행정체제 개편을 체계적으로 추진하기 위하여 대통령 소속으로 지방행정체제 개편추진위원회를 두는 내용으로 「지방행정체제 개편에 관한 특별법」이 제정됨에 따라 지방행정체제 개편추진위원회의 회의 운영에 관한 사항을 정하고, 위원회 업무를 효율적으로 수행하기 위하여 4개 이내의 분과위원회를 둘 수 있도록 하는 한편, 위원회 사무의 전담지원기구로 지방행정체제 개편지원단을 설치하는 등 법률에서 위임된 사항을 정하려는 것임.

민조직형 등 3개의 모델을 확정하였다. 이후 3개의 모형을 모두 시범실시 대상으로 제시했으나 우선 협력형 모델을 시범실시하고 다른 두 가지 모형인 통합형, 주민조직형은 현행법에 배치되어 사실상 제외되었다(김필두, 2018). 주민자치회의 시범사업은 1단계(2013. 7.~2014. 12.)는 총 31개 지역을 대상으로 하였다. 2단계(2015. 11.~2016. 12.)는 1단계에서 시범실시에 참여한 31개 읍·면·동과 추가로 신청한 18개로 총 49개 읍·면·동을 대상으로 추진하였다. 최근 문재인 정부는 자치분권을 주요 국정목표로 이를 구체적으로 실천하기 위한 주요정책을 제시하고 있으며 이는 주민자치회의 위상과 역할을 강화하기 위한 법률 제·개정, 실질적 마을 협의체로서 주민자치회의 역할을 강화하는 게 주요 골자이다.[3]

주민자치회는 주민자치위원회보다 주민들의 이해와 주인의식 그리고 공동체의식이 중요하게 여겨진다. 또한 단순한 주민자치센터 프로그램 시행을 넘어 주민들이 무엇을 원하는지 등의 욕구를 파악하여 주민 생활에 밀접하게 관련 있는 마을의제를 발굴하고 이를 해결하는 것이 중요한 업무 중 하나이다. 따라서 주민자치회는 지역의 특성에 맞는 사업을 진행해야 한다. 예를 들어 도시와 농촌 지역의 접근 방식이 달라야 한다. 도시의 경우 주민 간 소통을 위한 장 마련, 방과 후 교육 등을 진행하고 농촌 지역의 경우 마을 기업이나 마을 축제 개최 등을 여는 것이 적합하다. 궁극적으로 주민자치의 핵심은 풀뿌리 공동체 활동을 통하여 자치 활동을 영위하는 것이다.

4. 주민자치회의 필요성

주민자치회의 필요성은 크게 네 가지 측면에서 확인할 수 있다(김필두·최인수, 2017; 김필두·한부영, 2017).

첫째, 지역사회의 중요한 결정을 주민으로 할 수 있게 하고 주민자치회가 지역

---

3. 대전세종연구원. 2019. 주민자치회 시범실시의 평가와 향후 발전과제: 부강면 사례를 중심으로.

사회에 적극적으로 참여하고 활동하는 구심점이 되도록 할 수 있음.

둘째, 지방자치의 중심축 변화에 대해 대응할 수 있음. 기관 중심의 단체 자치에서 지역 주민 중심의 주민자치로 지방자치의 패러다임이 변화하고 있으며 근린생활단위에서 주민이 직접 의사결정 권한을 행사하기 위한 중요한 기능을 담당할 수 있게 함.

셋째, 지방행정체제 개편에 따른 지방행정 환경변화에 대응함– 주민자치조직을 설치하여 읍·면·동별 행정서비스의 사각지대 해소, 근린자치 기능을 명확히 하는 데 그 필요성이 있음.

넷째, 지역의 실정에 맞는 맞춤형 주민자치를 구현한다는 측면에서 그 필요성이 제기됨. 주민이 가장 친근하고 쉽게 접근할 수 있는 기본단위가 읍·면·동임. 읍·면·동을 중심으로 지역 실정에 맞으며 실제 주민이 원하는 서비스를 제공하는 대표적인 조직이 필요.

진정한 지방분권시대를 희망하고 주민참여를 기반으로 하는 주민자치회는 지방자치분권 및 지방행정체제개편에 관한 특별법 제29조에 따라 2013년 행정안전부 시범실시 사업의 일환으로 시작되어 전국 38개 읍면동에서 첫발을 내디뎠고 이후 자치 단체가 자율적으로 운영하는 지역이 늘어나면서 현재 95개 읍면동으로 확대 시행되고 있다.

전북의 경우 군산시의 옥산면과 완주군의 고산면 단 2곳에서 시범적으로 실시하였으나 최근 지방자치법 전면 개정안에 주민자치회 설치·운영에 관한 내용을 포함함으로써 지금까지 시범적으로도 실시되지 못했던 주민자치회가 본격적으로 실행되어야 하는 시기가 된 것입니다. 하지만 타 자치단체는 6년 전에 이미 사전준비 절차를 이행하고 있고 벌써 시범실시를 통해서 선도 지자체의 사례를 공유하고 해결해 나가면서 주민자치회로의 전환을 준비하고 있다. 지방 분권의 패러다임이 변화하고 있는 지금, 전주 또한 현 주민자치위원회의 실태를 확인하고 보다 주민이 주체가 되는 풀뿌리 민주주의 실현에 있어 필요한 것이 무엇인지 확인해 볼 때이다.

Ⅲ. 연구방법

　우선 전주시의 주민자치회도입에 있어 현재 주민자치위원회의 실태를 파악하고 자 하였다. 본 연구의 연구방법은 문헌조사방법을 중심으로 진행되었다. 이에 더하여 타 도시의 사례분석, 주민자치회 모델을 제시하고자 한다. 문헌조사로는 주민자치회와 관련 있는 통계조사, 해외 사례, 행정안전부의 지침, 주민자치센터 설치·운영에 관한 조례 등을 참고하였다. 주민자치위원회와 주민자치회와 관련된 사항들을 조사하는 데 있어 여러 학자의 선행 연구 자료를 기초로 하였으며, 주민자치센터의 추진실태와 현황 등의 자료는 행정안전부, 해당 주민자치센터 및 한국지방행정연구원, 한국지방정치학회 등의 연구기관의 연구보고서 및 내부 자료와 홈페이지에 게시된 통계자료 등을 참고하였다. 추가로 관련 업무를 맡고 있는 실무자(공무원, 자치위원회 위원)들과 면담을 통하여 필요한 자료들을 조사하였다.

　전주시 자치위원회의 실황을 파악하기 위해 35개 전주시 주민자치위원회 아래 3개의 동을 선별하여 주민자치위원회 구성원 대상 설문 조사를 실시하였으며, 설문지 구성으로는 윤재선 등 읍면동 주민자치조직 운영 실태와 활성화 방안[4] 내 구성된 설문조사를 참조하여 자치위원회의 자치위원과 관련 공무원을 대상으로 전주시 내 주민자치위원회 실황을 파악하였다.

1. 전주시 주민자치위원회 현황 파악

　전주는 35개 행정동 아래(완산구 19동, 덕진구 16동) 주민 센터 별 주민자치위원회를 두고 있으며 전주 주민자치위원회 구성원은 위원장, 부위원장 각 1인 및 당해 동에서 선출된 시의원 포함 3인 이내 고문과 동에 소재하는 각 급 학교, 통장대표, 주민자치위원회 및 교육·언론·문화·예술 기타시민·사회단체에서 추천하는 자

---

4. 윤재선·전용태. 2018. 읍면동 주민자치조직 운영 실태와 활성화 방안.

또는 공개모집 방법에 따라 선정한 주민자치위원으로 25인 이내 구성되어 있다.

2. '운영'과 '의식'을 중점으로 살펴본 전주시 주민자치위원회

지역 내 주민자치 및 주민자치위원회 현황 파악을 위한 윤재선의 설문조사는 주민자치원회 구성원 대상 주민자치위원회 운영과 구성 부분의 자치위원회의 외부적 요인을 변수로 살펴보았으나 본 연구는 이에 자치위원회 자치위원의 의식을 내부적 요인으로 더해 외부적 요인으로 운영(구성과 운영)과 내부적 요인으로 자치위원의 의식 부분을 구분하여 조사를 진행하였다.

전주시 송천1동과 송천2동, 진북동 주민자치위원회의 현재 활동하는 자치위원(고문, 간사, 주민자치위원회 위원장 등)을 대상으로 55명(남성 27명, 여성 28명)으로 진행하였고, 연령대는 60대 72.9%로 대부분 중·장년층 이였고 20대는 부재한 것으로 나타났다.

추가적으로 전주 내 주민자치위원회 현황을 더욱 명확히 파악하기 위하여 동장을 비롯한 담당 공무원을 대상으로 인터뷰를 진행하고 월례회의에 참가하였다.

25개 문항으로 이루어진 설문지 구성은 주민자치위원회 위원 대상 의식부분 6개 문항, 운영부분 14개 문항으로 구성하였고, 세부적으로 의식부분에서 주민자치위원회 이해도, 주민자치위원회 구성이유, 주민자치위원회 역할, 주민자치위원회 활동 내 주민 참여도로 구성했으며, 운영부분에서는 주민자치위원회 참여경위, 주민자치위원회 구성원 다양성, 주민자치위원회 운영실태, 주민자치위원회 필수요건, 주민자치위원회 현 문제점으로 구성하였다. 그중 본 연구와 관련된 문항들을 중점적으로 살펴보겠다.

□ 주민자치위원회 이해도

〈표 2〉 주민자치위원회 관련 설문문항

문항	1 전혀 그렇지 않다	2 그렇지 않다	3 보통	4 그렇다	5 매우 그렇다
본인이 거주하는 지역 내 주민자치위원회에 대하여 잘 알고 있다고 생각하십니까?		–	19.91	45.25	34.39
주민자치위원회는 주민을 대표하는 주민자치 조직이라고 생각하십니까?	–	7.24	16.29	56.11	19.91
주민자치위원의 역할과 주민자치위원회의 역할에 대해 잘 이해한다고 생각하십니까?	–	1.81	30.77	52.49	14.48

　　주민자치위원회 자치위원의 주민자치위원회에 대한 이해도는 매우 그렇다 34.39%, 그렇다 45.25%로 구성원으로서 전주시의 주민자치위원회의 역할을 상대적으로 잘 이해하고 있다고 볼 수 있다. 또한 주민을 대표하는 조직이라고 생각하는가에 대한 질문에 그렇다는 응답이 56.11%의 높은 비율을 보여 주고 있어 주민자치 아래 주민을 대표하는 주민자치위원회의 역할을 이해하고 있음을 알 수 있다. 마지막으로 주민자치위원의 역할과 주민자치위원회의 역할 이해도에서는 그렇다는 답변이 52.49%였지만 보통을 선택한 비율이 30.77%로 적지 않았다.

□ 주민자치위원회 역할

〈표 3〉 주민자치위원회 역할 관련 설문 결과

	빈도	백분율
시군구의 행정보조기관	5	9.05
읍면동의 행정보조기관	8	14.48
주민 대표의 자치기관	**34**	**61.54**
직능단체의 연합조직	5	9.05
관변단체의 집단	3	5.43
기타	–	–

　　주민자치위원회 역할에 있어 주민자치위원회는 어떠한 조직이라고 생각하는지

질문한 결과 주민 대표의 자치기관 61.54%로 주민자치 아래 대표기관임을 인식하고 있었다.

전주시 주민자치센터 설치 및 운영 조례 제 3조 4항 '건전한 육성 및 발전을 위한 행·재정적 지원'에 따라 주민 생활에 영향을 미치는 정책 결정, 집행과정에 주민의 의견을 전달해야 할 주민자치위원회의 역할에도 불구하고 읍, 면, 동의 행정보조 기관이라고 14.48%가 응답한 것으로 보아 주민자치위원회와 지자체와의 관계에 있어 정확한 관계가 정립되어 있지 않음을 확인할 수 있었다. 더불어 관변단체의 집단과 직능단체의 연합조직의 응답이 약 15%를 차지하면서 주민자치단체의 역할에 있어 역할 정립이 필요한 것으로 보인다.

특히나 주민자치회의 경우 지자체와 대등한 관계로 주민들을 대표하는 자치기관이라는 정체성을 명확히 해야 할 것이다.

□ 주민자치위원회 참여경위

<표 4> 주민자치위원회 참여 경위 결과

	빈도	백분율
현 주민자치위원 추천	25	45.25
통, 반장 추천	5	9.05
동장 추천	3	5.43
공개모집	17	30.77
기타	5	9.05

주민자치위원의 주민자치위원회의 참여경위에 있어 현 자치위원의 추천으로 위원이 된 비율이 45.25%를 차지하였다. 이와 관련된 전주시 주민자치센터 설치 및 운영 조례의 3장 17조인 "동장은 제2항에 의한 위원을 위촉함에 있어서 교육계, 언론계 문화·예술계, 관계, 경제계, 일반 주민 등 각계각층이 균형 있게 참여할 수 있도록 위촉하되, 어느 한 계층에 소속된 위원이 전체 위원의 3분의 1을 초과해서는 아니 되며, 정원의 30% 이상을 공개모집에 의하여 위촉하여야 한다. 특히 여성위원의 참여를 적극 장려하여 전체 위원의 3분의 1 이상이 되도록 노력하여야 한다."

를 고려할 때 향후 주민자치위원 선발에 있어 공개모집 비율을 확대하고 여성의 비율을 높이면 주민자치위원의 대표성과 형평성을 높일 수 있을 것으로 판단된다. 또한 후술하겠지만 주민자치회의 경우 위원 구성의 경우 주민자치회보다 더 넓은 연령이 참여할 수 있음으로 보다 개방적인 구조로 변화가 필요하다.

□ 주민자치위원회 지역 발전

〈표 5〉 주민자치위원회의와 지역문제 해결 설문결과

문항	1 전혀 그렇 지 않다	2 그렇지 않다	3 보통	4 그렇다	5 매우 그렇다
현재 주민자치위원회가 하는 일이 지역문제 해결이 잘 이루어지고 있다 보십니까?	–	–	34.39	**41.63**	23.53
주민자치위원회에서 결정된 안건이 지역 주민과 동을 위해 제대로 전달 또는 운영되고 있다고 생각하십니까?	–	18.1	10.86	**66.97**	3.62

지역 및 주민을 위한 주민자치위원회 안건 전달 및 운영이 원활하게 되고 있는가에 그렇다 66.97%로 타 문항 대비 높은 비율을 보여 주고 있어 주민의 편익과 지역 발전을 위한 역할을 착실히 수행하고 있음을 볼 수 있다.

또한, 주민자치위원회의 주민공동체 활동 활성화 및 지역 문제 해결 항목에 아무도 '전혀 그렇지 않다' 그리고 '그렇지 않다'라는 응답은 존재하지 않아 주민자치위원회가 지역 내 주민의 화합을 위한 노력과 지역 발전 및 진흥을 위한 노력을 하고 있음을 방증한다.

□ 주민자치위원회와 지방자치단체

〈표 6〉 주민자치위원회와 지방자치단체 관련 설문 결과

문항	1 전혀 그렇 지 않다	2 그렇지 않다	3 보통	4 그렇다	5 매우 그렇다

주민자치위원회의 활동으로 다양한 주민 공동체의 활동이 활성화되고 있습니까?	–	–	28.96	**47.06**	23.53
주민자치위원회에 대한 지방자치단체의 지원은 운영에 있어 만족할 만한 수준입니까?	–	25.34	28.96	**32.58**	12.67
주민자치위원회의 활동으로 민관협력이 잘 이루어지고 있다고 보십니까?	–	1.81	39.82	**56.11**	1.81

주민자치위원회의 활동으로 민관협력이 잘 이루어지고 있는가에 그렇다 56.11%로 민관 사이 주민자치위원회의 운영이 효과적일 수 있음을 보여 주었다.

지방자치단체 지원에 대해 질문한 설문조사의 경우 주민자치위원회 운영에 있어 지방자치단체의 지원은 만족할 만한 수준인가에 그렇다 32.58%로 다양한 주민자치위원회 역할을 수행하는 데 있어 지방자치단체의 관심이 높은 자치위원도 있는 반면 그렇지 않다 25.34%로 낮지 않은 응답으로 보아 지방자치단체의 지원이 주민자치위원회 운영에 있어 상대적으로 부족하다는 점을 짐작해 볼 수 있다.

□ 전주시 주민자치위원회 문제점

〈표 7〉 주민자치위원회 문제점

주민자치위원회 문제점	빈도	백분율
주민참여의 부족	22	39.8%
주민자치사업 예산의 부족	19	34.4%
지방의회의 협조 미흡	7	12.7%
주민자치위원의 역량 부족	4	7.2%
행정의 지나친 간섭	3	5.4%
정부의 행·재정적 지원 부족	–	–
지방의회 의원과의 갈등	–	–
다른 지역 단체와의 갈등	–	–
읍면동장과의 갈등	–	–
기타	–	–

전주시 주민자치위원회의 문제점에 대해 설문조사를 진행한 결과 주민참여의 부족, 주민자치사업 예산의 부족, 지방의회의 협조 미흡, 주민자치위원의 역량 부족, 그리고 행정의 지나친 간섭 순으로 응답하였다.

1) 주민참여 부족

주민자치조직을 운영과 인식을 중점으로 주민자치위원회가 직면한 문제점이 무엇인지 조사한 결과 48.87%가 '주민 참여의 부족'이 문제라고 인식하고 있어 앞서 일부 연령대에 편향된 주민자치위원회 운영 실황과 함께 운영에 있어 모든 연령층의 주민참여를 독려하고 참여도를 높일 방안 강구가 필요할 것으로 보인다.

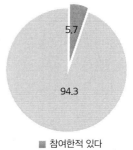

■ 참여한적 있다
■ 참여한적 없다

〈그림 1〉 전주시 사회조사:
지역공동체 공동체 참여 여부

더불어 전주시 공동체 참여 여부를 묻는 전주시에 거주하는 만 15세 이상 가구원(가구)을 대상으로 한 전주시 자체 사회조사에서 지역공동체 참여한 적이 있다. 5.7% 참여한 적이 없다. 94.3% 으로 나타나 전주시 지역민들의 지역공동체에 참여가 현저히 낮은 것으로 확인되었다.

2) 주민자치사업 예산의 부족

또한 주민자치사업예산의 부족 부분에서 34.39%로 차지한 결과 지역 발전 및 화합을 위한 자치사업을 진행하는 주민자치위원회의 향후 방향에 걸림돌이 될 수 있음을 인지하고 이를 해결하기 위한 시 및 구 차원의 추가적인 예산 지원이 필요하다고 볼 수 있다. 주민자치의 기본 취지를 살리기 위해 자체재원 확충을 주민자치회 스스로 노력해야 하지만, 제도 정착을 위해 일정 기간 국가 혹은 지방 자치단체의 지원이 필요할 것으로 보인다(주민세 개인균등할분, 주민참여예산 등).[5]

3) 지방의회의 협조 미흡

지방의방 의원과의 인터뷰 결과 현재 지방의회의 협조가 미흡하다는 점에 있어서 이해하고 있는 바이고 향후 긴밀한 협력관계를 구축해나가겠다는 이야기를 들

5. 김필두. 2019. [발표 / 주민자치센터 운영 실태와 주민자치회 도입 문제점과 과제] "주민자치회 시범실시 개선 위해 법제화 필요": 위원의 지위·대표성·중간지원조직 역할 확보 등. 월간 주민자치. 98. 20-28.

었다.

이외에도 주민자치위원의 역량 부족, 지나친 행정 간섭 등이 높은 비율을 차지하였다. 그 밖으로 주민자치위원회의 문제점으로 문화·여가·교육프로그램 중심의 획일적 운영과 주민자치의 구심점 미미 등을 이야기 할 수 있다.[6] 이렇게 알아본 전주시 주민자치위원회의 현 주소는 다음과 같았다. 다음으로 주민자치회 우수사례를 바탕으로 전주시가 나아가야 할 방안을 제시하고자 한다.

IV. 주민자치회 비교사례

1. 마을공동체 정책으로 시작된 서울형 주민자치회 시범사업

서울시는 2012년도부터 마을공동체 정책을 본격적으로 펼치며 2015년 7월 주민의 삶과 밀접하고 정서적으로 가까운 동을 중심으로 '찾아가는 동 주민센터' 사업을 실시하였다. 이는 동 단위의 행정 혁신과 마을 생태계 활성을 위한 사업의 일환으로 동 행정, 주민자치, 복지, 마을, 건강, 여성 들 각 영역별 동 단위의 공공서비스를 제공하기 위해 설립되었다. 이 과정에서 중요한 점은 마을계획단을 통해 행정동의 주민이 마을의 문제를 스스로 찾고 이를 해결하기 위해 마을 계획을 수립한다는 것이다.

서울형 주민자치회 시범사업의 특징은 크게 네 가지의 특징을 가지고 있다. 주민의 대표성 확보를 위한 노력, 주민의 개방성 확대 마련, 주민공론장 제공, 주민자치를 위한 지원체계 마련. 먼저 주민의 대표성 확보를 위하여 주민자치회 위원을 추첨을 통해 선정하였다. 위원이 되고 싶은 사람들을 대상으로 신청서를 받고, 최소 6시간의 교육을 이수하면 위원회로 선정될 수 있는 기회를 부여한다. 주민자치

---

6. 대전세종연구원. 2019. "주민자치회 시범 실시의 평가와 향후 발전과제: 부강면 사례를 중심으로."

회위원 선정은 공개적 절차에 따라 각 동의 연령 및 성별에 맞춰 추첨으로 선정한다. 둘째 주민의 개방성 확대를 위해 분과를 통해 개방적인 주민자치회를 운영한다. 이는 보다 열린 구조로 활동 의지가 있는 주민은 누구나 참여할 수 있도록 개방된 것이다. 각 분과 영역에 자치 계획을 수립하는 데 있어 주민은 언제든지 관심을 가지고 있는 영역의 분과에 소속되어 활동하고 참여할 수 있다. 이 과정에서 주민자치회 의원은 각 분과를 지원하고 민주적 운영이 이루어질 수 있는 역할을 맡는다. 셋째, 주민공론장 제공을 위한 분과별 자치 계획과 주민 총회이다. 주민자치회의 모든 사업 및 활동은 분과별 자치 계획과 주민총회를 통해서 결정되는 구조이다. 주민총회는 주민 공론장 및 직접민주주의의 장으로 주민자치회활동과 사업에 공공성을 부여하고 매년 개최된다. 마지막으로 주민자치를 위한 지원체계 마련이다. 지원체계는 주민의 자치역량 성장을 위해 마련되었으며, 동 단위의 자치지원관은 주민자치회와 긴밀히 소통해 주민자치회위원이 주민자치 업무를 지원하는 것이며, 자치구 주민자치사업단은 기관이 위탁을 받아서 운영하며 행정과 협의하고 조정하는 역할을 담당한다.

서울시는 주민자치회의 주민 대표성을 위해 위원 선정을 공개적인 절차에 따라 각 동의 연령 및 성별에 맞춰 추첨으로 선정한다. 또 주민참여를 높이기 위해 자치 계획 수립에 있어 개방적으로 주민의 활동을 장려한다. 이에 더해 주민자치회의 모든 사업 및 활동이 주민총회를 통해 결정되는 구조로 운영되면서 주민의 권한을 강화시켰다. 현재 전주시 주민자치위원회가 가지고 있는 문제인 주민참여의 저조 해결과 주민자치회로 전환에 있어 서울시와 같이 주민의 권한 강화를 위한 구조를 마련된다면 풀뿌리 민주주의를 실현할 수 있을 것이다.

2. 최초로 모빌투표를 도입한 인천 송도2동

인천 송도2동은 2019년 연수2동과 함께 인천시 연수구의 주민자치회 시범사업 추진동으로 선정되었다. 송도2동도 다른 지역과 마찬가지로 주민 참여 활성화를 위한 방안을 강구했는데, 그 결과 전국 최초로 '모빌 전자투표'를 도입하였다. 2019년 9월에는 송도 센트럴파크 UN 광장에서 주민총회를 통해 분과별로 주민들이 발굴하여 선장한 마을 의제 시행을 위해 우선 순의를 결정했다. 또 주민총회 개최에 앞서 관내 학교, 경로당 등을 방문해 사전투표와 모빌 전자투표를 하고 당일에도 현장 투표가 진행될 예정으로 주민자치회 의결에 따라 투표 참여는 만 13세 이상이 가능했다. 특히나 온라인전자투표의 경우 편의성을 높이고 의사결정 방식이 다양해지고 주민 참여도를 높여 직접민주주의를 구현했다 평가받는다. 주민총회에서 주민 참여하에 발굴한 마을계획을 주민들이 직접 참여하여 결정하는 공론장으로 만들어 총 9개의 사업이 우선순위로 최종 선택되었다.

특히나 청소년이 주체가 돼 마을 문제를 논의하고 해결방안을 결정하는 등 스스로 자치 경험을 통해 이들이 지역사회 리더로 성장할 수 있도록 청소년 주민자치회 위원을 따로 모집한다. 청소년 위원은 청소년 의견 수렴, 청소년 정책과 사업 제안, 주민총회 제안사업 발표, 마을공동체 활성화 사업 참여 등에 역할을 한다. 송도 2동에 거주하는 중고등학교 재학생은 누구나 지원할 수 있는 만큼 마을 문제 해결에 참여하는 연령대의 폭을 넓혔다. 또한, 청소년들의 자치 역량을 강화할 수 있다. 마을 민주주의가 일상 속에 뿌리내릴 수 있는 경험으로 예측될 것이다. 전주시에서도 주민참여를 위해 송도2동과 같이 새로운 시도를 통해 다양한 주민 참여와 참여 활성화를 위한 방안 도입을 제언한다.

3. 지역 특성을 잘 살린 전남 담양군 창평면 주민자치회

2018년 주민자치회 우수사례로 표창을 받은 전남 담양군 창평면은 '지역의 자원인 전통음식을 발굴하고, 보전하는 형태의 '지역자원형' 주민자치회이다. 특히나 '창평고을 전통음식 축제'는 지역마케팅 및 음식문화 지역 이미지를 제고시킨 사례로 훌륭한 평가를 받는다. 창평의 슬로푸드와 전통음식을 주제로 전통음식 보존 및 발굴 경연대회, 쌀엿 만들기 체험, 음식품평회, 떡 만들기 시연 등 다양한 프로그램을 운영하며 지역 마케팅 및 전통 음식과 지역 이미지를 제고하였다. 축제를 기획하는 과정에서 주민자치회를 주도로 지역 내 사회단체, 학교 등과 축제추진위원회를 구성하여 축제 전반을 추진하고 전통음식 체험행사와 홍보를 담당하여 주민 주도를 통해 자치역량을 강화하였고 지역의 명물 축제로 자리매김하였다.

이에 더하여 전남 담양군 창평면은 고령화된 농촌지역에서 주민자치회의 주관 아래 지역의 문제를 발굴하고 해결방안을 논의한 후 주민총회 및 지역발전토론회를 개최한 모범사례이자 농촌형 주민자치역량 강화 우수사례로 평가된다. 농촌지역과 고령화라는 지역의 한계를 해결하기 위하여 경작되고 있지 않은 땅을 찾아 감자 등을 재배한 후 경로당이나 복지시설에 나눔을 실천하는 유휴지 경작 사업을 실행한다. 또 지역의 어르신들이 초등학교 저학년 및 유치원 어린이를 대상으로 잊혀 가는 전래놀이 체험을 가르쳐주는 전래놀이 교실을 운영하고 있다. 또한 주민자치회의 월례회의는 정기적으로 개최하되 6월 원례회의는 농번기로 휴회하는 등 마을의 특성을 반영하여 주민자치회가 진행된다.

앞선 주민자치위원회 문제점 중 두 번째로 응답빈도가 높았던 예산부족에 있어 앞선 창평면 주민자치회와 같이 주민들의 주도로 지역의 자원을 활용하여 예산을 마련하는 것 또한 하나의 방법이 될 것이다. 특히나 송천2동의 경우 도시와 농촌이 공존하고 문화를 중심으로 주민자치위원회를 운영하고 있는 지역이므로 향후 주민자치회 전환에 있어 전남 담양군 창평면의 '지역자원형' 주민자치회의 참고하여 송천2동만의 지역 자원과 문화를 바탕으로 성공적인 주민 자치를 이루어 냈으면 좋겠다.

V. 전주시 주민자치회

주민자치회는 지역주민이 운영에 참여하는 자발적 조직체로 볼 수 있다. 자발적 조직체인 주민자치회의 역할과 기능에는 첫째, 지역문제에 대한 지역주민의 직접 참여, 둘째, 지역문제에 대한 의사결정의 자기 선택권, 그리고 셋째, 지역문제의 의사결정 결과에 대한 책임성 등의 의미가 내포되어 있다.[7] 따라서 주민자치회는 풀뿌리 민주주의의 실현체로서 민주주의와 지방자치제도가 제대로 정착되었느냐 아니면 그렇지 않느냐를 판가름하는 척도 역시 주민자치회의 역할과 기능에 달려 있을 정도로 주민자치회의 중요성은 크게 느껴진다.

본 연구를 통해 우리는 향후 주민자치회의 도입을 위해 전주시가 나아갈 방안에 대해 제시하고자 한다. 첫째, 주민참여 독려를 위한 방안을 연구할 것. 주민자치위원회와 주민자치회의 가장 큰 차이는 주체이다. 주민자치회는 보다 주민이 주도적으로 지역화합과 지역발전을 위해 노력해야 한다. 따라서 기존의 주민자치위원회 위원을 선발하는 방식부터 변화시켜 위원들의 대표성과 전문성이 높여야 한다. 공개추첨을 통해 선발하는 의원의 수를 늘리고, 구성에 있어 남녀 비율뿐만 아니라 다양한 연령을 포함시켜 전세대가 지역 문제에 관심을 가지고 해결하고자 노력하는 사회를 만들어야 한다. 또 주민참여를 위하여 앞선 인천 송도2동과 같이 다양한 시도를 해 보는 것이 바람직하다고 생각한다. 이를 통해 마을 의제를 결정하는 과정에서 주민의 권한을 강화시킨다면 진정한 근린자치를 이뤄낼 수 있을 것이다.

둘째, 지역의 특성에 맞는 주민자치회를 꾸릴 것. 2013년 행정안전부는 행정기관주도에서 주민주도로 이끌어 가는 지역자치를 각 지역 내 적용하기 위하여 주민자치회 성공 모형 제시하였다. 이는 기본모형 2가지 및 선택모형 5가지로 구성되어 있으며 지역복지형, 안전마을형, 도심창조형, 평생교육형, 마을기업형, 지역자원형, 다문화어울림형으로 분류되었다. 이에 맞춰 각 동의 연령 및 지역적 특성 그리고 수요에 맞춰 주민자치회를 이끌어나간다면 지역사회의 네트워크 구축과 공동체 활성화를 이루어 낼 수 있을 것으로 예상된다.

셋째, 주민자치회 지원 체계 구성. 마지막으로 〈표 10〉에서 확인할 수 있듯이, 2018년 전주시민을 대상으로 주민자치조직에 관하여 인지도 조사를 시행한 결과

---

7. 읍·면·동 주민자치회 도입의 문제점과 개선방안에 관한 연구

<표 8> 주민자치회 모형의 종류

'주민자치회' 중심 지역사회 네트워크 구축 및 공동체 활성화	기본 모델	지역복지형	• 지역 내 산재된 복지 재원 배분의 구심체 역할 수행으로 지역 복지 공동체 활성화
		안전마을형	• 자발적인 생활 안전 강화 및 지역 특성을 고려한 안전관리 네트워크의 구심체 역할
	선택 모델	마을기업형	• 주민자치회 중심의 수익사업 추진으로 문제 해결 능력 및 자생적 역량 강화
		도심 창조형	• 주민자치회 중심으로 소규모 동네 재생사업을 통해 살기 좋은 동네 만들기 추진
		평생 교육형	• 지역 주민의 수요, 계층별 특성에 맞는 평생교육 프로그램을 주도적으로 운영
		지역 자원형	• 지역 명소, 특산물 등의 자원을 활용한 지역축제를 통해 지역 브랜드가치 창출
		다문화 어울림형	• 다문화인의 지역사회 정착 및 공동체형성을 위해 지역사회 네트워크 구축

'지방예상 확대' 및 '지방의회의 역할 강화' 그리고 '지방 공무원의 역할 강화'가 높은 응답 빈도를 보였다. 주민자치위원회와 달리 주민자치회의 경우 지자체와 평등한 협력관계이지만 아직 시범실시로 운영되는 주민자치회가 확대되고, 안정적으로 도입되어 진정한 주민자치를 이루기 위해서는 지방자치단체의 도움이 필요한 것으로 판단된다.

<표 9> 2018년 지방분권 인지도 조사 결과

특성 1	주민참여 확대	지방예산 확대	지방의회 역할 강화	지방 공무원 역할 강화	유연한 조직 운영	자율적 공공서비스	기타
소계	30.8	39.0	10.8	9.6	6.1	3.5	0.2

VI. 연구를 마치며

가까이 있지만 잘 알지 못했던 주민자치위원회에 대해 연구하며 우리 마을의 의제는 무엇인지 몰랐던 스스로를 반성하는 계기였던 것 같습니다. 풀뿌리민주주의에 대해 막연히 배우고 일상에서 민주주의를 실현하겠다는 학문적인 배움과 의지와는 다르게 지역사회를 위하여 목소리를 낸 적이 있는지 돌아보는 시간이었습니다. 또한 전국적으로 주민자치회가 도입되는 있는 과정에서 현재 전주시의 주민자치위원회의 실태를 파악하고 주민자치회 도입에 필요한 것은 무엇인지 주민자치위원회에 방문하여 설문조사를 시행하고, 월례회의도 참여해 보고, 전주시의 의원들에게 협조를 구하며 CBL 수업의 취지처럼 지역사회에 참여하여 배움을 얻을 수 있는 시간이었습니다.

〈참고문헌〉

강원택. 2018. "한국 민주주의와 지방 분권: 성공을 위한 제도적 고려사항." 『한국과 국제정치』. 제34권 제1호(봄). 25-49.

김순은·한상우. "2014. 주민자치회의 현황과 발전과제 및 방향."

김춘희. 2014. "주민 참여 자치를 위한 주민자치위원회 실태 분석 및 발전 방안에 관한 연구." 아주대학교 공공정책대학원 석사학위논문.

김필두·최인수. 2017. "주민주도형 주민자치(위원)회 운영 활성화: 세종형 주민자치회 모형 정립."

김필두. 2019. [발표 / 주민자치센터 운영 실태와 주민자치회 도입 문제점과 과제] "주민치회 시범실시 개선 위해 법제화 필요": 위원의 지위·대표성·중간지원조직 역할 확보 등. 월간 주민자치, 98, pp.20-28.

대전세종연구원. 2019. "주민자치회 시범실시의 평가와 향후 발전과제: 부강면 사례를 중심으로."

서울특별시. 2018. "2018년 서울형 주민자치회 시범사업 매뉴얼."

신윤창·손진아. 2017. "읍·면·동 주민자치회 도입의 문제점과 개선방안에 관한 연구."

윤용희. 1995. 『지방자치론』. 서울: 대왕사.

윤재선·전용태. 2018. "읍면동 주민자치조직 운영 실태와 활성화 방안 – 주민자치위원회의 의식조사를 중심으로."

장석호. 2019년 9월 18일. "송도2동, '스마트 직접민주주의'주민총회 개최." http://www.mediaic.co.kr/news/articleView.html?idxno=39981. (검색일: 2020.1.5.).

조창현. 1991. 『지방자치론』. 서울: 박영사.

허근행. 2008. "주민자치위원회의 자율성과 대응성에 대한 자치위원들의 인식연구." 고려대
학교 행정대학원 석사학위 논문.

행정안전부. 2018. "우리 마을을 바꾸는 주민자치회 확산된다: 행안부, 주민자치회 우수사례
12개 읍면동 표창."

제4장

경희대학교

NGO와 시민정치: 동대문구의 시민민주주의

* 수업 소개 *

수업 명	경희대학교 정치외교학과 〈NGO와 시민정치: 동대문구의 시민민주주의〉		
교수자명	미우라 히로키	수강 인원	10명
수업 유형	전공선택	연계 지역/기관	서울시 동대문구

수업 목적

1. 지역기반 수업을 통해 현장에서 시민정치와 민주주의의 본질적 모습과 과제에 대한 이해를 심화시킨다.
2. 현실의 지역사회(동대문구)에서 민주주의를 개선하기 위한 구체적인 실천 과제나 정책의 도출에 도전한다.
3. 공무원, 정치인, 시민 활동가로서의 리더십이나 사회적기업, 비영리조직, 협동조합 등의 운영에 필요한 실천적 지식을 함양한다.

주요 교재

주교재: 현장
참고 자료: '지식 툴'(필독 도서 리스트)을 제공하여 수업에서 안내한다.
로버트 달. 2018. 『민주주의』.
존 듀이. 2010. 『현대 민주주의와 정치 주체의 문제』.
서울시. 2017. 『협치서울: 기본 교재』.
마이클 에드워즈. 2005. 『시민사회: 이론과 역사 그리고 대안적 재구성』.
프랜시스 웨슬리 외. 2009. 『누가 세상을 바꾸는가』.
데이비드 본스타인. 2012. 『사회적 기업가 정신』. 등.

수업 일정

제1주: 강의 및 과제 소개. 작년 학생 페이퍼 소개

제2주: 추석 휴강

제3주: 동대문구 시민정치의 현황 소개. 다른 지자체의 혁신적 민주주의 사례 소개. 민주주의의 혁신에 관한 이론·개념 소개

제4주: 1차 방문 수업: 회기동 마을활력소 한지붕 (시민활동거점). critical review 제출

제5주: 2차 방문 수업: 회기동사람들 (단체). critical review 제출

제6주: 3차 방문 수업: 문화플랫폼 시민나루 (단체). critical review 제출

제7주: 4차 방문 수업: 동대문구 마을자치지원센터. critical review 제출

제8주: 중간시험

제9주: 기말 연구 프로젝트 방향성 발표 및 코멘트. 연구 페이퍼 컨설팅

제10주: 5차 방문 수업: 동대문구 사회적경제지원센터. 연구 페이퍼 컨설팅

제11주: 6차 방문 수업: 동대문구청 협치팀

제12주: 1차 페이퍼의 발표, 코멘트, 토론 1. 1차 연구 페이퍼 제출 마감

제13주: 1차 페이퍼의 발표, 코멘트, 토론 2

제14주: 1차 페이퍼에 대한 전체 코멘트. 시민민주주의 강의

제15주: 추가 현장조사 기간. 2차 페이퍼를 위한 개별 컨설팅

제16주: 2차 페이퍼 요약 발표, 코멘트. 2차 연구 페이퍼 제출 마감

프로젝트 개요와 결과

수강생들에게 주어지는 과제는 다음과 같다. 2019년도는 수강 인원 수의 관계로 모두 개인 과제로 진행되었다. 수강생들의 최종 연구 결과물을 수업 보고서 형태로 작성하여 2020년 1월에 동대문구의 시민 활동가와 구청 담당자들에게 전달했다.

1. critical review: 각 방문/초청 수업 후 이에 대한 심층적 에세이를 작성한다(A4, 1장).
2. 중간시험: 수업 전반의 내용을 범위로 하여, 기초적 개념(시민사회, 협치, 사회적경제, 마을공동체, 주민자치 등)을 정리함과 동시에 이를 활용해 현장 사례를 재해석한다. 논술적 시험 형태로 진행한다.
3. 연구 계획서: '민주적 가치란 무엇이며, 이를 어떻게 발전시킬 것인가'를 공통 주제로 하여, 동대문구의 현장 사례를 바탕으로 한 연구 계획서를 제출한다(A4, 5페이지 내외. 개념적 배경과 자료 및 방문 조사 계획을 포함). 우수 페이퍼나 개성 있는 페이퍼를 수업에서 발표하여, 이에 대해 비교, 코멘트, 토론을 진행한다. 계획에서는 특히 연구의 목표와 주 내용에 관해서 1) 현장을 심층적으로 분석하는 방향, 또는 2) 시민민주주의를 위한 구체적이고 현실적인 제안을 하는 방향 중 미리 선택하는 것이 좋다.
4. 최종 연구 보고서: 실제 연구, 조사 내용을 추가하여 연구 계획서를 재구성한 형태로 최종 연구 보고서를 제출한다(A4, 15페이지 내외 및 요약문. 모두 출판용 원고로서 작성함).

학생 연구 프로젝트 전체 결과

〈동대문 시민민주주의의 진단과 분석〉

1. "풀뿌리민주주의로서의 주민자치 현황분석: 회기동 주민자치회 사례를 중심으로" 정치외교학과 박찬미
2. "풀뿌리 민주주의의 사회·경제적 기반으로서의 사회적 기업: 청년 기업을 중심으로" 사회학과 임하은
3. "세대갈등을 넘어선 지역공동체의 형성" 정치외교학과 김나음
4. "동대문구 민주주의 기본 조례 발안" 정치외교학과 오노무라 아키노리

〈동대문 시민민주주의 발전을 위한 이슈와 제안〉

5. "D.O.G(DongDaemun Online Governance) Project: 온라인 시민참여를 통한 '동대문구 시민민주주의'의 보완" 정치외교학과 정기애
6. "동대문구 SNS 홍보 방식에 대한 제안" 정치외교학과 박대규
7. "1인가구 시대에 '사회적 관계망 형성'을 목표로 진행되는 '소셜 다이닝' 사업의 현재 상황과 모델 제안" 스

포츠의학과 김예진

8. "동대문구 3대학 교류전 'TROIKA' 활성화 방안: 고려대-연세대 정기교류전과의 비교 분석을 중심으로" 정치외교학과 윤성민

⟨비교 관점에서 본 동대문 시민민주주의 발전 과제⟩

9. "동대문구 시민단체 재정자립화 방안 논의: 경실련, NRA, 그린피스, 참여연대를 중심으로" 정치외교학과 김태훈

10. "중한 NGO의 비교" 정치외교학과 장링유

지역의 현장에서 시민민주주의의 탐구: 동대문구

미우라 히로키 (경희대학교 정치외교학과 겸임강사)

1. 수업 개요

이 수업은 지역기반 학습(community-based learning)의 방법을 활용하여, 지역의 현장을 깊이 관찰·경험하는 과정을 통해 수강생들의 시민정치와 민주주의에 대한 이해와 비전을 심화시킨다. 복지 사각지대나 환경 악화, 격차 확대 등 해결하기 어려운 현대적 사회문제에 대해 시민들은 어떻게 대응하고 있는가? 참여, 자치, 협치, 숙의, 마을공동체와 같은 대안적 민주주의 제도들 그리고 사회혁신, 사회적경제, 신공공거버넌스와 같은 대안적 이론들은 현장에서 어떻게 작동하고 있는가? 결국, 21세기형 민주주의를 시스템, 사회, 인간 등의 차원에서 효과적으로 구축·운영하는데 우리는 무엇을 해야 할 것인가? 이와 같은 질문을 가지고, 지역사회의 현장 활동을 통해 직접 연구하고 배우는 수업이다.

특히 이 수업은 경희대가 위치하는 서울시 동대문구를 대상 지역으로 한다. 강의실을 벗어나 현장을 교재로 하여, 활동가나 실무자 등의 인터뷰나 특강 그리고 이를 바탕으로 한 연구발표와 토론을 중심으로 진행된다. 경희대생에게 있어서 가장 가까운 지역사회 현장에서 21세기형 민주주의의 현실과 비전을 심도 있게 체감하고, 탐구한다.

2. 시민민주주의: 시민의 시대에서 정치학을 다시 생각하다

20세기 정치학의 주요 키워드가 '국가'였다면 21세기에 들어 '시민', '실천', '혁신' 등을 키워드로 정치학의 지평이나 관점에 변화가 일어나고 있다. 보다 자세히 말하면, 20세기 후반에 참여, 숙의, 결사체 등을 주제로 한 민주주의 이론의 혁신, 시민사회론이나 정의론, 공공철학, 거버넌스 이론 등의 등장과 업그레이드, 사회적 경제나 창조적 자본주의, 지속가능발전 등 대안적 경제론의 등장과 확산이 동시에 이루어졌으며, 이와 관련된 실천이나 제도, 프로젝트가 21세기에 들어 세계 각지 그리고 유엔이나 지구사회를 무대로 심화되고 있다. 이러한 거시적이고 전 지구적 차원의 흐름에서 공통적으로 볼 수 있는 것은 '정치'를 만들거나 실행하는 주인공으로서의 시민 혹은 인간 개개인의 주체적 역할이나 사회를 변혁하는 잠재력, 그리고 정치의 궁극적 목적으로서 이들의 존엄성이나 공생·공진화(co-evolution)의 구현 등, 이른바 '시민 요인'의 중요성이다. 다시 말해 행위자나 시스템, 소통구조, 가치체계, 산업·자연 환경 등이 갈수록 복잡해지면서 각종 위기도 심각해지는 21세기 지구사회의 현주소에 있어서 '정치'란 시민·인간이 다양한 활동을 통해 문제·위기를 실천적으로 극복해 가는 노력을 중심으로, 이를 둘러싼 다양한 규범이나 관계 패턴, 제도나 정책, 시스템이나 체제 등의 복합적 총체로 이해하는 것이 중요하다.

물론, 정부와 국가의 형성과 운영이 사람들의 삶의 큰 영향을 주는 점에 변화는 없고, 선거를 통한 대의제 민주주의의 운영이나 정책의 합리적 형성, 정당의 형성과 운영 등, 국가 차원의 제도와 정부 운영은 여전히 중요한 정치의 과제이다. 또한 시민 사이의 갈등, 도덕적 문제, 지식이나 역량의 부족 등 시민에게도 많은 문제가 내재되어 있고, 무엇보다도 심층적으로 보면, 변화를 만들고자 하는 일부 시민들의 노력을 가로막는 최대의 장벽은 또 다른 '시민'이기도 한다. 요컨대, 21세기의 정치는 시민에 주목함과 동시에 시민 스스로의 내부적 복잡성 그리고 정치적 주체, 과정, 가치 등의 복잡성도 함께 심도 있게 고려해야 할 것이다.

국내정치의 흐름을 봐도, 참여와 책임, 분권과 협치, 자립과 상생, 창의와 포용 등 역시 국가 중심의 정치 혹은 정권 중심의 정치에서 시민 중심의 정치, 가치 중심의 정치로 시대적으로 이행하고 있다. 시민에 의한, 시민을 위한 시민정치가 시대적 패러다임으로 대등하고 있으며, 다양한 혁신적 활동이나 정책이 도입되며 실험되고 있다. 위에서 언급한 사회적 경제나 마을공동체, 참여예산, 주민 숙의 등은 이 흐름의 가장 대표적인 실천 사례라고 할 수 있다. 2019년 서울시는 시민민주주의 조례를 제정했고, 2017년 경기도 수원시는 '시민의 정부'를 선언했다. 이밖에도 시민주권, 시민협력, 시민 거버넌스 등 시민을 키워드로 한 정치 비전은 지속적으로 확산하고 있다.

다만, 이 패러다임을 너무 낙관적으로 이해해서는 안 될 것이다. 현장에서는 오히려 실천의 어려움이나 시민들의 무관심, 민-관 갈등, 민-민 갈등 등이 뿌리 깊이 존재한다는 인식이 지배적이다. 시민의 손에 의한 정치는 아직 단순한 '이상'으로 보거나 긍정적으로 인지하기 어려운 것이 현실이다. 또한 '시민민주주의'나 '시민정치'라는 개념자체도 학술적으로 성립되었다고 하기 어려운 정도로, 일부 사람들만 사용하는 잠정적 개념이다. 요컨대, 일부에서 시민들의 의식이 발전하고 실천적 정치 행위나 제도, 시스템에 변화가 일어나고 있으나, 아직 현실에서 부딪치는 어려움이 많고, 시민정치가 어떻게 작동될지에 대한 확실한 지식·지혜도 부족한 상태이다.

이 수업에서 '시민민주주의', '시민정치'라고 할 때는 이와 같은 시대적 변화나 맥락을 강조하는 것이며, 완성된 특정 이론이나 모델을 의미하는 것은 아니다. 이것이 어떤 모습으로 발전해야 할지에 대한 '정답'도 물론 없다. 지역의 현장을 직접 경험하면서 수강생 스스로 탐구하는 과제이며, 이러한 경험을 바탕으로 본인의 정치학적 이해를 심화시키며, 동시에 본인의 정치적 능력을 현실적으로 함양하기 위한 도구적 과제라고도 할 수 있다. 이 수업을 통해 현실의 시민들이 과연 무엇을 위해 노력하고 있고, 주어진 기회나 제도를 활용해서 혹은 스스로의 힘으로 어떻게 민주주의를 재창조하고 있고, 어떠한 어려움이나 과제에 구체적으로 직면하고 있으며, 이들에게 무엇이 필요할지 등의 문제를 고민하면서 시민민주주의 비전을 함께 모색하는 것이 수업의 목표이다.

3. 방문 수업 개요: 지역의 현장에서 지식을 혁신하다

현실의 정치인이나 활동가들이 '현장에 답이 있다'고 자주 언급하는 것처럼, 시민정치에 있어서는 무엇보다 현장을 보고, 느끼고, 현장에서 생각하는 것이 중요하다. 현장은 본인의 생각을 연마해 주는 것뿐만 아니라 현장에서 나온 혁신적 생각이나 모델이야 말로 정치적 변화를 일으키는 힘을 가지는 가능성이 크다.

이 수업에서는 매년 다양한 방식으로 현장과의 연결을 시도한다. 학생들의 자율적 활동 방식이나 활동을 코디네이팅 해 주는 지역사회 매니저들과 협업하는 방식, 활동가나 실무자를 대학으로 초청하여 특강이나 토론회, 발표회를 개최하는 방식, 관련기관이나 센터를 단체 방문하는 방식 등이다. 사정에 따라 다양한 방법을 시도하고 있다.

또한 한 가지 중요한 것은 지속적으로 동대문구를 대상 지역으로 설정하는 점이다. 이는 말 그대로 경희대가 속하고, 모든 학생이 경험하고 있는 지역사회의 현장이기도하고, 동시에 수업 결과의 축적 그리고 지역사회와의 신뢰관계의 구축이라는 면에서 중요시하고 있다. 지역사회에서 시민정치를 배우려면, 동시에 해당 지역사회에 대해 대학 혹은 학생 본인이 무엇을 기여할 수 있는지 생각하는 것도 중요하다. 이를 위해서는 일회성의 수업이 아니라 장기적이고 지속적인 대학-지역사회의 신뢰 관계 구축이 필수적이다.

2019년 2학기에는 단체 방문 방식을 선택했으며, 실질적으로 아래 6개 단체·기관을 방문했다. 각 방문에서 단체·기관의 사업 현황에 관한 설명을 듣고, 자유로운 질의응답시간을 가졌다. 또한 단체 방분을 하면서 각자의 연구 주제를 정하여, 연구에 필요한 추가 방문처나 인터뷰를 담당자와 자율적으로 협의하는 방식이다.

일시(장소)	대상(소속)	특강 내용 및 시간
9월 27일 12:15~14:30 (마을활력소)	양은영(회기동 마을활력소 한지붕 센터장)	주제: 마을활력소의 현황과 과제 내용: 특강 1시간. 센터 안내 1시간
10월 4일 12:15~14:30 (강의실)	김윤식(회기동사람들 대표)	주제: 회기동사람들의 활동 현황과 과제 내용: 특강 1시간. 학생 연구상담 1시간
10월 11일 12:15~14:30 (시민나루 사무실)	심소영(문화 플랫폼 시민나루 대표)	주제: 동대문구 마을 미디어 내용: 특강 1시간. 시민나루 안내 1시간
10월 18일 12:15~14:30 (동대문구 마을자치센터)	김태임(동대문구 마을자체센터 팀장) 정정애(배봉꿈마루 청소년독서실 관장)	주제: 동대문구 마을 현황 내용: 특강 1시간. 센터 안내 1시간
11월 1일 12:15~14:30 (동대문구 사회적경제지원세터)	정성훈(동대문구 사회적경제 지원세터 팀장)	주제: 동대문구 사회저경제 현황 내용: 특강 1시간. 섹터 안내 1시간
11월 8일 12:15~14:30 (용두문화복지센터)	송귀종(동대문구 협치조정관) 이용희(동대문구 협치지원관)	주제: 동대문구 협치 현황 내용: 특강 1시간. 구청 안내 1시간

〈사진 1〉 회기동 마을활력소 한지붕 방문

〈사진 2〉 문화 플랫폼 시민나루 방문

〈사진 3〉 동대문구 사회적경제지원센터 방문

〈사진 4〉 동대문구 협치조정관 특강

풀뿌리민주주의로서의 주민자치 현황분석: 회기동 주민자치회 사례를 중심으로

경희대학교 정치외교학과 박찬미

논문초록 본 연구는 '주민자치'를 풀뿌리민주주의의 발현형태 중 하나로 상정하고 이것의 실현 정도 및 적실성을 파악하기 위해 회기동 주민자치회의 현황을 살펴보았다. 주요 연구방법은 관련인과의 심층 인터뷰 형태로 진행하였으며 이를 통해 회기동 주민자치회에서 나타나고 있는 문제점으로 조직운영에 있어 행정처리를 돕는 지원관에 대한 높은 의존성을 확인할 수 있었다. 본 연구에서는 이에 대한 해결방안으로 지원관의 업무 메뉴얼의 체계화, 지원관 선발 방식에 있어서의 체계성 확립이라는 두 가지 방법을 개선점으로 제시하였으며 전체연구를 바탕으로 현 제도권에서 나타나고 있는 풀뿌리민주주의의 모순을 비판적 시각에서 바라보았다.

핵심주제어 풀뿌리민주주의, 회기동 주민자치회, 지원관, 자립성, 참여, 시민, 자발성

I. 문제 제기: 풀뿌리민주주의와 주민자치

1. 진정한 의미의 민주주의

1987년 민주화 이후 30년 동안 한국 사회는 다양한 도전에 직면해 왔다. 87년 이후에는 민주화 이후의 민주주의가 거론되었고, 정치적 민주화에 이은 경제적 민주화 혹은 절차적 민주주의에 이은 실질적 민주주의의 실현이 당면 과제로 제기되기도 했었다(김동택 2017). 그러나 이러한 양태는 형식적 민주주의에 불과하였고 이 가운데 직접민주주의에 대한 요구의 목소리가 높아져 갔다. 따라서 기존의 대의제 정치가 해결하지 못한 것을 직접 해결하자는 목소리가 나오기 시작했는데, 문재인 대통령의 직접민주주의 언급(한겨레 2017.08.20.)과, 민주당의 "왜 직접민주주의인가?"라는 주제의 토론회 개최(한겨레 2017.09.19.)로 명확히 드러난다. 즉, 이러

한 직접민주주의에 대한 문제의식은 이미 이전부터 기존 정치 체제의 정당성 위기의 해결(주성수 2005)과, '지방화'를 통한 풀뿌리 자치, 풀뿌리민주주의의 가능성을 제고하는 데 생활 정치가 필요하다는 문제(정상호 2008)로서 제기되어 온 것이라고 볼 수 있다.[1] 이후 시민들은 위로부터의 일방적인 정책 의사결정 방식을 벗어나 진정한 의미에서의 민의가 반영되어가는 형태로써 변화하기 위한 움직임을 형성하기 시작하였다.

2. 서울시와 동대문구, 그리고 주민자치

이러한 풀뿌리민주주의의 중요성에 입각한 본 연구는 이것이 현실적으로 반영되고 있는 형태를 주민자치로 상정하고, 이것의 원활한 작동수준 고려와 더불어 이 안에서의 진정한 의미의 풀뿌리민주주의가 실현되고 있는지를 살펴보고자 했다. 본 연구는 '동대문구의 시민민주주의'라는 대주제 속에서 회기동 주민자치회를 임의로 선정하여 살펴보고자 하였는데 회기동 주민자치회를 분석하기에 앞서 본 장에서는 서울시 정책의 흐름 및 조례와 더불어 동대문구 내에서의 협조적 움직임이 어떻게 일어나고 있는지를 살펴봄으로써 조직형성과정에 대한 이해도를 높이고자 하였다.

① 지방자치를 위한 서울특별시의 움직임

서울시의 경우 2012년 3월 15일부터 「서울특별시 마을공동체 만들기 지원 등에 관한 조례」를 제정하여 시행하기 시작했다. 본 조례는 주민자치의 실현과 민주주의 발전의 기여를 위해 '주민이 주도'하는 마을공동체 만들기를 지원하는 데 필요한 사항을 규정[2]하고 있으며, 제22조[3]에 근거하여 서울시 마을공동체 종합지원센터(이하 '종합지원센터')가 현재 운영 중에 있다. 종합지원센터는 마을공동체 정책

---

1. 김동택. 2017. "풀뿌리 민주주의의 제도적 기반: 사회적 경제를 중심으로." 「시민사회와 NGO」. 15(2). 107.

연구, 마을공동체 활동가의 역량 강화, 자치구 지역공동체 기반조성 지원 등 마을 공동체가 잘 작동될 수 있도록 돕는 사업을 주로 진행하고 있다. 이를 보아 현재 서울시에서는 지방분권 및 마을공동체를 통한 아래로부터의 민주주의를 구현하기 위해 노력을 기울이고 있는 것으로 보이며 특별히 '동(洞) 단위 마을 자치 조성 지원'사업은 주민들의 삶의 공간인 동 단위에서 마을 자치 활동에 참여하여 실질적인 주민주도, 주민자치가 실현된다는 점에서 높은 중요성을 지닌다.

② 주민자치의 법적 근거 및 개요

서울시는 「지방자치분권 및 지방행정체제개편에 관한 특별법 제27조~제29조」와 「서울특별시 동대문구 주민자치회 설치·운영에 관한 조례」 표준안에 근거하여 2019년부터 주민자치회를 시범적으로 운영 중에 있다. 현재 주민자치회는 기존의 '주민자치위원회'라는 명칭에서 탈피하고, '주민자치회'라는 새로운 명칭을 사용할 뿐만 아니라 그 안에서의 민주성 측면에서도 많은 중점을 두고 있는 것으로 보인다. 주민자치회는 동(洞) 단위 주민대표기구로써 마을과 관련된 정책을 만들고 실행하며 실질적인 권한과 책임을 가지고 활동을 하는 조직이다. 이러한 주민자치는 주민이 직접 다양한 마을 의제를 찾고 풀어가는 과정 중 하나이며 주민의 권한이 참여를 통해 실현된다는 점에서 풀뿌리민주주의 근간의 역할을 한다.

주민자치위원이 되기 위해 특별한 선별조건은 없으며 선발 과정은 해당 동의 주민자치학교 6시간을 수료하는 주민에 한하여 위원 신청 자격이 주어진다. 이후 수료자 중 공개 추첨 과정을 진행하여 총 50명의 주민자치회 위원이 선정된다. 다음으로 위원회로 선발된 구성원은 직접 주민 생활과 관련된 마을계획을 세우고, 주민자치회 내 각 지역 필요와 욕구에 맞는 분과를 구성하고, 해당 분과에 따라 마을을 조사하고 문제점을 조사 및 발굴하는 과정을 통해 자치계획 수립까지의 과정을

---

2. '서울특별시 마을공동체 만들기 지원 등에 관한 조례' 제1조.
3. '서울특별시 마을공동체 만들기 지원 등에 관한 조례' 제22조(종합지원센터 설치) 시장은 사업을 체계적으로 추진하기 위하여 종합지원센터를 설치할 수 있다.

수행한다. 더불어 주민총회는 동 단위 최고 의사결정기구로써 주민자치회에서 논의된 자치계획을 동 내에 있는 구성원들이 더불어 논의하고 투표로 최종안을 결정하게 된다. 이 총회에서는 결정된 자치계획을 실행하고 그 후 평가와 함께 차기 년도 계획을 세우는 과정을 거치며 자치회와 달리 모든 주민이 함께 참여할 수 있다는 특징도 함께 지닌다.

③ 주민자치를 위한 동대문구 중간조직의 협력 형태

현재 동대문구 마을자치센터(이하 '자치센터')는 민과 관을 잇는 중간지원조직으로써 다양한 방면으로 주민들의 자치를 활성화하기 위해 돕는 역할을 맡고 있다. 자치센터는 '마을팀'과 '자치팀'의 2개 팀으로 나뉘어 구성되어 있으며 본 조직의 구성은 센터장 1인, 마을팀 담당 3인, 자치팀 담당 7인으로 되어 있다. 마을팀의 업무는 주로 마을공동체공모사업 지원, 마을공동체 이해 교육 진행, 네트워크 형성 및 정보 공유에 역점을 두고 있으며, 자치팀에서는 주로 주민자치회 구성과 운영 지원, 주민자치리더 발굴 및 양성, 주민자치 인식 향상 활동을 위한 홍보, 주민자치 정책 개발을 위한 네트워크 형성에 역점을 두고 있다. 자치센터에서는 주민자치회에 대한 협력 역할을 수행하고 있는데 현재 동대문구에서는 2019년 14개 동 중에 제기동, 전농2동, 답십리1동, 회기동, 이문1동의 5개 동에서 시범적으로 먼저 출범하였으며, 내년 2020년에 9개 동이 추가되어 총 14개 전체 동에 주민자치회가 확대될 계획에 있다.

II. 회기동 주민자치회 사례분석

본 장에서는 본 연구주제인 풀뿌리민주주의의 원활한 수행 여부를 판단하고자 회기동 주민자치회를 살펴보았다. 먼저 회기동 주민자치회의 기본적인 현황을 살핀 후 이를 토대로 6가지 기준에 근거하여 세부적 분석을 시도해 보았다.

1. 회기동 주민자치회의 현황[4]

회기동 주민자치회는 위원들이 직접 주도하는 참여형 주민자치회의 운영을 지향한다. 그리고 이를 바탕으로 향후 주민자치회와 행정간 상호협력체계를 구성하여 민관협력 모델을 구축하는 데 목표를 두고 있다. 따라서 주민자치계획 수립부터 결정 및 실행까지 주민이 주도하여 추진할 수 있도록 주민과 행정이 상호 협력하는 체계를 마련[5]하는 데 초점을 두고 있는 조직이기도 하다.

회기동 주민자치회는 2018년부터 준비과정을 거쳐 2019년부터 본격적으로 운영되기 시작했다. 구체적으로는 2018년 10월 15일부터 11월 26일까지 모집 및 접수를 진행하고, 이후 11월 15일, 27일, 29일 3차례에 걸쳐 주민자치학교를 진행하여 6시간의 사전 필수 교육과정을 진행한 것으로 확인되었다. 이후 2차례의 회의를 통해 위원선정관리위원회가 구성되었으며 2019년 3월 8일부로 본격적인 위촉을 받고 활동이 진행된 것으로 파악된다.

현재 주민자치회의 위원은 총 46명으로(2018.12.31. 기준) 남성 30명, 여성 16명으로 분포되어 있었다. 이 가운데 연령구성비율을 따져보았을 때 39세 이하 약 10%, 40~49세 10%이지만 50대 이상이 80%로 높은 고령화의 양상을 보였다. 분과의 경우는 자치회 내의 효율적 운영을 위해 조직을 역할에 따라 세분화한 것인데 회기동의 경우는 지역적 특색을 반영하여 자치회관운영, 마을문화예술, 마을가꾸기, 청년이라는 4개의 분과가 운영되고 있었다. 본 주민자치회는 재정과 관련된 부분은 서울시의 보조금과 자치구의 참여예산의 사업비를 통해 재원이 확보되고 있었으며 2019년 기준 2천 9백만 원(서울시 주민자치회사업비 보조금 2천 4백만 원, 동대문구의 참여예산 보조금 5백만 원)의 예산을 지원받았다. 더불어 자치회관 위·수탁 추진 계획과 주민세 징수분 지원사업을 통해 새로운 예산안 확보를 위한 계획도 진행 중이다. 또한, 본 자치회의 예산편성은 크게 사무관리, 업무추진

---

4. 회기동 주민총회 자료집.
5. 상게서.

비 등의 운영비와 의제 실행, 자치역량 강화교육 및 프로그램 등에 사용되는 사업비로 나누어져 있다.

2. 인터뷰를 통해 나타난 전반적인 회기동 주민자치회 분석

번호	평가 영역
1	대표성에 대한 인식영역
2	자치의 실현성 영역
3	조직의 자립성 영역
4	사후 인식 변화영역
5	인적구성의 다양성 및 관계성 영역
6	지리적 특성 영역

1) 대표성에 대한 인식영역

주민자치회를 분석함에 있어 대표성에 대한 인식은 풀뿌리민주주의에 대한 시각을 반영하고 있다는 점에서 그 중요성을 지닌다. 사실상 주민자치회 구성에 있어 대표성에 대한 논의는 정해진 바 없이 현재까지도 진행되고 있지만 크게 두 가지 시각으로 나누어 생각해 보았다. 먼저 **주민자치회의 구성원은 해당 동 주민 모두를 대표**한다는 시각이다. 이러한 관점에서 주민자치회의 위원은 관 주도가 아닌 민 차원에서 활동하며, 주도적이고 능동적인 모습을 보인다고 보며 이러한 개인은 풀뿌리민주주의 차원에 있어서 주민 전체의 의사를 대표할 수 있다고 본다. 이와 달리 대표성에 대한 **두 번째 시각은 주민의 일부**라고 보는 시각이다. 즉 이 관점에서는 자치회 위원은 위원 자격으로 활동은 하고 있으나 그것이 해당 동의 각계각층 주민들의 의사반영을 정확히 하기엔 어려우므로 주민 전체를 대변하기엔 어려움이 따른다는 것이다.

이러한 대표성에 대한 두 가지 시각을 바탕으로 현재 회기동 주민자치위원회[6]

---

6. 현재 주민자치회 위원은 46명(2019.07. 회기동 주민총회 자료집 기준).

에서는 어떠한 인식이 더 강한지 알아보기 위해 간사의 인터뷰를 통해 확인하고자 하였으며 이를 통해 더불어 회기동 주민자치회의 풀뿌리민주주의의 현주소와 향후 방향성에 대한 원활한 피드백을 위한 중요 논의 지점으로 삼고자 하였다.

"대표라기보단, 일종의 관심 있는 분들, 아니면 주위에서 알음알음해서 오시는 분들이 더 많은 것 같아요(중략). 아마 다른 동도 마찬가지일 것 같아요. 이 동네 일을 해 봤던 분들은 일을 해 봤기 때문에 온 분들도 있고, 또 일하신 분들이 옆 주변 사람들에게 같이 하자고 권유해서 하게 된 경우가 많아요. 뭐든 동네 일들이 그래요."

이○○ 간사의 답변에서는 후자의 시각이 강하게 드러났다. 즉 주민자치회 위원은 회기동의 주민 전체를 대표한다는 시각보단 아직 주민의 일부로서 참여한다고 보고 있었다. 그러나 이러한 시각은 완전한 의미에서의 풀뿌리민주주의의 실현이라고 보기엔 어려움이 따를 것으로 보인다. 대의제의 보완점으로 강조되어 나온 직접민주주의와 그 안에서의 주민은 더욱 높은 수준의 대표성을 확보할 필요가 있을 것으로 보이기 때문이다. 그러나 현실적으로 현재 회기동 주민자치회 출범이 1년이 채 되지 않았다는 점과 주민자치회 이전 조직인 주민자치위원회의 운영 당시 참여가 제한적이었다는 점에서 문제가 존재했다. 따라서 이러한 여러 관점을 종합하여 볼 때 현재 회기동 주민자치회는 아직 시범단계에 있으며 동시에 낮은 대표성을 가지고 있는 것으로 판단되며, 참여 부분은 제한적이나 연 1회 열리는 주민총회 등을 통해 자치회의 위원이 아닌 일반 주민들의 참여가 이루어진다는 점 등을 고려해 볼 때 정치참여의 길이 많이 열린다는 점에서는 긍정적 평가가 가능할 것이다.

한편, 대표성에 대한 논의에서 정말 '모든 주민'이 참여하는 것이 가능한지에 대한 실현 가능성의 의문을 제기해 볼 수 있을 것이다. 현재 회기동의 주민자치회의 상황을 고려하고 앞으로의 전자와 같은 모두가 참여하는 방향으로의 대표성을 지향점으로 둘 수는 있다. 그러나 동 단위 주민 내에서도 각계각층의 다양한 상황적 맥락을 고려해 볼 때 모두가 전부 참여하기엔 어려움이 따를 것이다. 따라서 이러한 고려를 통해 본다면 설령 모든 주민의 참여가 완벽한 참여 민주주의이며 그것을 지향하며 나아갈지라도 일정 부분 한계는 존재할 것으로 보인다.

2) 조직의 민주성 영역

민주성은 조직 구성원의 사회 심리적 욕구 및 정서적인 부분을 강조하는 개념이다. 이러한 맥락에 따라 현재 회기동의 주민자치회에서는 조직 내 민주성이 얼마나 잘 구현되고 있는지를 보기 위해서 이 영역을 설정하였다. 이것은 한 개인의 뜻이 아닌 구성원 전체의 의견이 얼마나 잘 반영되고 있는지, 발언이나 참여 기회는 잘 주어지고 있는지, 내부의 질서와 규율의 원만한 통제가 이루어지고 있는지 등을 통해 판단해 볼 수 있다. 이것은 결과론적 부분보다 충분한 숙의의 과정 자체를 중요하게 생각한다는 점에서 큰 의미를 지니고 있다. 다음은 조직 내 민주성에 관한 이○○ 간사의 답변이다.

"주민자치위원회 때는 사실 그래도 어느 정도 동네에서 영향력 있고 양복 입은 사람들이 회의하고 헤어지는 분위기였다면, 지금은 스스로 주민들이 나도 들어가도 되냐고 물으면서 자발적으로 참여하시는 분들이 많아요. 그런 점이 차이점이죠. 지금은 안 그렇지만 이전 세대에서는 건물 좀 큰 거 가지고 있고 경제적으로 여유도 있고 동네 행사에 돈도 쓸 수 있는 사람이 주민자치위원이었다면 지금은 말 그대로 실질적인 봉사자들로 구성되어 있다는 걸 실감하게 되는 것 같아요."

이 답변을 통해 현재 주민자치회에서는 한 개인의 영향력으로 인해 전체 회의 분위기나 의제 및 안건의 방향이 설정되는 것은 없는 것으로 파악되었으며 과거 조직(회기동 주민자치위원회)과 비교해 보았을 때 현재 주민자치회는 조직 내 민주성은 높은 것으로 나타났다. 따라서 이러한 조직 내 민주성을 고려해 볼 때 회의 및 구성원과의 관계에서도 수평적으로 다양한 의견이 오고 감에 있어 긍정적 영향을 끼칠 수 있을 것임을 예상할 수 있었다.

3) 조직 자립성 영역

조직의 자립성이란 다른 기관과의 연계 및 협력 등 다양한 관계 맺음에 있어 그 영향력 아래 휘둘리지 않고 독자적 자율권을 가지고 목소리를 낼 수 있는 능력을 의미한다. 이러한 조직 자립성이 많이 보장되어 있을수록 여타 다른 외부의 영향력 아래 흔들리지 않고 조직의 지향하는 바를 잘 성취해낼 수 있으며 자립도가 낮을 경우는 반대의 양상을 보인다. 여기서는 회기동 주민자치회의 조직 자립성을 **재정과 행정의 두 측면**에서 살펴보았다.

① 재정 자립성 측면

첫 번째로는 보고자 한 것은 조직의 재정적 자립성에 관한 문제이다. 특히 모든 조직 활동에서의 효율적 운영을 위해서 안정적 재정확보는 필수적이라 할 수 있다. 이러한 점에서 현재 회기동 주민자치회의 재정자립도는 어떠한지 살펴보고자 했다.

회기동 주민자치회는 2019년을 기준으로 서울시에서 2천 4백만 원, 동대문구의 참여예산으로 5백만 원, 총 2천 9백만 원의 예산을 받아 운영되고 있다. 따라서 이러한 기본 정보를 바탕으로 아래 3가지 질문을 하였으며 정권교체에 따른 지원 중지 우려, 현재 예산의 적절성, 마지막으로 예산자립에 대한 논의가 그것이다.

－**정권교체**에 따른 지속적인 **재정적 지원에 대한 우려** 측면

"정권교체에 대한 우려가 당연히 있죠. 그런데 지금 세계적으로 봐도 그렇고, 주민들이 주도하여 마을 일을 해가는 식으로 바뀌어 가는 추세이잖아요. 그래서 지금처럼 물론 예산을 투입해서 하는 것이 정부에 어느 정도 부담이 될 수

는 있겠지만 시장이나 정권이 바뀐다고 해서 없어지면 안 된다고 생각하고, 그렇게 갑자기 바뀌게 되면 주민들에게 많은 혼란을 가져올 것 같아요. 정권이 바뀌고, 시장이 바뀌어도 이 사업은 계속 진행이 되었으면 좋겠다는 생각이 들어요."

- 현 주민자치회의 **운영예산의 적절성** 측면
"지금 처음이라 충분하다거나 적다는 것보다도 거기에 맞춰진 대로 쓰고 있어요. (후략)"

- **예산(재정자립)에 대한 추가적 논의** 측면
"아직 거기까지 이루어진 부분은 없어요. 예산이 많으면 좋지만, 일반 주민자치에서 예산을 직접 집행하기까지는 무리도 있고, 내년부터는 주민세 일부도 사업비로 쓸 수 있다고 하니까 기대는 되지만, 회기동은 다른 동에 비해 인구가 적어서 주민세가 매우 적다고 해요. 확실하진 않지만, 다른 동은 주민세가 3,000~4,000만 원 정도이지만 회기동은 1,000만 원 정도 밖에 안 된다고 하네요."

본 인터뷰를 통해 이○○ 간사는 정권과 관련한 재정 독립성 질문과 관련해서는 먼저 정권교체에 따른 우려가 존재하고 있기는 했으나 풀뿌리민주주의로서의 주민자치는 정권의 영향력 아래 휘둘리는 것이 아니라 그 자체로서의 독립성을 갖추어 나가야 한다는 의견을 가지고 있었다.

두 번째로 운영예산이 모자라거나 과하지는 않은가에 대한 적절성과 관련한 질문에서는 아직 시범단계이기 때문에 일단 맞춰서 사용하고 있다고 답변했다. 따라서 예산의 적절성에 관해서는 아직 시범적 운영이라는 점을 고려하여 예산의 적절성을 따지는 것에는 어려움이 따랐다.

마지막으로는 현재 회기동이 지원받고 있는 서울시와 동대문구 외에 차후의 안정적 운영을 위한 예산마련계획에 대한 질문이었다. 이에 대해 간사는 내년부터 주민세라는 방법을 통해 어느 정도의 예산이 확보될 것이라고 말했다. 그러나 주민세로 예산을 확보할지라도 예산의 규모가 다른 동에 비해 적기 때문에 운영에 있어서의 충분한 확보에 대한 우려를 하고 있다는 점에서 아직 이후의 안정적 재원 마련에 대한 방법은 더욱 숙고 돼야 할 것으로 보인다.

② 행정적 자립성 영역

행정적 자립성은 재정 자립성 못지않게 매우 중요한 부분이다. 외부의 도움 없이 조직 내 구성원의 역할 및 상호작용을 통해 조직이 원활히 작동된다면 그 조직의 행정적 자립성은 높다고 할 수 있을 것이다.

현재 회기동은 동대문구의 주민자치회 시범 5개 동 중 한 곳으로써 마을자치센터 중간지원조직에서 파견되는 지원관을 통해 여러 가지 행정적 도움을 받고 있다. 이 가운데 어느 정도의 의존도를 가지고 있는지, 또 이에 따라 존재하는 문제점은 없는지를 파악해 보고자 했다.

– 조직 구성원 외의 행정인력 측면

"모든 업무 같은 걸 센터의 지원관님을 통해 도움을 받고 있죠. 행정이나 회계 등 회의에 대한 많은 부분을 지원받고 있어요. (중략) 그리고 내년부터는 2개 동에 한 명씩 지원을 해 준다는데 내년에는 9개 동도 다 자치위원회로 바뀌니까 아무리 2개 동을 관리한다고 해도 그 지원관도 힘이 들고, 또 기존에 했던 (회기동 같은 시범 동의 경우) 막 시작해서 조금 알만하다 했더니 지원관이 이렇게 중간에서 지원을 해 주던 게 빠져버리니 이게 뭔가라는 생각도 들 수 있죠. 이게 뭐가 되겠어요. 아무리 두 개 동에 한 분의 지원관이 있다고 해도 아무래도 새로 시행된 동에 치우치게 되잖아요. 그럼 급하게 처리하게 될 일 같은 것도 한계가 따를 것이며, 그래서 이 1개 동에 지원관 한 분씩은 꼭 상주해서 있었으면 좋겠어요. 그게 큰 바람이에요. 아마 다른 동도 그럴 거예요."

– 이○○ 간사

　먼저 행정지원에 대하여 이○○ 간사의 인터뷰 내용에서 알 수 있듯, 지원관은 매우 다양한 업무를 맡고 있었으며 이에 대해 주민자치회는 지원관에 대한 높은 의존도를 보이고 있었다. 이러한 의존성이 높은 이유는 현재 주민자치회가 2019년부터 시범적으로 출범하였으며 이를 돕기 위해 마을자치센터가 중간조직의 형태로써 지원관을 배정하고 이에 대한 업무를 할당하는 것에 기인한다. 그러나 한편으로 진정한 주민자치로 나아가기 위해 민 차원에서도 전문적 행정인력을 갖추기 위해 노력해야 할 것으로 보인다. 이러한 행정적 자립도를 갖추지 못한다면 여전히 지원관에 대한 높은 의존도를 보일 수밖에 없을 것이다.

– 위 질문에 대한 지원관의 보충 답변

　"(전략) 예산도 집행해야 되고, 사업에 대한 기획이나 준비도 해야 하는 것들이 있고, 또 주민자치회에 대한 조직운영을 또 해야 해요. 그러려면 실무인력이 좀 필요한데, 지금 현재는 이 실무인력을 간사라는 제도를 통해서 월 100만 원씩 활동비를 통해 지원을 해 주는데, 이게 지금 (간사 혼자서 일을 수행하기에) 벅차죠. (후략)"
　　　　　　　　　　　　　　　　　　　　　　　　　– 박○○ 지원관

　위 답변은 왜 지원관이 필요할 수밖에 없는지에 대한 회기동 주민자치회 지원관의 답변이다. 이것은 조직 구성원 내에 좀 더 초점이 맞춰져 있는 답변으로 왜 지원관에 대한 의존도가 높을 수밖에 없는지를 설명한 것이다. 먼저 지원관은 현재 주민자치회의 조직운영을 위해서는 행정적으로 많은 업무가 필요한데 이것을 자치회 내에서 도맡을 인력이 필요하나 현재 업무량에 비해 간사 혼자서 일을 수행하기에는 한계가 있다고 지적한다. 앞서 언급했듯, 간사와 회장으로서도 지원관 없이 자치회가 원활히 운영될 수 있도록 돕는 점이 중요하기는 하나 현실적으로 주민자치회라는 것은 교육 및 자신의 직업으로서 본 직을 수행하는 것이 아니기에 임원진 본인이 수용할 수 있는 이상의 업무량이 주어지는 것은 과도한 부담이 될 수 있다는 것이다.

4) 사후 인식변화 영역

사후 인식변화는 조직 활동에 참여한 개인의 인식변화에 주목한다. 이러한 조직 활동 참여에 따른 인식변화는 개인의 정치적 효능감과도 연결되어 있을 뿐만 아니라 한 개인을 정치사회화라는 측면에서 공동체성에 관심을 기울이게 한다는 점에서도 중요성을 지니고 있다. 따라서 이러한 사후인식 변화가 회기동 주민자치회 구성원 내에서 어떤 모습으로 나타났는지를 파악해 보고자 했다.[7]

"주민자치위원회 때는 그냥 봉사라서 했는데, 지금은 주민자치회장이 되려고 하면 놀고 먹는 백수여야 한다는 말이 있어요. 그런데 지금은 그게 아니라 재산이 많건 어떻건 일단 시간이 많아야 돼요. 나름대로 보람은 있겠지만 주민자치에서 회장을 맡다 보니 내 개인적인 시간이 너무 줄어드는 것 같더라고요."

– 신○○ 회장

"저는 마을 동네 길을 갈 때도 아무 생각 없이 집에만 가야겠다고 했는데 이제는 혹시 문제점은 없지 않나? 라는 식으로 사물을 보는 시각이 바뀌었어요."

– 이○○ 간사

주민자치회 위원장직으로 있는 신○○ 회장은 많은 업무량으로 인한 어려움을 호소하고 있었다. 이와 달리 이○○ 간사의 경우는 주민자치회 참여 이후 일상적인 생활을 속에서도 마을 일에 관심을 쏟는 모습을 보이는 등의 변화를 체감했다고 언급함으로 보아 주민자치회의 참여가 높은 정치적 효능감으로 이어질 수 있음

---

7. 단, 사후인식변화에서는 주민자치회의 구성원 중 간사 및 회장의 인터뷰만 진행하였으며 위원으로 참여하고 있는 각 개인의 입장에서 인터뷰를 진행하지는 않았음.

을 시사했다.

즉, 위 인터뷰를 통해서 파악되었듯 주민자치를 참여 이후의 사후인식에 대해서는 직위와 역할에 따른 상반된 견해를 보였으며 이는 회장과 간사의 직위에서 오는 업무량과 책임감의 차이로 인한 피로도에 따른 차이에 기인하는 것으로 추측된다. 더불어 각 개인이 소화할 수 있는 영역을 넘어설 때 오는 일의 업무적 피로감이나 스트레스가 주민자치회에 대한 인식 및 평가에 많은 높은 영향을 줄 수 있는 것으로 보인다.

5) 인적구성의 다양성 및 관계성 영역

우리 사회는 다양한 계층 및 연령으로 구성되어 있다. 그리고 이러한 다양성이 조직 내에 공존할 경우 그 다양성에서 나오는 목소리들을 통해 더욱 활발한 토론의 장과 창의적인 아이디어의 생산 가능성을 높여준다는 점에서 장점을 지닌다. 또한, 관계적 측면에서 바라볼 때 조직 구성원 내의 원만한 관계는 안정적 소통과 충분한 숙의와 논의의 기틀을 마련한다는 점에서도 민의 반영에 효과적이다. 더욱이 주민자치회는 서로 간 회의를 통해서 모든 의제를 설정하고 결정하는 방식으로 이루어지기에 이러한 중요성에 기인하여 회기동 주민자치회 인적구성의 다양성과 조직 내 관계성을 살펴보고자 했다.

① 인적구성의 다양성 측면

– 현재 조직의 인적구성 및 계층은 다양성을 잘 반영하고 있는가?

"좀 더 확대가 필요한 것 같아요. 젊은 층의 학교 엄마들이나 이런 분들이 필요하죠. 그런데 이런 분들은 직장을 다니고 하니까 부담스러울 수 있어요. (중략) 남녀노소 많은 다방면의 분들이 같이 있으면 좋을 것 같아요. 젊은 층으로 가면 좋을 것 같아요. 왜냐하면, 일의 추진력이라든가 이런 부분에 있어서 생각하는 게 젊은 층으로 많이 바뀌었으면 좋겠어요. (중략) 지금 시대가 변하고 있는데 그 세대에 맞춰져 있는 고정관념이나 틀이 있는 것 같아요. 그래서 젊은 층의 새로운 것을 받아들여서 좀 더 혁신적인 방식으로 변화되었으면(후략)"

현재 회기동 주민자치회의 주 계층은 50~60대가 주를 이루고 있었으며 이러한 인적구성에 대해 이○○ 간사는 현재 이러한 인적구성에 대해서 보완이 필요하다는 견해를 보였다. 특별히 연령층의 하향 조정이 필요하다는 의견을 제시하였는데 그 이유로는 업무의 추진력 및 창의성에 대한 능력이 필요함을 언급하였다.

② 조직 내에서의 관계
– 조직 내 **구성원들끼리의 인적 관계**는 주로 어떠한가?
"인구가 적다 보니, 서로 가족 같아서 길거리 가더라도 서로 인사하고 공유하다 보니 친근감 있고 이런 부분이 장점인데 이 가운데 누군가가 잘못했을 경우에 회기동은 금방 드러나 버리는 문제가 있죠."

조직 내 구성원 간의 인적 관계에 대한 부분은 인터뷰라는 한계로 인해 더욱 구체적으로 살펴보기엔 어려움이 따랐으나, 간사의 인터뷰에 따르면 현 회기동 주민자치회의 위원들은 서로 간 큰 갈등 없이 원만히 소통하는 긍정적 관계인 것으로 보인다. 그러나 지역 특성으로 인해 이러한 서로 간 긴밀한 연결성이 상황을 악화시킬 수 있는 부작용을 초래할 수 있는 위험성도 동시에 지니고 있음을 알 수 있었다.

6) 지리적 특성 영역
풀뿌리민주주의는 기본적으로 가장 작은 단위에서 진행되는 민주주의로써 그 활동의 기반이 되는 지역적 특성도 간과할 수 없는 중요 부분 중 하나이다. 따라서 이러한 측면에서 회기동은 어떠한 지리적 특성을 가지고 있는지 살펴보고자 하였다.

– 회기동의 지리적 특성은 어떠한가?

"회기동의 특징이 카이스트, 키스트, 국방연구원의 기관이 많은데 전문적인 기
관이기 때문에 저녁이 되면 조용하고 없어요. 또 회기동을 전반적으로 보면 상
권이 형성되어 있는데 이들은 실질적 유권자가 아니에요. (중략) 상인회는 그
들끼리 활동하고 공유하는 게 있어요. 이런 부분이 아쉽죠. 같이 고민하고 참
석했으면 좋겠다는 말을 했었죠."

본 인터뷰를 통해 드러난 회기동만의 지리적 특성은 두 가지로 판단된다. 먼저
첫 번째는 전문연구기관이 많다는 점이다. 이로 인해 실제 저녁에 상권이 활발히
돌아가는 데 영향을 미치는 부분은 매우 낮은 것으로 추측된다. 두 번째로는 상인
끼리의 *끈끈한* 유대로 인해 일반 회기 주민과의 융합에 있어 어려움을 겪고 있는
점이다. 이는 앞으로 회기동 주민자치회 등에서 서로 간 원만한 관계 개선이 이루
어질 수 있도록 노력을 기울여야 할 부분으로 사료된다.

3. 앞선 6가지 기준에 대한 평가 후술

아래는 앞서 6가지 평가 기준이 되는 대표성, 민주성, 자립성, 인식변화, 인적구
성의 다양성 및 관계성, 지리적 특성에 대하여 한눈에 보기 쉽도록 평가표를 작성
한 것이다.

이 표에서는 지리적 특성과 같이 긴밀한 연관성을 지니고 있거나 그 정도가 높
다고 판단되는 부분은 '높음'에 표시하였으며 상대적으로 그 사후 인식변화와 같이
의견이 갈리는 부분에 있어서는 '중간', 그리고 아직 영향력이 미진하거나 개선이
필요하다고 판단되는 부분은 '낮음'으로 표시하였고, 낮음과 높음의 항목에서는 정
도에 따라 2가지를 추가로 선택할 수 있는 여지를 두었다.

위 자료를 통해 본 전체 평은 다음과 같다.

먼저 대표성에 대한 부분은 아직까지 전체를 구성한다고 보기에는 계층 및 연령

〈평가표〉

영역/평가		낮음		중간	높음	
		1	2	3	4	5
대표성에 관한 인식				✔		
조직의 민주성					✔	
조직의 자립성	재정		✔			
	행정	✔				
사후 인식변화				✔		
인적구성의 다양성 및 관계성	인적구성		✔			
	조직 내 관계				✔	
지리적 특성					✔	

의 다양성 확보에 있어 미흡함을 보이고 있으나 현재 회기동이 초기 시범단계에 있으며 점차 발전될 가능성을 고려해 볼 때 '보통'으로 평가할 수 있을 것이다.

다음으로 조직의 민주성에 있어서는 현재 회기동 주민자치회에서 가장 잘 이루어지고 있는 부분으로, 이전 주민자치위원회에서의 경우처럼 어느 한 명이 자신의 재력을 이용하여 입김이 발휘하거나 하는 식의 빅 마우스(Big mouth) 문제는 없는 것으로 나타났으며 주민자치회로 들어와서는 이웃 간 긴밀한 상호소통능력을 기반으로 원만한 관계 속에서 민주성을 구축해나가고 있는 것으로 보인다.

다음으로는 조직의 자립성으로, 재정적 영역과 행정 영역에 있어 양쪽 모두 독립하지 못한 형태를 보이고 있었다. 특별히 행정적 측면에 있어 지원관에 대한 의존도 문제가 매우 높은 양상을 띠고 있었는데 이에 대한 원인 분석은 다음 장에 후술하였다.

네 번째로 사후인식 변화에 있어서는 주민자치회의 활동이 각 개인에게 상반된 차이를 보였는데 주민자치회가 개인의 정치적 효능감을 높일 것이라는 기대 속에 실제로 그렇게 변화해 온 간사의 입장도 있으나 회장의 경우는 그와는 상반된 의견을 보였다. 이는 많은 업무 속에서의 피로감 등을 생각해 볼 때 각 역할에 따라 다른 정치적 효능감을 보이는 것으로 고려되어 진다.

다섯 번째 인적구성의 다양성과 관계적 측면에 있어서는 향후 창의성이나 시대적 민의 반영에 있어 젊은 층의 참여가 적극적으로 필요함이 제기되었음에도 불구하고 아직까지 높은 연령대가 주로 분포되어 있는 모습을 보였다. 따라서 향후 젊은 층의 참여를 끌어들이기 위한 노력이 필요할 것 보인다. 또한, 인터뷰를 통해 주민자치회의 구성원들 간 조직 내 관계에 있어서는 서로 원만하며 협조적이고 우호적임을 파악할 수 있었다.

마지막으로 지리적 특성 부분으로, 현재 회기동은 생활 주민을 상권으로 끌어들이지 못하고 있다는 점에서 스스로 아쉬움과 취약성이 드러났고, 상인과의 협력 및 연계에 있어서도 과제를 안고 있는 것으로 보인다. 이러한 문제는 현재 회기동이 지리적 특성에 기인하는 인적구성의 다양성 및 계층을 포용하고 그들과 함께 상생하고자 한다면 더욱 고민하여 여러 발전 방향을 모색해 나가야 할 것이다.

4. 분석을 통해 드러난 문제점 및 원인분석

1) 문제점

본 절에서는 회기동 주민자치회의 6가지 기준을 통한 분석으로 문제점을 지적하고 그에 대한 해결방안을 제시함으로써 회기동 주민자치회의 발전 방향 및 보완점을 제시해 보았다. 위 분석에서 드러난 회기동 주민자치회의 취약점은 **조직의 자립성** 부분이었으며 그중에서도 지원관에게 많은 의존도를 보이는 **높은 행정적 의존도**의 원인 및 분석을 시도해 보고자 하였다.

2) 원인분석(김○○ 분과위원장 인터뷰)

지원관의 높은 의존도 문제를 파악하기 위해 관련자인 회기동 주민자치회의 청년분과위원장(이하 분과장)과의 인터뷰를 진행하였다. 이 과정에서 김○○ 분과장은 메뉴얼의 부재, 그리고 지원관 선발 과정체계의 미비함을 지원관에 대한 높은 의존원인으로 보았다.

① 지원관에 대한 메뉴얼의 부재

먼저 김○○ 분과장은 지원관에 대한 높은 의존도에 대한 원인이자 해결방안으로 매뉴얼을 제시하였다. 현재까지 주민자치회에서는 지원관에 대한 역할규정이 명확하지 않음으로 인해 '어느 부분까지 주민자치회 내에서 해결해야 하는가?'와 같은 질문에 있어서 쉽게 답을 내리기 어려운 상황이라고 말하였다. 또한, 이로 인해 지원관의 역할이 명확하게 제시되어 있지 않기 때문에 주민자치회는 각 동마다 매우 다른 특수성을 보이고 지원관의 개인적 특성에 따라 좌지우지되는 경우가 많게 되는 경향을 보인다고 하였다. 간단한 예로 주도적이고 능동적인 지원관의 경우에는 주민자치조직이 지원관 아래 조직이 매우 활발히 운영이 되는 모습을 띠고 있다는 점에서 긍정적이나, 예기치 못한 변수로 인해 지원관이 중간에 교체될 경우 그 주민조직은 이전과 같은 동력을 발휘하기엔 어려움이 뒤따른다는 것이다. 반대의 경우에는 지원관이 많은 업무를 직접 해 주고 도와주기보단 주민들 스스로 할 수 있도록 자립심을 키워주고자 하나 주민이 업무 능력적으로 부족할 경우 지원관의 도움을 호소하게 될 수도 있다. 이렇듯 지원관의 특성에 따라 여러 가지 상황과 이에 따른 장단점이 존재하며 현재는 지원관의 업무의 세부 메뉴얼의 부재로 인해 주민자치회가 각각 상이한 모습을 띠며 지원관의 특성에 많은 영향을 받고 있다는 것이다.

따라서 김○○ 분과장은 이러한 문제해결을 위해 지원관에 대한 메뉴얼의 필요성을 언급하였다. 분과장의 말에 의하면 정부에서의 지원관에 대한 메뉴얼을 제시해 준다면 구체적으로 지원관의 역할이 명확해지게 되고, 이에 따라 지원관의 개별적 특성에 따라 영향력을 휘두를 수 있는 권한은 낮춰지기 때문에 지원관 특성에 따른 의존성을 낮추는 것의 해결책으로 보았다. 다만, 이것이 각 지역의 특수성 및 고유성을 완전히 무시한 채 메뉴얼의 천편일률적 적용의 차원은 아니며 각 지역 고유성과 다양성을 인정하는 범위 내에서의 지원관에 대한 현재까지 없었던 메뉴얼을 제시해 주는 것으로 보는 것을 바람직한 방향으로 보았다. 이렇게 한다면 제시된 메뉴얼 안에서의 지원관의 개별적 특성이 발휘될 수 있도록 하는 것에는 문제가 없을 것이라는 것이 분과장의 의견이었다. 따라서 메뉴얼을 통해 조직의 역할을 명확히 한다면 주민들이 지원관에 대한 의존성을 낮추는 데 효과적으로 기여할 수 있을 것으로 보았다.

② 지원관 선발 과정에서의 일관성 부재

김○○ 분과장은 지원관의 메뉴얼이 정해지기 이전에 시행되는 지원관 선발 과정에 있어서 또한 일관된 체계가 필요하다고 지적하였다. 주민자치의 행정과 자립을 돕는 지원관 개별특수성이 주민자치회에 위원들의 역할보다 지나치게 큰 영향을 미치는 것을 방지하기 위해서는 선발 과정에서부터 일정한 기준을 가지는 것이 중요하다는 것이다. 현재 지원관의 선발은 마을자치센터라는 중간지원조직을 통하여 이루어지고 있으나 이에 대한 어떠한 공통된 선발 규정이 존재하고 있지 않은 실정이다. 따라서 지원관의 선발은 각 지원센터의 선발내규에 따라 차이를 가지며 이러한 다양성이 지원관에게 특정 역할의 수행범위를 주기보단 개별특수성이 더 강조되는 방향으로 나아가는 데 원인으로 작용할 가능성이 높다는 것이다.

김○○ 분과장은 지원관의 경우에도 대표적으로 민과 관과의 갈등을 해결하는 갈등 해결 능력이라는 전문적인 커뮤니케이션 능력이 요구된다고 보았다. 물론 이러한 부분이 정량적으로 평가될 수는 없으나 이러한 부분에 대한 고려가 없이 선발한다면 실제 관과의 행정처리능력에서는 여러 미흡함과 낮은 전문성을 보일 수 있다는 것이다. 따라서 필요한 지원관의 역할과 선발기준을 명확히 상정하고 이에 따라 지원관을 선발하는 과정을 좀 더 체계화시킨다면 지원관 개별특수성의 난립 방지에 긍정적 영향을 끼칠 것으로 보았다.

Ⅲ. 총평

앞서 풀뿌리민주주의의 발현 정도와 적실성 등을 살펴보고자 회기동 주민자치회라는 범위를 구체적으로 상정하여 연구를 진행하였다. 이 가운데 본 연구자는 현 회기동 주민자치회에서 나타난 직접민주주의를 비판적 시각에서 바라보았다.

먼저는 회기동 주민자치회에서 재정뿐만 아니라 행정적으로도 관의 도움을 받아 운영이 되는 관 주도의 모습을 다수 확인할 수 있었다. 물론 풀뿌리민주주의의 개념 아래 정책이 운용되고 이에 따라 본 정책이 시범적으로 이루어지고 있으나 조직운영에 있어 중요한 재원 마련과 업무처리의 상당 부분이 관에 의지하고 있는 것이 사실이다. 또한, 이러한 지원은 비단 회기동뿐만 아니라 현재 서울형 주민자치회라는 이름 아래 수많은 구, 동들이 정부의 재정지원을 받는 모습으로 나타나고 있다. 이러한 양태는 진정한 의미에서의 풀뿌리민주주의 실현이라고 보기엔 무리가 따르는 것으로 보이며 민의 자립성이 길러지지 않은 채 관의 주도가 지속적으로 이루어진다면 주객이 전도된 채로 시민들 안에 정치적 사회화, 공동체, 참여 등의 욕구를 심어 넣는 모습이 될 가능성이 높다.

두 번째로는 주민자치회에서 필수적으로 요구되는 자발성과 지속성에 대한 견해이다. 대의제를 보완하고자 나온 직접민주주의에서는 목소리를 내는 것도, 요구하는 것도, 결사하는 것도, 투쟁하는 것도, 모두 각 개개인의 적극적 참여가 요구된다. 그러나 현재 관의 지원 아래 운영되는 주민자치회의 경우는 그 구조상 진정한 의미의 자발적 참여의 모습을 찾아보기는 어려웠다. 이러한 상황에서 제도권에서 아무리 지속적인 홍보와 제도적 노력을 기한다고 할지라도 오늘날 각자의 관심사가 다변화되고 파편화된 개인으로서 살아가는 오늘날의 시민이 주민참여, 지역 문제, 공동체에 대하여 낮은 관심, 그리고 정치에 대한 냉소적 태도나 무관심을 보인다면 자치회의 건강한 지속은 어려울 것으로 보인다.

앞서 풀뿌리민주주의의 발현 정도와 적실성 등을 살펴보고자 회기동 주민자치회라는 범위를 구체적으로 상정하여 연구를 진행하는 과정에서 위의 두 가지 시사점을 발견하였으며 이를 토대로 앞으로의 심도 있는 고려와 객관적 판단의 자세를 가진다면 앞으로의 시민민주주의 발전에 더욱 기여할 수 있을 것이다.

〈참고문헌〉

김동택. 2017. "풀뿌리 민주주의의 제도적 기반: 사회적 경제를 중심으로." 『시민사회와 NGO』. 15(2). 105–137.

정상호. 2008. "'촛불'과 한국 민주주의: '풀뿌리 생활정치'의 모색." 『환경과생명』. 109–119.

주성수. 2005. "특집: 풀뿌리 민주주의에 대한 탐색; 풀뿌리 민주주의의 이론적 기초: "대의 대 직접" 민주주의 논의를 중심으로." 『시민사회와 NGO』. 3(2). 5–40.

"서울특별시 마을공동체 만들기 지원 등에 관한 조례."

"지방자치분권 및 지방행정체제개편에 관한 특별법."

"회기동 주민총회 자료집."

"동대문구마을자치센터." 2019.11.15. 방문. http://dmajacenter.org.

제5장

건국대학교

시민정치론

* 수업 소개 *

수업 명	건국대학교 정치외교학과 〈시민정치론〉		
교수자명	이현출	수강 인원	30명 *국민권익위 국민신문고과 지원
수업 유형	전공선택	연계 지역/기관	서울시 광진구/권익위, 광진구청

수업 목적

1. 대학과 정부(권익위)가 공동으로 정책과 제도, 지역사회의 변화를 만들어가는 관·학 협업 사례 제시
2. 청년의 감성과 참신한 아니디어, 학문적 소양을 겸비한 대학생이 공공문제 해결의 주체가 될 수 있도록 참여형 사회혁신 인재 양성
3. 청년 주도 온-오프라인 융합형 사회참여 활동을 통하여 다수가 공감하는 정책제시를 통하여 생활속 문제 해결을 위한 대안제시

주요 교재

김의영. 2018. 「관악구의 시민정치」. 푸른길.
김의영. 2015. 「동네안의 시민정치」. 푸른길.
김의영·미우라. 2019. 「시민정치연감 2019: 지역기반 교육의 이론과 실천」. 푸른길.
사회혁신교육연구센터. 2019. 「시민정치 현장연구: 참여·분석·제안」. 푸른길.
서울특별시. 2017. 「2017 서울협치백서: 같이 만드는 협치서울」.
유창복. 2014. 「도시에서 행복한 마을은 가능한가:마을과 행정 사이를 오가며 짱가가 들려주는 마을살이의 모든 것」. 휴머니스트.
이태동. 2017. 「마을학 개론」. 푸른길.
Michael Edwards 저, 서유경역. 2018. 「시민사회」. 명인문화사.
Siriani, Carmen. 2009. Investing in Democracy: Engaging Citizens in Collaborative Governance. Washington, D. C.: Brookings Institution Press.
Elinor Ostrom 저, 윤홍근·안도경 역. 2010. 「공유지의 비극을 넘어」. RHK.
Robert D. Putnam 저, 안청시 외 역. 2000. 「사회적 자본과 민주주의」. 박영사.

수업 일정

제1주: 강의 개요 설명 및 팀 구성 안내
제2주: 지역기반 시민정치교육의 의의 및 분석틀 설명
　　　교재: 이태동 「마을학 개론」
제3주: 시민사회의 이해(결사적 삶으로서의 시민사회/좋은 사회로서의 시민사회/ 공공영역으로서의 시민사회) 강의
제4주: 정치이론으로 보는 마을공동체(하버머스/퍼트넘/오스트롬 등) 강의
제5주: 광진구의 민원현황과 쟁점/ 팀구성 및 주제 선정 토론
제6주: 참여관찰 연구 방법론 소개 및 선행사례 토론.
　　　교재: 김의영 「관악구의 시민정치」, 「동네안의 시민정치」, 「시민정치연감 2019: 지 역기반 교육의 이론과 실천」
제7주: 광진구의 시민정치 진단과 과제 강의
제8주: 중간고사
제9주: 시민정치 선행연구 검토(관악구/서대문구/광진구 사례)/팀별 참여관찰 계획 보고
제10주–제13주: 팀별 참여관찰 연구 시작(6개 조) 및 관찰일지 작성
제14주: 참여관찰 결과 중간발표
제15주: 팀별 참여관찰 결과 피드백 및 후속 현장조사 실시
학기말 이후: 최종 결과물 검토 및 보완작업
7월 7일: 정책참여 프로젝트 결과 발표회(광진구청장, 권익위 부위원장 참여)

프로젝트 개요와 결과

1. 4~5명이 팀을 구성하여 전체 7개 팀이 권익위에 접수된 광진구 관련 민원에 대하여 문제해결형 정책대안을 청년의 시각에서 수립하는 프로젝트
2. 학생들의 문제제기와 정책대안 제시과정에 국민권익위 국민생각함과 광진구 정책담당자, 관련 전문가 등의 조력을 받으며 대안을 찾도록 디자인함
3. 국민신문고에 제기된 민원을 중심으로 연구주제를 선정하였으며, 문헌조사, 현장조사, 전문가 면담, 국민생각함이나 구글 등을 통한 여론조사 등을 병행하여 실시함
4. 선정된 팀별 연구주제와 선정배경, 정책제안 주요 내용은 다음의 〈표〉 참조

팀(분야)	주요 정책제안 내용
1조 교통	• (검토배경) 건대입구역 인근 도로는 택시 불법 주정차와 자전거 거치대에 장기간 방치된 자전거로 인해 교통이 혼잡, 고질적인 민원 지속 • (정책제안) ① 교통안전, 정체 해소를 위해 택시 앱 지도에 **'가상의 택시 승차대'** 설치, ② **'스마트 자전거 보관대'** 운영
2조 환경	• (검토배경) 대학가를 중심으로 한 일회용품·쓰레기 문제가 환경민원을 유발 • (정책제안) 구청, 사업장, 구민이 참여하는 **광진구형 친환경 '에코 스토어'** 운영, 광이·진이 캐릭터를 활용한 친환경 굿즈 판매 지원
3조 소음	• (검토배경) 석면해체공사, 재건축 주택사업, 신축 아파트 공사 사업 등이 활발히 진행 중이며, 공사로 인한 소음민원은 계속 증가 추세 • (정책제안) ① **광진구 소음·진동 관련 조례** 개정, ② 에어방음벽 무료대여, 사물 인터넷 활용한 원격감시 시스템 등 **공사장 소음 저감 기술 도입 상용화**

4조 반려동물	• (검토배경) 광진구 인구 조사결과 반려동물을 키우는 가구는 증가하고 있고, 관련 사회적 갈등, 유기견 문제도 비례하여 늘어나는 추세 • (정책제안) 반려동물에 대한 지식, 이해를 돕고 올바른 양육 문화를 형성하도록 **소유자에 대한 사전 의무교육 시범 실시**
5조 전화부스	• (검토배경) 도심 내 방치되어 있는 공중전화부스에 대한 운영관리 필요 • (정책제안) ① 간편식을 판매하는 **미니스토어**로 활용 ② LED 스크린을 부착하여 **홍보부스**로 활용
6조 장애인 보행권	• (검토배경) 유동인구가 많은 지역 위주로 시각장애인의 보행 보조 장치가 설치되어 있으나 실태점검 결과 미비점이 다수 발견 • (정책제안) ① **시각장애인 횡단보도 음향신호기**에 파란불 종료 전 **안내 멘트**가 나오도록 개선, ② **요철이 있는 입체형 점자 보도 블럭** 설치
7조 통학로	• (검토배경) '민식이법' 시행 이후 어린이보호구역의 안전한 횡단을 위한 시설설치 및 환경 정비에 대한 민원이 계속적으로 제기 • (정책제안) **안전한 통학로를 만들기 위한** 시설·교육 등 **통합 프로그램 매뉴얼** 제작

지역사회 문제해결을 위한 청년정책 아이디어 제안 프로젝트

이현출 (건국대학교 정치외교학과 교수)

1. 수업 개요: 수업의 취지와 주제

『시민정치론』수업은 2018년도 1학기부터 개설된 건국대학교 정치외교학과의 전공선택 과목이며, 연 1회 개설된다. 이 과목은 대학과 지역을 잇는 지역연계 수업(CBL: Community Based Learning)을 통하여 풀뿌리 차원에서 살아있는 시민 정치 현상을 실제 보고, 배우고, 분석·평가하는 데에 목적이 있다.

2018학년도에는 6월 13일 실시되는 지방선거를 계기로 광진구 지역사회의 지방 선거라는 정치과정에서 지역의 문제해결형 아젠다를 발굴하고, 토론과 연구를 통 하여 지역문제 해결방안을 찾고, 이를 지방선거 후보자들에게 공약으로 제시함으 로써 "대학생이 만드는 풀뿌리 민주정치"를 몸으로 체험하는 데 주안점을 두었다. 2019년 수업에서는 건국대학교가 소재한 '광진구의 풀뿌리 시민정치 사례 조사· 분석'에 데 주안점을 두었다. 지역사회 내의 주민자치와 협치, 마을공동체, 사회적 경제 등 다양한 사례를 발굴하여, 학생들이 스스로 교육과 연구의 주체로서 참여 하고, 지역사회에 의미 있고 실효성있는 정책대안을 제시하는 과정에서 민주시민으로서의 덕성을 함양하자는 취지였다.

2020년 1학기에는 권익위의 국민생각함과 대학협업 청년참여 프로그램의 일환으로 광진구 지역문제 해결 프로젝트를 추진하였다. 즉, 권익위의 '국민생각함'이라는 온라인을 기반으로 문제를 발굴하고, 광진구의 현장에서 대학생들이 '청년의 시각과 입장'에서 지역사회 문제를 분석하고 해결해 보자는 시도였다.

2. 수업진행 및 주제선정

수업은 크게 이론, 현장조사, 발표의 세 부분으로 진행하였다. 이론수업은 주로 시민정치 기본개념의 이해를 위하여 대의민주주의, 참여민주주의, 결사체민주주의 등에 대한 이해와 정치이론으로 보는 마을공동체의 개념을 정립하기 위하여 하버마스, 퍼트넘, 오스트롬 등의 이론을 강의하였다.

중간고사 이전까지는 이론 강의와 함께 지역사회 현장조사를 위하여 팀 구성, 주제 선정, 조사방법 등 연구설계를 진행하였다. 이러한 바탕 위에 팀별 주제를 선정하고, 조사방법론을 모색하였다. 학생들의 이해를 돕기 위하여 선행연구 사례를 읽고 발표하는 시간을 가졌다. 『시민정치 현장연구: 참여·분석·제안』, 『시민정치 연감 2019: 지역기반 교육의 이론과 실천』, 『동네안의 시민정치』, 『관악구의 시민정치』, 『마을학 개론』 등의 사례연구를 공유하면서 다양한 주제에 대한 접근방법을 고민할 수 있었다. 아울러 2018-2019년도 건국대학교 학생들이 수행한 연구결과도 함께 공유하면서 사고의 지평을 확장할 수 있었다.

중간고사 이후에는 팀별 현장조사와 전문가 및 정책실무자 면담 등을 진행하며, 팀별 수업을 진행하였다. 이를 통하여 팀별 진행 현황을 파악하고, 주요 쟁점에 대한 접근방법 등을 논의하였다. 학기 초에 학생 4-5명으로 한 팀을 구성하도록 하고, 팀 구성은 희망자를 우선으로 배정하되 편입생이나 타과 출신 다전공 학생 그리고 외국인 학생 등을 팀원 역량에 맞게 안배하였다. 전체 7개 팀으로 구성하였다.

먼저 개학 전 국민권익위와 국민생각함이라는 플랫폼을 활용하여 지역문제 해결형 프로젝트를 추진하기로 협의하였다. 아울러 국민권익위에 접수된 광진구 관련 최근 3년 간의 민원데이터를 받아 중복 또는 개인정보 유출의 우려가 있는 사항들을 모두 삭제한 후 정책관련 사안만으로 압축하여 학생들과 공유하였다. 그리고 팀별 주제 선정을 위한 화상회의를 진행하였다. 이 과정에 국민권익위 국민신문고과 담당 선생님도 화상회의에 참여하여 권익위 국민생각함 플랫폼을 활용한 국민 의견수렴 방법에 대한 설명을 해 주었다.

활동과제 선정은 학생들에게 팀원들끼리 충분히 숙의 후 결정하도록 하였다. 이 과정에 최근 3년간의 민원 데이터와 권익위와 중앙선거관리위원회 공약이슈 사이트(http://issue.nec.go.kr/)를 참조하도록 하였다. 주요 민원 이슈에 대한 키워드는 〈그림 1〉과 같이 나타났다. 주제는 거대 담론보다 손에 잡히는 주제, 생황·지역 밀착형 주제를 선택하도록 하였다.

학생들이 선정한 주제는 교통, 환경, 소음, 반려동물, 버려진 공중전화 부스, 시각장애인 보행신호 개선, 어린이 보호구역 정온화 시설 문제 등 다양한 영역의 주제가 제안되었다.

제1조: (교통) 광진구 교통혼잡 문제 해결을 위한 가상의 택시 승차대 운영 및 자전거 거치대 관리 개선 과제를 다루었다. 건대입구역 인근 도로는 택시 불법 주정

〈그림 1〉 광진구 공약이슈 지도

차와 자전거 거치대에 장기간 방치된 자전거로 인해 교통이 매우 혼잡하고 안전에 위험을 주어 고질적으로 민원이 제기되는 분야이다.

제2조: (환경) 일회용품 줄이기를 위한 '에코 스토어 인증제' 운영방안을 연구하였다. 이 팀은 건대입구역 주변 상가를 중심으로 일회용품·쓰레기 문제가 많은 민원을 유발한다는 점에 주목하여 해결방안으로 구청, 사업장, 구민이 참여하는 친환경 에코 스토어 운영과 광진구의 광이·진이 캐릭터를 활용한 친환경 굿즈 판매 지원사업을 제안하였다.

제3조: (소음) 석면해체공사, 재건축 주택사업, 신축 아파트 공사 등 공사소음 문제가 계속 증가하고 있다는 점에 착안하여 개선방안을 연구하였다. 광진구 소음·진동관련 조례 개정을 통한 기준 조정, 에어 방음벽 무료대여, 사물인터넷을 통한 원격 감시 시스템 구축 등 공사장 소음 저감 제도와 기술 도입 방안을 제시하였다.

제4조: (반려동물) 광진구의 인구주택조사 결과 반려동물을 키우는 가구가 증가하고 있고, 관련 사회적 갈등 및 유기견 문제가 민원으로 등장하고 있다는 점에 착안하여 개선방안을 연구하였다. 구민들에게 반려동물에 대한 이해를 돕고 올바른 양육문화를 형성하도록 소유자에 대한 사전의무교육을 시범실시하는 방안을 제시하였다.

제5조: (전화부스) 도심 내 방치되어 있는 공중전화 부스에 대한 운영관리의 패러다임 전환에 대해 고민한 결과를 대안으로 제시하였다. 관내 사회적 약자를 위한 간편식 판매를 위한 미니스토어, LED 스크린을 부착한 홍보부스로의 활용 등을 제안하였다.

제6조: (장애인) 유동인구가 많은 지역 위주로 시각장애인의 보행 보조장치가 설치되어 있으나 실태점검 결과 미비점이 많이 발견되어 이에 대한 보완방안을 제시하였다. 대안으로 시각장애인 횡단보도 음향신호기에 파란불 종료 전 안내멘트가 나오도록 개선하는 방안, 요철이 있는 입체형 점자 보도블럭 설치 방안을 제시하였다.

제7조: (통학호 안전) '민식이법' 시행 이후 어린이보호구역의 안전한 횡단을 위

한 시설설치 및 환경정비에 대한 민원이 지속적으로 제기되는 점을 고려하여 통학로 안전을 위한 방안을 연구하였다. 안전한 통학로를 만들기 위한 정온화 시설, 학생 교육 방안 등 통합 프로그램 매뉴얼을 제시하였다.

중간고사 이후에는 각 팀별 현장조사를 실시하고, 그 결과를 보고하는 중간보고 자리를 만들어 학생들 간 현장조사 방법에 대한 한계와 대안을 공유하도록 하였다. 코로나19로 인하여 현장조사가 매우 어려운 한계가 있었으나 학생들이 적극적으로 참여하여 성과를 거둘 수 있었다. 중간보고 등은 줌(ZOOM)을 활용하여 신속하게 소통할 수 있었다.

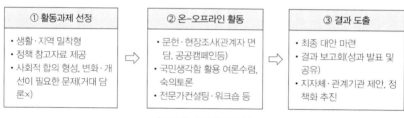

〈그림 2〉 수업 운영방식

현장조사 기간에는 학계의 전문가와 관련 부서 공무원, 시민단체와 이해관계자 등의 의견을 청취하고, 온오프라인 조사를 통하여 주민들의 의견을 수렴하는 등 합리적이고 창의적인 대안을 모색하도록 유도하였다. 각 주제별 선행연구 관련 논문이나 보고서 등을 검색하여 학생들에게 현장에 나가기 전에 읽도록 하였다. 현장조사의 편의를 위하여 공문을 만들어서 방문지에 면담협조를 요청할 수 있도록 지도하였다. 관계 전문가 자문 및 KT링커스 등 관계기관 면담에는 권익위의 적극적인 협조도 있었다. 수업 운영방식은 다음과 같이 정리할 수 있다.

주제를 발전시키는 과정에 국민권익위의 '국민생각함' 사이트(〈그림 3〉 참조)에 건국대 특별관을 만들고 주제를 제안한 후 일반 국민들의 의견을 수렴할 수 있었다. 나름 주제가 확정된 이후에는 동 플랫폼을 활용하여 여론조사 등을 실시하여 구체적 제안에 대한 시민들의 의견을 수렴할 수 있었다.

결과 도출 단계에서는 실현가능한 최종 대안을 마련하는 데 주안점을 두었다.

〈그림 3〉 국민생각함 운영 예시

출처: 국민권익위 국민생각함: https://idea.epeople.go.kr/nep/thk/splc/selectSpclClsfDetailList.npaid

많은 준비를 하였지만 실현가능성, 사회적·경제적 효과성(갈등요인과 예산) 등에 초점을 맞추어 대안을 압축하였다. 최종 결과물은 권익위와 광진구와 협의하여 7월 7일 오후에 광진구청에서 보고회를 개최하였다.

3. 총평

이번 수업은 지역사회 문제해결형 수업으로 진행하여 청년들이 소극적 학생이 아니라 능동적 시민으로 기여할 수 있음을 실천적으로 체험할 수 있는 계기를 마련하였다고 평가할 수 있다. 특히 코로나19로 인하여 당초 기획하였던 주민자치회 참여관찰이 현실적으로 어렵다고 판단하여 급격히 주제를 변경하였지만 소기의 성과를 거둘 수 있어서 다행이었다.

처음부터 권익위와의 협업을 통하여 주제선정-온·오프라인 조사활동-결과도출 및 발표회 개최-단행본 출간의 과정을 염두에 두고 준비를 하여 학생들에게 많은 성취감을 줄 수 있었다. 우선 대학생들이 학습자가 아니라 스스로 연구자의 입장에서 창의적 연구를 시도할 수 있었다는 점에서 보람을 줄 수 있었다. 이를 통하여 강의실에서 강의를 통해서만 배우는 이상의 현장 학습을 통한 지식의 습득도 큰 지적 자극을 주었다고 판단된다. 정책이 만들어지는 과정에서 선행연구와 관련 규정 및 해외사례에 대한 검토, 현장 민원인들의 목소리 수렴, 이해관계자와 관계 공무원들의 의견 청취 등을 통하여 적절한 정책대안을 직접 제안함으로써 문제해결형 실천적 지식을 함양할 수 있었다.

아울러 학생들이 단순한 학습자·연구자의 위상을 넘어 지역사회 발전을 위한 하나의 대안을 제시한다는 점에서 실천적 보람을 안겨줄 수 있었다. 특히 정책참여 프로그램 결과보고회에 권익위 부위원장, 광진구청장 등 관계공무원과 학교 부총장, LINC+사업단장 등이 참여하여 관심을 표명하여 학생들의 노고에 작은 보상을 해 줄 수 있었다. 특히 광진구에서는 학생들의 정책제안을 부서별로 꼼꼼히 검토하여 정책으로 반영할 때에는 제안한 학생들을 입안과정에 참여하도록 하겠다고 약속하였다.

교수자의 입장에서 보면, 대학원 학생들이 부족하여 교수자가 직접 모든 연구팀의 주제선정, 연구설계, 현장조사 지도 및 지원, 조사결과 검토 등을 담당해야 한다는 점에서 많은 부담을 안게 된다. 특히 코로나19로 인한 현장조사나 전문가 인터뷰의 제약 등으로 팀별 연구를 일정에 맞추어 진행하기 어려운 학기였다. 작년도 시민정치론 수업이 본교 LINC+사업단에서 주최한 "2019 산학협력 성과확산 포럼'에서 학과부문 최우수상을 수상하여 그 부상을 통하여 학생들에게 거마비 등을 지원할 수 있었다. 남은 기간 동안 학생들의 조사결과를 충분히 검토하여 2020년 2학기 중 단행본으로 출판할 계획으로 준비 중에 있다. 학생들의 연구업적이 출판되면 향후 수업에 대한 인센티브로 작용할 수 있을 것으로 본다.

〈그림 4〉 광진구 '대학생 정책참여 프로그램 보고회' 활동 참여

광진구 어린이 교통안전을 위한 새로운 스케치북: 5E 전략을 중심으로

건국대학교 정치외교학과

김민재·박강산·이주룡·이하늘

논문초록 2020년 3월 25일 본격 시행된 '도로교통법 일부 개정안' 및 '특정범죄가중처벌 등에 관한 법률 일부 개정안'(이하 민식이법)에 대한 논란이 다방면적으로 연일 계속되는 가운데, 시민의 시각에서 어린이 보행 안전문제 해결을 위해 실효적인 정책을 제시해 보고자 하는 것이 이 연구의 목적이다. 선행연구 검토를 비롯하여 지역 현장조사, 전문가 면담 등을 통해 다방면적으로 검토한 결과, 정책대안으로 '광진구 안전한 통학로 프로그램-5E전략을 중심으로'를 선정하였으며, 큰 틀은 미국의 5E전략을 광진구 사례에 적용하되, 세부적인 사업의 구성에서 기존의 연구를 바탕으로 알게 된 광진구의 현황과 특성에 알맞은 대안을 제시하는 것이다. 구성은 환경(Environment) 및 엔지니어링(Engineering), 교육(Education), 단속(Enforcement), 권장(Encouragement), 평가(Evaluation)로 나누었고, 각 항목별로 광진구 사례에 적용할 수 있는 정책들을 제안하였다.

광진구의 어린이 교통안전을 위한 5E 프로그램의 함의와 기대효과는 다음과 같다. 우선, 어린이 보호구역을 중심으로 한 어린이들의 실제 통학로의 안전을 기함으로써 광진구민의 실질적 복지 증진에 기여할 수 있다. 또한, 5E 프로그램의 체계적인 시스템을 통해 광진구만의 특별한 매뉴얼이 탄생할 것으로 기대되며, 이를 적절히 홍보한다면 어린이 친화적인 광진구의 브랜드를 창출할 수 있다. 마지막으로, 5E 프로그램의 본질을 생각하였을 때, 이는 신뢰와 협동이라는 사회적 자본을 바탕으로 한 시민정치의 일환으로서 그 토대를 견고히 하는 데 의의가 있다고 할 것이다. 어린이 교통안전이라는 시대적 화두에 부응하기 위해서 광진구는 이러한 시민정치의 토대 위에서 '엔지니어링/환경, 권장, 단속, 교육, 평가'로 구성된 5E 전략을 적극적으로 추진할 수 있으리라 기대한다.

핵심주제어 도로교통법, 통학로, 5E, 교통안전, 어린이교통안전

Ⅰ. 문제제기

오늘날 대의민주주의로 대표되는 제도정치는 투표율 감소와 대표의 실패 등 여러 이유로 인해 주권자의 정치적 효능감을 높이지 못하고 있다. 하지만 시민이 거버넌스의 일원이 되거나 지역사회의 정치적 행위와 과정에 직접적으로 참여하는 '시민정치'는 주권자에게 정치적 효능감을 제공하고 일상에서 실질적인 변화를 유도할 수 있다는 점에서 의의가 있다. 이에 건국대학교 정치외교학과 시민정치론 수업에 참여한 본 연구진은 초기의 '안전한 광진구 어린이 보호구역 횡단보도 시설 구축을 위한 교통정온화 기법 도입'에서 시작하여, 최종적으로 '광진구의 안전한 어린이 통학로(Safe Routes to School) 프로그램'을 연구주제로 선정했다. 어린이의 교통안전 전반에 관한 주제선정에는 다음과 같은 문제제기가 있었다.

첫째, 2020년 3월부터 시행된 민식이법에 대한 문제의식이다. 민식이법은 2019년 9월 충남 아산의 한 어린이보호구역(스쿨존)에서 교통사고로 안타깝게 사망한 김민식 군(당시 9세)의 사고 이후 발의된 법안이다. 민식이법은 스쿨존 내 신호등과 단속 카메라 등 안전장치 설치를 의무화한 도로교통법 개정안, 스쿨존에서 어린이 상해 및 사망사고를 낸 운전자를 가중 처벌하는 내용의 특정범죄 가중처벌 등에 관한 법률 개정안으로 이루어져 있다. 이는 어린이들의 교통안전을 위한 법으로 그 의의는 매우 바람직하지만, 실제 차량 운전자들 사이에서는 법이 너무 가혹하다는 의견이 2019년 12월 10일 국회 통과 이후에도 지금까지 끊임없이 제기되고 있다. '이이들의 돌발행동이나 길거리 불법 주정차 등 사고의 다양한 환경적 원인을 운전자가 무조건 예방하고 조심하는 것은 비현실적'이라는 지적이 그 예이며, 법 개정을 촉구하는 청와대 국민청원에 20만 명이 넘는 사람들이 동의하기도 하였다.

둘째, 광진구민의 민원에서 지속적으로 교통문제에 대한 실질적인 문제제기가 있었다.

중앙선거관리위원회 공약지도의 민원 키워드에서 광진구민이 교통대책, 안전지대를 골자로 교통에 관한 민원을 지속적으로 제기한 결과를 확인할 수 있었다. 아울러 국민권익위원회에서 제공한 2017, 2018, 2019 민원 처리목록 현황을 보면, 어린이의 안전한 횡단을 위한 요구가 많음을 확인할 수 있다. 예를 들면, 2019년에는 광진구 구의2동 래미안파크스위트 뒷길(자양로 38길)을 지목하면서, 어린이보호구역에서도 차량이 속도제한을 지키지 않는 사례가 많아 과속방지턱의 설치를 요구하는 민원이 있기도 했다.

이를 종합하여 볼때, 어린이보호구역 내 안전한 횡단과 도로주행을 위한 시설점검 및 재정비가 제대로 이루어지지 않고 있다는 문제제기와 더불어 어린이 보호구역 내 어린이 교통안전을 보다 실질적이고 공정한 방법을 통해 달성할 수 있는 대안에 대해 고민하게 되었다.

II. 선행연구와 대안의 모색: 어린이 통학로 안전 프로그램

1. 어린이 교통안전에 관한 국내 제도 및 연구 동향

어린이의 교통안전을 제고하기 위한 국내의 여러 정책연구들을 검토한 결과, 대부분의 경우 학교 근처에서 발생할 수 있는 안전상황에 대비한 시설물 설치 및 차량 속도제한 조치 등 기술적이고 단편적인 대안들이 주를 이루었다. 한 예로, 국내 어린이 통학안전을 위한 제도인 어린이 보호구역은, 유치원, 초등학교 등의 주 출입문을 중심으로 반경 300미터(필요 시 500미터) 이내의 도로를 보호구역으로 지정하여 교통안전시설 정비 및 교통규제 등의 조치를 하는 것이다.[1] 물리적인 교통안전시설물의 설치가 어린이 교통안전 제고에 있어 정부차원의 가장 기본적인 조치임에는 어느정도의 합의가 존재하여왔으나, 우리나라의 어린이 교통안전을 위

---

1. 김현정. 2019. "어린이 통학로 운영 국내외 사례 및 시사점." 국회입법조사처.

한 정책은 주로 교통안전시설물 설치에 지나치게 주안점을 두고 있으며, 또한 어린이 보호구역과 그 안의 통학로에 대해서만 관리하고 있어서 어린이의 통학안전 대책이 집에서부터 학교까지 연속성 있게 실시되지 못하고 있다는 비판이 제기되고 있다.[2]

따라서 최근의 연구들은 교통선진국의 사례를 참고하여, 물적 환경과 더불어 학생, 학부모 및 지역주민의 인식개선 및 행태변화도 함께 도모해야 함을 주장하고 있다. 즉, 해외의 사례가 시사하는 바로서, 어린이 보호구역 및 통학로에 대한 사회적 인식 개선 및 행태변화를 위해 교육, 홍보, 단속 등을 강화할 필요성에 대해 강조하고 있는 추세이다.[3]

2. 방향의 전환: 미국의 'SRTS 프로그램'

이러한 문제의식과 개선방향과 관련한 외국의 사례를 검토하였고, 미국의 'SRTS (Safe Routes To School)' 프로그램이 여기에 해당할 것이다. SRTS 프로그램은 안전한 통학로 조성을 위해 학생, 부모, 교직원, 그리고 지역주민들이 참여하여 계획을 수립하는 bottom-up 방식으로 진행되며, 각종 교통안전시설의 개선이 사업의 중요한 일부이긴 하지만, 시설 외적인 교육, 권장, 지도 등의 다양한 활동을 통한 인식 및 행태 변화를 그 목적으로 한다. 이 프로그램에서 정부는 지역의 실제 이용자들이 직접 참여하여 계획을 수립할 수 있는 지침서 및 가이드라인을 제공하며, 사업 추진에 필요한 예산을 보조함을 통해 실제 이용자 중심의 자발적인 계획 수립 및 사업 추진을 장려한다.

이러한 SRTS 프로그램의 구성요소는 '5E전략'으로 소개되는데, 요지는 안전한 통학로 조성사업을 위해서는 환경, 교육, 강제, 촉진, 그리고 평가가 함께 이루어져야 선순환적인 결과를 창출할 수 있다는 개념이다. 현재 광진구를 비롯한 한국의

---

2. 김현정. 2019.
3. 김현정. 2019.

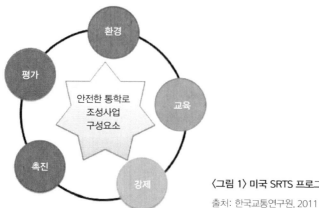

〈그림 1〉 미국 SRTS 프로그램의 구성요소
출처: 한국교통연구원. 2011

전반적인 어린이보호구역 사업이 실질적인 통학로 중심이라기 보다는 학교 주변 어린이보호구역 그 자체에만 집중하고 있으며, 주로 시설 등의 환경적 요소에만 주안점을 두고 있다는 비판을 고려한다면 이 전략을 우리의 연구에 활용할 근거가 충분하다고 판단하였다. 5E전략의 각 개념과 사례는 Ⅴ.정책대안에서 후술한다.

Ⅲ. 광진구 현황조사

1. 신○초등학교 주변 교통환경 및 통학로 실태분석

신○초등학교에 대한 현장 방문조사를 실시하여 〈그림 2〉에 나타난 바와 같이 학교 정문 및 후문(주 통학로)과 그로 통하는 주요 보행로를 중심으로 실태를 파악하였다. 학교를 기준으로 남쪽의 정문과 동쪽의 후문을 통해 출입이 이루어지는데, 이 중에서 학생들의 주 통학로가 되는 지역은 동쪽의 후문이다. 또한, 후문으로 접근하기 위하여 각각 1의 자양강변길, 2와 4의 자영번영로 2길, 3과 5의 뚝섬로 46길을 통하여 화살표 방향으로 학교에 향하게 된다. 이들 도로는 모두 일방통행로이며, 차량의 진행방향은 자양강변길의 경우 동에서 서로, 자영번영로 2길의 경

〈그림 2〉 신○초등학교 주변 교통환경 및 보행로

출처: 구글 지도

〈그림 3〉 '1. 자양강변길'의 교통환경 및 보행로

출처: 구글 지도

우 서에서 동으로, 뚝섬로 46길의 경우 북에서 남으로 이루어진다. 이들 각각의 도로환경 및 보행환경을 살펴보면 다음과 같다.

'1. 자양강변길'은 동에서 서로 통하는 편도 1차선 일방통행로이며, 〈그림 3〉는 이를 동에서 서로 바라본 모습이다. 차량 진행방향을 기준으로 도로면 좌측으로는 노상주차장이 있으며, 보행로는 없다. 도로면 우측으로는 보행로가 있다. 인근에 총 두 개 동의 아파트가 있으나, 세대수가 각각 43세대와 14세대에 불과하며, 43세

〈그림 4〉 '2. 자양번영로 2길'의 교통환경 및 보행로

대로 이루어진 아파트의 경우 사진의 우측에 나타나듯 단지 내 주차장으로 통하는 출입구가 있다. 따라서 자양강변길의 보행로를 이용하는 통학인구는 많지 않을 것으로 예상된다. 또한, 도로면 좌측의 노상주차장은 사진의 흰색 트럭과 같이 주차 구획선이 마련되어 있지 않은 곳에도 차량이 주차되어 있으나, 노상주차장 왼쪽으로는 보행로가 없으므로 불법주정차로 인한 대인사고의 발생 가능성은 낮을 것으로 보인다.

'2. 자양번영로 2길'은 서에서 동으로 통하는 편도 1차선 일방통행로이며, 그림 6.은 이를 서에서 동으로 바라본 모습이다. 차량 진행방향을 기준으로 우측에 보행로가 있으나 폭이 매우 좁으며, 보행로에 전신주가 위치하여 보행환경이 더더욱 열악하다. 성인이 2명 이상이 통행하기에 어려움이 있으며, 어린이의 경우에도 2명 이상 한 번에 통행하기 어려울 것으로 보인다. 이에 따라 오른쪽 사진과 같이 보행로와 도로를 구분하는 난간이 제거된 지역을 통해 어린이가 도로로 유입될 가능성이 존재하며, 일방통행로이지만 도로의 폭은 비교적 여유가 있어 오른쪽 사진에서 왼쪽의 흰색 모닝 차량과 같이 주정차가 빈번하다. 따라서 난간이 제거된 구역을 통해 어린이가 차도로 유입되는 경우, 운전자가 주정차차량에 의한 사각지대로 인하여 어린이를 인지하지 못해 대인사고로 이어질 가능성이 매우 높을 것으로 보

〈그림 5〉 '3. 뚝섬로 46길'의 교통환경 및 보행로

출처: 구글 지도

인다.

'3. 뚝섬로 46길'은 북에서 남으로 통하는 편도 1차선의 일방통행로이며, 〈그림 5〉은 이를 북에서 남으로 바라본 모습이다. 좌우로 주택이 밀집한 지역임에도 불구하고 차량 진행방향을 기준으로 좌—우 모두 보행로가 존재하지 않으며, 건물 출입구가 차도와 직접 이어지므로, 보행환경이 매우 열악하다. 지역 주차환경 또한 매우 열악한 관계로, 도로 우측에 거주자 노상주차장이 위치하고 있으며, 그 밖에 주차구획선이 마련되지 않은 공간에서도 인근 거주자로 추정되는 불법주정차 행위가 빈번한 모습이다. 그러나 노상주차장 차량과 불법주정차 차량을 구분할 것 없이, 주택의 출입구와 노상주차장이 직접 연결되어 있다는 점에서 주정차차량 뒤에서 보행지가 나타날 가능성이 매우 높다. 가령 사진 우측의 흰색 K5 차량 앞쪽으로 보행자가 나타날 경우, 진행하던 차량은 보행자를 인지하지 못해 대인사고로 이어질 가능성이 매우 높을 것으로 보인다. 〈그림 4〉 '2. 자양번영로 2길'과 비교하여 보행로 자체가 존재하지 않으므로 더욱 위험할 것으로 보인다.

'4. 자양번영로 2길'은 동에서 서로 통하는 편도 1차선 일방통행로이며, 〈그림 6〉은 이를 동에서 서로 바라본 모습이다. 〈그림 5〉 '3. 뚝섬로 46길'과 같이, 차량 진행방향을 기준으로 도로면 좌측으로는 거주자 노상주차장이 있으나, 주차구획선

〈그림 6〉 '4. 자양번영로 2길'의 교통환경 및 보행로

출처: 구글 지도

이 마련되지 않은 곳에도 주정차차량이 즐비하며 보행로는 없다. 도로면 우측으로는 보행로가 있으나, 보행로를 무단점유한 주정차로 인하여 정상적인 보행이 불가능한 실정이다. 좌우로 주택이 밀집한 지역임에도, 보행자가 주정차차량 사이를 통해 도로로 진입하여 보행해야 하는 열악한 환경이다. 더군다나 앞선 경우와 달리, 학교로 향하는 보행 방향이 일방통행 차량의 방향과 반대이므로 보행자가 갑자기 나타날 시 차량 쪽을 향하게 된다. 운전자로서는 보행자를 인지하고, 정차하기까지의 시간적 여유가 더더욱 부족하다. 따라서 학교로 통하는 모든 보행로 중 가장 위험한 구간이라 할 수 있다.

'5. 뚝섬로 46길'은 북에서 남으로 통하는 편도 1차선의 일방통행로이다. 〈그림 7〉의 왼쪽은 이를 북에서 남으로 바라본 학교로 향하는 보행자의 시각에서 본 모습이며, 오른쪽은 남에서 북으로 바라본 운전자의 시각에서 본 모습이다. 오른쪽 사진처럼 차량 진행방향을 기준으로 보았을 때, 우측은 담장을 경계로 학교와 인접하며, 좌측은 주택과 인접하나 보행로 없이 도로와 직접 접한다. 우측의 보행로 또한 난간으로 진입이 차단되어 있으므로, 좌측에서 유입되는 보행자의 경우 도로로 보행해야 할 것이며, 그렇다고 난간을 제거할 경우 우측 보행로에서 주정차된 차량 사이로 보행자가 유입될 가능성이 있어 더욱 위험할 것이다. 따라서 앞선 〈그림 5〉 '3. 뚝섬로 46길', 〈그림 6〉 '4. 자양번영로 2길'만큼은 아니더라도, 보행환경

〈그림 7〉'5. 뚝섬로 46길'의 교통환경 및 보행로

출처: 구글 지도

이 상당히 열악하다고 볼 수 있다.

2. 동○초등학교 주변 교통환경 및 통학로 실태분석

동○초등학교에 대한 현장 방문조사를 실시하여 〈그림 8〉에 나타난 바와 같이 학교 정문 및 후문(주 통학로)과 그로 통하는 주요 보행로를 중심으로 실태를 파악하였다. 학교를 기준으로 남쪽의 정문과 서쪽의 후문을 통해 출입이 이루어지는데, 이 중에서 학생들의 주 통학로가 되는 지역은 서쪽의 후문이다. 다세대주택이 밀집한 신○초등학교와는 달리, 주변 지역이 대부분 아파트단지로 이루어져 있다. 따라서 인근 아파트단지 입구를 기준으로, 학교로 향하는 모든 보행로를 〈그림 8〉과 같이 분석하였다.

사거리 횡단보도는 후문으로 통하는 주요 교차로이며, 대부분의 학생들이 이 교차로를 통하여 등하교한다. 따라서 이 횡단보도를 중심으로 접근해야 한다. 동서를 가로지르는 뚝섬로는 왕복 4차로의 중로(中路)에 해당한다. 남북을 가로지르는 3. 뚝섬로 36길 및 4. 뚝섬로37길은, 3의 경우 이면도로이며, 4의 경우 왕복2차로의 소로(小路)이다. 3.을 제외한 대부분의 도로가 어린이보호구역으로 지정되어 있으며, 운전자에게 어린이보호구역임을 효과적으로 알리는 레드카펫 또한 주요

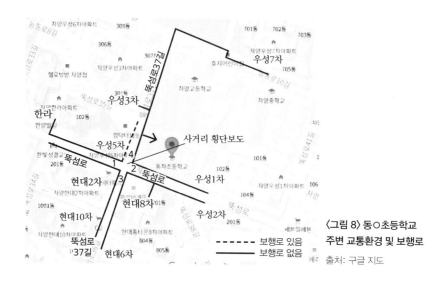

〈그림 8〉동○초등학교
주변 교통환경 및 보행로
출처: 구글 지도

- - - - 보행로 있음
──── 보행로 없음

부분마다 적절하게 적용되어 있었다. 또한, 이면도로 및 소로(小路)에 인접하여 보행로의 폭이 좁은 3, 4의 경우에도 전신주 등 불필요한 장애물이 거의 없어 시야를 방해할 요소가 적었으며, 차로 대비 보행로의 넓이 또한 전반적으로 잘 갖추어져 있어 큰 문제점을 발견하지는 못했다.

사거리 횡단보도를 중심으로 서쪽의 1, 동쪽의 2, 남쪽의 3, 북쪽의 4로 나누어 각 도로를 분석하면 다음과 같다.

사거리 횡단보도를 기준으로 서쪽을 바라본 '1. 뚝섬로'의 모습이다. 왕복 4차로

〈그림 9〉'1. 뚝섬로'의 교통환경
및 보행로
출처: 구글 지도

의 도로이며, 서에서 동으로 향하는 2차로의 경우, 사거리 횡단보도를 앞두고 레드
카펫 처리가 되어 있다. 또한, 우측 차선을 보면 2에서 1로 향하는 차량들에 대한
신호위반 및 과속단속카메라가 마련되어 있다. 장시간에 걸쳐 상습적으로 주정차
하는 차량은 없었으며, 간헐적으로 인근 상가에 방문하기 위하여 단시간 주정차하
는 차량이 발견되었다.

**〈그림 10〉 '2. 뚝섬로'의 교통환경
및 보행로**

출처: 구글 지도

  사거리 횡단보도를 기준으로 동쪽을 바라본 '2. 뚝섬로'의 모습이다. 마찬가지로
왕복 4차로의 도로이며, 동에서 서로 향하는 2차로의 경우, 사거리 횡단보도를 앞
두고 레드카펫 처리가 되어 있다. 앞서 언급한 바와 같이, 좌측 차선을 통해 동에서
서로 향하는 차량들은 신호위반 및 과속단속구간을 지나게 된다. 그러나 반대로
서에서 동으로 향하는 차량들에 대해서는 지도에 나타난 전 구간을 지나는 동안
신호위반 및 과속단속카메라가 존재하지 않는다. 또한, 이곳에도 장시간 상습적으
로 주정차하는 차량은 없었으며, 간헐적으로 인근 상가에 방문하기 위하여 단시간
주정차하는 차량이 발견되었다.

  사거리 횡단보도를 기준으로 남쪽을 바라본 '3. 뚝섬로 36길'의 모습이다. 일방
통행로는 아니지만 중앙선이 없는 이면도로로서, 어린이보호구역에 대한 안내가
전혀 없는 것으로 보아 어린이보호구역으로 지정되지 않은 것으로 보인다. 현대 2,
6, 8, 10차 아파트가 밀집되어 있어 어린이 보행인구가 많을 것으로 예상되며, 충

〈그림 11〉 '3. 뚝섬로 36길'의
교통환경 및 보행로

출처: 구글 지도

분히 어린이보호구역으로 지정될 여지가 있음에도 지정이 되지 않아 의아한 부분
이다. 만약 어린이보호구역으로 지정되어 있다면, 이를 알리는 시설이 전혀 없으
므로 더 큰 문제이다. 그 외에는 보행로를 끼고 불법주정차하는 차량을 막기 위해
보행로 가장자리에 차단시설이 마련되어 있으며, 운전자의 시야를 방해할 만한 요
소 또한 보이지 않아 큰 문제는 없어보인다. 다만, 어린이보호구역으로 지정되지
않은 점은 의문점이며, 어린이보호구역의 지정을 검토해야 할 것으로 본다.

　사거리 횡단보도를 기준으로 북쪽을 바라본 '4. 뚝섬로 37길'의 모습이다. 사진
에서 도로 왼쪽에는 보행로가 없으나, 우성3차 아파트단지 출입구에서 나오면 곧
바로 횡단보도를 건너 학교 후문과 연결되므로 해당 구역을 지나지 않아 큰 문제
는 없어 보인다. 한편, 〈그림 12〉 상에는 신호등 없이 횡단보도만이 설치되어 있지
만, 현재는 신호등이 설치되어 있는 모습을 확인하였다. 다만, 파란 화살표와 같이
북쪽에서 다가오는 운전자가 빨간 화살표와 같이 서쪽에서 다가오는 보행자를 발
견하기 어려워 보인다. 담장이 직각 형태이며 운전자의 시야 볼 때, 우측에서 나타
나는 보행자를 발견하기 어렵기 때문이다. 어린이가 신호를 지키지 않고, 또한 좌
우를 확인하지 않고 빨간 화살표 방향으로 뛰어든다면, 파란 화살표 방향으로 진
행하던 차량은 어린이를 피하기 어려울 것으로 예측된다. 고원식 횡단보도가 적용
되어 있으나, 턱의 높이가 매우 낮아 실효적이지 못한 수준으로 보이며, 방지턱임

186

〈그림 12〉 '4. 뚝섬로 37길'의
교통환경 및 보행로
출처: 구글 지도

을 알리는 흰색과 황색의 표시 또한 되어 있지 않아 운전자의 충분한 감속을 기대하기 어려워 보인다. 직각 형태의 담장을 곡선형으로 만든다면 가장 좋을 것이나, 어렵다면 최소한 반사경을 설치하거나, 충분한 감속을 유도할 수 있도록 제대로 된 방지턱을 설치하는 방안 등을 고려해 볼 필요가 있다. 그 외 다른 요소들은 어린이 보행안전을 위해 상당히 많은 노력을 기울였음을 알 수 있다.

3. 광진구 관련 조례분석

어린이의 교통안전을 위한 광진구의 법적 노력으로 2009년 10월 9일에 제정·시행된 '서울특별시 광진구 어린이통학로 교통안전을 위한 조례'가 있다. 그 내용을 구체적으로 살펴보면 제1조는 조례의 목적을 명시하고 있는데 "이 조례는 도로교통법 제12조에 따라 지정된 어린이보호구역에서 교통사고의 위험으로부터 어린이를 보호할 수 있는 필요한 사항을 규정함으로써 어린이 통학로의 교통안전을 도모함을 목적으로 한다." 또한, 제3조는 구청장과 구민의 책무를 규정하는데, 제3조 1항의 "구청장은 어린이 교통안전을 위한 각종 시설물의 설치·개선과 어린이 교통사고 예방을 위한 시책을 강구하여야 한다"와, 2항의 "구민은 어린이 교통안전을 위한 사업과 시책에 적극적으로 참여하고 협력하여야 한다"로 구성되어 있다.

제4조는 기본계획수립에 관한 내용을 명시하는데, 제4조 1항에 따르면 "광진구청장은 매 5년 마다 어린이 보호구역 개선 기본계획을 수립하고, 매년 연도별 시행계획을 수립하여야 한다."라고 하며, 또한 2항에서는 기본계획에 포함되어야 하는 내용을 규정하는데, 각 호의 내용으로는 "어린이 보호구역의 개선목표 및 개선방향, 어린이 보호구역의 현황, 어린이 보호구역 안의 신호기·안전표지에 관한 사항, 어린이 보호구역 안의 도로부속물 설치·정비·유지에 관한 사항, 어린이 보호구역에 대한 개선 및 재정 지원에 관한 사항, 어린이 보호구역 내 설치된 노상주차장 및 불법주정차 개선대책에 관한 사항, 어린이보호구역에서의 폐쇄회로 텔레비전 설치에 관한 사항, 그 밖의 어린이 보호구역의 보행환경 및 교통사고 예방에 관한 사항"이 있다. 한편 제5조에서는 어린이 보호구역 실태조사에 관한 내용이 있는데, "구청장은 매년 어린이 보호구역에 대한 교통안전 및 도로부속물의 실태 및 개선이 필요한 사항을 조사하여 제4조 제1항의 기본계획 및 시행계획에 반영될 수 있도록 하여야 한다"라고 규정한다.

제6조는 어린이 안전교육에 관해 다루고 있는데, 1항의 "구청장은 초등학교 등의 어린이와 보육시설의 어린이를 대상으로 필요한 때에는 교통안전교육을 실시할 수 있다"와 "어린이 교통안전교육 방법에 관한 2항의 어린이 교통안전교육 프로그램 제작 및 보급을 통한 초등학교 및 보육시설의 자체교육 및 그 밖에 교통안전전문교육기관 위탁교육 등"으로 구성되어 있다. 제7조는 어린이 등·하교 교통지도에 관해 규정하는데 "구청장은 초등학교 등의 장과 보육시설의 장에게 어린이의 등·하교시 교통안전을 위하여 교사, 학부모 또는 교통봉사단체 등으로 하여금 등·하교 길 교통지도반을 운영하도록 권고할 수 있다."라고 규정한다. 마지막으로 제8조에 따르면 "구청장은 제7조에 따른 교통봉사단체 등이 어린이의 안전을 위하여 등·하교 길 교통지도를 할 경우에는 예산의 범위 에서 필요한 지원을 할 수 있다."라고 규정한다.

Ⅳ. 전문가 면담 및 실태조사

1. 전문가 면담: 광진구청 교통시설팀(현황관련)

위의 과정을 바탕으로 광진구 내 22개 초등학교를 방문하고 각각의 상황을 종합한 결과 신○초등학교의 불법주정차 문제, 동○초등학교의 주행속도 문제를 어린이보호구역 교통안전문제의 예시로 선정하였고, 현황조사를 바탕으로 설문을 작성하여 광진구청 교통시설팀 공무원과 면담을 진행하였다. 면담내용을 정리하면 다음과 같다.

우선 어린이보호구역에 관한 구청의 정책관련 현황을 알아보고자 진행한 질문과 답변의 주요내용을 소개하고자 한다. 어린이 교통안전시설물 설치에 관한 광진구의 매뉴얼이나 조례의 존재여부에 관해서는, 기본적인 시설물은 행정안전부나 서울시에서 제정한 상위법령에 의해 포괄적인 지침규정이 존재하며, 그 밖의 시설물의 설치는 자율적으로 이루어진다는 답변을 받았다. 최근에는 시설물이 시범으로 도입되고 이후 그 효과가 인정되면 이후에 법제화가 이루어지고 있으며, 이슈가 되는 시설물을 설치하는 추세라고 덧붙였다. 나아가, 시설물 설치 이후 효과 측정 및 평가 여부에 관해서는, 시설물 설치 이후 실질적으로 수치화 할 수 있는 자료수집의 여건이 충분하지 않으며, 평가를 실시한다 하더라도 그 해석에 있어서 어

〈그림 13〉 광진구청 교통시설팀 면담

려움이 있다는 답변을 받았다. 즉, 차량의 주행속도나 불법주정차 건수를 측정하는 것도 시간과 비용이 많이 소모될 뿐만 아니라, 이를 시설물에 의한 효과인지 판별하는 것도 쉽지 않다는 것이다. 한편 현재 광진구 내 어린이보호구역에 설치되어 있는 교통안전시설물에 대한 홍보 현황에 관해서는, 직접적인 홍보루트는 존재하지 않으며, 주료 학교 내에서 어린이를 대상으로 하는 교통안전교육 등의 간접적인 루트로 홍보되고 있다는 답변을 받았다. 마지막으로 시설물 설치에 대한 재정적 부담의 정도에 관해 질문하였는데, 초기에 기초적인 시설물에 소요되는 예산은 서울시와 광진구에서 50:50으로 분담하고, 이후 사후관리는 광진구에서 담당하며, 어린이 교통안전 의제가 중요하게 다루어지기 때문에 시설물 유지 및 관리 비용은 부담스럽지 않다는 답변을 받았다. 그러나 새로운 시설물 설치에 관해서는 관련 법적근거가 미약하기 때문에 예산확보가 쉽지 않아 설치에 어려움이 있다라고 덧붙였다.

정책대안과 관련한 질문과 답변은 내용의 흐름 상 이후 Ⅴ.정책대안의 2. 이해관계자의 입장에서 후술한다.

2. 권익위 실태조사: 원주시&횡성군

광진구청 전문가 면담과 더불어 국민권익위원회와 한국교통공단이 주최하는 '어린이 통학로 관련 실태조사'에 참석하여, 원주시의 상지여자중학교와 횡성군의 성북초등학교 및 강림초등학교 주변 어린이보호구역 관련 사업의 진행과 이해관계자 간의 커뮤니케이션을 보다 가까이서 관찰할 수 있었다.

실태조사의 세 사례 모두 학교 앞 어린이보호구역 내 이면도로에 보행자 도로가 설치되어 있지 않았으며, 이에 따라 제시된 대안의 주요내용은 결국 장기적으로 어린이들이 보행할 수 있는 보행자 도로를 설치하는 방법과 단기적으로 볼라드 등의 설치를 통해 어린이들이 통학하는 도로가 차량전용 도로와 분리되어 보다 안전하게 통학할 수 있도록 하는 것이었다. 특히, 학교 앞 폭이 좁은 이면도로 같은 경우 학교 앞 담장을 헐어 어린이들이 보행할 수 있는 공간으로 사용하는 방안도 제시되었다.

실태조사를 통해 느낀 것 중 하나는, 안전한 통학로 사업에 있어 관련 기관의 협의 시스템 미비와, 또한, 각 이해관계자의 상반된 이익으로 인한 타협과 그에 따른 정책의 효과성에 관한 우려였다. 원주시와 횡성군의 실태조사에는 국민권익위원회와 학교 관계인 및 각 교육지원청, 경찰서, 그리고 한국교통공단이 참여하였으며, 지자체의 어린이보호구역 관련 사업에 있어 각각 고유의 역할을 담당하고 있었다. 우선 사업에 있어 필요한 공학 관련 전문적·기술적 지식제공과 검토는 한국교통공단이 담당하며, 학교 관계인과 인근 지역주민은 해당 어린이보호구역의 실질적인 문제를 설명하고 구체적인 대안 방향을 제시하며 이를 요구하였다. 각 교육지원청과 경찰서는 사업을 진행할 때 필요한 법적인 검토와 예산 관련한 제언을 담당하였으며, 국민권익위원회는 해당 사업을 주관하는 입장에서 각 기관의 소통과 절차 이행을 위해 노력하는 모습을 보였다.

V. 정책대안: 광진구5E

1. 개요

지금까지의 조사와 검토를 종합하여 우리조가 선정한 최종 연구방향은 다음과 같다. 연구주제는 '광진구 안전한 통학로 프로그램—5E전략을 중심으로'이며, 큰 틀은 미국의 5E전략을 광진구 사례에 적용하되, 세부적인 사업의 구성에서 기존의 연구를 바탕으로 알게 된 광진구의 현황과 특성에 알맞은 대안을 제시하는 것이다. 구성은 즉 환경(Environment) 및 엔지니어링(Engineering), 교육(Education), 단속(Enforcement), 권장(Encouragement), 평가(Evaluation)로 나누었다.

첫째, 환경 및 엔지니어링 관련 분야는 물리적 환경개선에 주안점을 두는 개념인데, 이에 대한 구체적 대안으로 첫째, '학교 주차장 공유[sharing] 방안'과 어린이 친화적인'노래하는 신호등'을 추진하고자 한다. 둘째, 교육관련 분야는 미국의 경우 학생, 학부모, 교사, 주민과 운전자를 대상으로 교육프로그램을 진행하며, 광진구의 대안으로는 이들을 대상으로'광진구 안전한 통학로 지도 그리기 프로그램 (Community Mapping)'을 도입하는 방향으로 설정하였다.

셋째, 단속분야는 통학로에서 안전을 위협하는 요인에 대한 지속적인 단속을 골자로 하는데, 광진구의 대안은 강동구의 사례를 벤치마킹하여 '서울시 광진구 어린이 교통안전지킴이단 운영 및 지원'에 관한 조례를 제시하고자 한다. 넷째, 권장 분야는 지역사회 내 이벤트, 인센티브 등을 통해 더 많은 사람들에게 도보나 자전거 이용을 촉진하고자 하는 것인데, 광진구의 대안은 '광진구 청년 네트워크와 주민자치회의 어린이 통학로 교통안전 캠페인'을 진행하고자 한다. 마지막으로 평가 분야에서는 위의 4개의 전략에 대한 평가를 하는 것이며, 광진구의 대안으로 정부가 시행하고 있는 '교통문화지수' 조사를 벤치마킹한 '안전한 통학로 평가 지수' 도입을 제안한다. 구성항목 별 세부적 현황과 대안제시는 다음과 같다.

1) 환경(Environment)/엔지니어링(Engineering)

엔지니어링(Engineering) 모델은 어린이 교통안전을 위한 시설, 설비 등 물리적 환경 개선에 초점을 맞춘 방안이다.[4] 가장 일차원적이지만 직접적으로 어린이 교통안전의 개선을 이끌어낼 수 있는 방법으로, 기존 어린이보호구역 내 교통안전 시설에 대한 도입현황 및 정비상태 등을 파악하고, 이에 대한 개선방안을 모색하는 과정으로 접근하였다. 따라서 선행적으로 광진구 내 22개 초등학교를 대상으로 현장에 방문하여 실태조사를 실시하였고, 그중에서도 두 개의 학교를 최종적으로 선정하여 교통정온화 방안 및 그 밖의 어린이 교통안전을 제고할 수 있는 방안을 제시한다. 대상학교는 앞서 서술한 신○초등학교와 동○초등학교이다.

---

4. 한국교통연구원. 2011. "다 함께 만드는 보행 및 자전거 중심의 안전한 통학로 조성사업 개발 연구."

a. 신○초등학교의 주정차문제: 학교 주차장 공유[sharing] 방안

초기의 현장조사를 통해 어린이의 통학이 이루어지는 신○초등학교 후문을 중심으로, 인근 주택지역에서 통하는 주요 보행로를 분석하였다. 굳이 순서를 매기자면 '4. 자양번영로 2길', '3. 뚝섬로 46길', '2. 자양번영로 2길'과 '4. 자양번영로 2길'(대등) 순으로 위험도가 높을 것으로 예측되나, 비교가 무의미할 정도로 전체적으로 보행환경은 매우 열악하며 사고 발생의 가능성 또한 매우 높은 지역으로 평할 수 있다. 성인은 자동차가 올 것을 미리 예측하고 보행할 수 있지만, 교통에 대한 판단 및 예측능력이 부족한 어린이는 위험에 그대로 노출될 수밖에 없다. 열악한 보행환경의 원인을 꼽자면, 우선 보행로가 제대로 갖추어져 있지 않다는 점을 들 수 있다. 그러나 이는 건축물의 허가 및 도로와 보행로의 설계 시점, 즉 도시계획 시점부터 도로와 보행로로 쓰일 공간을 충분히 확보하지 못하여 발생한 문제이다. 따라서 재개발을 통하여 전반적인 도시계획을 다시 하거나 기부채납을 받지 않는 이상, 소유권과 같은 사적 권리와 충돌하므로 사유지를 보행로를 마련하기는 어렵다. 도로 또한 협소하여 일방통행로로 이용되고 있는 바, 도로면적을 보행로로 확보하는 방안 또한 불가능하다고 볼 것이다.

따라서 주어진 환경 내에서 실현 가능한 어린이 보행안전 대안을 모색할 필요가 있다. 이러한 점을 고려하였을 때, 또 다른 문제점을 찾자면 불법주정차 및 노상주차장의 주정차차량에 의하여 보행자의 차량 인지 및 운전자의 보행자 인지에 상당한 장애를 일으킨다는 점이 있다. 완벽히 도로와 분리된 보행로가 존재한다면 가장 좋겠지만, 주어진 상황이 여의치 않으므로 주정차차량에 의한 사각지대를 제기하더라도 어린이 보행안전, 나아가 운전자의 안전에도 큰 도움이 될 것이다. 따라서 대안을 '(불법주정차 및 노상주차장 주정차차량을 모두 포함하여)주정차 차량의 최소화'로 설정하였다.

이러한 문제의식에 근거하여 전문가와의 면담 및 현장에서의 아이디어 탐색 등을 포함하여 다방면적으로 검토한 결과, 공영주차장을 건설하는 방법이 가장 근본적인 대안이 될 수 있으나 부지확보 및 주차장 건설에 막대한 예산이 투입되므로 무작정 공영주차장을 늘릴 수만은 없다고 결론지었다. 따라서 이 또한 주어진 환경 내에서 가장 효율적·효과적으로 주차공간을 확보하여야 했다. 수차례의 현장 방문과 아이디어 검토 끝에, 학교 주차장을 활용하여 주민들의 주차공간으로 공유[sharing]하는 방안을 제시하는 바이다. 이러한 정책은 해당 지역이 주택 밀집지역인 만큼, 대부분의 주정차가 지역주민들에 의해 고정적으로 이루어진다는 점에서 생각해 볼 수 있다. 또한 일반적으로 퇴근 이전 시간대보다 퇴근 이후 시간대의 주정차차량이 많은데, 교직원들이 퇴근한 이후 발생하는 주차공간을 출퇴근 시간이 일정한 지역주민이 활용할 수 있을 것이다.

공유주차에 관한 선행연구 조사결과는 다음과 같다. 대전세종연구원의 '공유주차장 이용활성화 방안'에 따르면 "공유문화는 전 분야에서 나타나고 있으며, 교통분야에서 대표적인 공유사업은 카 쉐어링과 공유주차제가 있다. 이 중 카 쉐어링은 전 세계적으로 수요가 급증하고 있는 반면 공유주차는 아직 크게 알려져 있지 않으나 최근 자신의 주차장을 공유함으로써 주차문제를 해결하고 수익을 올릴 수 있는 새로운 수익사업으로 점차 활성화되고 있다." 또한, "공유주차는 이용시간이 다른 다수의 사람이 주차장을 같이 이용하는 것으로, 주차장 공유사업은 유휴시간 동안 이용하지 않는 주차장을 공유함으로써 고질적인 주차문제를 해결할 수 있고 주차장을 찾기 위한 불필요한 시간 및 공회전을 줄여 사회적, 환경적으로 장점이 있다." "사무실, 식당, 극장, 교회 등 주차수요가 높은 시간대가 서로 다른 주차장을 서로 소개하여 주차시설을 공유함으로써 주차문제를 해결할 수 있으며, 이와 같이 좀 더 경제적으로 주차문제를 해결하고 주차장을 효율적으로 회전시킬 수 있는 주차관리 방법 중 하나가 바로 공유주차제이다."[5]

공유주차의 사례로는 국내의 안산시, 송파구, 성북구와 국외의 샌프란시스코, 프랑스 등이 있었는데, 이 중 우리의 연구와 같이 학교와의 공유주차를 실시한 사례는 안산시의 경우이다. "안산시의 경우, 학교 주차장을 주간에는 교직원을 위한

---

5. 대전세종연구원. 2015. "공유주차장 이용 활성화 방안."

주차장으로 이용하고 야간에는 인근 지역주민에게 주차공간을 제공하고 있는데, 학교주차장을 야간 개방하는 학교와 협약을 통하여 오후 7시부터 익일 오전 8시까지 주차장을 개방하고 있으며, 사전에 등록된 차량만 무료로 주차를 할 수 있도록 하고 있다." 공유주차 도입시의 참고사항으로는 첫째, "공유주차를 보다 용이하게 하기 위해서는 공유 주차장을 찾고 요금을 납부할 수 있는 스마트 앱을 만들거나 기존의 개발업체와 협약을 통해 주차공간을 관리 할 수 있는 시스템을 이용하여야 한다"는 것과 "자신의 주차장을 공유해 주는 사람에게는 인센티브나 포인트를 지급하거나 특정 수익을 보장해 줌으로써 안정적으로 주차장을 확보해 나가야 한다는 것"이 있다. 또한, "방송, 신문 등을 통한 홍보 및 주민 설명을 통해 공유주차사업에 대한 시민참여를 유도할 필요가 있는데, 특히 주차장 공유가 사회적 공익은 물론 개인의 이익에도 도움이 된다는 사실에 대해 알려야 하며, 공유주차를 하는 사람에 대해서는 시나 구에서 인센티브를 제공하여 적극적 참여를 유도할 필요가 있다"는 것이다.[6] 그 예시로, 어린이의 교통안전과 관련한 불법주정차 방지를 위해 광진구 내 공유주차 시범사업을 진행하는 학교에서 공유주차를 이용하는 사람에게 '어린이 친화적인 정책'에 참여한 대가로 어린이대공원 시설이용에 있어 인센티브를 주는 방식을 생각해 볼 수 있다.

결국 이처럼 교내 주차장을 지역주민 주차장으로 활용할 경우, 지역주민이 적극적으로 협조, 참여하지 않으면 정책이 실효적일 수 없을 것이다. 따라서 지역주민이 정책에 협조할 유인이 충분한가에 대하여 검토해야 할 것이다. 우선, 굳이 어린이가 있는 가구의 주민이 아니더라도 공익적 차원에서 보행안전 제고에 기여할 수 있다. 차량 소유주라는 개인적 차원에서 본다면, 차량 통행이 잦은 노상에 차량을 주차하는 것보다 교내에 지정된 안전한 주차구역에 주차하는 것이 물피도주 등으로 인한 피해를 예방하는 데 효과적이다. 이러한 이유에 근거하여 주민들의 협조가 이루어질 것으로 기대한다. 지역주민의 적극적인 협조 이외에도 학교 측에서

---

6. 대전세종연구원. 2015.

정책에 응할 수 있는 유인을 마련할 필요가 있다. 이에 대하여 전문가와 의견을 검토한 결과, 다른 지자체에서는 학교 측에 급식실, 체육관 등의 시설 확충 예산을 일부 지원하고, 정책에 협조를 구하는 방식으로 정책을 추진하고 있음을 알 수 있었다. 따라서 이러한 경우에도 학교 측에 일정한 지원을 제공하여 협조를 얻어낼 수 있을 것이라 본다.

b.동○초교의 어린이 친화적 보행환경 조성: '노래하는 신호등' 설치 방안

초기의 현장조사를 통해, 어린이의 통학이 이루어지는 동○초등학교 후문 인접 사거리를 중심으로, 인근 아파트단지 출입구에서 학교로 통하는 주요 보행로를 분석하였다. 전반적으로 엔지니어링 측면에서 동○초 인근 도로는 우수하다고 할 수 있으나, 부분적인 부족함은 어린이보호구역 지정, 반사경 또는 과속방지턱 설치 등으로 보완할 수 있는 수준으로 보인다. 또한, 상가 방문차량의 단시간 주정차 문제는 엔지니어링의 측면에서는 주정차 단속 강화, 단속카메라 설치 등의 방안 외에는 뾰족한 대안을 찾기 어려울 것으로 보이며, 주정차에 대한 사회 전반의 인식 변화가 더욱 중요한 문제라 판단하였다. 따라서 이에 대한 대안은 이후 다른 측면에서 접근하기로 한다.

또한, 동○초등학교 주변 어린이 보행환경 개선의 핵심으로 아이들이 횡단보도를 안전하게 이용할 수 있는 방안을 모색하였다. 이에 대한 대안으로, '노래하는 신호등'을 설치할 것을 제안한다. 앞선 광진구 현황조사에서 알아보았듯이, 동○초등학교 통학로의 핵심지역이자 요충지는 뚝섬로와 뚝섬로 36길 및 37길이 인접하는 사거리이다. 대부분의 어린이들이 통학을 위해 이 사거리를 경유하며, 인근 지역에서 가장 규모의 교차로이기 때문이다. 따라서 이 사거리에서의 보행자 안전성을 높이는 것은 동○초 통학로의 안전을 크게 향상시키는 방법이 될 수 있다.

현장조사 결과, 이 사거리의 가장 큰 위험요소는 '비보호 좌회전'에 있다고 보았다. 현재의 교통체계에서는 차량이 뚝섬로에서 뚝섬로 36길 또는 뚝섬로 37길로 진입할 때, 비보호 좌회전이 이루어진다. 비보호 좌회전의 경우, 운전자가 좌회전을 할 때 마주오는 차량을 확인해야 한다. 따라서 좌측 횡단보도의 보행자를 확인하기 어렵고, 시야 분산 및 자동차 A필러의 사각지대 등에 의하여 미처 보행자를 발견하지 못하고 사고가 발생할 가능성이 높다. 더군다나, 보행자가 신호위반이나 무단횡단을 한다면 더욱 위험한 상황에 놓이게 된다. 뚝섬로 36길은 보행자 신호등이 없는 폭이 좁은 이면도로로서, 도로의 폭이 좁아 보행자가 교통상황을 제대로 확인하지 않고 뛰어들 가능성이 높다. 뚝섬로 37길은 보행자 신호등은 있으나, 왕복 2차로의 폭이 좁은 도로로서 보행자가 안일한 생각으로 신호위반 내지는 무단횡단을 할 가능성이 높다. 따라서 일차적으로 비보호 좌회전 교통체계에 대하여 재검토의 필요성을 제기한다. 또한, 더 나아가 '안전한 신호등 만들기'를 목표로 정책대안을 마련하기로 하였다.

이에 따라 '안전한 신호등 만들기'를 위하여 기존 선행연구 자료를 검토하였다. 그리고 일본의 '노래가 나오는 신호등' 사례에 주목하였다. 보행자 신호 점등 시, 특정한 노래음('토랸세'라 불리는 일본의 전통민요)이 흘러나오는 것이다. 물론 현재 국내에서도 보행자 신호 점등 시, 음향 신호기 시스템에 의하여 시각장애인을 위한 음성안내가 표출되는 기능은 존재한다. 그러나 이는 시각장애인의 횡단보도 보행을 용이하게 함을 목적으로 하는 것이며, 어린이 보행 안전을 위한 시설물은 아니다. 목적성이 다른 만큼, 음성안내의 억양이나 목소리가 경직되어 있는 등 어린이 친화적인 측면이 존재한다고 보기는 어렵다. 따라서 어린이 친화성에 중점을 두어 일명 '노래하는 신호등'을 도입하는 방안을 제시한다. 기존 시각장애인 음성안내의 딱딱하고 경직된 안내가 아닌, 어린이의 눈높이에 맞추어 짧은 노래 제작, 보행자 신호 점등 시 표출시키는 것이다. 인기 캐릭터의 목소리를 활용하는 등, 어린이들이 쉽게 인지하고 흥미를 자극할 수 있도록 한다면 더욱 효과적일 것이다.

2) 권장(Encouragement)

권장(Encouragement) 모델은 물리적 환경의 개선에 초점을 맞춘 엔지니어링(Engineering)과 달리 지역사회에서 지역주민이 어린이 교통안전의 중요성을 자각하고, 자발적으로 안전한 통학로 환경을 조성할 수 있도록 유도 및 촉진하는 것을 목표하는 방안이다.[7] 본 장에서는 광진구 지역사회의 '거버넌스'를 활용하여 다음과 같은 권장(Encouragement) 모델을 제안하고자 한다. 광진구는 사단법인 거버넌스센터에서 주최한 '2020 거버넌스 지방정치대상 공모대회'에서 주민생활서비스 분야에서 우수상을 수상한 만큼, 지역의 거버넌스 활동역량이 충분하다고 판단된다.

a. 청년 거버넌스 구성원을 통한 '어린이 통학로 교통안전을 위한 캠페인' 진행

광진구는 2019년 9월에 제정된 '서울특별시 광진구 청년 기본 조례'의 제18조(청년네트워크)를 근거로 2020년 5월에 '제1기 광진구 청년 네트워크'를 출범시켰다. 광진구 청년 네트워크(이하 광청넷)는 광진구청의 정책 거버넌스의 파트너이자 주체로서 지역활동에 참여한다. 총 37명의 위원(구민 23명, 직장·단체 11명, 학교 5명)이 모집되었으며 임기는 2년이다. 총 5개의 분과(네트워크 운영, 일자리·경제, 주거·복지, 교육·문화, 건강·환경)로 구성되어 있으며, 2억 원(2020년 기준) 상당의 서울시 청년자율예산(자치구 숙의형)을 편성할 권한이 있다는 점이 특징이다.

하지만 지역사회의 청년 거버넌스는 단순히 예산편성에 참여하는 것이 역할의 전부는 아니다. 사업과 관련 예산을 논의하는 것도 중요하지만, 지역사회의 현장이나 SNS에서 캠페인과 봉사활동 등을 진행하여, 보다 생동감 있는 네트워크 활동을 전개할 수 있을 것이다. 실제로 인근 성동구의 청년 네트워크는 예산논의뿐만 아니라, 코로나19 상황을 맞아 SNS를 통해 생활 속 거리두기 캠페인을 진행하기도 했다.

위원 모두가 2030세대로 구성된 광청넷의 구성원들은 기성세대와 비교했을 때 상대적으로 청소년세대와 공유할 수 있는 세대감수성이 높다고 할 수 있다. 이와 더불어 광진구는 어린이대공원이 위치한 지역이고, 매년 동화축제를 개최한다는

---

7. 한국교통연구원. 2011.

점에서 '아동친화도시'를 구의 브랜드로 삼고 있다. 따라서 광청넷이 광진구의 안전한 어린이 통학로 프로그램에 참여하는 것은 지역 거버넌스로서 의의가 있다.

광청넷의 '교육·문화' 분과 차원에서 안전한 어린이 통학로 프로그램 관련 캠페인을 진행할 수 있을 것이다. 물론 분과 구성은 유동적이기 때문에 활동 중간에, 또는 새로운 기수의 출범에 따라 변동될 수 있다. 그럼에도 불구하고, 광청넷의 위원들이 Encouragement(권장) 전략을 가지고 캠페인을 진행하는 것은 현재 청년기본법의 제정과 더불어 서울시 25개 자치구 전역으로 확장되고 있는 청년 네트워크들 가운데서 광진구만의 특색 있는 청년활동을 선점한다는 점에서 의의가 있다.

물론 광청넷의 안전한 어린이 통학로 프로그램의 활동모델은 청년 거버넌스의 취지에 맞게 기본적으로 구성원들의 자발적인 참여와 아이디어가 주를 이루어야 할 것이다. 하지만 본 장에서 대략적인 틀을 제시한다면 다음과 같다. 우선 광청넷의 교육·문화 분과 내에 '어린이 교통안전 캠페인팀'을 구성한다. 그리고 매달 1회 무중력지대 광진구청년센터와 같은 청년공간에서 팀 회의를 진행하고, 그 결과를 바탕으로 현장활동과 SNS 활동을 투 트랙으로 진행한다. SNS 활동은 매월 30일(어린이보호구역의 날)과 임의로 정한 시기에 카드뉴스나 현장활동 관련 게시물을 업로드한다. 현장활동에서 먼저 캠페인 활동의 동선은 무중력지대 광진구청년센터와 가까운 세종대학교 근방에 위치한 세종초등학교, 장안초등학교부터 건국대학교 근방에 위치한 화양초등학교, 구의초등학교 등의 스쿨존으로 우선적으로 설정한다. 그 이후 경과에 따라 광진구 내 22개 초등학교 근처 어린이보호구역에서 캠페인을 진행한다. 캠페인의 대상은 청소년과 청년, 기성세대 전부를 망라한다.

b. 주민자치회 구성원을 통한 '어린이 통학로 교통안전을 위한 캠페인' 진행

광진구는 2019년에 서울형 주민자치회 시범사업을 실시했다. 7월부터 5개의 시범동(중곡4동, 구의2동, 구의3동, 자양4동, 화양동)에서 주민자치회 위원을 모집하기 위한 홍보를 진행했고, 주민자치학교를 운영하여 주민자치회 사업을 본격적으로 실시했다. 2021년에는 나머지 10개 동의 주민자치위원회가 주민자치회로 전환

된다.

주민자치회는 동 단위로 주민들이 일정한 권한과 책임을 가지고, 공통의 생활문제를 함께 해결하는 주민 대표조직이다. 주민자치회는 기본적으로 주민자치센터의 행정에 자문역할을 하고, 동 주민의 화합과 발전을 위한 주민자치업무, 지방자치단체의 위탁업무도 수행한다. 이러한 자치활동을 통해 풀뿌리 민주주의가 확산되고, 시민들은 대의제의 한계로 인해 느끼지 못했던 정치적 효능감을 충족할 수 있다. 또한 주민자치회는 다양한 분과를 통해 활동반경을 넓힐 수 있다. 예를 들어 현재 광진구 화양동 주민자치회는 자치·운영 분과, 교육·문화 분과, 건강·체육 분과, 환경·재생 분과, 나눔·복지 분과, 우리마을 홍보 분과로 구성된 상태이다.

광진구는 이러한 주민자치회 조직을 통해 안전한 어린이 통학로 프로그램 관련 캠페인을 진행할 수 있을 것이다. 물론 광진구 주민자치회의 안전한 어린이 통학로 프로그램의 활동모델은 주민자치의 취지에 맞게 전적으로 구성원들의 자발적인 참여와 아이디어가 주를 이루어야 할 것이다. 하지만 본 장에서 대략적인 틀을 제시하면 다음과 같다. 우선 주민자치위원들은 위원들의 특성상 동의 생활지리에 높은 이해도를 가지고 있기 때문에 어린이 교통안전 캠페인의 동선을 짜는 것이 수월할 것이다. 하지만 주민자치회는 주민자치센터의 행정의 전체적인 부분과 수시로 발생하는 지역의 특정 이슈를 다룰 일이 많을 것이다. 때문에 앞에서 언급한 청년 거버넌스의 활동과 달리 하나의 분과 내 팀조직의 활동이 원활히 진행되지 않을 가능성이 크다. 따라서 교육·문화 분과가 캠페인의 주된 역할을 맡되, 주민자치회의 모든 분과에서 시간적 여유가 있는 구성원들이 캠페인을 진행해야 할 것이다.

3) 단속(Enforcement)

단속(Enforcement) 모델은 운전자와 보행자의 교통 관련 위험행태를 먼저 진단하고, 커뮤니티 차원에서 주민이 스스로 교통안전 감시를 진행하는 방안이다. 또한 필요한 경우에는 경찰이나 구청, 기타 공공기관의 협조를 받아 교통 불만 핫라인을 구축할 수도 있다. 이러한 단속 전략을 통해 어린이의 보행환경을 저해하는 보도 위 지장물, 보도 위 주차, 통행속도, 무단횡단 등 어린이 교통안전을 위협하는 여러 위험요소를 제거할 수 있다.[8]

본 장에서는 광진구의 단속 모델로 '서울특별시 광진구 어린이 교통안전지킴이단 운영 및 지원 조례(가안)'를 제안한다. 이는 '강동구 어린이 안전지킴이단 운영 및 지원 조례'를 벤치마킹한 것이다. 현재 광진구를 포함한 서울의 자치구 대다수가 '어린이통학로 교통안전을 위한 조례'를 근거로 하여 어린이 보호구역을 실태조사하고, 어린이 안전교육을 진행하고 있다. 하지만 강동구 같은 경우에는 보다 명확하게 '어린이 안전지킴이단'을 조례로 명문화하여 운영하고 있다. 이처럼 조례에 기반한 단속 활동은 일회성 이벤트로 끝나지 않고, 장기적으로 진행될 수 있다.

본 연구자들은 앞서 서술했듯이 국민권익위원회의 '학교 주변 안전한 통학로 확보 기획조사'에 참관인 자격으로 동행하는 기회를 얻었다. 그리고 강원도 원주시의 상지여자중학교에서 안전지킴이단으로 활동하는 원주시민의 참관활동을 목격할 수 있었다. 그는 학교 근처에 거주하는 주민으로서 원주교육지원청, 원주시, 원주경찰서의 관계자들 못지않게 학교 주변의 열악한 교통안전 환경을 핵심적으로 파악하고 있었다. 아울러 실태조사 현장에서 국민권익위원회와 한국교통공단의 관계자에게 직접 대안을 제시하기까지 했다. 이에 본 연구자들은 광진구에도 안전지킴이단을 도입하고, 강동구처럼 조례로 명문화할 것을 제안한다. 구체적인 가안의 내용은 VIII. 부록에 기재하였다.

4) 교육(Education)

교육(Education) 모델은 어린이에게 보행자로서의 적절한 행태를 가르치는 것으로, 횡단보도 우측통행 안전성, 운전자와 눈 맞추기, 손들고 길 건너기 등 도로를 안전하게 횡단하는 방법을 알려 주는 기본적인 교통안전 교육에서부터 시작한다.[9]

---

8. 한국교통연구원. 2011.
9. 한국교통연구원. 2011.

나아가 어린이와 학부모, 교사에게 어린이 보행자 개인이 마주한 보행환경의 지리적 특성을 이해하고, 이를 바탕으로 보행환경에 산재한 위험 요인 제거와 잠재적 사고 위험군을 도출하여 대응방안을 강구하는 것을 궁극적으로 목표한다.

현재 어린이 교통안전 교육은 각 초등학교와 구청의 주도로 진행되고 있다. 교육내용을 개략적으로 살펴보면, 횡단보도 안전하게 건너기, 버스 승하차 시 주의사항, 안전띠 착용하기, 교통안전 수칙 및 기타 보행 시 유의사항과 같은 내용으로 구성되어 있다. 어린이 교통안전 교육의 기본적인 사항들로 현재의 교육 내용은 충분하다고 할 수 있지만, 어린이 보행사고의 특징은 어린이 보행사고가 어린이 통학로의 열악한 보행환경에 기인한다는 점을 명심해야 한다. 따라서 어린이가 자신들의 등하굣길의 지리적 특성과 이해를 바탕으로 위험요소를 인지하는 것이 필요하며, 학부모와 교사들은 어린이들이 주관적으로 인식하는 잠재적 위험군을 파악하여 이에 대한 안전교육을 실시하고 대응방안을 강구해야 한다. 즉, 어린이 당사자들의 주관적 인식을 바탕으로 한 교통안전 교육을 위해 본 장에서는 '커뮤니티 매핑(Community Mapping)을 통한 교통안전 교육'을 논의하고자 한다.

a. 교통안전 지도 그리기를 통한 커뮤니티 매핑(Community Mapping)

커뮤니티 매핑(Community Mapping)은 지리공간기술을 활용하여 지역사회의 다양한 사건과 경관을 지도 위에 표시하는 것이다. 사회공동체의 구성원들이 지역의 이슈나 특정 주제에 대한 정보를 수집하여 지도상에 기록하고 이를 공유한 다음, 지도에 표시된 정보들이 나타내는 경향성이나 특징을 찾아내어 그 이유를 추론하고 해결책을 찾아보는 과정을 포함한다.

커뮤니티 매핑은 일종의 빅데이터를 활용하는 방안으로, 유럽에서는 마이소사이어티(MySociety)라는 영국 NGO단체가 운영하는 사이트를 통해서 도로파손, 위험한 건널목, 가로등 점멸 문제 등 지역사회의 불편사항을 기록하고 보완하고 있는 사례가 있다.

안전한 통학로 조성에 커뮤니티 매핑을 적용한 국내 사례로는 일단 성동구가 있다. 성동구는 초등학교 통학로 안전 확보를 위해 2017년부터 전 초등학교를 대상으로 성동형 빅데이터 사업을 추진했다. 당시 사업은 서울시와 도로교통공단 등으로부터 수집한 교통사고 데이터 20여 종 6300여 건의 객관적 데이터와 학생과 학부모가 생각하는 위험지역에 대한 주관적 데이터를 분석해서 이루어졌다. 이를 통해 어린이에게 통학로에서 위험요소로 생각되는 것과 해당 위험요인이 위치한 장소를 표시하게 함으로써 실질적인 보행자가 느끼는 불안을 확인할 수 있었다. 성동구의 어린이들은 '횡단보도, 초록불 횡단 신호가 짧다고 생각되는 곳'과 '불법주정차 차량이 많은 곳', '골목길 시야 확보가 어려워 갑작스러운 자동차 진입에 놀랐던 곳', '횡단보도가 없어서 무단횡단을 할 수밖에 없었던 곳'을 지도에 표기했다. 성동구는 이와 같은 수집자료를 바탕으로 교통안전 조치를 취할 수 있었다.

이러한 커뮤니티 매핑은 과거에 광진구에서도 시범사업으로 진행한 전례가 있다. 2013년 서울시는 커뮤니티 매핑센터의 도움을 받아 5개 시범자치구(금천, 성북, 양천, 광진, 노원)을 대상으로 대학생과 청소년들이 함께 지역자원을 찾는 커뮤니티 매핑 프로그램을 진행했다. 당시 광진구는 '광진 자전거 보관대 접근성 및 현황 매핑'이라는 주제로 프로젝트에 참여했다. 이와 같은 활동의 연장으로 광진구는 어린이 통학로 안전을 위해 커뮤니티 매핑을 적극 시도할 수 있으리라 생각한다.

커뮤니티 매핑을 어린이 교통안전 교육과 안전한 통학로 조성에 활용하기 위해서는 우선 어린이들을 대상으로 한 교통안전 지도 그리기가 선행되어야 한다. 교통안전 지도 그리기란, 아이들이 자신들이 이용하는 등하굣길을 인터넷 기반 지도(Web-based map)에 표시하고, 해당 보행길에서 아이들이 주관적으로 인식한 위험요소들을 표기하는 것이다. 이때 주관적 위험요소에는 '차들이 많이 다니는 곳', '불법 주정차 차량이 많은 곳', '신호등이 없는 횡단보도', '인도와 도로의 구분이 없는 공용도로', '인도의 폭이 지나치게 좁은 곳' 등이 될 수 있다.[10]

---

10. 이진희. 2019. "커뮤니티매핑 활동이 예비교사의 지리공간기술의 교육적 활용성향에 미치는 영향." 학습자중심교과교육학회.

교육현장에서 지리공간기술을 활용하는 것은 어린이의 공간적 사고력을 발달시킬 수 있는 효과가 있을 뿐만 아니라, 문제기반학습과 지리공간기술을 접목하여 학생들이 실세계에서 겪는 문제들에 대한 해결력을 향상시키고, 해당 지역에 대한 관심과 이해를 높일 수 있다. 어린이가 스스로 통학로의 보행환경을 점검하는 과정을 통해 어린이는 도로의 위험요인을 인식하고 주변의 지리적 환경에 보다 깊은 이해를 할 수 있다.

　어린이들이 당사자성에 입각해 교통안전 지도 그리기를 완료하면, 다음으로 교사와 학부모는 이를 바탕으로 집에서 학교까지 가장 안전하게 이동할 수 있는 안전한 통학로를 정해야 한다. 이때 가능한 한 도로를 건너지 않는 곳을 택하며 부득이 도로를 건너야 할 때는 다소 돌아가더라도 신호등이 있는 횡단보도를 이용하도록 해야 한다. 그 이후 어린이들의 교통안전 지도를 기반으로 한 안전교육과 함께 학부모와 일반인이 통학로에 산재한 위험요인에 대한 커뮤니티 매핑을 실시한다. 그 과정을 거쳐 완성된 지도를 바탕으로 구청의 관련 부서에서는 어린이 보행자가 실질적으로 느끼는 통학로의 불안요소에 대한 점검을 실시하고, 적절한 조취를 취한다.

　이처럼 커뮤니티 매핑은 교통약자인 어린이에게 자신의 주 통학로에 대한 관찰을 요구함으로써 도로에 산재해 있는 잠재적 위험군을 인지하게 하는 효과가 있다. 각각 도로의 특색에 맞는 교통안전 교육을 이루어질 수 있게 할 수 있는 것이다. 아울러 어린이들이 비롯한 지역주민이 당사자성에 입각하여 직접 작성하기 때문에 행정가의 시각에서는 다소 피상적으로 접근할 수 있는 위험요소들을 파악할 수 있다. 또한 커뮤니티 매핑 과정에서 이루어지는 지역 문제에 대한 인식과 참여, 해결의 경험은 오늘날 민주시민의 덕목인 시민의식과 책임감을 신장시킬 수 있다는 점에서 교육적 가치도 내포하고 있다. 나아가 커뮤니티 맵은 상술한 단속(Enforcement) 모델의 교통안전 감시 활동에서도 주된 도구로 활용될 수 있기 때문에 효용성이 크다.

5) 평가(Evaluation)

평가(Evaluation)는 앞에서 언급한 모델들의 효과를 측정하고, 전체적인 프로그램의 효과를 높이기 위한 수정방안을 도출하여 한정된 재정으로 가장 성공적인 성과를 얻기 위해 실시하는 것이다. 프로그램의 평가는 사전, 사업중, 사후로 구분할수 있으며 일반적으로 개수(count)조사, 설문조사, 인터뷰 등 다양한 방법으로 진행된다. 어떤 모델이 안전하면서도 일반보행이나 자전거로 통학하는 학생 수를 증가시키는지 파악할 수 있다.[11]

정보의 수집 및 문제점 진단에서 기초적인 자료수집이 이루어지는데, 이 단계의 자료에는 학생 설문조사, 학부모 설문조사, 그리고 교통량 및 속도사고 자료 이용등이 포함된다. 집행 후의 측정치들은 통행행태의 변화를 평가하기 위해 기초조사 자료와 비교된다. 안전한 통학로 사업의 성공을 평가하는 주요 지표는 어린이들의 행태, 운전자 행태, 지역사회의 시설, 교통사고 및 부상자 수, 지역사회의 참여, 환경의 질 등으로 구분된다.

현재 우리나라에서 이루어지고 있는 교통안전 전반의 평가차원의 노력으로, 다음의 교통안전법 제57조에 따른 교통문화지수의 조사를 예로 들 수 있다.

제57조(교통문화지수의 조사 및 활용) ① 지정행정기관의 장은 소관 분야와 관련된 국민의 교통안전의식의 수준 또는 교통문화의 수준을 객관적으로 측정하기 위한 지수(이하 "교통문화지수"라 한다)를 개발·조사·작성하여 그 결과를 공표할 수 있다.

② 제1항에 따라 교통문화지수가 공표된 경우, 교통행정기관은 교통문화지수의 결과를 활용하여 교통시설 개선 및 교통문화 향상을 위한 사업을 실시할 수 있다. 〈신설 2018. 8. 14.〉

③ 교통문화지수의 조사 항목 및 방법 등에 관하여 필요한 사항은 대통령령으로 정한다. 〈개정 2018. 8. 14.〉

---

11. 한국교통연구원. 2011.

[제목개정 2018. 8. 14.]

교통문화지수의 조사 항목 및 방법 등에 관하여 필요한 사항은 대통령령으로 정하고 있으며, 구체적인 내용은 다음과 같다.

제47조(교통문화지수의 조사 항목 등) ① 법 제57조 제1항에 따른 교통문화지수(이하 "교통문화지수"라 한다)의 조사 항목은 다음 각 호와 같다. 〈개정 2008. 2. 29., 2013. 3. 23.〉

1. 운전행태

2. 교통안전

3. 보행행태(도로교통분야로 한정한다)

4. 그 밖에 국토교통부장관이 필요하다고 인정하여 정하는 사항

② 교통문화지수는 기초지방자치단체별 교통안전 실태와 교통사고 발생 정도를 조사하여 산정한다. 다만, 도로교통분야 외의 분야는 국토교통부장관이 조사방법을 다르게 정하여 조사할 수 있다. 〈개정 2008. 2. 29., 2013. 3. 23.〉

③ 국토교통부장관은 교통문화지수를 조사하기 위하여 필요하다고 인정되는 경우에는 해당 지방자치단체의 장에게 자료 및 의견의 제출 등 필요한 협조를 요청할 수 있다. 〈개정 2008. 2. 29., 2013. 3. 23.〉

본 조사는 전국 229개 기초지방자치단체별 교통문화의 실태를 객관적으로 측정 및 평가하여 향후 선진 교통문화의 정착을 위한 자율적 경쟁 및 합리적인 대안 마련 등을 위한 기초자료를 제공하는 것을 목적으로 한다.

조사항목은 운전행태와 보행행태, 그리고 교통안전으로 나뉜다. 먼저 '운전행태 항목'으로는 횡단보도, 정지선 준수율, 방향지시등 점등률, 신호 준수율, 안전띠 착용률, 이륜차 승차자 안전모 착용률을 설정할 수 있다. 이는 전국 635개 조사지점에서 관측조사로 오전/오후 1시간씩 2회에 걸쳐 진행된다. 다음으로 '보행행태' 항

목으로는 횡단보도 신호 준수율, 횡단 중 스마트기기 사용률이 있다. 이 또한 전국 635개 조사지점에서 관측조사로 오전/오후 1시간씩 2회에 걸쳐 진행된다. 끝으로 '교통안전 항목'으로는 전국 229개 지자체에서 문헌조사와 지자체 제출자료 평가 방식으로 진행되는데, 음주운전으로 인한 교통사고 사망자 수, 과속운전으로 인한 교통사고 사망자 수, 지자체 교통안전 노력도 평가 등이 있다. 조사모집단은 229개 지자체 635개 지점 교차로 및 횡단보도를 이용하는 운전자와 보행자이며 해당 지자체 및 교통안전공단에서 매년 표본조사를 통해 표본을 추출하여 최종 조사지점을 선정한다.[12]

그러나 교통문화지수 조사가 대상으로 선정하는 도로는 어린이보호구역으로 한정되지 않아서 어린이의 안전한 통학로 조성사업의 효과를 평가하기에는 적절하지 않다. 또한 조사가 1년 단위로 이루어지기 때문에 상술한 모델 중 어린이 및 어린이 및 학부모의 교육(Education)과 관련한 영향을 실질적으로 측정하는 것에 어려움이 있다. 하지만 조사원이 조사에 앞서 이론교육, 사례교육, 실습교육, 장비교육 등 교통안전과 실태에 관한 다양한 교육을 받는다는 측면에서 해당 지위를 본 전략에 알맞게 활용할 여지가 있다.

이를 기반으로 광진구 5E 전략 중 평가(Evaluation)은 앞서 서술한 교통문화지수를 기반으로 한 '안전한 통학로 평가 지수' 개발을 제안한다. 조사항목의 기본적인 틀은 교통문화지수 조사의 사례를 따르되, 이 평가가 어린이의 안전한 통학로 조성을 위한 것임을 감안할 때 보행자 조사대상을 '어린이 및 어린이와 함께 보행하는 학부모'와 같이 5E 모델의 대상자로 한정하는 등 조정이 필요할 것이다. 또한 조사원 채용에 있어서 해당 자치구 주민 및 학부모, 또는 어린이 및 청소년 관련 단체나 관련전공 대학생 등에게 자리를 할당하고 인센티브를 제공한다면, 시민이 함께 참여하는 플랫폼을 형성할 수 있을 것이다.

---

12. 통계청. 2019. "교통문화실태조사 통계정보 보고서."

2. 이해관계자의 입장

1) 전문가 면담: 광진구청 교통시설팀(대안관련)

정책대안의 실효성을 검증하기 위해서 이와 관련한 이해관계자의 입장을 들어볼 필요성이 있었다. 따라서 광진구청 교통시설팀에 5E 모델 가운데 환경(Environment)/엔지니어링(Engineering) 항목의 대안이었던 '학교 주차장 공유 방안'과 '노래하는 신호등'에 대한 피드백을 얻었다.

우선 신○초등학교와 같이 주변의 다세대 주택과 밀접하게 위치한 어린이보호구역의 경우에 상술했듯이 불법주정차 문제가 심각하므로 어린이보호구역 근처에 거주하는 주민들이 학교와 주차공간을 공유하는 방안을 제안했다. 예를 들어학교 교직원들이 퇴근하는 시간에 학교 주차장에 여유공간이 생길 것으로 예측되기 때문에, 비슷한 시간에 퇴근하여 주차가 필요한 근처 주민들이 학교 주차장을사용하고, 교직원들이 출근하는 시간에 주민들 또한 출근을 하기 때문에 사용한공간을 비워주는 방식으로 진행할 수 있다.

광진구청 교통시설과에서는 이에 대해 실제로 용마초 등 학교와 관련기관과 협의를 시도하기는 했지만, 학교부지 자체가 애초에 교육목적으로 사용되어야 한다는 규정이 있고, 주차 쉐어링 사업을 진행할 경우에는 구청의 입장에서는 학교에일정한 인센티브를 제공해야 하는 현실적 문제가 있다는 답변을 받았다.

한편, 동○초등학교 관련해서는 어린이보호구역의 신호등 음성을 어린이 친화적으로 수정하자는 의견에 대한 피드백을 받았다. 구체적으로, 현장조사 당시 어린이보호구역 내 횡단보도의 신호등에서 보행자 신호를 안내하거나 무단횡단을방지하기 위한 정지선 관련 음성을 들었는데, 어린이의 입장에서 다소 딱딱할 수있다는 의견이 나왔다. 따라서 어린이보호구역 내에서 신호등의 음성멘트를 어린이의 목소리를 사용하거나, 어린이들에게 친숙한 캐릭터의 음성을 사용하는 방안을 고민했다. 사례조사 결과 일본에서는 보행자용 신호등이 초록불이 되었을 때어린이 안전 캠페인송이 재생되는 등 비슷한 선행사례가 있음을 알게 되었다.

이와 관련해서 광진구청 교통시설과에서는 만약 '노래하는 신호등'이 적절하게 도입된다면 횡단보도 보행 시 아이들의 관심을 유도할 수 있고, 보다 신호에 귀를 기울여 안전한 보행에 기여할 수 있겠다는 답변을 받았다. 따라서 적절한 매뉴얼이 고안된다면 도입 가능성이 있겠지만, 이러한 신호등의 음성변화가 가져올 효과에 대한 정확한 측정이 겸비되어야 한다는 조언을 덧붙였다. 추가적으로 동○초등학교의 '노래하는 신호등'과 같은 대안을 광진구가 추구하는 '아동친화도시' 브랜드와 연계하여 홍보하면, 광진구만의 특색 있는 사업으로 추진할 수 있겠다는 답변도 받았다. 끝으로 교통정온화 시설물의 개선과 같은 하드웨어 측면도 중요하지만, 소프트웨어 측면에서 지역사회 전반에 교통안전 관련 선진문화와 높은 시민의식이 갖춰지는 것이 더 중요하다는 의견도 들을 수 있었다.

2) 전문가 면담: 국민권익위원회 실태조사팀

앞서 언급한 '어린이 통학로 관련 실태조사'에 동행하였던 국민권익위원회 실태조사팀으로부터 5E 모델 가운데 환경(Environment)/엔지니어링(Engineering) 항목의 대안이였던 '학교 주차장 공유 방안'에 대한 조언을 얻을 수 있었다. 국민권익위원회 실태조사팀에서는 주민들과 공유하는 학교 내 주차공간을 관리하는 체계적인 시스템의 개발 필요성에 대하여 언급하였다. 주차공간의 이용에 있어 그 방법이나 규칙 등에 대해 학교 및 지역주민들과 충분한 토의를 통해 합의에 도달하여야 한다는 내용을 골자로 하였다.나아가, 학교 주차장을 공유하여 주차공간을 제공함에 따라 평상시 어린이보호구역의 불법 주정차 단속을 더욱 엄격히 강화할 필요가 있다고 덧붙였다.

VI. 결론: 함의와 기대효과

광진구의 어린이 교통안전을 위한 5E 프로그램의 함의와 기대효과는 다음과 같다. 우선, 어린이보호구역을 중심으로 한 어린이들의 실제 통학로의 안전을 기함으로써 광진구민의 실질적 복지증진에 기여할 수 있을 것이다. 또한, 5E 프로그램의 체계적인 시스템을 통해 광진구만의 특별한 매뉴얼이 탄생할 것으로 기대되며, 이를 적절히 홍보한다면 어린이 친화적인 광진구의 브랜드를 창출할 수 있을 것이다. 마지막으로, 5E 프로그램의 본질을 생각하였을 때, 이는 신뢰와 협동이라는 사회적 자본을 바탕으로 한 시민정치의 일환으로서 그 토대를 견고히 하는 데 의의가 있다고 할 것이다. 어린이 교통안전이라는 시대적 화두에 부응하기 위해서 광진구는 이러한 시민정치의 토대 위에서 '엔지니어링/환경, 권장, 단속, 교육, 평가'로 구성된 5E 전략을 적극적으로 추진할 수 있으리라 기대한다.

〈참고문헌〉

김현정. 2019. "어린이 통학로 운영 국내외 사례 및 시사점." 국회입법조사처. 『이슈와 논점』 1627호.
이정범. 2015. 『공유주차장 이용활성화 방안』. 대전발전연구원. 기본연구보고서 2015-08.
이진희. 2019. "커뮤니티매핑 활동이 예비교사의 지리공간기술의 교육적 활용성향에 미치는 영향." 학습자중심교과교육학회.
통계청. 2019. "교통문화실태조사 통계정보 보고서." (검색일: 2020.6.26).
한국교통연구원. 2011. "다 함께 만드는 보행 및 자전거 중심의 안전한 통학로 조성사업 개발 연구." (검색일: 2020.6.26).

『서울특별시 광진구 어린이 교통안전지킴이단 운영 및 지원 조례(가안)』

― 서울시 광진구 어린이 교통안전지킴이단 운영 및 지원 조례(가안) ―

제1조(목적) 이 조례는 등·하굣길에 발생할 수 있는 어린이의 교통사고의 예방 활동을 수행하는 '서울특별시 광진구 어린이 안전지킴이단'을 구성하고 운영·지원하여 각종 교통 관련 사건·사고로부터 어린이를 보호하여 안심하고 학교에 다닐 수 있는 환경 조성과 지역사회의 안전에 기여함을 목적으로 한다.

제2조(정의) 이 조례에서 사용하는 용어의 뜻은 다음과 같다.

1. '어린이'란 서울특별시 광진구에 소재하는 초등학교를 다니는 학생을 말한다.

2. 교통안전지킴이단'이란 각종 교통 관련 사건·사고로부터 어린이의 안전을 보호하기 위한 활동을 정기적이고 지속적으로 하는 단체를 말하며, 그 구성원을 '교통안전지킴이'라 한다.

제3조(구성 등) ① 서울특별시 광진구청장(이하 '구청장'이라 한다)은 관내 초등학교장과 협의 하에 초등학교 단위로 서울특별시 광진구 어린이 교통안전지킴이단을 둘 수 있다.

② 교통안전지킴이단은 다음 각 호의 해당하는 사람으로서 매년 초 30명 내외로 구성하되, 학교 여건에 따라 자율적으로 운영할 수 있다.

1, 학교 주변의 실정에 밝고 어린이 보호에 책임감과 사명감이 있는 사람

2. 어린이 교통안전 보호를 위한 봉사활동을 수행하는 학교 내 단체회원

3. 그 밖에 어린이 교통안전지킴이 활동에 적합한 사람

③ 교통안전지킴이단의 명칭은 '○○초등학교 교통안전지킴이단'이라 한다.

④ 교통안전지킴이단에는 단장과 부단장, 총무를 각 1명씩 두며, 단장은 교통안전지킴이단을 대표한다.

제4조(기능과 운영) ① 교통안전지킴이단의 기능은 다음 각 호와 같다.

1. 등·하굣길 교통 안전지도

2. 학교주변 교통정온화 시설 점검

3. 그 밖에 어린이 교통안전 보호 활동

② 교통안전지킴이단은 하루 2명씩 3개조로 편성하여 총 6명이 활동하며 활동 시간은 2시간 이내의 범위에서 정하되 학교별로 상황에 따라 탄력적으로 운영할 수 있다.

③ 교통안전지킴이단은 매일 활동사항을 기록하여 특이사항 등을 다음 근무조에 인계하고 활동일지는 1년 단위로 묶어서 보관한다.

제5조(임기) 교통안전지킴이단의 임기는 1년으로 하되, 학교별 연건에 따라 연임할 수 있다.

제6조(지정서 수여) 구청장은 교통안전지킴이단이 구성된 초등학교를 &광진구 어린이 교통안전지킴이단 운영학교&로 지정하고 그 학교장에게 지정서를 수여할 수 있다.

제7조(지도·육성) ① 구청장은 교통안전지킴이단에 대해 매년 1회 이상 어린이 교통안전 보호활동 요령과 교통안전 지도 요령 등의 교육을 실시한다.

② 구청장은 교통안전지킴이단 활동 중 우수사례의 적극 발굴 및 홍보활동 강화로 교통안전지킴이의 자긍심을 고취하고 교통안전지킴이단 운영의 활성화를 도모한다.

③ 구청장은 교통안전지킴이단 운영의 내실을 기하기 위해 어린이 및 학부모를 대상으로 교통안전지킴이 활동에 대한 만족도 조사 및 활동실태 점검을 정기적으로 실시한다.

제8조(협의회의 구성) ① 구청장은 교통안전지킴이 활동의 진작과 교통안전지킴이단의 효율적 운영을 위하여 '서울특별시 광진구 어린이 교통안전지킴이 협의회' (이하 '협의회'라 한다)를 둘 수 있다.

② 협의회 위원은 학교별 교통안전지킴이단장으로 구성하며, 회장, 부회장, 총무 각 1명을 두되, 회장과 부회장은 위원 중에 호선하고 총무는 회장이 지명하며, 임기는 각 1년으로 한다.

③ 구청장은 제2항에 따른 협의회 위원에게 위촉장을 수여할 수 있다.

④ 회장은 협의회를 대표하여 발대식을 주관하며, 교통안전지킴이단 운영을 총괄한다.

⑤ 부회장은 회장을 보좌하며, 회장이 부득이한 사유로 직무를 수행할 수 없을 때 그 직무를 대행한다.

제9조(협의회의 기능) 협의회의 기능은 다음 각 호와 같다.
1. 학교별 교통안전지킴이단에 관한 자료 수집 및 정보 교환
2. 학교별 교통안전지킴이단 활동평가 및 추진실적 보고
3. 학교별 교통안전지킴이단 지원 사항에 관한 협의
4. 그 밖에 교통안전지킴이단 활동에 관한 사항

제10조(회의 등) ① 교통안전지킴이단 및 협의회의 회의는 정기회와 임시회로 구분한다.
② 정기회의는 분기별로 개최하며, 임시회의는 단장 또는 회장이 필요하다고 인정하는 때에 소집한다.
③ 회의는 재적위원 과반수의 출석으로 개의하고 출석위원 과반수의 찬성으로 의결한다.

제11조(예산지원 등) 구청장은 교통안전지킴이단과 협의회에 대하여 예산의 범위에서 활동에 필요한 행정적·재정적 지원을 할 수 있다.

제12조(타 기관 및 단체 등 협조) ① 구청장은 교통안전지킴이단의 효율적인 운영을 위해 관내 초등학교 및 초등학교 내 어린이 보호 활동을 하는 단체와 상호 협력 관계를 유지한다.
② 관내 경찰서 및 지구대와 유기적인 연락체계를 확립하여 유사시 상황에 대처한다.

제13조(운영규정) 이 조례에 규정된 사항 이외에 안전지킴이단 및 협의회의 운영에 필요한 세부적인 사항은 자율적으로 정한다. 단, 교통안전지킴이단 운영에 중대한 영향을 미치는 사항은 구청장의 승인을 거친다.

제14조(시행규칙) 이 조례의 시행에 필요한 사항은 규칙으로 정한다.

제6장

국민대학교
정치분석연구(캡스톤디자인)

* 수업 소개 *

수업 명	국민대학교 정치외교학과 〈정치분석연구(캡스톤디자인)〉		
교수자명	김은경	수강 인원	19명
수업 유형	전공선택	연계 지역/기관	서울시 성북구

수업 목적

지역사회에서 발생하는 다양한 문제들을 파악하고, 학생들 스스로가 직접 로컬 거버넌스에 참여하여 이를 해결하기 위한 대안을 모색함

주요 교재

김의영. 2015. 『동네 안의 시민정치』. 푸른길
김의영. 2016. 『동네 안의 시민경제』. 푸른길
안광현 외. 2018. 『주민의 자치: 지방자치와 주민자치』. 소망
윤석인. 2018. 『지방자치가 우리 삶을 바꾼다: 지역을 바꾼 107가지 혁신 사례』. 희망제작소
엘리너 오스트롬. 2010. 『공유의 비극을 넘어』. RHK
로버트 D. 퍼트넘. 2016. 『나 홀로 볼링』. 페이퍼로드
이태동 외. 2017. 『마을학개론: 대학과 지역을 잇는 시민정치교육』. 푸른길

수업 일정

제1주: 강의소개 및 팀 구성 / 지역사회의 다양한 문제들에 대한 논의
제2주: 시민정치와 참여민주주의에 대한 논의(읽기: 김의영, 이태동 외, 김주형)
제3주: 사회자본과 협력적 거버넌스에 대한 논의(읽기: 엘리너 오스트롬, 로버트 퍼트남, 안광현 외)
제4주: 로컬 거버넌스의 사례 살펴보기(읽기: 다수의 연구논문)
제5주: 지역사회 문제 발굴하기: 각 팀별 논의 후 전체 토론을 통해 이슈 다듬기
제6주: 주제 확정: 지역사회 문제에 대한 현황 파악 및 원인에 대한 근거자료 취합 및 발표

제7주: 조사방법에 대한 팀별 계획 발표 및 논의

제8주: 구체적인 프로세스(인터뷰 일정 및 질문 문항 작성) 확정 및 서론 작성

제9~10주: 조사(관찰) 수행 / 보고서 II장 초안 작성 / 피드백

제11주: 조사결과 분석 및 보완사항 논의

제12주: 중간발표 / 문제 해결방안 논의

제13~14주: 보고서 초안 작성 및 1, 2차 피드백

제15주: 결과 발표 및 토론 / 프로젝트 수행 과정의 문제점 공유 / 조별 최종 피드백 및 최종보고서 완성

프로젝트 개요와 결과

4~6명이 1개 팀을 구성하여 자치구의 로컬 거버넌스 및 시민정치 현장에 직접 참여하여 문제점을 발굴하고 그에 대한 해결방안을 모색하는 프로젝트로서, 학생들이 문제제기부터 대안 모색까지의 전 과정을 직접 설계하고 분석하여 해결방안을 기획하도록 구성되어 있다.

팀1) 지역과 마을의 네트워크 형성 및 문화 프로그램 기획: 많은 대학이 자리하고 있는 서울시 성북구 내에 직면한 지역과 대학의 소통부재 및 갈등심화 문제들을 해결하기 위해 지역과 대학의 교류 현황을 조사 및 분석하고 다양한 시민단체와 주민단체들과의 연계를 통해 발전적인 교류프로그램을 기획함.

팀2) 여성안심귀가서비스 '안심이앱' 활용 방안: 최근 성범죄 현황을 조사하고 이를 예방하기 위한 대표적인 정책인 '여성안심귀가서비스'에 대한 문제점을 파악하기 위해 20대(특히 서울시 성북구 소재 대학에 재학 중인 20대) 여성들을 대상으로 설문조사를 실시하고, 성북구청 및 서울시 등과 연계하여 정책의 효과성을 높이기 위한 대응책을 마련함.

팀3) 노인 건강 프로그램과 체육 대학생의 연계: 고령 인구가 많이 분포하고 있는 서울시 성북구의 복지 프로그램 등을 조사하고 설문조사 및 인터뷰를 진행하여 고령 인구를 위한 건강프로그램 마련을 위해 성북구 소재 대학의 체육전공 학생들과의 연계 프로젝트를 기획함.

팀4) 대학과 지역의 연계를 통한 지역상권 활성화 방향에 관한 연구: 최근 활성화되고 있는 지역화폐에 대해 조사하고, 서울시 성북구의 지역화폐(가칭: 성북페이) 논의 과정에 참여하여 성북구 소재 대학생과 지역 상권이 함께 상생할 수 있는 방안을 모색함.

'참여'는 '참석'이 아니었다.

김은경 (국민대학교 정치외교학과 조교수)

1. 수업 소개

2019년도 가을학기에 진행된 '정치분석연구' 수업은 학생들이 팀을 구성하여 문제제기부터 해결방안 모색까지 모든 과정을 스스로 만들어가는 프로젝트로 기획되었다. 이는 단순히 관련 서적이나 연구논문 등의 자료만을 기반으로 탐구하는 것이 아니라 강의실에서 벗어나 지역사회에 직접 뛰어 들어 현장을 파악하고 조사 및 관찰하여 그에 대한 해결방안을 논의하고 지역사회와 함께 대책을 마련하는 방식으로 진행되었다. 조사 대상을 선정하고 접촉하는 일도 학생들 스스로가 기획하였고, 질의 방식이나 질문의 구성도 모두 자체적으로 논의하여 결정하였다. 즉 이 프로젝트의 방향성을 스스로 설정했다는 것이며, 수업이 진행되는 동안 팀 내에서 끊임없는 논의와 고찰, 그리고 시행착오를 겪어가며 프로젝트를 이끌어갔다.

물론 이 프로젝트는 한 학기의 수업을 통해 진행되는 것이므로 시간에 맞춰 연구를 진행하는 것이 중요했다. 각 팀들은 15주 동안의 항해에 나선 것이었기에 멋진 선박을 만들고 기존에 없던 항로를 개척하여 나아간다 하더라도 결국 정해진 시간에는 본인들이 목표했던 항구에 도착해야만 한다. 선박을 만드는 데 치중해 시간을 낭비할 수도, 항로를 개척하겠다고 시간을 많이 들일 수도 없는 일이다.

교수의 역할은 단지 이러한 일정에 차질이 생기지 않도록 조언해 주는 것이었다. 그렇다고 처음부터 가이드를 제시하는 것은 아니다. 일반적으로 일의 시작 단계에서는 늘 거대한 포부를 드러내기 마련이고, 거창한 프로젝트를 기획하게 된다. 이러한 경우는 대부분 중도에 주제 자체를 바꾸거나 연구방향을 변경하게 되는데, 이러한 시행착오도 분명 연구의 일부분이기 때문이다. 다만 교수는 계속되는 질문으로 스스로의 결정에 의문을 제기할 수 있도록 조언하고, 항로를 변경한다 하더라도 새로운 등대를 찾게끔 도와주는 역할을 할 뿐이었다. 그러기 위해서 학생들과의 소통에 형식이나 정해진 틀은 존재하지 않았고 15주 동안 우리는 한 배를 타고 미지의 세계를 항해하는 것처럼 진지했고 진취적이었으며, 열정적이고 담대했다.

2. 피드백: '참여'는 '참석'이 아니었다.

대의제의 한계에 대한 논의와 함께 '국민참여', '시민참여', '주민참여'의 확대를 위한 목소리가 높아지고 있으며, 이를 위한 정책적 방안도 마련되고 있다. 여러 대학에서 지속적으로 이와 같은 수업이 진행되고 있는 것은 바로 이러한 '참여'형 인재를 양성하기 위한 것뿐만 아니라 실제로 프로젝트를 진행하면서 지역사회와 대학의 연계를 통한 로컬 거버넌스를 확립하기 위한 것이라 할 수 있다.

개강 전 이미 수업 전반에 대한 강의계획서가 제공되었기에 모든 수강생들은 이 프로젝트에 대해 잘 알고 있었다. 또한 수업 초반에 시민정치와 참여민주주의, 협력적 거버넌스 등에 대한 주제를 다루면서도 학생들은 모두 '참여'에 대한 내용을 인지하고 있었다.

그런데 각 팀별로 주제가 확정되고 프로젝트가 진행되자 학생들의 '참여'에 대한 인식이 달라지기 시작했다. '참여'한다는 것을 '참석'하는 수준의 협의로만 생각해 왔던 것이다. 기득권이 마련한 논의의 장에 참석해서 설명을 듣고 질의하는 등의 수동적인 참여, 이보다 조금 더 적극적인 참여라고 한다면 의사결정을 위해 투표를 하거나, 대표를 선출하기 위해 한 표를 행사하는 참여 등만이 가능하다고 여겼던 것이다.

그러나 프로젝트를 진행하면서 학생들은 몇 가지 사항에 대해 놀라움을 표현했다. 첫째, '만날 수 있다'는 점이다. 학생들은 본인들의 프로젝트와 관련된 정책 담당자와 연락을 취하고 직접 만나서 인터뷰를 진행할 수 있다는 사실에 놀랐다. 물론 이 과정도 스스로 해결해야 하는 사안이었기에 접촉 대상자 섭외 및 약속을 잡는 일이 쉽게 이뤄진 것은 아니었으나, 결국 학생들은 구청장과 대화도 했고, 관련 부처 공무원들과 수시로 만남을 가졌으며 주민단체 대표들과도 함께 프로그램을 진행했다.

둘째, 학생들은 구청장 및 관련부처 공무원, 시민사회 관계자와 주민단체 대표 등 본인들이 만났던 관계자들이 이 프로젝트에 대해 상당히 호의적이고 적극적으로 대응한다는 점에 놀랐다. 본인들이 제기한 문제에 대해 지역사회가 진지하게 받아들이고, 함께 해결책을 마련하기 위해 수차례 논의과정을 거치면서 학생들은 이 프로젝트에 대해 보다 더 책임감을 느끼게 되었다고 한다.

셋째, 지속적인 관심과 참여가 없다면 흐지부지될 수 있다는 점이다. 지역사회와 만남을 가지게 되면서 금방이라도 변화가 도래할 것 같은 희망을 갖게 되었으나, 잠시라도 그 사안에 대해 관심을 놓게 되면 지금까지 논의했던 것들이 한 순간에 사라지게 될 수 있다는 점에 놀란 것이다. 결국 정책과정에 꾸준히 참여해야 원하는 결과를 얻게 될 수 있다는 결론을 도출했다.

마지막으로 지방의회에 대한 '발견'이라고 할 수 있겠다. 사실 본인의 지역구의 광역의회 의원이나 기초의회 의원에 대해 잘 아는 학생은 드물었다. 그러나 이 프로젝트를 진행하면서 학생들은 지방의회 의원들이 대표자로서의 역할을 충실히 수행하고 있다는 점에 놀랐다. 지역사회의 문제에 대해 지방자치단체가 소극적이어서 난관에 봉착한 사례도 있었는데, 그 돌파구를 마련해 준 것이 바로 지방의회

의원이다. 지역구민의 대표로서 함께 논의하고 대응책을 마련하는 등 정책적 측면에서 협력을 한 것뿐만이 아니라 행정부처가 이 사안을 수용할 수 있도록 절차적 협력체계도 구축하게 된 것이다.

이제 이 프로젝트를 진행했던 학생들 중에 '참여'를 '참석'이라고 생각하는 학생은 없다. 문제를 제기하고 해결책을 마련하는 일련의 정책과정에 적극적으로 '참여'하는 학생만 있을 뿐이다.

〈이승로 성북구청장과의 대화〉

〈박해열 정릉3동 동장과의 간담회〉

〈'모여라 성북마을' 프로그램에 참여한 지역사회 대표들과의 인터뷰〉

여성안심귀가서비스:
〈안심이앱〉 인식조사 및 현황 개선을 위하여

국민대학교 정치외교학과

남수경·박민지·전희재·딜푸자

논문초록 본 연구는 증가하는 성범죄에 대한 예방 차원으로 실시되는 가장 대표적인 정책인 '여성안심귀가서비스'에 대한 현황 및 관련된 문제점을 제기하고 이를 보완하기 위한 방법을 고안하는 데 목적이 있다. 그중에서도 특히 '안심귀가 스카우트제도'에 대해 자세하게 연구를 진행하며 실제로는 정책에 대해서 인지하거나 사용하는 사람들이 적다는 문제점을 발견하게 되었다. 이러한 문제점은 해당 서비스의 홍보가 양적, 질적으로 충분치 못했다고 판단하였으며 이에 따라 효율적이고 효과적인 홍보 방식을 고려하고 도입할 필요성을 느꼈다.

이러한 필요성을 체감하고 다양한 관련 부처의 사람들과 접촉하며 연구를 진행하였다. 홍보 방식으로 본 연구에서 고안하고 실행한 구체적인 방법은 다음과 같다. 대학교 어플리케이션에 '여성안심귀가서비스'를 지원하는 안심이 앱의 탑재 추진, 안심이 앱에 대한 소개글을 성북구 내 각 대학 홈페이지와 성북구청 사이트 공지사항에 게재 요청, 안심이 앱 관련 카드뉴스 제작 및 이를 활용한 홍보 요청이 그것이다.

이외에도 본 연구에서 다루지 못했던, 홍보 동영상 제작 후 유튜브 게재나 안심 귀가 관련 공모전 생성 등 다른 정책들 역시 제안한 한편 본 연구에서 진행되지 못했던 제도의 운영방식에 대한 문제점 등을 꼬집으며 후속 연구에 대한 필요성을 환기시켰다. 즉, 본 연구에서 제안하는 다양한 홍보방법 및 이를 기반으로 한 후속연구를 통해 '여성안심귀가서비스'에 대한 효과적인 홍보 방식이 다각도로 추진될 것을 기대하는 바이다.

핵심주제어 여성문제, 안심귀가, 성범죄

Ⅰ. 연구 배경

1. 성범죄 현황

올해 신림동에서 발생한 "신림동 강간미수 사건"과 같이 생활, 강력 범죄의 발생 빈도가 높아지고 있으며 이에 따른 시민들의 두려움도 증가하고 있다. 실제로도 통계청이 2018년 실시한 〈야간보행도 안전 통계〉에 따르면 74.3%의 남성이 늦은 시간에 돌아다니는 데에 있어 두려운 곳이 없다고 응답하였지만 여성은 그 비율이 53%에 그쳤다.[1]

〈표 1〉 성별 야간보행안전도

(단위: %)

		1997	2001	2005	2008	2010	2012	2014	2016	2018
전체		58.4	51.4	57.4	59.2	59.4	56	57.4	59.1	63.5
성	남자	73.3	62.2	69.2	72.4	70.9	69.1	70.9	70.6	74.3
	여자	44.3	41.2	46.1	46.5	48.3	43.3	44.5	47.8	53

출처: 국가지표체계 홈페이지. "야간보행안전도"

또한 서울지방경찰청이 제공한 서울 5대 범죄 발생 장소 별 현황에 따르면 강간, 추행 범죄의 경우 노상에서 가장 빈번하게 발생하였다고 집계되었으며, 경찰청이 2011년부터 2018년까지 집계한 범죄통계에선 강제추행의 경우 보행 중 일어난 건수가 총 건수의 3위를 기록하였다.[2] 2010년도 기준 성북구 내 여성 1인 가구 중 20대가 차지하고 있는 비율은 전체 21,030가구 중 6,129가구로 약 30%를 차지하고 있다.[3] 이는 본교 국민대학교를 포함하여 고려대, 한성대, 서경대, 동덕여대, 성신여대, 한국예술종합학교, 동방문화대학원 등 8개 대학이 성북구 내 위치해 있는 것

---

1. 국가지표체계 홈페이지. "야간보행안전도" http://www.index.go.kr/unify/idx-info.do?idxCd=8051. (검색일: 2019.12.11.).
2. 공공데이터포털 홈페이지. "서울 5대범죄발생 장소별 현황" https://www.data.go.kr/dataset/3075835/fileData.do. (검색일: 2019.12.11.).
3. 통계청 국가통계포털 홈페이지. 「인구총조사」, "1인가구 현황." http://kosis.kr. (검색일: 2019.12.11.).

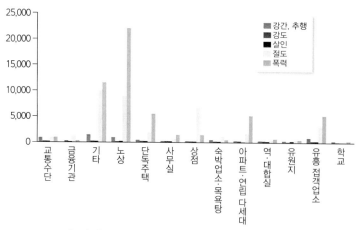

〈그림 1〉 2018년도 서울시 강간 및 추행 범죄 발생 장소

출처: 공공데이터포털 홈페이지. "서울 5대범죄발생 장소별 현황"

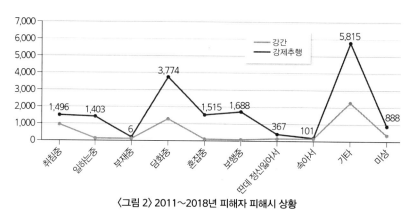

〈그림 2〉 2011~2018년 피해자 피해시 상황

출처: 경찰청 홈페이지. 경찰청 범죄통계 2011~2018년

과 밀접한 연관이 있을 것으로 사료된다. 특히 2개의 여자대학교가 있다는 점을 고려할 경우 성북구 내의 1인 가구의 다수를 차지하고 있는 20대 여성들의 〈여성 안심귀가서비스〉에 대한 수요는 높은 수준일 것을 예측할 수 있다. 한편 성북구는 북한산과 인접해 있어 산악지대인 곳이 많아 좁고 높은 골목길이 많은 편이다. 실제 2003년 성북구를 대상으로 한 범죄 공간패턴 분석 연구에 따르면 범죄 발생과 성

〈표 2〉 범죄피해에 대한 두려움 (단위: %)

문항별	2016				
	계	전혀 그렇지 않다	별로 그렇지 않다	약간 그렇다	매우 그렇다
평소에 폭행, 강도, 절도 등의 피해를 입을까봐 두렵다	100.0	7.6	30.9	50.9	10.6
지하철, 버스 등에서 성추행을 당할까봐 두렵다	100.0	11.4	39.3	39.1	10.2
택시, 공중화장실 등을 혼자 이용할 때 성폭력을 당할까봐 두렵다	100.0	8.2	27.3	47.1	17.4
밤늦게 혼자 다닐 때 성폭력을 당할까봐 두렵다	100.0	6.9	16.7	50.3	26.0
집에 혼자 있을 때 낯선 사람의 방문(수리기사, 택배 등)이 무섭다	100.0	8.0	26.7	50.6	14.7
나도 모르는 사이에 내가 촬영되었거나 내가 찍힌 영상물이 유포되고 있을까봐 두렵다	100.0	21.8	42.1	28.4	7.7
길거리를 지날 때 남자들이 모여 있으면 무슨 일이 생길까봐 두렵다	100.0	13.7	34.4	42.6	9.4
성별을 이유로 범죄의 표적이 될까봐 두렵다	100.0	14.9	34.2	42.0	8.9
온라인상에서 나의 성벼을 이유로 음란쪽지, 음란채팅, 욕설 등을 당할까봐 두렵다	100.0	25.7	44.5	25.2	4.6

출처: 통계청 홈페이지. "성폭력안전실태조사"

북구 내 환경적인 요소와 어느 정도 연관성이 있을 것이라는 분석이 존재한다.[4]

1980년대 말 대한민국을 공포로 몰아넣은 "화성 연쇄살인사건"부터 시작하여 최근 발생한 "신림동 강간미수" 사건까지 공통적으로 용의자가 귀가를 하고 있는 1인 여성을 상대로 범죄를 시도하였다는 점을 알 수 있다. 이는 여성의 사회 진출이 증가함과 동시에 늦은 밤 귀가를 하는 학생들과 직장인 여성이 증가하였으며 이를 대상으로 하는 범죄 또한 자연스럽게 증가하고 있다는 점을 보여 준다. 또한 경찰청이 발표한 통계에 따르면 2016년 발생한 598건의 유사강간 중 원인 미상을 제외한 304건의 62%(187건)이 우발적인 원인으로 발생하였다. 강간의 경우 원인이 밝혀진 총 2346건 중 62%(187건), 강제추행의 경우 66%(5424건)[5]을 차지하고

---

4. 황선영·황철수. 2003. "GIS를 활용한 도시범죄의 공간패턴분석." 「국토계획」. 38(1).
5. 경찰청 홈페이지. "경찰범죄통계" https://www.police.go.kr/www/open/publice/publice03_2018.jsp.

있는 등 대다수의 성범죄가 우발적인 원인으로 발생하고 있다는 점을 쉽게 알아낼 수 있다.

실제로 많은 여성들이 이러한 상황을 인지하고 있으며 평소 성범죄 피해에 대한 두려움도 매우 높은 편인 것으로 여성가족부의 조사에 따르면 밝혀졌다.[6]

2. 여성안심귀가서비스

이러한 상황에서 정부와 전국 자치단체들 은 성범죄를 예방하기 위해 많은 정책을 실시하고 있다. 이 중 가장 대표적인 정책으로 〈여성안심귀가서비스〉가 있다. 〈여성안심귀가서비스〉란 밤늦은 시간 귀가를 하는 여성들의 안전한 귀가를 위하여 시행하고 있는 여성 안전정책들을 의미한다. 세부적으로는 〈안심귀가 스카우트제도〉, 〈안심이 앱〉, 〈안심귀가버스서비스〉 등이 있으며 이 중 가장 대중들에게 많이 알려진 것이 〈안심귀가스카우트제도〉일 것 이다.

〈안심귀가스카우트제도〉란 평일 심야시간 귀가하는 여성들을 위해 지자체에서 제공되는 스카우트가 대상 여성과 함께 주거지까지 동행을 해 주는 서비스를 의미한다. 서울시의 경우 공휴일을 제외한 평일 월요일 오후 10시 부터 12시까지이며 나머지의 요일의 경우 오후 10시부터 다음날 오전 1시까지 운영되고 있다. 스카우트는 관할 권역을 중심으로 외진 골목길이 많은 주택가 밀집 지역을 중심으로 주로 활동한다. 해당 서비스를 원하는 여성의 경우 안심귀가스카우트 상황실이나 다산콜센터, 서울시 〈안심이 앱〉을 통해 만날 장소와 시간을 약속할 수 있다. 지하철역 또는 버스정류장 도착 30분 전에 신청을 하게 될 경우, 2인 1조의 스카우트가 신분증을 확인 한 후 집 까지 안전하게 동행을 제공해 주고 있다.

〈안심이 앱〉 또한 서울시에서 제공하는 서비스이며 앞서 말한 안심스카우트서비스 신청을 비롯하여 안심 귀가 모니터링, 긴급신고, 안심 시설물 정보와 젠더 폭

---

6. 통계청 홈페이지. "성폭력안전실태조사." http://kostat.go.kr. (검색일 2019.12.11.).

력 대응 정보를 제공한다. CCTV 위치나 지구대 위치 및 안심 지킴이 집의 위치도 확인 가능하며 긴급 상황 발생 시 긴급연락망 연결과 지구대 연결 등 빠른 대처를 도와주고 있다.

〈안심귀가버스서비스〉는 마을버스가 밤늦은 시간에 버스 노선상 정류장이 아닌 승객이 원하는 곳에서 승객을 하차해 주는 서비스이다. 이를 이용하면 사용자는 정류장보다 조금 더 집에서 가까운 곳에서 하차를 할 수 있기에, 사람들의 안전한 귀가를 도와주고 있는 제도로서 실행되고 있다.

우발적 범죄의 경우 사전적 예방이 이러한 성범죄를 피할 수 있는 효율적인 방안일 것이다. 이러한 각 지자체들의 정책들의 적극적인 사용은 범죄자의 범죄 기회비용을 낮추며, 궁극적으로 범죄율 하락에 기여를 할 수 있을 것으로 예상된다.

3. 여성안심귀가서비스 현황

높은 20대 1인 가구의 비율과 야간 귀가 시 느끼는 범죄 피해에 대한 두려움 통계를 고려할 경우, 〈여성안심귀가서비스〉를 실제로 사용하는 사용자도 많을 것으로 예상된다. 실제로 본 연구팀이 국민대학교 재학생들을 상대로 실시한 설문조사에 따르면 늦은 시간 귀가 시 불안하다고 느끼는 시민들의 비율이 높았기에 이러한 주장은 설득력이 있다고 판단하였다.

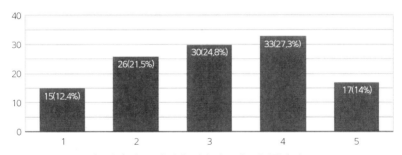

〈그림 3〉 설문조사 결과: 귀가 시 느끼는 안전함의 정도

주: 1~5로 수치화, 5로 갈수록 위험하다고 느끼는 정도가 높아짐

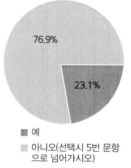

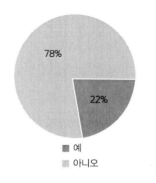

■ 예
■ 아니오(선택시 5번 문항
　으로 넘어가시오)

■ 예
■ 아니오

〈그림 4〉 설문조사 결과: 안심이 앱의 인지 유무　　　〈그림 5〉 설문조사 결과: 안심이 앱을 알고
　　　　　　　　　　　　　　　　　　　　　　　있는 응답자 중 실사용 여부

　이러한 주장을 증명하기 위하여 본 연구 팀은 〈여성안심귀가서비스〉 중 〈안심이 앱〉의 실제 사용 현황과 관련된 설문조사를 실시하였다. 응답자는 〈안심이 앱〉을 들어본 적이 있는지의 유무를 답변하였으며, 들어본 적이 있는 응답자의 경우 실제로 사용한 적이 있는 지에 대하여 응답하게 하였다. 설문조사 결과 놀랍게도 〈안심이 앱〉을 알고 있는 사람은 전체 응답자 중 23%밖에 되지 않았다. 또한 해당 응답자 중 〈안심이 앱〉을 실제로 사용해 본 사람의 비율은 22%밖에 되지 않았다. 즉, 전체 응답자 중 실제로 어플을 사용해 본 비율은 대략 0.05% 밖에 되지 않은 것이다.

　설문조사의 결과는 예측과 전혀 다른 양상을 보였다. 실제 〈안심이 앱〉을 모르는 응답자의 비율이 높은 것도 있었지만, 알고 있어도 사용하지 않는 사람의 비율도 매우 높은 것으로 나타났다. 알고 있지만 사용해 본 적이 없다는 응답자에게 이유를 물어본 결과 실효성이 없을 것 같다는 응답, 효과가 없을 것 같다, 매 번 제대로 작동하고 있는지 신뢰할 수 없다, 도움이 되지 않을 것 같다 등의 답변을 얻을 수 있었다. 즉, 전체적으로 어플리케이션에 대한 신뢰도가 문제시 된다는 것을 확인할 수 있었다. 이번 설문조사를 통해 〈안심이 앱〉의 경우 낮은 인지도와 낮은 신뢰도로 인해 사용률이 저조하다는 것을 파악할 수 있었으며 이를 해결하기 위한 연구 목표를 설정하게 되었다.

II. 연구 목표

여성의 범죄 노출 위험도가 높은 현 상황에서, 앞서 설명한 각종 〈여성안심귀가서비스〉를 사용할 경우 비교적 안전하게 귀가를 할 수 있으며 긴급상황 발생시 신속한 대처를 수행 할 수 있을 것이다. 그렇지만, 대다수의 사람들이 〈안심이앱〉을 포함하여 여러 해당 서비스의 존재조차도 모르고 있는 것이 현실이다. 이와 관련하여 본 연구팀은 지자체에서 어떠한 방법으로 홍보를 하고 있으며, 관련 예산이 어떻게 사용되고 있는지 찾아보려고 했으나 원하는 정보를 찾는 것에는 실패하였다. 〈여성안심귀가서비스〉를 포함하여 〈안심이 앱〉의 가장 큰 문제점 중의 하나가 홍보가 적절하게 이루어지지 않고 있다는 점이었다. 어플리케이션의 경우 서비스의 품질을 향상시키기 위해서는 사용자를 우선 많이 확보하는 것이 중요하며, 지속적인 이용자의 피드백을 통한 발전이 중요한데 이 부분이 홍보 부족으로 인해 잘 이루어지지 않고 있다고 판단하였다. 이를 위해서 효율적이며 효과적인 서비스 홍보 방법을 고려해 볼 필요가 있었다.

대학생을 대상으로 홍보할 수 있는 방법은 여러 가지가 있지만, 예산과 현실적인 문제를 필히 고려해 볼 필요가 있다. 일회성 홍보가 되어서는 안되고, 홍보 방법은 예산이 부담할 수 있는 범위 내에 있어야 하며, 대학생이 자주 접촉할 수 있는 장소에서 이루어져야 할 것이다. 또한 제일 중요한 부분으로는 현실적으로 본 연구를 통해서 달성할 수 있는 수준이어야 할 것이다. 이러한 요소들을 고려했을 때 나온 대안으로 요즘 대학생들이 많이 사용하고 있는 학교 어플리케이션을 생각하게 되었다. 대표적으로 국민대학교의 경우 〈K-PUSH〉와 〈K-CARD〉, 혹은 〈성곡도서관 어플리케이션〉 등 학교 자체 어플리케이션을 학생들에게 제공하고 있으며 학생들의 사용횟수도 많은 편이다. 해당 어플리케이션에 〈안심이 앱〉을 홍보하는 목적의 배너 혹은 바로 실행 시킬 수 있는 링크를 추가할 경우 〈안심이 앱〉을 조금 더 많이, 그리고 자주 노출 시킬 수 있을 것으로 기대된다.

홍보 문제의 경우 서울시와 대학교가 연계하여 진행할 경우 조금 더 효과적이며 효율적으로 홍보를 할 수 있다고 판단되어 본 연구에서 해당 사항을 추진해 보고자 한다. 또한 예산이나 운영체계 등 관련 정보를 얻는 방법에 관해서도 관련부처 담당자들과 연락하여 명확한 답변과 피드백을 받아 추가적으로 개선방안 도출 및 실질적 개선을 이끌어 내는 것이 목표이다. 이러한 점에서 출발하여 본 연구팀은 이번 캡스톤디자인 수업을 통해 다양한 〈여성안심귀가서비스〉에 대해서 조금 더 깊이 있게 알아보려고 한다. 또한 해당 서비스가 마주하고 있는 현실적인 문제점을 파악함과 동시에 효율성을 증진할 수 있는 방안 중 하나인 효과적인 홍보방안을 마련해 보고자 한다.

III. 연구 진행 과정

〈여성안심귀가서비스〉의 홍보방법의 일환으로 성북구와 서울시 공식 페이스북 페이지 에서 홍보를 한다는 정보를 얻어 관련 정보를 찾아보려고 하였다. 그러나 유의미한 홍보와 정보를 찾는 것에는 실패하였다. 관련 정보를 검색하던 중 성북구 내 주민 센터에서 성북구 구청장이 〈1일 현장구청장실〉을 운영할 계획이라는 정보를 얻게 되었다. 〈1일 현장구청장실〉이란 구청장이 지역 관공서에 방문하여 1일 동안 지역 주민과의 소통을 통해 해당 지역에 발생하고 있는 애로사항을 알아봄과 동시에 발전 건의 사항을 듣고 시행하는 것이다. 본 연구팀은 국민대학교가 있는 정릉3동 주민 센터에서도 진행될 예정이라는 것을 알게 된 뒤, 해당 주민 센터의 담당자에게 연락을 취했다. 연락 결과, 정릉3동 주민 센터의 경우 10월 14 일에 현장구청장실이 개최되며, 국민대학교 학부생으로써 참여하여 발언하는 것과 관련하여 긍정적인 답변을 받는 데 성공하였다. 또한, 연구 목표 중 하나인 대학교와 연계한 〈안심이 앱〉의 홍보방법을 건의하였다.

이후, 구청장에게 질문할 내용을 질문지로 작성하여 9월 26일 주민센터를 방문한 후 전달하였으며 익월 10일 다시 방문하여 담당자님 정릉3동 주민센터 동장님과 질문지를 검토하는 과정을 진행하게 되었다. 그 후 10월 14일 현장구청장실이 진행되는 당일, 연구팀은 연구와 관련된 질문을 하였으며 결과는 다음과 같았다.

〈안심귀가서비스〉에 대한 질문으로 본 연구팀은 전화로 건의했던 대학교와 연계한 홍보 방법을 다시 한번 문의하였으며 이와 관련하여 성북구청은 이를 적극 검토한 후 각 대학교의 공지사항 및 성북구청 공지사항에 안심서비스에 대한 내용을 게시하겠다는 답변을 얻을 수 있었다. 각 대학교의 경우 협조 공문을 전달했으며 고려대학교의 경우 공지가 게시된 사실을 나중에 확인하게 되었다. 구청장은 이와 관련하여 성북구에 있는 15만 명의 청년들이 쉽게 앱을 찾고 활용할 수 있는 방안을 촉구했다. 또한, 홍보와 관련하여 어느 지점에 무엇이 필요한지를 파악하는 것은 어려움이 있기에 문제점이 발생하였을 때 관련 내용을 구체적으로 요청을 하면 바로 수정할 것을 약속했다. 또한 학교 자체 어플리케이션에 〈안심이 앱〉 홍보와 링크를 탑재하는 것과 관련해서는 국민대학교를 시범적으로 시도해 본 후, 결과를 검토하여 성북구 내 모든 대학교로 확대하는 방향으로 나아가는 것이 좋을 것 같다는 내용을 공유하게 되었다.

"성북구청장 이승로: 좋은 취지로 만들어진 서비스임에도 불구하고 성북구민들이 이용을 못 하고 있다는 사실은 이제껏 홍보의 중요성을 간과했다고 밖에 생각되지 않습니다. 학생 분께서 건의하신 것처럼 학교마다 존재하는 모바일 어플리케이션에 안심이 어플이 다 탑재가 되어 접근성을 높이고 학생들이 쉽게 보고 찾을 수 있도록 해야 할 것입니다."

"성북구 여성가족과 담당자 윤○○: 학생 대표님께서 건의하신 것에 맞춰 각 대학교 홈페이지에 안심이 어플과 안심 귀가서비스에 관한 내용을 기재했습니다. (중략) 현재 안심귀가 스카우트 분들도 처음에 1700명에서 2800명으로 계속해서 늘어나고 있는 추세이고 발전하는 안심귀가서비스와 더불어 홍보 또한 대학교와의 연계를 통해 효과적으로 될 수 있도록 하겠습니다."

구청장과의 대화가 끝난 후 연구팀은 본 학교의 〈K-CARD〉나 〈K-PUSH〉와 같은 학교 어플리케이션에 〈안심이 앱〉을 탑재하기 위해 현실적인 방안을 마련해 나가기 시작하며 담당 부서에 연락을 하는 과정을 가지게 되었다. 우선 국민대학교 총학생회장과의 통화를 통해 해당 어플리케이션에 〈안심이 앱〉 홍보와 실행 버튼을 삽입하는 기능적인 부분의 가능 여부를 알아보았다. 그 결과, 가능하다는 긍정적인 답변을 얻게 되었지만 구체적인 내용에 대해서는 본 학교 정보기획처에 문의를 해야 된다는 답변을 받게 되었다. 해당 부서 연락 결과 서울시 담당자의 공문이 있을 경우 시행할 수 있다는 답변을 받게 되었고 성북구 담당자에 이와 관련된 협조를 부탁하였다. 결과적으로 성북구 담당자로부터 내부 토의 이후 답변을 주겠다는 연락을 받아낼 수 있었다.

11월 7일에는 본 연구팀이 성북구청을 직접 방문하여 〈안심이 앱〉을 대학교 어플리케이션에 삽입하는 프로젝트가 진행 중인 것을 확인할 수 있었다. 본 연구팀이 건의한 내용이 실제로 행정부처에 의해서 추진되고 있다는 점을 확인했고 이를 통해 이번 연구의 긍정적인 결과를 느낄 수 있었다.

IV. 연구 성과

실제로 구청장과의 대화가 끝난 뒤 각 대학교들과 성북구청 사이트 공지사항에 안심이 앱을 소개하는 내용의 글이 올라온 것을 확인할 수 있었다. 대표적으로 본교 국민대학교에 올라온 글은 주무부처인 성북구 여성 가족과가 글을 게시하였으며 〈안심이 앱〉의 사업 내용, 주요 기능, 설치 방법과 진행 절차가 상세하게 서술되어 있었다. 또한, 담당 부처의 연락처와 〈안심이 앱〉 다운로드 링크가 함께 기재되어 있어 관심 있는 사용자의 참여를 이끌어 낼 수 있을 것으로 보인다. 12월 1주차 현재 조회수가 1300개를 넘어간 것을 알 수 있으며 기타 행정공지와 비슷한 높은 조회수를 기록하였다.[7]

〈그림 6〉 국민대학교 행정공지에 올라온 안심이 앱 소개글

출처: 국민대학교 홈페이지. "성북구 24시간 스마트 원스톱 안심망 '안심이'어플 서비스 안내"

　　하지만 각 대학교 홈페이지와 성북구청에 올라온 공지 글은 많은 사람에게 알리는 데는 효과적이었지만, 공문의 딱딱한 글 구조가 사람들의 이목을 더 끌어내는 데는 어려우며 직관적이지 않다는 아쉬움이 있었다. 따라서 앞서 말한 어플의 신뢰성 고취에는 별다른 도움이 되지 않을 것이라 생각하였다. 이로 인해 본 연구팀은 신뢰성 확보를 위한 〈안심이 앱〉의 홍보 방법을 고민하게 되었다. 이에 최근 한국에서 가장 많이 사용되고 있는 SNS 어플리케이션인 유튜브를 통한 홍보를 계획하게 되었다. 최근 "펭수", "청주시 공무원" 등 공익성을 가진 서비스 제공자 및 지

---

7. 국민대학교 홈페이지. "성북구 24시간 스마트 원스톱 안심망 '안심이'어플 서비스 안내" https://www.kookmin.ac.kr/site/resource/faculty/administration/3430. (검색일 2019.12.11.).

자체들이 유튜브 동영상을 이용하여 홍보 하는 것이 많은 사람의 이목을 끌고 있기에 이는 매우 효율적일 것이라고 사료되었다. 하지만 제한된 시간 안에 제한된 자원으로 성북구청과의 협조를 얻어 완성도가 높은 유튜브 영상을 만드는 것은 어렵다고 판단하여 보류하게 되었다. 결국 본 연구팀은 동영상 제작에 대한 대안으로 자체적으로 카드뉴스를 제작하여 성북구청 홍보팀에게 제출하게 되었다. 직관

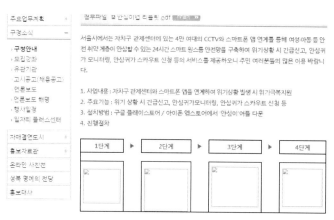

〈그림 7〉 성북구청 홈페이지에 올라온 안심이 어플 소개글

출처: 성북구청 홈페이지. "24시간 스마트 원스톱 안심망 '안심이' 어플 서비스 운영 안내."

적이며 사람들의 이목을 끌기 위해선 요약 글 혹은 설명서보다는 이해하기 쉬운 카드뉴스의 형태가 효과적일 것이라고 판단하였기 때문이다. 실제로 11월 15일 본 연구팀은 〈안심이 앱〉의 소개 및 사용방법과 〈안심이 앱〉의 작동 구조 등의 내용을 담은 카드뉴스를 성북구청에 제출하였으며 이후 해당 자료가 성북구청 홈페이지에 게시된 사실을 확인 할 수 있었다.[8]

해당 카드 뉴스는 성북구청 홈페이지에서 끝나는 것이 아닌 페이스북, 인스타그램 등 다양한 SNS에 게시될 예정이며 이는 안심이 어플리케이션 인지도 상승 및 신뢰도 회복에 많은 도움이 될 것으로 예상된다.

〈그림 8〉 국민대 〈K-CARD〉어플에 탑재된 〈안심이 앱〉의 모습

출처: 국민대 어플리케이션 〈K-CARD〉

---

8. 성북구청 홈페이지. "24시간 스마트 원스톱 안심망 '안심이'어플 서비스 운영 안내." http://www.sb.go.kr. (검색일 2019.12.11.).

핵심 홍보 방안으로 생각했던 학교 어플리케이션 내 〈안심이 앱〉의 경우 짧은 연구 기간에도 불구하고 유의미한 결과를 보여 주기 시작했다. 성북구 담당자로부터 관련 내용을 국민대 정보기획팀 담당자와 논의 중이라는 답변을 얻는 데 성공하였으며, 구청의 협조 요청에 따라 국민대 내부에서 〈안심이 앱〉 관련하여 이야기가 오고 있다는 사실을 알게 된 이후 얼마 지나지 않아 학교 어플리케이션인 〈K-CARD〉에 〈안심이 앱〉이 탑재된 것을 확인할 수 있었다.[9]

본 연구팀은 지금까지의 활동 내용을 바탕으로 서울시를 포함한 관련 주무부처에 연락을 하는 과정을 지속적으로 진행할 예정이다. 그리고 〈안심이앱〉 관련 유튜브 영상 제작 등과 같은 현실적이고 효과적인 홍보 방안에 대해 연구할 예정이며, 해당 서비스에 건의할 만한 개선사항을 알아본 후 본 연구가 끝나더라도 지속적인 연락을 가져 보려고 한다.

V. 마치며

본 연구를 통해 연구팀은 시민정치현장에 직접 참여하게 되었다. 홍보방안에 대해 담당자와 직접적이고 지속적인 교류를 하였고 이 과정 속에서 새로운 홍보방법을 제시하기도 했다. 연구가 진행되면서 연구 목표들이 실현되는 것을 목격할 수 있었는데 특히 연구 계획 당시 발견한 두 가지의 문제점에 대해서 고민 끝에 적절한 대안을 생각하고 실현하는 데 어느 정도 성과를 이루었다. 그러나 〈안심귀가서비스〉의 적절한 홍보 방법에 대한 지속적인 연구의 필요성은 여전히 남아 있다. 본 연구 팀이 성과로서 이루어낸 카드뉴스 제작이나, 〈안심이 앱〉을 대학 어플리케이션과 연결하는 방식 이외에도 계획했던 유튜브 동영상을 활용한 홍보방법이나 대학생들을 대상으로 한 안심 귀가 공모전 생성 등 제시 가능한 다른 홍보 정책들이

---

9. 국민대 어플리케이션 〈K-CARD〉.

무궁무진하기 때문이다. 〈안심귀가서비스〉의 제대로 된 홍보는 이제야 첫 단계를 밟았을 뿐이고 이를 뒷받침할 수 있는 연속적인 정책이 제시되어야 할 것이다.

한편, 해당 연구는 대학생만을 타겟으로 했지만, 앞으로의 홍보에 있어서는 다양한 집단을 타겟으로 한 정책들이 고안되어야 한다. 예를 들어 야근을 하는 직장인들, 범죄가 빈번하게 일어나는 지역에 거주하는 사람들, 학원을 마치고 하교하는 학생들 등을 대상으로 적절한 홍보 체계를 갖추고 시행한다면 지금보다도 더많은 사람들에게 알려지며 〈안심이 앱〉이 적절하게 활용될 수 있을 것이라고 기대된다.

연구를 진행하면서 홍보 방법에 대한 문제뿐만 아니라 〈안심이 앱〉이나 〈스카우트제도〉가 가지고 있는 자체적인 문제점도 발견할 수 있었다. 예를 들어, 〈스카우트제도〉에 서 안전한 밤길을 위해 직접 동행하시는 스카우트 분들은 여성이다. 이들은 〈스카우트제도〉의 대상자들의 안전한 귀가를 새벽시간까지 책임지지만, 이후 스카우트들이 집에 귀가할 때 자신들은 위험에 그대로 노출되는 문제점이 나타난다. 이들의 퇴근이 안전하지 못하다는 점에 있어서 과연 〈스카우트제도〉의 운영 방식에는 문제점이 전혀 없는가에 대해서도 생각해 볼 필요가 있다. 또한 〈스카우트제도〉의 경우, 서비스를 받기 30분 전에 미리 연락을 해야 하는데 만약 신청자가 동시에 발생할 경우 선착순으로 동행서비스를 실시한다는 점 역시도 장기적으로 봤을 때 문제가 될 수 있다. 현재 홍보가 성공적으로 이루어져 많은 수요가 발생했을 때, 먼저 신청하지 않았다고 해서 서비스를 제공받지 못하게 된다면 〈안심귀가서비스〉에 대한 신뢰는 다시금 떨어질 것이다. 이러한 사실들을 고려했을 때 스카우트의 인원 충원 등 다른 운영 방식을 정부 차원에서 검토하고 연구해야 할 필요성이 존재한다. 즉, 이번 연구는 여성안심귀가서비스의 홍보라는 연구목적뿐만 아니라 귀가서비스 전반에 대한 개선의 필요성을 제고하기도 한다. 따라서 여성안심귀가서비스의 개선과 활성화에 대한 후속적인 연구들이 나타났을 때 비로소 본연구는 일회성 연구로 끝나지 않고 제기능을 한다고 할 수 있다.

흔히 "정치"라고 하면 사람들은 매우 어려운, 정치인들이 수행하는 그 무언가라고 느끼는 경우가 많을 것이다. 또한 정치에 참여를 하는 것도 대부분의 사람들이 선거철이 되었을 때 후보자의 공약에 관심을 가지고 투표를 하는 것에 그치는 경우가 많다. 하지만 사실 정치라는 것은 일상생활과 밀접하게 연관이 있으며 어느 상황에서든지 발견할 수 있다. 또한 "정치"를 하는 정치인들이 가장 중요하게 생각하는 것 역시 시민들로부터의 정당성 확보이다. 즉 시민이 주체가 되어 나라를 다스리는 시민 정치는 알게 모르게 우리 사회에 항상 내제된 조건임을 알 수 있다. 하지만 선거와 투표 이외에 직접적으로 정치에 참여하는 경험을 가진 사람들은 많지 않을 것이다. 그 방법에서 어려움을 겪을 수도 있지만 대부분의 사람들은 자신의 정치참여가 과연 얼마나 유의미한 영향을 미칠까에 대한 불신, 즉 정치 효능감으로부터 발생한다.

이번 연구를 진행하면서 다양한 경험을 하였지만, 가장 의미 있었던 것은 역시 시민정치와 관련된 부분에서 찾을 수 있다. 생각보다도 많은 기존의 정치 기득권층이 청년들의 정치참여를 바라는 모습을 보였고, 유권자들의 말에 귀 기울이는 모습이 인상 깊었다. 이를테면 〈1일 현장 구청장실〉에 참여하였을 때, 지역구 의원들이 모여 시민들의 불만을 해결해 주려는 모습을 보이고, 그들의 의견을 통해 새로운 정책을 구상하는 모습을 보이는 등 진정한 정치 현장을 목격할 수 있었다. 또한 대학생들의 적극적인 참여 활동에 긍정적으로 반응하는 모습을 보여 주어 다양한 유권자들과의 소통을 하려는 모습을 발견할 수 있었다. 이러한 모습을 통해 정치인들이 시민들의 요구나 지지에 대해 민감하게 반응하고 있음을 더 체감할 수 있었다.

또한, 연구를 진행하기 전에 과연 우리의 요구에 대해 얼마나 빠르고 적절하게 수용해 줄 것인가에 대해 의문스러웠다. 한번도 경험해 보지 못했던 상황이었기에 불확실성에서 오는 불안함이 컸지만, 실제로는 놀랍게도 적극적으로 우리의 의견을 반영하여 즉시 행동으로 옮기는 모습을 보여줬다. 특히나 기존의 생각과는 다른 대학생들의 새로운 의견이라며 오히려 긍정적으로 평가하는 모습을 보며, 과연 우리의 요구가 얼마나 효과가 있을 것인지 의심했던 태도를 반성하게 되었다.

이 모든 과정을 통해서 생각보다 정치의 실현 과정이 쉽다는 것을 비로소 체감하게 되었다. 또한 모든 권력이 유권자로부터 시작하고 정치인들은 그런 유권자들로부터 정당성을 얻기 위해 많은 의견을 받아들이고 피드백해 주는, 진정한 시민정치의 모습을 주변에서도 쉽게 찾을 수 있다는 것을 보고 느꼈다. 시민정치라는 것이 사실은 엄청난 것이 아니라 누구든지 쉽게 참여할 수 있다는 점에서 진정한 민주주의이고, 많은 사람들이 이러한 시민 정치를 행함에 있어서 두려워하거나 망설이지 않아도 괜찮다고 생각하게 되었다.

⟨참고문헌⟩

국가지표체계 홈페이지. "야간보행안전도" http://www.index.go.kr/unify/idx-info.do?idxCd=8051. (검색일: 2019.12.11.).

국민대학교 홈페이지. "성북구 24시간 스마트 원스톱 안심망 '안심이'어플 서비스 안내" https://www.kookmin.ac.kr/site/resource/faculty/administration/3430. (검색일 2019.12.11.).

국민대 어플리케이션 ⟨K-CARD⟩.

공공데이터포털 홈페이지. "서울 5대범죄발생 장소별 현황" https://www.data.go.kr/dataset/3075835/fileData.do. (검색일: 2019.12.11.).

경찰청 홈페이지. "경찰범죄통계" https://www.police.go.kr/www/open/publice/publice03_2018.jsp. (검색일: 2019.12.11.).

성북구청 홈페이지. "24시간 스마트 원스톱 안심망 '안심이'어플 서비스 운영 안내" http://www.sb.go.kr. (검색일 2019.12.11.).

통계청 국가통계포털 홈페이지. 『인구총조사』"1인가구 현황." http://kosis.kr. (검색일: 2019.12.11.).

통계청 홈페이지. "성폭력안전실태조사." http://kostat.go.kr. (검색일 2019.12.11.).

황선영 황철수. 2003. "GIS를 활용한 도시범죄의 공간패턴분석." 『국토계획』. 38(1).

참고 자료

1. 서울 5대범죄 장소 별 현황(2018년/강간·추행)

범죄명	장소	발생건수
강간.추행	아파트, 연립 다세대	441
	단독주택	538
	노상	978
	상점	170
	숙박업소, 목욕탕	553
	유흥 접객업소	851
	사무실	114
	역, 대합실	280
	교통수단	907
	유원지	57
	학교	60
	금융기관	6
	기타	1,457

2. 피해자 연령별 현황(2018년/강간·추행)

	계	6세 이하	12세 이하	15세 이하	20세 이하	30세 이하	40세 이하	50세 이하	60세 이하
소계	20,609	98	915	1,051	4,279	7,928	2,719	2,132	688
강간	5,013	4	143	319	1,124	1,723	592	592	160
유사강간	640	–	45	35	157	244	46	46	26
강제추행	14,644	94	702	642	2,904	5,884	1,886	1,465	462
기타	312	–	25	55	94	63	29	29	20

3. 범죄 발생 시간(2018년/강간·추행)

	계	0~3시	3~6시	6~9시	9~12시	12~15시	15~18시	18~21시	21~24시
소계	19,138	2,604	2,907	1,737	1,589	1,702	2,074	2,679	3,846
강간	4,023	665	865	375	341	330	349	422	676
유사강간	623	96	129	71	48	47	53	59	120
강제추행	14,205	1,803	1,865	1,269	1,169	1,302	1,627	2,163	3,007
기타	287	40	48	22	31	23	45	35	43

마을×대학, 마을과 대학을 잇다

국민대학교 정치외교학과

이해강·임정재·장성진·김기환·조언

논문초록 본 연구는 서울시 지역구 중 가장 많은 대학이 분포하고 있는 성북구 내에 직면한 문제점 중 지역과 대학의 소통 부재 및 갈등 심화를 로컬 거버넌스의 방법으로 해결함을 목적으로 두고 있다. 이에 기존의 문제점들을 분석하고 지역과 대학 간의 갈등이 지역만의 문화 네트워크 형성을 통한 연계 프로그램을 통해 간접적으로 해소될 수 있는지에 대해 연구를 진행하게 되었다. "마을×대학, 마을과 대학을 잇다."라는 제목의 프로젝트를 설계하여 마을 주민과 대학생들이 함께 할 수 있는 네트워크를 형성을 목적으로 성북구청과 중간지원조직인 성북구 사회적 경제 센터와 연계하여 "모여라 성북마을" 행사에 참여하여 소통의 장을 마련했다. 또한, 그 과정에서 마을운동가 및 주민들과 인터뷰를 진행하였고 참여한 주민들을 대상으로 설문조사를 진행하여 지역과 대학 간의 네트워크가 부족했으며 이러한 소통 창구가 더욱 마련되는 것을 원한다는 결과를 도출하였다. 주민과 대학생들의 반응을 살펴보았고 이에 연구의 성과를 긍정적으로 확인했으며 단발성 이벤트가 아닌 지속가능성 또한 염두하여 프로젝트를 설계하였다. 이러한 결과를 토대로 지속적인 성북구만의 특색 있는 마을 가꾸기 형식의 로컬 거버넌스를 실현할 수 있다는 결론을 얻게 되었다.

핵심주제어 로컬 거버넌스, 지역문화 네트워크, 마을×대학 프로젝트

I. 성북구 당면 문제 및 연구 설계

1. 성북구가 직면한 문제점

본 연구팀은 프로젝트 주제 선정에 앞서 성북구가 직면한 문제점에 대해 알아보았다. 성북구 내에는 여러 가지 다양한 문제가 있었는데 그중 세 가지 문제점에 초점을 두어 다루게 되었다. 첫 번째 문제점으로는 성북구 내의 문화 및 여가시설이

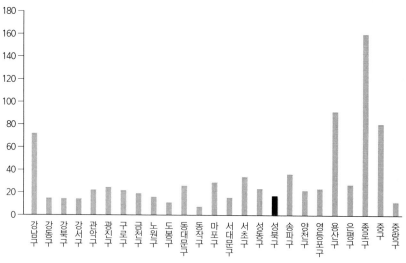

〈그림 1〉 서울특별시 자치구별 문화시설 (2017)

출처: 서울특별시 문화본부 문화정책과

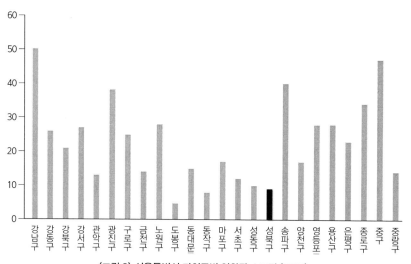

〈그림 2〉 서울특별시 자치구별 영화관 스크린 (2017)

출처: 서울특별시 경제정책실 경제정책과

다른 자치구와 비교해 보았을 때 현저히 적다는 것이다.

위의 자료에 따르면 성북구의 경우 2019년 기준 문화시설 개수를 기준으로 전체

25개 자치구 중 18번째에 위치하여 평균보다 못 미치고 있다는 것을 알 수 있다. 또한, 여가시설의 대표적인 장소라고 할 수 있는 영화관을 예로 보면 스크린 수가 25개 자치구 중 전체 23등으로 매우 적은 편이라는 것 또한 알 수 있다. 성북구 내에 많은 대학이 존재하고 이에 따른 유동인구가 많은데도 불구하고 영화관과 같은 문화 및 여가시설이 강남구와 비교하여 현저히 적은 현실을 알 수 있다.

두 번째 문제점은 대학생과 성북구 주민 간의 갈등을 선정했다. 성북구에는 고려대학교, 국민대학교, 동덕여자대학교, 성신여자대학교, 서경대학교, 한성대학교, 한국예술종합학교 등 총 7개 대학이 존재하는데 이는 다른 자치구에 비해 상당히 많은 수를 차지하고 있음을 알 수 있으며 그에 따라 쓰레기 무단 투기 등의 분리수거 문제, 대학교 기숙사 건설 문제, 고성방가와 소음 등 지역과 대학 간의 문제가 타 자치구보다 많았다. 이러한 문제들이 결국 지역과 대학생과의 교류 단절로 이어지는 사회 문제를 알아볼 수 있었다.

마지막으로 세 번째 문제점은 대학생 동아리들의 연습 공간과 공연 무대가 부족하다는 점이다. 앞서 언급했듯이 성북구 내에는 다른 자치구에 비해 많은 수의 대학이 존재하는 만큼 대학교 내의 동아리도 다른 자치구와 비교해서 훨씬 많은 수의 동아리가 존재했으며, 이들을 모두 수용할 만한 공간적 여유가 없다는 것이 큰 문제점이었다. 물론 대학교 차원에서 동아리에 지원하는 장소가 존재하기는 하지만 수요에 비해 공급이 턱없이 부족한 현실이다. 이는 아래에서 총 동아리 연합회장과의 인터뷰를 통해 더욱 잘 확인할 수 있었다.

〈국민대학교 동아리연합회 공○○ 회장 인터뷰〉

Q1. 현재 국민대학교 내에 동아리들의 재능활용 및 동아리연습의 장소가 충분한가?

A1. 국민대학교 내에 정동아리가 68개, 준동아리가 10개, 총 78에 동아리가 활동 중이다. 동아리 연합회 차원에서 연습의 장을 하나하나 채워주는 데 부족한 실정이다. 국민대학교는 회의실 2개, 연습실 1개, 공연장 3개로 총 6개를 소

유하고 있다. 전시분과, 교양봉사분과도 1학기에 한 번씩 전시나 공연을 준비하기 때문에 그것까지 고려한다면 교내 공연장이 많이 부족하다고 생각한다. 당선 초기, 언뜻 보기에는 충분하다고 생각하였으나 임기를 진행하면서 다소 문제의식을 느끼고 있다. 하지만 섣불리 시스템을 변경하면 다른 동아리에게 피해가 갈 것 같아서 쉽게 바꾸지 못하고 있는 상황이다.

Q2. 공연 및 전시회를 성북구 주민들에게 나누는 것에 대해 동아리 연합회장으로서는 어떻게 생각하는가?

A2. 굉장히 좋다고 생각하며 긍정적이다. 성북구 주민에게도, 국민대학교 학우들에게도 너무 유익하고 좋을 것 같다. 2019년 4월에 정릉시장 환경개선 축하공연을 진행하였는데 국민대학교 동아리에서도 참여하였다. 그때에도 어린이나 어르신이 많이 와서 즐기고 가는 모습을 보며 보람을 느꼈다. 동아리 연합회 입장에서 자주 진행하고 싶지만 환경적으로 제약되는 부분이 있다. 동아리 연합회 뿐만 아니라 학교 당국, 지역에서도 상호 협력이 있어야 자주 진행 가능한 부분이다. 아마 체계적인 시스템이 구축된다면 위와 같은 행사를 충분히 정기화할 수 있을 것 같다.

Q3. 현재 국민대학교 내에 동아리들이 성북구 주민과 연계하여 실시하고 있는 기존의 프로그램이 있는가?

A3. 프로그램은 존재하지만 정기적인 프로그램은 거의 존재하지 않는다. 단기적으로 진행한 프로그램은 있어도 이벤트성에 가까웠다. 정기적으로 진행하는 프로그램은 없는 상태이다. 냉정하게 아직 체계도 잡혀있지 않은 상태이다. 이 부분은 지자체와 학교 간의 충분한 대화를 통해 좋은 쪽으로 해결할 수 있다고 생각한다.

위의 인터뷰처럼, 대학교의 지원이 있음에도 불구하고 여전히 대학교 공연분과 동아리의 문제점이 많았으며, 대학교 동아리와 주민과의 연계 부분에 있어서 긍정적으로 전망하며 이에 대해 지자체와의 협력을 필요로 하고 있음을 알 수 있다.

2. 당면 문제 해결을 위한 연구 설계

우리는 앞서 말한 문제점들을[1] 로컬거버넌스의 방법을 통해 효과적으로 해결하는 방안을 모색하게 되었다. 사전 조사 작업을 해 본 결과, 지역구 차원에서의 주민 간 네트워크 프로그램은 존재하였으나 지역마다 큰 차이를 보였으며, 대학과 주민이 직접 연결되는 네트워크 프로그램 또한 현재에는 진행되고 있지 않았음을 알 수 있었다. 그에 따라 기존에 진행되었던 사례들을 찾아보게 되었고, 성북구에 위치한 동덕여자대학교가 인근의 동아에코빌아파트에서 주민들을 대상으로 공연을 했던 사례를 통해 착안하여 대학생 동아리들이 주민들을 대상으로 공연을 하는 프로젝트를 기획하게 되었다. 동덕여자대학교 사례의 경우 공연을 관람한 주민들은 공연에 대해 매우 만족했다는 사실과, 그럼에도 불구하고 실외인 아파트 단지 내에서 공연을 했고, 이에 따라 소음 등의 민원을 통해 현재는 진행되고 있지 않음을 주민센터에서 확인할 수 있었다. 본 연구팀은 이러한 사례를 더욱 확대, 발전시켜 주민들이 부담 없이 관람할 수 있는 대학생 동아리의 만족스러운 공연을 준비하는 동시에 소음 등의 민원문제가 일어나지 않고 지속적으로 이루어질 수 있는 네트워크 프로그램 형성을 설계하게 되었다.

이 프로젝트를 통해 대학생 동아리에게는 공연장소를 제공하고, 동시에 주민들에게는 문화프로그램을 제공하며, 궁극적으로 대학생과 지역 주민들이 함께 참여하여 만들어가는 공동체를 형성함과 동시에 공동체 정신을 회복하여 간접적으로 대학생과 주민 사이의 갈등 또한 완화하는 기대효과를 목표로 했다.

---

1. 지방정부, 이해관계집단, 전문가, 시민 등이 함께 협력하여 지역의 현안문제를 원만하고 효과적으로 해결해 나가는 지역단위 정치 행정체제.

II. 마을×대학, 마을과 대학을 잇다

1. 프로젝트 설계: 마을×대학, 마을과 대학을 잇다

본 연구팀은 단절된 마을과 대학을 잇는다는 개념으로 "마을×대학, 마을과 대학을 잇다."라는 제목의 프로젝트를 설계하게 되었다. 이 프로젝트는 성북구의 문제점인 문화시설 부족, 대학과 주민 간의 갈등, 대학생 동아리들의 공연 및 연습 공간 부족 문제를 대학생들과 주민들의 소통을 통해 해결을 목표로 한다. 또한, 주민들이 성북구만의 문화 및 여가 프로그램으로서 만족할 만한 공연 구성과 더불어 소음으로 인한 민원이나 날씨에 따른 문제가 발생 되지 않으며 접근성이 좋은 장소를 모색하고 일회성 프로그램보다는 주기적이며 정기적인 행사를 통해 지속적인 성북구 문화 행사를 목표로 설계하게 되었다.

2. 프로젝트 기대효과

1) 주민들의 문화생활 확대 및 대학의 축제와 행사에 참여하는 쌍방향성 확립

본 연구팀은 주민들이 "마을×대학,마을과 대학을 잇다."라는 프로젝트를 통해 성북구만의 특별한 문화 체험프로그램을 만들어 부족했던 문화프로그램을 증진시키는 효과를 모색할 뿐만 아니라 교류의 활성화를 통해 대학생이 주민들을 찾아가는 것과 더불어 주민들이 대학에 방문해 대학축제나 행사에 참석하여 대학을 주민들의 또 다른 문화공간으로 탈바꿈시키는 등 성북구 내에 주민들이 향유 할 수 있는 문화공간을 확대할 수 있고 성북구의 문화시설 부족이라는 문제 해결과 함께 주민들의 문화생활 확대라는 결과도 가져올 수 있다.

2) 주민과 대학생의 교류 확대를 통한 대학과 마을의 갈등 완화 및 해소

본 연구팀은 주민들이 대학생들과의 교류에 만족감을 느끼고 대학생들과 문화적 교류와 소통을 할 수 있는 프로그램이나 행사가 더욱 확대되고 그 빈도 또한 잦아지는 효과를 기대했다. 이러한 효과는 대학과 주민 간의 소통과 교류의 확대로 이어질 것이며, 기존의 소통과 교류의 부재로 인한 대학과 주민들의 갈등을 대화와 협력이라는 건설적인 방법을 통해 완화하고 궁극적으로 해소할 수 있는 효과를 가져올 수 있다.

3) 대학생 동아리 공연장소 부족 해소 및 동아리 활성화

주민들에게 자신들의 공연을 보여줌으로써, 대학생 동아리들이 겪고 있는 공연장소 부족을 해소할 수 있는 결과를 기대했다. 이러한 공연장소 부족이라는 문제를 해결해 대학생 동아리들에게 연습에만 그치지 않고 실제 무대에서 공연할 수 있는 기회를 더욱 증진시키고 해당 공연에 섭외되기 위한 심층적인 동아리 연습 효과 또한 불러일으킬 수 있을 것이라고 예상하며 공연이 잦아질수록 동아리 활동을 희망하는 대학생들 또한 많아져 대학 동아리가 더욱 활성화되는 효과를 가져올 수 있다.

이처럼 "마을×대학, 마을과 대학을 잇다." 프로젝트의 기대효과는 주민들의 대학축제 및 행사에 대한 쌍방향적 참여의향 확대, 대학생들의 문화교류 욕구 확대, 대학생 동아리의 공연장소 부족 해소 등이 있다. 이러한 기대효과는 성북구 주민들의 문화생활 확대, 대학과 마을의 갈등 완화 및 해소, 대학생 동아리 활성화 등의 효과로 이어질 수 있다.

3. 도움을 받은 연계기관

1) 성북구마을 사회적 경제센터 & 성북마을 서포터즈

'성북구마을 사회적 경제센터'는 민관협력을 바탕으로 주민 참여에 기반한 마을 공동체와 사회적 경제 활성화 및 성장을 위한 중간지원기관이다. 위 센터는 주민 참여에 기반한 성북구 사회적 경제 주체 발굴 및 성자과 마을 공동체와 사회적 경제를 통한 지역사회, 지역경제 성장에 구심점을 두고 있다. 본 연구팀은 센터에서 진행하고 운영하는 '성북마을 서포터즈' 프로그램에 참가하였다. 이는 지역활동에 관심있는 청년들을 대상으로 하여 마을가꾸기, 시민자치모델 대안 제시, 마을공동체 홍보를 목적으로 하는 프로그램으로 정치분석연구의 수업 목표인 풀뿌리 민주주의 연구, 시민 현장 탐구와 상당 수 동일했다. 서포터즈를 통해 많은 마을운동가와 사회적 기업가를 만날 수 있는 기회를 마련하게 되었고 해당 센터에서는 사회적 경제 및 마을 자치에 대한 특강을 진행하여 풀뿌리 민주주의와 사회적 경제가 무엇인지 배울 수 있는 기회, 그리고 현장 조사 및 섭외와 홍보 방면에 있어서도 많은 도움을 받게 된 연계기관이다.

2) 성북구청 마을공동체과

'성북구청 마을공동체과'는 공동체지원, 마을만들기, 사회적 경제를 담당하고 있는 성북구청의 부서이다. 우리는 위 부서와의 연계를 통해 "모여라 성북마을" 프로그램에 참가하여 같이 구상할 수 있게 되었고. 성북구청 마을공동체과에 프로젝트 및 공연계획을 제출하였고 협의를 통해 20분가량의 공연을 진행할 수 있게 되었다. 성북구청에서 진행하는 행사인 만큼 장소가 성북구청에서 진행되어 장소에 대한 도움을 많이 받게 되었으며, 행사 이후 "마을×대학, 마을과 대학을 잇다." 프로젝트에 대해 호의적으로 반응하여 "모여라 성북마을"행사뿐만 아니라, 향후 성북구청 내 주민 행사에 함께 진행해도 좋다는 반응을 통해 지속가능성에 대한 부분도 긍정적인 결과를 도출할 수 있었다.

무엇보다도 단순히 아파트 단지 내에서의 게릴라성 공연이 아닌, 공공기관과의 연계를 할 수 있었기 때문에 지방 정부와 지역 주민, 지역 대학생 간의 협력을 통해 문화 네트워크를 형성한다는 로컬 거버넌스의 방식을 토대로 프로젝트를 준비할 수 있어서 더욱 좋은 상황이었다고 생각한다.

III. 프로젝트 진행 과정

1. 장소 섭외

본 연구팀이 "마을×대학, 마을과 대학을 잇다." 프로젝트를 준비하면서 가장 중요하게 생각했던 것이 바로 장소 섭외 문제였다. 프로젝트를 진행하기 위해서는 몇 가지의 요건을 충족하는 장소를 섭외해야 했다.

첫째, 대학생 동아리들이 공연할 수 있는 무대가 있는 공간이다. 본 프로그램의 핵심은 대학생들의 공연을 주민들에게 보여줌으로써 대학생들과 주민들 간의 소통과 교류의 물꼬를 트는 것이었다. 그렇기 때문에 공연이 원활한 무대가 있는 장소가 필수적인 조건이었다.

둘째, 소음으로 인한 민원이 발생하지 않는 공간이다. 앞서 언급했듯이, 동덕여대 관현악부가 동덕여대 주변의 아파트 단지에서 오케스트라 연주 공연을 하는 행사를 진행하였다. 본 연구팀은 이에 대해 자문을 구하고자 동덕여자대학교와 주민센터에 문의를 한 결과, 현재는 더 이상 진행하지 않고 있으며, 이는 소음 문제와 아파트 주차공간 문제 때문이라는 답변을 듣게 되었다. 그래서 본 연구팀은 소음 문제나 아파트 주차 공간 문제 등 누군가에게 피해를 주지 않는 공간이 필요하다는 것을 인식했다.

셋째, 주민들이 참여할 수 있는 공간이다. "마을×대학, 마을과 대학을 잇다" 프로젝트의 두 축중 한 축은 주민이다. 따라서 대학 같이 주민들에게 비교적 열려 있지 않은 공간이 아니라 주민센터나 공동 커뮤니티센터 등 주민들의 접근성이 좋은 공간이 필요했다.

넷째, 장소가 실내여야 한다는 것이다. 본 연구팀이 프로젝트를 진행한 날짜는 11월 19일로 추운 계절이었으며, 지속적인 프로그램 마련에 있어서 날씨에 영향을 받지 않는 공간이 필요했기에 실외가 아닌 실내 공간이 조건이었다.

이러한 요건들을 충족할 장소를 찾기 위해 아파트 단지, 시장 등의 장소를 물색

했으나 위의 네 가지 조건을 충족하는 장소를 찾기 어려웠다. 그 과정에서 "성북마을 서포터즈" 활동을 통해 마을운동가 분들에게 장소 섭외를 위한 자문을 구했으며, 성북구청 마을공동체과에 문의한 결과 "모여라 성북마을"이라는 행사에 연계할 수 있게 되었다. 이 행사는 성북구청 지하 1층 다목적홀에서 진행되었다. 공연할 수 있는 무대가 있었고, 성북구청에 위치해 있어 공연을 해도 누군가에게 피해를 주지 않는 공간이었으며 성북구청이라는 자치단체기관 특징으로 주민들에게 열려있는 접근성이 좋은 공간이었다. 마지막으로 실내 공간이므로 추운 날씨의 영향도 받지 않는 공간이었다.

2. 동아리 섭외

총 동아리 회장과의 인터뷰를 통해서, 그리고 구청에서 진행하는 영향력 있는 행사였기 때문에 장소 섭외와는 다르게 동아리 섭외의 경우 큰 문제 없이 진행 될 거라 생각했다. 그러나 실제로 동아리 섭외 과정에 있어서도 많은 어려움을 겪게 되었다. 행사일시 때문이었다. "모여라 성북마을" 행사는 11월 19일 화요일에 진행 되는 행사로 평일이었으며 시간대 또한 마을 주민들을 대상으로 하였기에 오전 10시였기 때문이다. 대학생의 특성상 평일이라는 날짜와 오전이라는 시간대는 학기 도중, 수업시간 등의 이유로 참가하기 어려웠으며, 연말 동아리 자체 정기 공연을 앞두고 있던 시기였기 때문에 참여에 긍정적인 답변을 했던 동아리들 조차도 날짜를 확인 후 참가가 힘들다는 의사를 표시했다. 이러한 문제점으로 인해 동아리 섭외 과정에서 어려움을 겪었고 본 연구팀은 국민대학교뿐만 아니라 성북구 내에 있는 다른 대학교 동아리 팀들에게도 연락을 취했으며, 우여곡절 끝에 국민대학교 오케스트라팀, 한성대학교 오케스트라팀, 고려대학교 댄스팀을 섭외할 수 있게 되었고 성북구청 마을공동체과 직원과의 회의를 통해 공연의 취지와 공연비 조정 등의 협의를 거쳐 국민대학교 오케스트라 동아리를 선택하게 되었다. 국민대학교 오케스트라 동아리 '국화'팀은 영화 겨울왕국의 ost "let it go", 알라딘의 ost "A

Hole New World", 레미제라블의 ost "Do You Hear The People Sing" 등 총 세 곡을 20분 간 공연하는 것으로 섭외를 마무리하게 되었다.

3. 홍보

본 연구팀은 프로젝트의 타겟을 주민과 대학생으로 설정했다. 먼저 주민들을 대상으로 하는 홍보는 협력기관인 성북구청과 성북구마을 사회적 경제센터의 도움을 많이 받았다. 인터넷 블로그, 성북구청 페이스북 등을 통해 "모여라 성북마을" 행사를 홍보하였다.

또한 연구팀의 대학생 신분으로, 대학생이라는 특정 집단을 위주로 홍보하는 데에 있어서는 대학교 커뮤니티에 홍보하는 방식을 택했으며, 섭외하는 과정에서 동아리들에게도 섭외와 함께 행사 참여를 독려하는 방식으로 홍보를 진행하게 되었다.

IV. 프로젝트 결과 및 의의

〈사진 1〉 성북구청 "모여라 성북마을" 행사

〈사진 2〉 성북구청 "모여라 성북마을" 행사

〈사진 3〉 성북구청 "모여라 성북마을" 행사

〈사진 4〉 국민대 오케스트라 '국화' 공연
* 트롬본 강민준, 바이올린 임이랑, 바이올린 강민혁, 바이올린 조민정, 플룻 서민영

1. 설문조사 및 인터뷰

1) 설문조사 목적

a. 본 연구팀은 "모여라 성북마을" 행사 설문조사를 통해 개선방안 및 애로사항을 확인하며 쾌적한 행사 진행과 양질의 프로그램 제작을 연구하기 위해 설문조사를 진행함

b. 본 연구팀은 설문조사를 통해 참여주민들의 의견을 수렴하여 개선 방향을 도출하고 주민과 대학생 간 원활한 교류환경 조성을 위해 설문조사를 진행함

2) 실시내용

a. 조사기간: 2019. 11. 19.(화)

b. 조사대상 및 방법

　－조사장소: 성북구청

　－조사대상: "모여라 성북마을"에 참여한 성북구 주민(50명)

　－조사방법: [프로그램 종료 후 설문지 배부·회수]

　－무응답 설문 없음

3) 결과분석

"모여라 성북마을" 만족도 결과: 62%

　－산출 기준: ("그렇다" 이상 인원/응답인원)

a. 문항별 내용 및 만족도: ("그렇다" 이상 인원/응답인원)

항목	① 매우 그렇다	② 그렇다	③ 보통이다	④ 그렇지 않다	⑤ 매우 그렇지 않다	계
응답자	14	17	15	3	1	50
백분율	28%	34%	30%	6%	2%	100

평소 대학생들과 지역주민간의 소통이 잘 이루어졌다고 생각하시나요?						
항목	① 매우 그렇다	② 그렇다	③ 보통이다	④ 그렇지 않다	⑤ 매우 그렇지 않다	계
응답자	3	10	10	23	4	50
백분율	6%	20%	20%	46%	8%	100

앞으로 대학축제나 행사에 참여하실 의향이 있으신가요?						
항목	① 매우 그렇다	② 그렇다	③ 보통이다	④ 그렇지 않다	⑤ 매우 그렇지 않다	계
응답자	18	16	16	0	0	50
백분율	36%	32%	32%	0%	0%	100

앞으로 지역주민과 대학생간의 공연이나 발표를 공유하는 자리가 많아지길 원하시나요?						
항목	① 매우 그렇다	② 그렇다	③ 보통이다	④ 그렇지 않다	⑤ 매우 그렇지 않다	계
응답자	27	20	3	0	0	50
백분율	54%	40%	6%	0%	0%	100

보고싶은 대학생들의 공연이 있으신가요? (중복가능)							
항목	① 풍물패	② 오케스트라	③ 댄스	④ 작품전시회	⑤ 연극	⑥ 뮤지컬	⑦ 기타
응답자	14	10	12	7	4	8	2
백분율	28%	20%	24%	14%	8%	16%	4%

기타 및 개선사항

- 대학생이 찾아와 공연하는 것뿐만 아니라 주민들의 공연도 대학생이 보러와 일방적 교류가 아닌 쌍방적 교류를 추진하기를 희망한다.
- 대학생과 주민 간의 교류의 장이 자주 있었으면 좋겠다.
- 오케스트라뿐만 아니라 다양한 공연도 보면 좋을 것 같다.

b. 종합평가 및 분석

- 본 연구팀은 2번 문항에 부정 응답 비율이 54% 도달하는 것을 확인하면서 평소 주민과 대학생 간의 교류와 소통이 확연히 부족하다는 것을 체감할 수 있었다.
- 풍물패와 댄스공연의 수요가 많음을 확인했고 다음 공연계획에 있어 반영하기로 하였다.

252

- 위 설문조사의 결과를 토대로 성북구 주민은 대학생과의 교류기회를 확대하고 싶어하는 것을 확인할 수 있었다.
- 프로그램에 대한 만족도가 높아 지자체와 학교가 협력하여 프로그램의 지속 가능성을 도모한다면 프로그램의 정기화를 충분히 진행해 볼 수 있다는 것을 확인했다.
- "마을X대학, 마을과 대학을 잇다"를 통해 성북구 문화시설 부족 문제, 대학생과 마을주민 간의 갈등문제, 대학교 내 동아리 공연의 장 부족 문제를 해소할 수 있다고 판단하였으며, 긍정적인 기대효과가 상당하다는 것을 확인했다.

또한 마을운동가인 성북구마을 사회적 경제센터장과의 인터뷰를 진행하게 되었고 인터뷰 내용은 다음과 같다.

〈성북구 마을 사회적 경제센터 이○○ 센터장 인터뷰〉

Q1. 현재 성북구 내 문화시설 및 문화 프로그램이 충분하다고 생각하는가?

A1. 현재 성북구 내에는 문화시설을 충분히 보유하고 있지 않다. 다른 자치구에 비해서 부족한 편이다. 하지만 성북구 내에 충분히 활용 가능한 양질의 자원들과 장소들이 존재하고 있다. 그곳들을 발굴해내어 성북구 내 문화시설을 늘려가는 것이 성북구 내 구성원들의 역할이자 임무인 것 같다.

Q2. 기존의 대학교와 지역사회와 연계한 프로그램이 있었는가? 있었다면 어땠는지 말해 달라.

A2. 시도되었던 여러 프로그램들이 있었다. 대표적으로 고려대학교 창업 관련 프로그램이 있었다. 고려대학교 안암동 캠퍼스타운 내 주민, 상인, 학생이 어울리고 지역에 활기를 불어넣는 프로그램이었다. 청년의 창업과 취업에 도움을 주고 안암동 상권에 상생을 도모하는 프로그램이었다. 이 프로그램으로 대학생들과 주민 간 소통하고 협력할 기회를 증진시키고, 인재가 졸업과 동시에 성북구를 떠나는 것이 아니라, 성북구와 지속적으로 인연을 가지고 갔으면 하는 소망

에서 이 프로그램을 진행하였다. 성황리에 끝마쳤고, 배울 점도 많은 프로그램이었다. 다만 아쉬운 점은 대학생들에게 아직까지 마을 내 어르신들을 만나고 주민들과 협동해가는 과정이 어려운 것 같다. 아마 어르신들이랑 청년들이랑 공감대도 다르고, 지향하는 바도 다르기 때문에 어쩔 수 없는 현상이긴 한다. 이 세대 간의 한계를 뛰어넘는 지역 커뮤니티와 대학생의 공생이 필요하다고 생각한다. 거주지를 주변으로 청년들의 학문적인 능력과 에너지, 지역 주민의 지혜를 결합한다면 우리 지역사회의 큰 자산이 될 것이다. 자산을 넘어 미래를 함께 설계해나가는 중요한 동반자가 될지도 모르겠다. 후에는 주민들과 대학생이 결합하여 지역문제뿐만 아니라, 공정무역, 인종갈등, 환경문제 등 산적한 지구촌의 문제도 함께 해결해나가길 기원한다.

Q3. 대학교 동아리와 지역이 연계해서 새로운 문화프로그램을 만드는 것에 대해 어떻게 생각하는가?

A3. 매우 긍정적이다. 우리 성북구마을 사회적 경제 센터도 그런 기회를 앞으로 많이 만들 수 있도록 노력할 것이다. 현재 성북구내에 소외되고 형편이 넉넉지 않은 주민이 다소 있다. 대학생들의 창의적인 아이디어와 재능, 그리고 활동성을 결합한다면 이러한 주민들의 문제를 함께 고민해 볼 수 있을 것 같다. 물론 대학생들에게는 공부, 스펙, 취업만으로도 정신없을 것이다. 하지만 지역 커뮤니티와 협력하면서 대학생들에게는 좋은 경험을 만들 수 있는 이것이 또 색다른 스펙이 될 수 있지 않겠는가. 대학생들이 의지를 가지고 있다면 대학교와 지역의 갈등을 넘어서, 세대 갈등도 원활하게 해결해 나갈 수 있을 것이라고 생각한다. 대학생들과 주민들이 협심하면 훌륭한 성북구를 만들어 낼 것이다.

2. 프로젝트 의의 및 지속가능성

설문조사와 인터뷰를 바탕으로 "마을×대학, 마을과 대학을 잇다." 프로젝트가 주민들에게 만족을 주었으며, 주민들 역시 대학생들과 이러한 소통과 교류의 장을 바란다는 점을 알 수 있었다. 또한, 이는 앞서 언급한 성북구의 세 가지 문제점을 완화하고 해결할 수 있는 초석이 될 수 있음을 다시 한번 확인하게 되었고 정부 기관과 직접 연계하여 실현했다는 것에 관민협력의 거버넌스를 실천했다는 의의가 있다. 본 연구의 미흡함을 개선하고 발전시킨다면 서울시 전체 대학 38개 중 21%의 비중을 차지하고 있는 성북구의 문화적 파급효과가 상당할 것이고, 나아가 성북구만의 특색있는 문화 프로그램에서 한국을 대표하는 문화 현상으로 자리매김하는 것을 전망하고 있다.

그렇기 때문에 지속가능성이 무척 중요하다고 생각을 했다. 본 연구를 진행하며 관과 민, 그리고 대학생들의 만족도가 높았고, 이에 단발적인 이벤트가 아닌 지속가능성을 염두할 수 있게 되었다. 먼저 섭외하는 과정에서 국민대 오케스트라 팀을 포함한 여러 대학 동아리가 추후에도 관련 행사에 참여할 의향이 있다고 의사를 밝히는 등 지속적인 연계를 마련할 수 있게 되었으며, 성북구청에서 진행된 "모여라 성북마을" 행사의 지속적인 참여 이외에도 서울시 성북구 석관동에 위치한 돌곶이 래미안 아파트에서 진행되는 주민 공동 커뮤니티 센터에서 공연 관람의 장으로서 대학생들의 공연을 환영한다는 답변을 받았으며, "공동주택 같이살림 프로젝트"에서 진행하는 "같이살림축제"에 대학생 공연 초청을 환영한다는 답변을 듣게 되는 등 직접 주민들을 찾아가 공연을 한다는 연구의 취지에 맞는 두 가지 행사 초청에 긍정적인 답변을 받게 되었다.

이처럼 성북구청에서 진행하는 "모여라 성북마을" 행사뿐만 아니라 다양한 네트워크를 더 형성해 지속적인 마을 가꾸기 지역 거버넌스를 실현할 가능성을 보았으며, 대학생 동아리 공연뿐만 아닌 미술대학의 졸업 작품 전시 및 목공예, 금속공예 등의 작품들을 전시 및 판매하는 등 더욱 풍성하고 긴밀한 네트워크를 확대 재생산 할 수 있다고 전망된다.

제7장

한림대학교

통일, 북한의 로컬적 이해

* 수업 소개 *

수업 명	한림대학교 정치행정학과 〈통일, 북한의 로컬적 이해〉		
교수자명	김재한	수강 인원	27명
수업 유형	전공선택	연계 지역/기관	철원, 화천, 해주 등 남북한 접경지역

수업 목적

북한 내 또는 북한에 인접한 지역을 소재로 하여 통일 및 북한 문제를 살펴본다. 통일·북한에 관한 거대담론이나 추상적 논의 대신에, 현지 지역사회의 시각에서 관찰되는 다양한 남북관계를 찾아보고 그 양상을 이해하며, 학생들 스스로가 다양한 방법으로 이를 해결하기 위한 대안을 모색한다.

주요 교재

김재한·고상두·김성진·강택구·여현철·배광복·정기웅·엄태일·김범수·황지욱·정원주·이윤수 공저. 2019. 「통일·북한의 공간적 이해 – 로컬 공간으로 조망하는 새로운 통일 담론」. 카오스북.

김규현·김재한 공저. 2015. 「비무장지대를 넘는 길 – 라인강에서 출발하는 분단과 통일의 역사, 문화, 생태 기행」. 아마존의 나비.

수업 일정

제1주: [로컬 지역] 매주 특정 지역사회를 소재로 통일 및 분단 문제에 대해 진단하고 처방하는 연습을 실시한다. 매주 강의 및 프로젝트 지도를 병행한다.
제2주: [동서독 분단선] 분단국 접경지대의 갈등, 화해, 치유
제3주: [시베리아횡단철도] 남·북·러 연결
제4주: [북·중 국경] 국경지역 관리
제5주: [평양] 북한의 지배체제
제6주: [판문점] 남북 대화

256   시민정치연감 2020

제7주: [백두산] 자연재해, 급변사태, 환경협력

제8주: 중간고사

제9주: 현장답사

제10주: [북한 숲] 남북한 환경 협력

제11주: [원산] 동해안 관광협력

제12주: [해 주] 서해안 평화번영 구상

제13주: [한반도 중앙] 분단·통일의 고중세사

제14주: [한민족 마음] 편견과 동질성

제15주: 기말고사

프로젝트 개요와 결과

개별 또는 팀 단위로 지역사회가 분단에서 기인하는 문제에 대해 해결책을 모색하는 프로젝트로서, 학생들이 직접 문제제기부터 해결까지의 과정을 설계하고 조사를 실행하여 대안을 찾아내도록 디자인되어 있다. 학생들이 수행한 21개 프로젝트의 제목과 내용은 다음과 같다.

1) "북한 로컬 신문의 현황과 전망" 성민정

북한 신문을 개괄하고, 남북한 신문의 지리적 특성을 알아본다. 통일시대 로컬 신문의 발전 방향은 최대한 남이 북을 돕는 쪽으로 향해야 하지만, 과정에서 급격하지 말아야 하며, 북한 국민의 정서를 고려해 최대한으로 포용할 범위를 설정해야 한다. 어느 방향으로 나아가든 극단은 반드시 회피할 것을 명심해야 이후 발생할 추가적인 문제를 예방할 수 있다.

2) "북한 로컬의 ODA형 발전 모델" 박명준 류동현 이소현 김주연

"왜 북한에 대해서는 ODA가 이루어지지 않을까?"라는 의문점에서 출발한다. 현재 한반도는 북한의 지속적인 핵 개발과 도발 그리고 이에 대한 대북제재로 인하여 한국의 대북 경제협력은 진행되지 않고 있다. 북한에 민간합작사업인 PPP와 공적개발원조인 ODA 사업을 융합한 PODA라는 새로운 경제협력모델을 제시한다. 사업 대상으로는 북한의 심각한 식량문제를 해결해 줄 수 있는 콩이다. 북한 벽성군이나 해 주시 등 일부 지역에 ODA를 통하여 1차적으로는 협동농장의 콩 생산량을 증대하고, 2차적으로는 생산된 콩을 가공할 공장의 증설 및 신설이다. 마지막으로는 공장에서 생산된 상품을 풀무원 등이 국내시장에 반입하고 콩 및 식량 관련 연구소를 증설하는 것이다. 이와 같이 협동농장-공장-연구소 등의 기반을 형성하는 ODA 사업을 시작으로 PPP 사업까지 연계하여 향후 남북한 간의 자유로운 경제개발협력 및 교류를 실현할 여건을 조성하려 한다.

3) "북한 행정구역의 분단 전후 변동과 통일 이후 개편안" 박건희

1945년 해방 후 북한은 소련군이, 남한은 미군이 주둔하면서 두 나라가 분단의 길을 맞게 된다. 그러면서 분단 이전과는 다른 행정구역을 북한이 보여 주기 시작했다. 광역행정만 두고 보았을 때, 1949년 자강도 신설, 1954년 양강도 및 황해도 분할(황해남도/북도), 2010년 남포시와 라선시의 특별시 승격 등 다양한 광역행정 개편이 있었다. 북한이 행정구역을 개편하면서 대한민국과 달라진 점을 몇 가지 살피면, 김일성 일가 및 북한 정권의 주요 인물들의 이름을 딴 지명이 있으며(예시로 김형직군, 김정숙군, 김책시 등), 주체사상 및 인민군 찬양 지명(천리마군, 선봉군 등), 기초자치단체에 면이 존재하지 않고, 읍이 대한민국의 리와 비슷한 개념인 것 등을 볼 수 있다. 이러한 북한의 특징적인 행정구역을 자세히 살피고, 통일 이후 광역행정, 기초행정의 면에서 이를 존치, 환원 등의 문제를 주로 살펴본다.

4) "통일의식 조사의 비판적 연구" 김정훈

KBS의 국민 통일의식조사가 국민들의 의견을 얼마나 반영하고 있는지에 대해 알아보고, 조사 자체에서의 오류 가능성을 검토함으로써 이에 대한 개선 방향을 모색하는 데 그 목적이 있다. 이러한 연구 목적을 달성하기 위하여 첫째, 통일의식조사의 조사 방향 분석, 둘째, 통일의식조사 인구사회학적 분석, 셋째, 통일의식

조사 개선 방향 분석을 수행하였다.

5) "개성, 평양, 서울, 경주의 로컬 분석" 이석원

4개 역사 수도를 중심으로 동질성들을 살펴본다. 역사 수도들은 휴전선 지역에서 멀리 떨어져 있어 예나 지금이나 접경지역의 역사를 설명할 수 없는 문제점이 있다. 가령 임진강 유역이나 파주, 철원과 같은 휴전선 지역의 내용으로도 이전에 한반도에 있었던 국가들이 북한 지역에 어떠한 영향을 주었는지 알 수 있기 때문이다.

6) "북한의 저출산 현상과 출산장려정책 및 복지" 이현지

북한의 저출산 현상의 원인(출산율 변천과정 및 단계)및 심각성에 대해 조사하고 이를 위해 나온 출산장려정책과 앞으로의 해결방안을 생각해 본다.

7) "외국인도 찾는 철원 관광" 김동일

철원은 한반도 중심부에 위치해 교통의 요충지, 역사적으로도 중요한 위치에 있었다. 하지만 전쟁으로 인해 분단되고 남과 북이 갈라져 예전의 중요한 철원의 모습까지 사라져 버렸다. 이런 철원의 남은 것은 전쟁의 상흔과 아픔이었다. 그러나 철원은 안보 관광을 발전시켰고 많은 관광객을 맞이하기도 했다. 철원에 들어서게 되면 '드라마틱 철원'이라는 문구가 있다. 이 말처럼 철원은 드라마틱한 지역이다. 자연과 분단이 공존해 드라마틱한 모습을 볼 수 있다. 또한 '평화와 번영의 시작'이라는 문구도 있는데 철원은 통일이 된다면 예전의 모습처럼 중요한 위치에 있어 평화의 시작과 동시에 다시 앞서나가는 지역이 될 것이라고 생각한다. 이러한 철원의 모습을 많은 사람들과 나누고 싶은 게 나의 목표이다. 그래서 외국인을 위한 관광을 준비해야 한다고 생각했고 알려야겠다는 생각도 한 것이다. 프로젝트를 진행하면서 목표를 달성하기 위해 철원군에 연구 실행안의 계획을 제시해 지원을 받아 연구의 목표를 이루고 싶은 생각이 들었다. 철원뿐만 아니라 많은 접경 지역에서 이러한 개발을 통해 대한민국의 분단 역사를 알렸으면 좋겠다.

8) "통일 연결 고리로서의 문화재" 이유진

70년이 지난 분단에도 불구하고 남과 북에 산재해 있는 유적과 유물들은 우리를 하나의 끈으로 연결시켜주고 있다. 따라서 문화재를 통해 남북이 교류하며 통일에 더 가까워질 수 있다.

9) "러시아 극동과 한반도 협력" 안승준

러시아 극동에 한국의 투자를 강조하고, 더 나아가 한반도로 이러한 협력지대를 활성화하자는 주장을 하는 이유는 이 협력이 한국의 새로운 발전 동력이 될 수 있기 때문이다. 현재 한국은 경제와 안보 10위권의 선진국의 반열에 올라 있지만, 중국 시장에 대한 의존도가 너무나도 높다. 그래서 당장 미국과 중국 사이에서 대부분 장기판의 말이 되고, 둘 중 하나라도 포기할 수 없는 상황이다. 미국을 포기하자니 안보 면에서 공백이 생기고, 중국을 포기하자니 당장 경제에 있어 치명적이다. 따라서 나는 이러한 구조를 타파하고 우리 스스로 경쟁력을 갖추기 위한 새로운 대안을 극동과 러시아에서 찾으려 한다.

10) "남북한 시장 현황으로 알아보는 상생 방안" 김혜정 배수정 이은미

남북 간의 경제적 상호 의존도를 심화, 확대하는 방향으로 추진해야 한다. 어느 한 쪽의 일방적인 의존 관계에서는 갈등만 야기할 뿐, 지속적으로 안정적인 경제 협력이 이루어 질 수 없다. 이는 장기적으로 발전하기 힘들 수 있다는 것을 의미한다. 따라서 상호 보완적인 구조를 기반으로, 어느 정도 균형을 이루면서 서로에게 의존적인 경제 관계를 형성하는 작업이 중요하다.

11) "강원권 산업의 북한 발전과 남북한 협력" 권세회

강원권역의 남북한 협력 사업이 가능할지는 모르겠지만, 만일 가능하다면 접경낙후지역에서 국제 관광휴양의 중심지로 발전이 이루어질 수는 있을 것이다. 금강산 중심의 남북한 산업협력의 계획을 생각했으나 2019년 11월 15일에 금강산 개발을 북한 스스로 하겠다며 남한의 시설을 모두 철거하라는 통첩을 보내왔다. 이로 인해 계획한 강원권역의 남북한 산업협력의 가능성은 희박해졌다. 금강산 개발은 남북이 같이 하게 되면 시너지 효과가 더욱 커져 남북한 모두의 성장에 큰 도움이 될 것이다. 그러므로 남북이 대화를 통해 금강산 개발을 같이 해결해나가는 방법으로 향하기 위한 노력이 필요하다.

12) "북한 음식의 지역별 이해" 권보연

북한과 로컬 이 두 단어를 조합해서 가장 쉽게 다가갈 수 있는 주제를 찾아보다가 음식을 선택하게 되었다. 현재 남한에서는 평양냉면 등 북한의 전통음식을 쉽게 접하고 있다. 이처럼 북한의 지역적 특성에서 남한과의 어떠한 유사점, 차이점이 있어 남한에서 쉽게 접할 수 있는지 알아본다. 또한 북한의 지역별 음식에서도 어떤 차이가 있는지 왜 있는지 살펴본다.

13) "개성공단 폐쇄에 관한 연구" 조성훈

미국 등 서방 세계에서 북한의 자본 줄이라 불린 개성공단 폐쇄는 국제사회에서 북한에 대한 압박의 강도를 전체적으로 높이고 한국이 대북 압박에 적극적으로 먼저 나서서 중국과 러시아도 더 이상 개성공단을 핑계로 북한에 대한 지원을 합리화하는 행동을 못하도록 만드는 등 대북제재 측면에서 긍정적 결과를 낳았다고 볼 수 있다. 북한은 중국에 경제적으로 의존하는데 굳이 개성공단 폐쇄가 효과가 있겠냐고 생각할 수 있지만 애당초 중국과 러시아가 개성공단을 핑계로 대북 지원을 합리화했던 것을 생각해 보면 폐쇄하는 게 확실히 더 이득이었다고 볼 수 있다.

14) "DMZ 관광 활성화 방안" 권아영

아직 한반도의 안보에 대해 남한과 북한이 완전한 합의를 이룬 것이 아니기 때문에 안보적 측면에서는 아직 한계가 있어 사실상 남북한의 DMZ 관광활성화는 어렵겠지만 훗날 남한과 북한의 DMZ 관광투어를 활성화한다면 비무장지대 본연의 평화적 기능을 복원할 뿐만 아니라 생태 및 역사문화 자원을 활용한 세계 유일의 평화관광지로서의 브랜드를 구축할 수 있다는 큰 의의가 있다.

15) "돼지열병 관련 수자원 문제와 북한과의 협력" 신지수

북한과의 협력은 언제나 어려운 과제로 자리해 왔다. 각 정권마다 대북 정책이 달라 왔고, 북한과의 접촉에서도 매번 미지근한 반응으로 답해 왔기 때문이다. 그러나 공유 하천의 경우 북한이 상류를 차지하고 있으면서 상수원에 대한 관리 실적이 미흡하고, 그에 따라 북한 내의 가뭄이나 생활용수 부족이 발생하며, 수자원 오염에 따라 북한 주민뿐만 아니라 남한의 주민들이 피해를 입게 된다. 이번 돼지 열병과 같은 자연물로부터 전염되는 질병의 경우에도 북한의 협력이 있었다면 바이러스의 유입 경로 중 하나를 차단하는 등의 효과를 가져왔을 수 있다. 현재 남한 측에서 할 수 있는 일은 수위의 높낮이나 남한 영토 내에서의 공유하천 주시로만 수질 혹은 가뭄, 홍수 피해 등을 예측해야 하는데 이와 같은 연구는 남한에 있는 하천의 중류만을 볼 수 있다는 한계가 있다. 따라서 국가 대 국가가 아닌 지역, 혹은 기관 등이 나서 실질적으로 피해를 보는 계층끼리의 공감에 기반을 둔 협력이 이루어지는 거버넌스 체제에서라면 지금과 같은 전염성 질병의 원천 차단이나 수자원 관련 문제를 발전된 기술을 접목시켜 해결할 수 있으리라 본다.

16) "북한이탈주민의 정착과 복지" 배현희 최윤진

국가에 의해 배급받는 사회에서 자라, 북한을 이탈해온 탈북민들은 아마도 처음으로 자유민주주의를 경험했을 것이다. 한국에서는 자유롭고, 돈을 마음껏 벌 수 있다는 희망에 부풀어 목숨을 걸고 왔지만 상상해온 것과, 직접 부딪히는 것과는 차원이 다른 문제이다. 아직까지 남한 사람들은 그들을 완벽하게 한 민족이라고 받아들일 준비가 되지 않았다. 그러한 상황에서 북한 이탈주민이 정착하기 위해서는 단순히 그들의 인식과 생활환경의 변화뿐만 아니라 원래 살고 있던 남한 주민들의 상황 또한 고려해야 한다. 지원금을 주고, 거취를 주는 것도 좋지만 그러한 지원들이 특별하다고 여겨진다면 북한 이탈주민들을 바라보는 시선은 좋지 않게 될 수밖에 없다. 이러한 시선들을 고려하며 정부는 중간에서 서로가 융합될 수 있도록 정책을 취해야 할 것이다. 단순히 정권이 바뀌고 시국이 바뀜에 따라 그들의 대우를 결정한다면 분명 문제가 생길 수밖에 없다. 북한 이탈주민에 대한 실효성 있는 정책과 우리나라 국민들의 이탈주민에 대한 인식제고를 통해 더불어 살아가는 사회 건설에 함께 참여하고, 모두가 건강한 삶을 누리도록 정부는 노력해야 해야 할 것이다.

17) "북한 핵문제의 지정학적 관계" 김재혁 안보현

북한의 전략적 핵미사일의 배치지역이 갖는 전략적이고, 로컬적인 특징을 알아보고, 한반도의 남북문제를 둘러싼 국제 지정학적 관계를 알아본다. 이를 통해 남북 간의 이해관계를 도움으로 자국 내 통일 의지를 세우려 해 본다.

18) "남북 지방자치단체 중심의 교류협력체제 도입 필요성" 박인욱

한반도에는 단일민족 통일국가가 주를 이뤘고 한 번도 연방국가가 들어선 적이 없었다. 일제강점기와 한국전쟁을 거치며 분단된 상태로 맞이한 현대에 들어서도 지방자치제도는 활성화되지 못했다. 남북 모두 지방자치제도는 권력에 의해 오랜 기간 유린당했다. 지방자치단체의 남북교류협력체제 자체가 쉽지 않지만, 평화통일이라는 장기적 관점에서 본다면 지방자치단체 간의 교류협력은 필수불가결하다. 그러나 지금이 그 시기는 아니다. 따라서 우리는 이러한 남북 교류협력 체제를 투 트랙으로 운영할 필요가 있다. 중앙정부가 중심이 되어 남북 교류협력 전반을 주도하는 한편 지방자치단체는 중앙정부가 일일이 관여하기 어려운 인적교류, 행정적 교류 등 디테일한 부분에 있어 남북교류를 이끌어가는 방식이 바로 그것이다. 이러한 시스템이 제대로 정착된다면 현재의 남북관계 개선뿐만 아니라 통일이라는 궁극적인 목표에 보다 한 발짝 다가설 수 있을 것으로 예상된다.

19) "원산시 스마트시티 건설을 통한 남북교류와 협력" 윤정태

남북한 문제, 북한에 대해 어떻게 하면 통일을 이룰 수 있을까? 이에 대해 검토해 본 결과 남북교류를 통한 협력이 남북평화통일의 돌파구가 될 것이라 결론 내렸다. 남한 측 입장만이 아니라 입장을 바꿔 북한 측에서 입장에서 검토했을 때, 리스크 대비 리턴 보상이 고수익이어야 의욕을 가지고 남북교류를 수행할 것이다. 성공적인 교류와 협력이 가능할 것이다. 또한 단발적인 교류가 아닌 지속가능한 교류를 해야 그 다음 단계로 넘어가 궁극적으로 평화통일에 이바지할 것이다. 이 프로젝트에서는 북한 원산지역과 스마트 시티 건설을 통한 남북교류와 협력의 효과적인 추진 방법을 제안한다.

20) "현재와 미래의 백두산" 황윤규

백두산은 현재 언제 터질지 모르는 폭탄과도 같은 곳이다. 이를 정확히 조사하기 위해서는 중국지역이 아닌 북한지역에 있는 곳을 조사해야 한다. 하지만 북한은 이를 거부하고 있는 상황이다. 북한의 학자들마저 불안해하고 있는 실정이다. 먼저 현재 당장 실현해야 되는 조사가 실시되지 못하고 있기 때문에 남한은 한발 물러나 중국과 북한의 공동조사를 위해 힘을 써야 한다고 생각한다. 자원적, 기술적 원조를 통해 남한이 참여하는 것을 꺼리는 북한에게 정보적인 면을 제공받지 않는 것을 조건으로 한시가 급한 백두산 조사를 실시해야 한다. 미래 통일 이후의 백두산 관리는 국경관리부터 시작해야 한다고 생각한다. 북한과 중국이 맺은 국경에 관한 조약을 이어받기보단 우리가 다시 중국과 협상을 하는 것이 옳다고 생각한다. 북한은 중국에게 원조를 받아야 했으므로 중국에 유리하게 국경을 책정했을 것이다. 하지만 우리는 그런 이해관계가 약하기 때문에 더 정확한 국경을 정할 수 있을 것으로 기대된다. 또한 백두산 화산의 폭발에 대한 대처 또한 중국과 협의해야 한다.

21) "금강산관광사업 재개의 필요성" 황승재

이 프로젝트는 1998년부터 시작되어 약 10년이 넘게 진행되었던 금강산관광사업의 재기에 대한 중요성에 대하여 정부에 제안하고자 하는 생각으로 만들었다. 이 제안서를 통하여 금강산관광사업에 대해 깊이 고찰해 보는 계기가 되었다. 그래서 과거 금강산관광사업을 통한 다양한 측면에서의 효과는 무엇이 있었으며 효율적으로 다시 운영되기 위해서는 어떠한 문제점을 보완하고 대응해야 하는지에 대한 내용을 담았다. 물론, 금강산관광 중단의 가장 큰 배경은 2008년에 발생한 민간인 피격사건이지만 실상 내부의 금강산관광사업은 여러 가지 제도적 문제점을 내포하고 있다는 것을 밝혔다. 그러므로 남과 북의 평화를 상징하였던 금강산관광사업이 다시 원활하게 운영되기 위해서는 오랜 기간 걸릴 것이라고 예상하지만 이 제안서의 내용을 통해 금강산관광사업의 '파급효과'와 제도적 문제점들을 개선하여 빠른 기간 내에 재기되기를 희망하는 마음에서 정부에게 제안하고자 한다.

로컬, 체득, 갈등완화의 통일·북한 수업[1]

김재한 (한림대학교 정치행정학과 교수)

1. 기존 통일·북한 담론의 한계

대한민국 사회의 기존 통일·북한 담론은 크게 세 가지 종류의 한계를 갖는다. 첫째, 지적 호기심을 충족시키지 않는다. 학생이건 일반인이건 대체로 통일·북한 문제를 새롭게 받아들이지도 않고 또 흥미롭게 생각하지도 않는다. 기존 통일·북한 담론 가운데 일부는 인과론적 설명 없이 당시 정부의 통일·북한 정책 방향을 단순하게 항목별로 나열만 하고 있어 지적 깨달음을 주지 못한다. 통일·북한 담론이 새롭지도 않고 흥미롭지도 않으면, 통일·북한 문제의 이해가 확산되지도 않고 심화되지도 않는다. 따라서 콘텐츠 개선이 통일·북한 담론에 필요하다.

둘째, 기존 통일·북한 담론은 실용적이지 않다. 통일·북한 강좌의 수강이나 학습이 개인의 취업이나 활동에 도움 된다고 잘 여겨지지 않는다. 기존 통일·북한 담론에 대해 잘 알고 있다고 해서 반드시 삶의 질이 더불어 좋아지는 것은 아니다. 자신의 직장에서 업무를 수행할 때 또는 자신의 지역에서 사회활동을 펼칠 때 바

---

1. 이 수업 주제 해설은 수업교재의 다음 부분에서 따온 것임을 밝힌다. 김재한. 2019. "통일·북한의 공간적 이해." 김재한 편. 「통일·북한의 공간적 이해」. 카오스북. pp.15-21.

로 활용할 수 있는 콘텐츠는 자발적 학습 동기가 된다. 활용할 수 있는 콘텐츠가 통일·북한 담론에 필요하다.

셋째, 기존 통일·북한 담론은 정파적이다. 특정 이념에만 기반을 두고 전개되는 통일·북한 담론은 일관된 방향을 띠더라도 다른 관점에서 나올 수 있는 합리적이고 논리적인 의문을 적절히 해소하지 못한다. 특정 이념이 강하게 가미된 통일·북한 담론은 사회적 관심이나 집단적 동원을 이끄는 데에 성공할 수 있겠으나, 특정 진영과의 공감은 동시에 상대 진영에 대한 적대적 태도와 함께하기 쉬워 이른바 남남갈등을 증폭시키기도 한다. 통일·북한 담론은 객관적인 사실과 논리로 채워질 필요가 있다.

2. 체득 중심의 통일·북한 수업

한나라 선제(宣帝)가 적군 군사 상황에 대해 묻자 장수 조충국(趙充國)이 현장에 다녀오겠다면서 답했다는 "백 번 듣는 것이 한 번 보는 것보다 못합니다(百聞不如一見)"는 중국 전한(前漢)의 역사서 한서(漢書) 조충국전에 나오는 구절이다. 한나라 설화집 설원(說苑) 정리(政理)편에도 비슷한 구절이 나온다. "귀로 듣는 것은 눈으로 보는 것보다 못하고(耳聞之不如目見之), 눈으로 보는 것은 발로 가보는 것보다 못하며(目見之不如足踐之), 발로 가보는 것은 손으로 해 보는 것보다 못하다(足踐之不如手辨之)."

현대에 와서도 오감의 학습 효과는 미각 1.0%, 촉각 1.5%, 후각 3.5%, 청각 11.0%, 시각 83.0%이고, 기억 효과는 청각 20%, 시각 30%, 시청 50%, 말하기 80%, 말하고 행하기 90%의 순이라는 분석이 있다.

현장에서는 관찰자가 각자의 오감(五感)으로 체험하여 받아들인다. 사실 현장에는 주관자와 관찰 대상 사이에 다른 매체가 개입하지 않는 것이 바람직하다. 선입관이 개재된 외부 정보가 없을 때 오히려 가치규범이나 이론에서 벗어나 현실을 제대로 체득할 수 있다.

통일·북한 문제도 현장에서 살펴봄으로써 더 깊게 이해할 수 있다. 물론 북한 방문이 북한 문제 이해의 충분조건도 아니고 필요조건도 아니다. 북한 체제의 사정상 정해진 장소의 방문만 허용되기 때문에 현장을 이래저래 뒤집어 보고 살펴볼수도 없다. 정치적인 이유에서든 인지적인 이유에서든 북한 내재적 관점에서만 살펴보면 오히려 객관성을 잃을 수 있다. 방문 여부를 떠나 관찰 대상에 가까이 그러나 분리되어 관찰할 수 있다면 현장 중심의 접근은 객관적 이해를 크게 향상시킬 것이다.

3. 로컬 중심의 통일·북한 수업

거대 담론은 통일·북한 문제의 개괄적 이해에 도움이 되기도 하지만, 사회 변화를 설명하지도 또 이끌지도 못할 때가 더 많다. 개인 삶과 사회활동 나아가 사회의 변화는 로컬에서 추동되기도 한다. 체제적 변화가 개인의 삶에 영향을 주는 경로도 로컬을 통해서일 때가 많다. 예컨대 2018년 4월 판문점 남북 정상회담과 6월 싱가포르 북미 정상회담이라는 큰 이벤트가 6월 지방선거에서 북한과 인접한 지역의 정치 판세를 바꿔 버렸다고 주장되고 있다. 그런데 접경지역이라는 로컬로 들어가 보면, 일련의 정상회담만으로 바뀌어버린 것은 아니다.

선거결과에 통계적으로 유의한 영향을 준 요인은 로컬의 지가상승이었다. 구체적으로, 2018년 지방선거일 전월(5월) 기준으로 1년 전(2017년 5월) 대비 지가상승률은 속초시, 고성군, 파주시, 철원군, 김포시가 자신의 소속 광역자치단체 평균보다 높았다. 이 5개 접경 시·군은 2014년 도지사선거에서 새정치민주연합(더불어민주당 전신)에게 도 평균보다 낮은 득표율을 주었다가, 높은 지가상승률을 경험한 직후인 2018년 선거에서는 더불어민주당 후보를 도 평균보다 높은 득표율로 지지했다. 2018년 지방선거의 전전월인 4월 기준 한국감정원 토지가격 통계에서 전월 대비 상승률 전국 1위 시·군은 경기도 파주시였고, 3위는 강원도 고성군이었다. 또 고성군과 철원군의 토지매매 거래량은 2018년 지방선거 직전에 증가하였다.

반면에 2018년 선거일 전월인 5월 기준으로 1년 전 대비 지가상승률이 경기도 전체 평균보다 낮은 연천군과 고양시는 2018년 도지사선거 더불어민주당 후보에게 도 평균보다 못한 득표율을 제공하였다. 고양시는 2014년 도지사선거에서 도 평균보다 높은 득표율로 새정치민주연합을 지지했던 시이다.

로컬의 지가상승은 진보적 여당 더불어민주당의 득표율 증가에 통계적으로 유의한 영향을 주었다. 2018년 지방선거에서 일부 접경지역의 파랑색 돌풍은 지역개발 등 로컬 변화의 결과였다고 말할 수 있다. 나머지 다른 요인이 유사한 접경지역 간 지가상승률 차이가 곧 선거결과 차이로 연결되었다고 볼 수 있다.

로컬에 대한 이해 없이 거대 담론만으로 통일 문제나 북한 문제를 이해할 수는 없다. 특정 로컬을 하나라도 숙지하고 있는 것이 통일 이전이든, 통일 과정이든, 통일 이후이든, 취업활동이나 사회활동의 성공 가능성을 높인다.

4. 남남갈등 완화의 통일·북한 수업

DMZ학술원의 DMZ 야외토론회는 1996년부터 20년 넘게 DMZ 인접지역을 답사한 직후 DMZ 남방한계선에서 개최되어 왔다. DMZ 야외토론회의 참석자는 오래된 역사만큼이나 다양하다. 같은 전공임에도 너무나도 다른 생각을 가진 전문가가 함께하였다. 굳이 일부를 호명하자면 브루스 부에노 데 메스키타, 와다 하루끼, 요한 갈퉁, 김명기, 김영호, 김학준, 서동만, 양호민, 이상만, 이상면, 이장희, 이재봉, 전성훈, 정세현, 제성호, 최성철 등이다. 다른 만남에서는 양립 불가능한 대립적인 견해를 고수했던 분들이다. 그렇지만 이런 이질적 전문가도 로컬 현장에 기반을 두고 전개되는 DMZ 야외토론회에서는 양립 가능한 견해를 서로 교환했던 것이다.

생명, 평화, 안전 등의 보편적 가치에 대해 누구나가 공감하고 또 특정 현장에서 가능한 방안에 대해서도 그 다원성을 서로 인정하는 것이다. 남남갈등의 상당 부분은 탁상공론에서 나온다. 여러 로컬 현장에 관한 객관적인 사실과 논리로 구성된 통일·북한 담론은 남남갈등 완화에도 기여할 것이다. 진보 내에서도 또 보수 내에서도 또 보수-진보 간에도 진정으로 현장에 밀착하여 관찰하게 되면 양립이 불가능한 대립은 사라지게 된다.

5. 새로운 통일·북한 수업

이 수업은 기존 통일·북한 담론에서 관심도, 실용성, 객관성이 부족하다고 보고 이를 보충하기 위해 특정 로컬을 통해 살펴본다. 실존 로컬을 통해 통일·북한 문제에 접근함으로써 사실에 충실한 담론을 형성하고자 한다. 특정 로컬 공간에서 숙지될 수 있고 또 개인 삶에 도움 되며 그리고 사회적 갈등을 완화하는 새로운 통일·북한 담론의 시안을 만들어 보려한다.

북한 내 또는 북한에 인접한 장소뿐 아니라 북한 밖의 통일 관련 공간을 소재로 하여 통일 문제 및 북한 문제를 살펴본다. 특정 로컬을 개괄하면서 통일 및 북한에 관한 함의를 서술한다. 통일·북한에 관한 거대담론이나 기존 통일학 또는 기존 북한학의 내용 대신에, 로컬의 시각에서 통일 문제와 북한 문제를 이해해 본다. 즉 해석보다 사실 위주의 통일·북한 담론이다.

북한 로컬 신문의 현황과 변화 방향

한림대학교 정치행정학과 성민정

논문초록 2018~2019년 남북한은 격동의 시기를 겪었다. 2018년 북한은 평창 올림픽에 참가할 의사가 있다며 먼저 대화의 손길을 내밀었다. 이에 따라 개회식에서 남북 선수단이 공동입장하는 등 남북관계가 긍정적인 방향으로 흘러갔다. 하지만 세기의 관심을 받은 평화 통일의 현주소는 어떻게 될까. 평화협정은커녕 종전선언도 이뤄지지 못했고 심지어 정전협정과 9.19 군사합의도 제대로 준수되지 못하고 있다. 그럼에도 불구하고 통일 또는 통합을 염두에 두고 북한 신문의 현황을 살펴보는 작업은 통일 이후뿐 아니라 통일 이전에도 필요하다. 지피지기 백전불태, 상대를 알고 나를 알아야 백 번의 악조건 속에서도 좋은 상황을 끌어낼 수 있다. 따라서 본 논문에서는 북한 신문을 개괄하고, 남북한 신문의 지리적 특성을 알아본다. 또한, 남한에서의 북한 신문 인용을 분석한 뒤 통일 시대 남북을 아울러 일간지가 어느 방향으로 발전해야 하는지를 제시할 것이다.

통일시대 로컬 신문의 발전 방향은 최대한 남이 북을 돕는 쪽으로 향해야 한다. 하지만 과정에서 급격하지 말아야 하며, 북한 국민의 정서를 고려해 최대한으로 포용할 범위를 설정해야 한다. 어느 방향으로 나아가든 극단은 반드시 회피할 것을 명심해야 이후 발생할 추가적인 문제를 예방할 수 있다. 한반도 분단의 70년 아픔은 북한을 돕는 남한이나, 도움을 받는 북한이나 모두의 노력이 동반되어야 함을 잊지 않았으면 좋겠다.

핵심주제어 북한지역신문, 남한신문, 통일정책, 지역신문 발전방향

I. 분단시대 로컬 신문

남한의 신문을 지역으로 나누자면 크게 전국신문과 지방신문이 있다. 전국신문은 10대 종합일간지로 경향신문, 국민일보, 동아일보, 문화일보, 서울신문, 세계일보, 조선일보, 중앙일보, 한겨레, 한국일보이다. 지방신문의 이름은 해당 지역의 지명으로 만든 경우가 대부분이다. 경상남도의 경우 경남신문, 경남일보, 경남도민일보가 있다.

체제 유지를 위한 선동으로 점철된 북한 언론은 대체로 부정적으로 인식되고 있다. 노동신문 이외에 크게 알려진 신문도 없거니와, 다양성과는 거리가 먼 북한 체제의 특성상 언론에도 굉장히 통제가 심한 것으로 알려져 있기 때문이다. 하지만 이런 북한에도 언론, 그중 특별히 신문의 다양성이 존재했다. 중앙지로는 노동당 기관지인 노동신문, 최고인민회의 상임위원회 및 내각 기관지인 민주조선, 김일성사회주의청년동맹 기관지 청년전위 등의 3대 중앙일간지가 있다. 지방지로는 각 도(직할시) 당 위원회와 도(직할시) 인민위원회의 기관지가 11개 정도 있으며, 교원신문, 철도신문 등 분야별로 신문이 나오고 있다. 또한, 조선인민군 기관지 조선인민군, 무소속 대변인 통일신보가 있으며 수출용 영어신문으로는 *The Pyong-yang Times*가 있다.[1] 특히 주목할 점은 북한 강원도이다. 흥미롭게도 남한의 춘천에 강원일보가 발간되고 있고, 또 북한의 원산에서도 동명의 신문이 발간되고 있다. 그렇다면, 북한의 강원일보는 어떤 지역적 특성을 띠고 있을까? 또 남한의 강원일보와는 어떤 차이가 있을까? 이 물음에서 시작한 담론은, 북한 신문의 지역적 특성이 무엇이고 남한과는 어떤 차이점이 있는지를 드러내어 향후 남북한을 아우를 신문 발전 방향을 제시하는 것으로 전개된다.

2018~2019년 남북한은 격동의 시기를 겪었다. 2018년 북한은 평창 올림픽에 참가할 의사가 있다며 먼저 대화의 손길을 내밀었다. 이에 따라 개회식에서 남북 선수단이 공동입장 하는 등 남북관계가 긍정적인 방향으로 흘러갔다. 이는 남북정상회담뿐 아니라 북미정상회담으로도 이어졌다. 동년 4월 27일 관문점 평화의 집에서 열린 남북정상회담은 '평화, 새로운 시작'이라는 구호를 내걸었다. 이틀 뒤인 4월 29일은 김정은 위원장이 평양 표준시를 폐지하라고 발언한 지 일주일도 채 되지 않아 표준시를 남한에 맞추며 협조적인 면모까지 보여줬다. 이후 2, 3차까지 이어진 남북정상회담과 더불어 북미정상회담, 남북미정상회담까지 열리며 평화 통일에 관한 관심이 극대화됐다. 이는 양측의 언론에도 희소식이었다. 평화는 기삿

---

1. 송승섭. 2007. "북한의 출판물 현황과 특징." 『문헌정보학논집』. 제9호. p.101.

거리로 소비되기 가장 좋은 주제였으며, 나날이 쏟아지는 평화, 통일 관련 보도가 대중에게 희망을 심어줬다. 제1차 남북정상회담이 이루어진 2018년 4월부터 상승세를 보이던 국정 지지율이 5월 첫째 주 77.4%를 기록했다.[2]

　세기의 관심을 받은 평화 통일의 현주소는 어떻게 될까. 남북은 여전히 서로에게 신뢰를 갈망하며 제자리를 맴돌고 있다. 만약 종전선언 그리고 평화협정을 맺었다면 어떻게 됐을까. 보통 평화협정으로 불리려면 전쟁 종식 외에 추가로 몇 가지 구성요소가 필요하다. 영토획정, 채무 및 배상, 전쟁범죄, 포로송환, 난민처리 등이 그 예이다.[3] 하지만 평화협정은커녕 종전선언도 이뤄지지 못했고 심지어 정전협정과 9.19 군사합의도 제대로 준수되지 못하고 있다. 다만 통일 또는 통합을 염두에 두고 북한 신문의 현황을 살펴보는 작업은 통일 이후뿐 아니라 통일 이전에도 필요하다. 지피지기(知彼知己) 백전불태(百戰不殆), 상대를 알고 나를 알아야 백 번의 악조건 속에서도 좋은 상황을 끌어낼 수 있다.

II. 북한 신문 개요

1. 북한 중앙신문과 지방신문

　북한의 중앙지로는 노동당 기관지인 노동신문을 비롯한 최고인민회의 상임위원회 및 내각 기관지인 민주조선, 김일성사회주의청년동맹 기관지 청년전위 등 3대 신문이 있다. 수도신문으로 평양시 당 위원회 기관지인 평양신문이 있고, 지금까지 알려진 지방지로는 도별 노동당위원회가 발행하는 평남일보, 평북일보, 함남

2. 리얼미터. "문재인 대통령 국정 수행 평가." http://www.realmeter.net/%EB%A6%AC%EC%96%BC%EB%AF%B8%ED%84%B0-5%EC%9B%94-1%EC%A3%BC%EC%B0%A8-%EC%A3%BC%EA%B0%84%EB%8F%99%ED%96%A5-%EC%82%AC%EC%8B%A4%EC%83%81-%EC%B7%A8%EC%9E%84%ED%9B%84-%EC%B5%9C%EA%B3%A0%EC%B9%98/. (검색일: 2019.11.20).
3. 김재한. 2018. "정전협정과 종전선언 그리고 평화협정." 「통일전략」. 제18집 3호. p.80.

일보, 함북일보, 자강일보, 양강일보, 강원일보, 황남일보, 황북일보, 개성신문, 남포신문이 있다. 기관별로 발행하는 여타 신문은 격일간이나 주간지로 발행되는 데 반해 중앙지와 지방지는 모두 일간지이다.

전체적인 신문 기사 종류는 당의 노선과 정책을 다루는 사설, 사상적·사회정치적으로 중요한 내용을 밝히는 논설, 김일성·김정일 교시나 공동사설을 쉽게 풀이한 해설, 정치문제의 의미를 다루는 정론, 정치적 문제를 분석하고 평가하며 주장하는 논평, 단평, 정세 해설, 사론, 단론, 관평, 덕성기사, 영도기사 등 총 29가지가 있다.

노동신문은 노동당 중앙위원회의 기관지로서 노동신문사가 발행하는 북한의 대표신문이다. 노동신문은 철저한 검열을 거쳐 국가기관이나 당원에 한정해 배포된다. 민주조선은 북한의 입법기관인 최고인민회의 상임위원회 및 내각 기관지이다. 민주조선은 '노동신문'의 기본 임무와 비슷하지만, 정부(내각) 기관지라는 특성상 편집에서 행정 실무적인 문제를 많이 다룬다. '노동신문' 다음으로 권위를 인정받는 신문이다. 청년전위는 세대 간 차이가 벌어지고 있는 시대에 맞춰 청년층에 대한 사상적 단속을 염두에 두고 만들어진 일간지이다. 청소년들에게 주체사상을 학습시키며, 노동당의 노선과 정책을 선전해 이의 완수를 위한 헌신을 권고하고, 북한 3대 최고 권위자에게 대한 충성교육을 임무로 한다. 보통 '노동신문'을 청소년과 결부시킨 것이 대부분이다. 위의 세 가지 신문은 북한의 대표적인 신문으로 꼽힌다. 특히, 노동신문과 민주조선의 경우 중국 등 해외로 수출된다. 청년전위는 90년대 중반 이후로 수출을 끊었다.

수도신문(평양신문)과 지방지 약 12개로 각 지명의 이름을 걸고 발간된다. 남한에 알려진 지방지로는 평남일보, 평북일보, 함남일보, 함북일보, 자강일보, 양강일보, 강원일보, 황남일보, 황북일보, 개성신문, 남포신문이 있다. 아쉬운 점은 노동신문과 민주조선의 경우 수출되는 중국 등의 경로로 남한 내 반입이 가능해 남한의 국립중앙도서관에서도 열람할 수 있지만, 수도신문이나 지방지의 경우 수출이 전혀 이루어지지 않아 남한에서 접할 수 있는 창구가 없다. 북한의 지방지는 주로

〈그림 1〉 북한 강원일보

출처: 신하림. 2018. "북한의 '강원일보'." 강원일보 신하림 기자 블로그. https://blog.naver.com/
summer.woods/221324335625

〈그림 2〉 북한 강원일보 소재지

※ 북한 강원일보 건물이 녹색으로 표기되어 있음.

출처: 통일부 북한정보포털 GIS. https://nkinfo.unikorea.go.kr/NKMap/main/viewMain.do

일간지 형태로 발행되며, 도당위원회의 선전 활동이나 지역 관심사를 다룬다. 수
도신문인 평양신문의 경우 전국 단위로 배포되며, 계급 교양과 집단주의 교양 자
료, 생활편의 자료를 게재한다.[4]

흥미롭게도 북한의 강원일보는 남한의 특정 신문과 이름이 같다. 1945년 10월

24일 창간호를 발행한 춘천 소재의 남한 강원일보는 각종 지역축제를 개최하는 등 중견 언론사로 자리 잡았다. 원산에서 설립된 북한 강원일보는 남한의 강원일보보다 2개월 늦은 1945년 12월 28일 창간되었고, 두 개 신문의 창간 연도는 같음을 알 수 있다. 행정구역상 강원도라는 명칭을 남북이 공동으로 사용해 빚어진 결과이다.[5]

2. 노동신문의 내용 분석

노동신문은 노동당 중앙위원회의 기관지로서 노동신문사가 발행하는 북한의 대표신문이다. 1945년 11월 1일 '정로'라는 제호로 출발했으며, 1946년 9월 1일 신민당 기관지인 '전진'을 통합해 현재의 노동신문으로 개칭되었다. 노동신문은 대내외 주요 현안 및 어떤 사건이 발생했을 때 정론이나 사설 등으로 북한의 상황을 대변한다. 기본의무는 당의 노선과 정책을 해설하고, 사회와 인간을 혁명적으로 개조하며, 노동당의 조직 강화와 유일사상체계를 확립하는 것이다. 지면의 편집은 김일성·김정일·김정은 행적, 정치·교양, 경제, 문화, 남한정세, 국제정세로 이루어진다. 총 6면 내외로 발행되는 조간신문인데 특별한 사건을 다룰 때는 총 9~10면까지 발행하기도 한다.

김일성·김정일·김정은 관련 기사는 반드시 1면에 실리며, 김일성·김정일·김정은 등의 이름이나 교시 내용을 인용하는 경우에는 다른 글자보다 눈에 띄도록 크고 진하게 표기한다. 1면에는 중요성에 따라 경제, 사회, 문화, 국제관계 등 모두가 실릴 수도 있다. 노동신문은 철저한 검열을 거쳐 국가기관이나 당원에 한정해 배포되며 그 권위는 절대적이다.

노동신문이 북한 정권을 대변하는 대표적이고 권위 있는 신문인만큼 통일 이후

---

4. 송승섭. 2007. p.104.
5. 연합뉴스. 2005년 12월 29일. "환갑맞이한 남.북한 강원일보." https://news.naver.com/main/read.nhn?mode=LSD&mid=sec&sid1=102&oid=001&aid=0001185269. (검색일: 2019.11.19).

<표 1> 2017~2018 '민주', '민주화' 관련 노동신문 헤드라인

2017년 5월 26일 5면	「친미보수세력청산에 **민주화** 실현이 있다」
2017년 7월 1일 5면	「**민주화**운동 관련자 당국의 억압에 항의」
2017년 7월 8일 6면	「자주의 새 세상, **민주**의 새 정치를 실현하려는 남조선 로동자들의 정의의 투쟁은 반드시 승리할 것이다」
2017년 7월 13일 6면	「생존의 권리와 **민주주의**를 위한 투쟁」
2017년 7월 16일 6면	「교육의 **민주화**를 위한 전교조의 정의로운 투쟁은 반드시 승리할 것이다」
2018년 7월 10일 8면	「생존권과 **민주주의**를 위한 투쟁 고조」

가장 변화 가능성이 크다고 예상되어, <표 1>에서 2017년부터 2018년까지 노동신문 헤드라인에 남한의 사상과 관련된 '민주주의' 또는 '민주화'를 내건 기사를 정리하였다.

북한에서도 대외적인 민주주의를 표방하고 있는 것처럼, 해당 헤드라인을 지닌 기사의 전체적인 내용에서는 민주주의에 우호적이었다. 6개 기사 모두 5, 6, 8면으로 후면에 있고, 남한의 정치·사회를 다루는 내용이다. 2017년 5월 26일 기사는 5.18 광주 민주화운동 37주년을 기념하며 미국과 군사정권을 거세게 비판했다. 동년 7월 1일 기사는 민주화운동 관련자의 부당 해고 사건을 다루고, 7월 8일 기사는 민주노동조합총연합회(이하 민주노총)의 6월 파업에 관해 이야기하며 이명박·박근혜 정부와 문재인 정부를 비교했다. 7월 13일에는 역시 민주노총의 전교조 합법화 총파업과 관련해 이전 정권과 현 정권을 비교·비판했다. 더불어 남한의 시위 사진을 첨부하기도 했다. 7월 16일 기사도 앞의 두 기사와 같은 내용이지만, 좀 더 격양되고 거센 어조였다. 약 1년 후인 2018년 7월 10일, 또다시 일어난 6월 민주노총의 총파업에 관한 내용을 담고 있다.

북한은 주체사상에 입각한 일당제 국가로 중앙집중적 권력 행태를 보인다. 수도인 평양 이외의 지역에서 김정은 체제 산하 이외의 권력을 행사할 수 없는 구조이다. 따라서 북한에서도 '지방분권'이나 '지방자치' 또는 '지방경제'에 관해 다루는 기사를 2017년부터 2019년까지 발행된 노동신문에서 정리한 것이 <표 2>이다.

2017년, 2018년의 기사는 비교적 후면에 실려 국제나 남한의 정세에 대해, 2019

	〈표 2〉 2017~2019 '지방'에 관련 노동신문 기사
2017년 7월 29일 6면	「한세대에 두 제국주의를 타승하신 백전백승의 강철의 령장」 내용 中 "기네령토행정 및 **지방분권화**성 과정은 자주 시대 지도 사상을 마련해 주시고 인민 대중의 지향과 요구를 반영한 로선과 정책을 제시하였으며…"
2018년 6월 26일 6면	「남조선에서 진행된 **지방자치**제 선거결과는 무엇을 보여 주는가」
2019년 4월 30일 3면	「**지방경제**발전을 위한 튼튼한 토대를 다져간다」

년은 김정은의 지방경제를 살리기 위한 발언에 맞춰 이뤄진 지방 정책에 대해 다루고 있다. 2019년의 기사는 김정은이 크게 관련돼 있어 비교적 전면에 실렸다.

2017년 7월 29일 기사에서는 김일성·김정일·김정은 3대가 이룬 업적을 기리는 과정에서 지방분권이 언급됐다. 나이지리아, 베네수엘라, 라오스, 브라질, 파키스탄, 벨라루스, 기니, 인도네시아, 독일, 탄자니아의 언론에서 김일성과 사회주의에 관한 내용을 하나의 기사로 편집해 전하는 방식을 취했다. 2018년 6월 26일 기사는 남한에서 동년 6월 13일 치러진 제7회 전국동시지방선거를 다뤘다. 지방선거의 결과를 남북관계 개선의 분위기와 연결 지어 자유한국당을 민족 화해와 단합에 방해가 되는 집단으로 규정지었다. 자유한국당에 대한 거센 비판과 더불어 한국의 보수 정당에 전반에 대한 적개심을 담았다. 2019년 4월 30일 기사는 김정은이 지방경제에 대해 "경제기술 및 전통적 특성을 살려 지역적 특색이 있는 경제를 건설하고 발전시켜나가야 합니다."라고 말한 데 있어서 자강도의 전력문제와 황해남도의 시멘트 생산 정상화를 다뤘다. 김정은의 말에 이뤄진 지방경제 개혁의 결과만을 담고 있어 지방분권과는 큰 관련은 없었다. 하지만 김정은이 지방경제에 관심을 두고 있다는 것만으로도 지방자치의 실현 가능성을 조금이나마 엿볼 수 있다.

남한 정서와 연관된 민주화, 민주주의나 지방분권, 지방자치를 다룬 기사는 극히 적다. 대부분 남한의 정세와 관련지어 북한 내부 사건·사고를 다룬 전면이 아닌 후면에 실렸고, 사회주의나 주체사상에 근거해 반대되는 무리를 감정적으로 신랄하게 비판하거나, 자신들과 비슷하다고 예상되는 무리를 고무적으로 응원하는 내용을 엿볼 수 있다. 특히 지방분권화, 지방자치, 지방경제 등의 주제어를 포함한 기사는 같은 내용을 반복해서 작성한 기사가 아닌 이상 매우 적었다. 철저한 검열을 통해 이루어지는 노동신문이기 때문에 어느 정도 감수해야겠지만, 통일 이후를 염려했을 때는 다소 안타까운 결과였다.

3. 수도신문 및 지방신문의 특징

수도신문인 평양신문과 지방신문 11개의 특징은 〈표 3〉과 같이 정리했다. 북한 인민의 수요에 맞춘 자본주의 신문과 달리, 북한의 모든 신문은 북한 정권의 의중에 따라 운영되고 있음을 알 수 있다.

〈표 3〉 수도신문과 지방신문의 특징

회사명	특징
평양신문	1957년 창간됐다. 국문판과 영어판, 불어판인 「평양타임스」가 발간된다. 평양 시내뿐 아니라 북한 전역에 배포되며 중앙신문의 일종이다. 김일성·김정일 관련 기사, 정치사상, 교양선전, 경제과업 관철을 위한 선동 활동과 완수 내용 등. 「노동신문」, 「민주조선」을 제외한 전체 신문을 흥미 있게 편집하라는 당의 요구에 따라 연재소설과 만화 및 상품광고 등이 실리고 있다.
평남일보	1951년 7월 1일 「평남노동신문」과 통합되면서 제호를 「평남일보」로 바꿨다. 초기에 평양에서 발행되다가 1968년 2월부터 평안남도 평성시도일보사에서 발행되고 있다. 김일성·김정일이 평안남도에 제시한 과업과 이 과업을 관철하려는 방안을 집중적으로 게재한다. 또 평안남도 내 당원과 노동자의 중요한 성과물을 실어 지역 주민의 활동을 북돋는 임무를 수행한다. 남한을 비롯한 국제소식도 적극적으로 싣고 있으며 기술문화지식과 관련된 자료도 다룬다.
평북일보	1951년 7월 1일 「평북노동신문」과 통합되면서 제호를 「평북일보」로 바꿨다. 내용이 평남일보와 거의 같지만, 주로 다루는 지역이 평안북도인 데 차이가 있다.
함남일보	1951년 7월 1일 당시 함경남도 인민위원회 기관지였던 「함남인민보」와 통합해 「함남일보」로 개편됐다. 채취공업, 기계공업, 화학공업, 수산업을 비롯한 함경남도의 주요 산업부문과 각 경제 분야에서 이룩한 성과를 집중적으로 선전한다. 또 신문의 4면을 문화·교양면으로 전환하고 여러 가지 과학기술지식과 상식, 교육사업경험, 문화생활 단신, 상품안내와 극장 안내 등을 싣는다. 이외에 남한 및 국제소식도 전하고 있다.
함북일보	1951년 7월 1일 당시 함경남도 인민위원회 기관지였던 「함북인민보」와 통합해 「함북일보」로 개편됐다. 내용상으로 함남일보와 거의 같지만, 추가로 금속공업의 성과를 적극적으로 소개하고 문예 작품, 문예 상식, 체육 상식과 위생상식, 새로 나온 책 등 문화자료를 실으면서 상품소개, 일기예보 등 주민들의 실제 생활에 필요한 정보를 전달하고 있다.
자강일보	1949년 3월 11일 「자강노동」이라는 제호로 창간되었다가 1951년 7월 1일부터 「자강노동」은 인민 정권 기관지인 「자강인민보」와 통합되어 「자강일보」가 되었다. 초창기에 화전민 지역이라는 지역적 특색을 반영해 도내 주민의 생활을 향상하고 계몽하는 기사를 싣는 데 주력했다.

자강일보	이후 자강도에서 벌어지는 정치, 경제, 문화 등 다방면의 소식을 전하면서 북한 각 지역의 소식과 국제소식을 전한다. 또 자강도 내 주민들이 노동당의 시책과 정부의 정책을 잘 알 수 있도록 하는 임무도 적극적으로 수행한다.
양강일보	1955년 1월 1일부터 대형판 4면 일간지 형태로 발간되고 있다. 양강도의 노동당원과 주민에 대한 사상교양사업을 주된 임무로 삼는다. 양강도 지역에 김일성·김정일의 혁명사적들이 산재해 있다는 지역적 특성을 반영해 혁명사적에 대한 해설을 비중 있게 다룬다. 또 이 지역에 광산이 많고 통나무 생산과 목재 가공공업이 주요 산업이라는 점을 중시해 관련된 경제 보도선전에 주력하며, 고산지대의 특성을 살려 고랭지 농업과 다양한 농업 관련 기술과 소식도 적극적으로 게재한다.
강원일보	1945년 12월 28일 창간됐다. 일간지 형태로 4면 발행되며 도당위원회의 선전 활동 등을 다룬다. 다른 지역 신문처럼 지역의 산업, 김일성·김정일이 제시한 과업 등을 다룬다. 남한에도 동명의 신문이 있다.
황남일보	1955년 1월부터 「황남일보」로 발행되고 있다. 채취공업과 철도, 농업 등 도내의 산업 분야에서 거둔 성과를 전달하는 데 주력하고 있으며, 김일성·김정일이 황해남도에 제시한 과업을 소개한다. 또 역사, 자연, 지리, 문화예술 등 다양한 기사를 게재해 도민들의 문화상식 수준을 높이는 데 이바지하고 있다.
황북일보	1955년 황해도가 황해북도와 황해남도로 갈라지면서 「황북일보」로 발행되고 있다. 곡창지대라는 황해북도의 지역적 특성을 고려해 협동농장의 농업증산 소식을 주로 전하며 도내 역사와 지리, 자연, 문화예술, 일반 상식 등도 보도한다.
개성신문	1952년 2월 19일 창간됐다. 개성시의 당원과 노동자에게 개성시의 발전에 필요한 정치, 경제, 문화적 과업을 전달하는 것을 임무로 한다. 특히 북한이 개성시를 경공업 도시로 만들겠다는 목표를 세움에 따라 관련된 선전자료를 집중적으로 게재한다. 개성시가 남한과 인접해 있으므로 지역 주민에게 북한노동당과 정부의 대남관계 방침을 해설한다. 남북관계 관련 자료도 많이 싣고 있으며, 북한 당국의 통일방안 등을 선전하는 데에도 주력하고 있다.
남포신문	1982년 8월 '전투속보'의 형식으로 주 2회씩 발행되다가 1985년 12월 1일부터 「남포신문」이라는 제호를 달고 대형판 4면 일간으로 발행되고 있다. 노동당이 남포시에 제시한 정치, 경제, 문화적 과업을 수행하도록 지역 주민을 조직하고 동원하는 것을 기본 임무로 한다. 김일성·김정일이 남포시에 제시한 여러 과업을 소개하고 선전사업을 벌이는 것도 주요한 역할 중 하나이다. 남포시가 항구지역인 만큼 관련된 날씨 등의 정보를 제공하는 것도 주된 역할이다.

출처: 한국민족문화대백과사전. "평양신문", "평남일보", "평북일보", "함남일보", "함북일보", "자강일보", "양강일보", "황남일보", "황북일보", "개성신문", "남포신문". https://encykorea.aks.ac.kr/

III. 남북한 신문의 로컬적 특성

〈표 4〉는 북한 신문 15개의 본사 소재지를 정리한 것이고, 〈표 5〉는 남한 신문 52개의 본사 소재지를 정리한 것이다. 이를 한반도 지도 위에 나타낸 것이 〈그림 3〉이다.

<표 4> 북한 신문 소재지

지역	신문	주소
평양	노동신문	평양직할시 중성동 해방산거리 중구역 근처
	민주조선	평양직할시 전승동 모란봉구역 근처
	청년전위	평양직할시 보통강이동 보통강구역 근처
	평양신문	평양직할시 전승동 모란봉구역 근처
평남	평남일보	평안남도 평성시
평북	평북일보	평안북도 신의주시
함남	함남일보	함경남도 함흥시 영광동
함북	함북일보	함경북도 청진시 라성동
자강	자강일보	자강도 강계시 동문동
양강	양강일보	양강도 혜산시 련봉2동 김정숙사범대학
강원	강원일보	강원도 원산시 명사십리동
황남	황남일보	황해남도 해 주시
황북	황북일보	황해북도 사리원시
	개성신문	황해북도 개성특급시
남포	남포신문	남포특별시 중대두동 항구구역

<표 5> 남한 신문 소재지

지역	신문	주소
서울	경향신문	서울특별시 중구 정동길 3
	국민일보	서울특별시 영등포구 여의공원로 101
	동아일보	서울특별시 종로구 청계천로 1
	문화일보	서울특별시 중구 새문안로 22
	서울신문	서울특별시 중구 세종대로 124
	세계일보	서울특별시 종로구 경희궁길 26
	조선일보	서울특별시 중구 세종대로21길 30
	중앙일보	서울특별시 중구 서소문로 100
	한겨레	서울특별시 마포구 효창목길 6
	한국일보	서울특별시 중구 세종대로 17
부산	국제신문	부산광역시 연제구 중앙대로 1217
	부산일보	부산광역시 동구 중앙대로 365
경기	경기신문	경기도 수원시 장안구 송원로 55
	수원일보	경기도 수원시 팔달구 인계로 123
	경기일보	경기도 수원시 장안구 경수대로 973번길 6

	중부일보	경기도 수원시 팔달구 권선로 733
	경인일보	경기도 수원시 팔달구 효원로 299
인천	기호일보	인천광역시 남동구 미래로32
	인천신문	인천광역시 남동구 논고개로 77
	인천일보	인천광역시 중구 인중로 226
강원	강원일보	강원도 춘천시 중앙로 23
	강원도민일보	강원도 춘천시 후석로 462번길 22
충북	중부매일신문	충청북도 청주시 흥덕구 1순환로 436번길 22
	충청일보	충청북도 청주시 흥덕구 직지대로 769
	옥천신문	충청북도 옥천군 옥천읍 삼금로1길 3-1
대전	대전일보	대전광역시 서구 계룡로 314
	중도일보	대전광역시 중구 계룡로 832
	충청투데이	대전광역시 서구 갈마중로30번길 67
	충청신문	대전광역시 중구 동서대로 1337
대구·경북	대구신문	대구광역시 동구 동부로94
	대구일보	대구광역시 수성구 동대구로 330
	매일신문	대구광역시 중구 서성로 20(대구 본사), 경상북도 안동시 경동로 841 (경북 본사)
	영남일보	대구광역시 동구 동대구로 441(대구 본사), 경상북도 안동시 광명로 166 (경북 본사)
	경북도민일보	경상북도 포항시 남구 중앙로 66-1번지
울산	경상일보	울산광역시 남구 북부순환도로 17
	울산매일	울산광역시 남구 수암로 4
경남	경남신문	경상남도 창원시 의창구 중앙대로210번길 3
	경남일보	경상남도 진주시 남강로 1065
	경남도민일보	경상남도 창원시 마산회원구 삼호로 38
전북	전북일보	전라북도 전주시 덕진구 기린대로 418
	전라일보	전라북도 전주시 완산구 전라감영로 75
	전북도민일보	전라북도 전주시 덕진구 벚꽃로 54
	새전북신문	전라북도 전주시 덕진구 백제대로 728
	전북중앙신문	전라북도 전주시 완산구 한두평2길 6
광주·전남	광주일보	광주광역시 동구 금남로 224
	남도일보	광주광역시 북구 무등로 204
	전남일보	광주광역시 동구 제봉로 137
	광주매일신문	광주광역시 남구 천변좌로 338번길 16
	무등일보	광주광역시 북구 제봉로 324
제주	제민일보	제주특별자치도 제주시 애월읍 평화로 2700
	제주신문	제주특별자치도 제주시 도공로9-1
	제주일보	제주특별자치도 제주시 서사로 25

〈그림 3〉과 〈표 4〉, 〈표 5〉에서도 보이듯이 남북한의 신문 개수나 한 지역에 대한 신문의 다양성은 크게 차이가 난다. 북한의 경우 평양을 제외하고 도당 하나의 신문이 있다. 예외적으로 황해북도의 경우 개성특급시에 개성신문, 사리원시 소재로 예측되는 황북일보(소재 미상)로 두 개의 신문이 존재한다. 남한은 서울 소재 10개 주요 일간지 외에 지방 일간지로 42개가 있는데, '-일보', '-도민일보', '-신문', '-매일' 등 신문의 이름이 다양하다. 주로 지역명을 따라 지어진 신문이 대부분이지만, '무등일보'처럼 지역의 유명한 산 이름을 붙이는 곳도 있고, '경남일보', '영남일보' 등 특정 지역을 포괄하는 문구를 활용한 회사명도 종종 눈에 띈다. 남북한의 공통으로는 각 도의 자연적인 특징을 반영해 지역 소식과 문화, 예술, 체육 등 각계각층의 새로운 소식을 전달한다.

북한 신문은 도당 1개가 원칙이다. 따라서 한 개의 도가 해당 지역의 소식을 전부 담당한다. 이 때문에 독자가 취사선택할 수 있는 기사의 개수가 적다. 또, 한 개의 신문이 해당 지역 전역을 담당하므로 놓치고 지나가는 기사 소재가 있을 수 있다. 다시 말하면 인력의 문제이다. 대표적으로 함경북도, 함경남도, 강원도의 경우 산지 지역이라 실제 사람이 사는 구역이 적지만, 면적이 넓으므로 한 개의 신문이 전역을 담당하기엔 무리가 있다. 특히 청진, 혜산, 함흥, 원산, 강계 등 신문이 주요 도시에만 자리 잡고 있어 방방곡곡으로 전파되지 않을 가능성이 매우 크다. 하지만 평양의 경우 노동신문, 민주조선, 청년전위, 평양신문(수출용 영어, 불어 신문 공동 발행)으로 총 4개의 신문이 좁은 구역 안에 편중된 경향을 보여 체제 선전 목적 이외의 지역 소식 등을 전하기에는 무리가 없을 것이다. 또한, 청년전위는 노동신문을 청소년을 위한 신문으로 바꿔놓았다. 따라서 연령대별로 독자를 나눠놓은 취지 차원에서는 장점이다. 나머지 지방 또한 앞서 말했듯 독자가 취사선택할 수 있는 기사의 개수가 적다는 단점이 있지만, 반대로 여러 개의 신문을 고민하지 않고 기사를 읽을 수 있다는 약한 장점이 있다. 국영신문이기 때문에 오히려 국가 차원에서 정보를 조작할 염려는 크지만, 신문 발행기관 차원에서 가짜 뉴스가 홍수처럼 쏟아질 일은 없다.

<그림 3> 남한 및 북한 신문의 지리적 분포도

남한 신문의 경우 주요 일간지 10개 외에도 지방 곳곳에 여러 개의 신문이 분포해 있다. 전부 일간지이며 인터넷을 통해 접근성이 쉽다. 지면으로만 볼 수 있어 해당 지역에 가지 않으면 자세한 소식을 접할 수 없는 북한 신문에 반해, 서울에서도 부산의 소식을 접할 수 있다. 독자로서는 지리적으로 어디에 분포해 있는지가 거의 무의미하다.

만약 인터넷 신문을 제외하고 지면 신문만 있다고 가정한다면, 지역마다 여러 개의 신문이 있어 독자가 기사를 취사선택할 수 있는 폭이 넓다. 또 신문별로 특색 있는 지역 축제 등을 후원·개최해 각 지역에 대한 이해도가 높다. 심지어 옥천신문처럼 도내 특정 지역만을 대상으로 하는 신문도 있다. 지역에 대한 전문성 차원에서 북한 신문에 비교해 높을 수밖에 없다. 남한 체제 특성상 소재로 삼을 수 있는 기삿거리가 매우 많으므로 독자에게 전달되는 정보의 다양성이 풍부하다. 단점은 무분별한 정보의 양산으로 가짜 뉴스 등 허위 정보에 대해 취약하다는 것이다. 예를 들어 서울 거주민이 부산 지역신문의 가짜 뉴스에 대비할 방법은 부산 거주민에게 사실을 직접 전해 듣지 않는 이상 거의 없다. 즉, 독자가 직접 정보를 분별해야 한다는 점에서 신뢰성의 문제가 있다.

IV. 남한 신문의 북한 인용

남한 신문의 대북 태도는 이념에 따라 매우 대립적이다. 〈그림 4〉와 〈그림 5〉는 북한 정권에 대한 조선일보와 한겨레신문의 사설 내용 변화 추이를 정리한 것이다.

남한 신문이 북한 신문을 어떻게 인용하고 있는지 알아보기 위해 젤리 랩(Jelly lab) 사이트의 태그 클라우드를 이용했다. 남한의 북한 신문 인용 기사에서 자주 쓰인 단어부터 적게 쓰인 단어까지 크기로 비교할 수 있다. 가장 많이 쓴 단어 상위 50개를 태그 클라우딩 했다. 남한 신문은 조선일보, 중앙일보, 한겨레, 경향신문 총

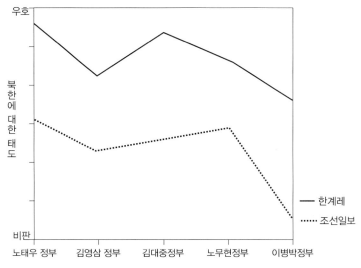

〈그림 4〉 북한에 대한 조선일보 및 한겨레신문의 태도 추이

출처: 김재한(2009, p.147) 인용

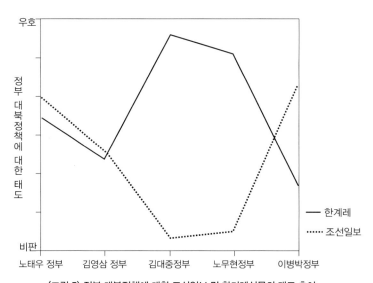

〈그림 5〉 정부 대북정책에 대한 조선일보 및 한겨레신문의 태도 추이

출처: 김재한(2009, p.150) 인용

4개를 대표로 뽑았다. 각 신문에서 2017~2019년 사이에 발행한 북한 신문에 관한 기사 5개를 연도별로 무작위 선정했다.

전체적으로 북한 매체 중 노동신문을 가장 많이 인용했다. 민주조선을 인용한 기사는 없었다. 2017년부터 2019년까지의 노동신문 발췌·전문인용 기사는 시기별로 남북·북미·북중 관계에 집중하거나 북한 내 주민 인권 상황 파악에 주력했다. 조선일보와 중앙일보의 경우 노동신문 관련 기사 수가 한겨레, 경향신문에 비교해 현저히 적었다. 한겨레, 경향신문은 노동신문의 본문을 그대로 옮겨 적거나, 지면을 스캔한 형태로 많이 보도했다. 특히, 경향신문은 기사 대부분이 노동신문

〈그림 6〉 조선일보의 북한 신문 인용 기사 태그 클라우드

〈그림 7〉 중앙일보의 북한 신문 인용 기사 태그 클라우드

을 스캔한 형태였고, 태그 클라우딩 한 3년간 비슷한 헤드라인과 내용으로 마치 하나의 코너처럼 작성된 기사가 많았다. 반면에 조선일보, 중앙일보 기사의 대부분은 노동신문 전문을 그대로 옮겨 적기보다는 일부를 발췌해 인용했다. 언론사별로 노동신문에서 필요한 내용을 발췌하거나 전문을 옮기는 방식으로 각자의 성향에 맞게 편집해 보도했다. 조선일보와 중앙일보는 노동신문 기사를 해설하고 이에 대해 비판하는 경향을 보였다. 한겨레나 경향신문은 해설·비판보다는 노동신문을 그대로 옮겨 적는 식의 기사가 대부분이었다.

〈그림 8〉 한겨레의 북한 신문 인용 기사 태그 클라우드

〈그림 9〉 경향신문의 북한 신문 인용 기사 태그 클라우드

V. 통일 시대의 로컬 언론

한반도처럼 분단 역사의 아픔을 겪은 독일은 통일 이후 서독의 언론모델에 따라 동독 언론이 흡수·통합되는 전면적인 개편이 이루어졌다.[6] 그러나 동독 현실에 관해 이야기할 수 있는 자는 단지 그곳에 살았던 자만이 자격이 있다고 절대다수의 동독 주민(97%)들이 생각하고 있었다. 즉 서독 언론인에 의한 보도는 발붙일 자리가 없고, 동독인에 의한 보도가 신뢰 될 수밖에 없다는 것이다.[7] 이는 단순 인식의 문제를 떠나 서독이 언론 통일에 어떤 자세로 임해야 할지를 시사한다.

따라서 독일과 마찬가지로 남한 주도하에 언론 개혁이 이루어진다고 해도 발생하는 문제를 피하지 못할 것은 사실이다. 여기서 강조하려는 문제점은 다음과 같다.

① 수십 년간 계속되어온 체제 선동·선전 기사에 익숙한 북한 주민들이 남한 신문에 적응하지 못할 것이다. 북한 내부적으로 자유 언론에 관한 갈망이 없는 상태에서 대비책 없는 남한 주도의 언론 통합은 북한 주민들에게 강한 거부감을 일으킬 수 있다.

② 지리적으로 다른 특성을 가진 남북 신문에 남북한 주민들이 처음에는 호기심을 가질 테지만 곧 남한의 거대 신문을 주축으로 한 신문 개혁에 독과점 현상이 일어나며 독자로부터 비판받을 여지가 있다.

우선 문제점 ①에서 통일 이후 북한 국영신문을 전면 폐지하는 방안보다는, 처음에는 일부 유명 중앙지는 공영신문으로 유지하면서 변두리에 있는 지방신문부터 남한 신문과의 협력을 통해 지역적 특색을 잘 살린 신문으로 재탄생시키는 것이다. 물론 통일 이후 북한 주민이 남한에 대거 영입될 것을 예측하면, 비단 북한

6. 김진웅. 2017. 「(22 독일통일 총서) 언론 분야 관련 정책문서」. 통일부. p.16.
7. 김택환. 1995. "통일 독일의 언론지형." 『전후분단 국가의 언론정책』. 한국언론연구원.

신문 개혁만이 정답은 아니라고 할 수 있다. 통일의 물꼬를 트기 전 미리 신문을 포함한 언론 분야의 개방과 협력을 추진해 통일 이후 위화감을 최소화하는 것이 요구된다. 실제 독일의 경우 통일 이전에 방송 개방으로 동독인이 서독 방송을 지속해서 시청했다. 이에 "이들의 객관적 보도를 위한 노력과 비판적이면서도 우호적인 논평은 서독 방송에 대한 동독 주민들의 신뢰도를 높이는 데 기여했다."는 평가도 있다.[8] 물론 동서독의 통일 이전 방송개방과 같은 협력을 통해 남한 언론의 신뢰성을 높이기 위해서는 반드시 그만큼의 노력이 동반돼야 할 것이다.

더불어 신문의 개수가 현저히 적은 북한 지방지에 대해 남한 신문이 적극적으로 도움을 줘야 한다. 다시 말해, 북한 신문 발행기관의 고위급 간부 상당수를 퇴직시키고 젊은 층 인력을 50:50 남북한 할당제를 통해 대거 유입한 다음 회사의 규모가 커지면 자연스럽게 분리될 수 있도록 도움을 주는 것이다. 대표적인 예로 남한 강원도민일보의 창립 위원 대부분이 도내 유일한 신문이었던 강원일보의 전직 기자들이었다. 북한 신문의 개수를 늘리겠다고 부자연스러운 방법으로 새로운 신문을 창간해 지역의 신문 분야에 혼란을 주는 것보다, 이미 존재하던 지역신문에 종사하던 재직자가 기존의 운영 방식에 개선할 점을 스스로 더해 새롭게 창간할 기회를 주는 것이 바람직하다. 따라서 북한 지역신문의 급격한 다양화보다는 오랜 기간을 두고 천천히 개혁하는 편이 북한 주민들의 거부감을 줄일 대책이다.

국영 중앙지는 체제 선전의 목적을 철폐한 채로 일정 기간 유지한 후 공영신문으로 거듭나야 한다. 이 과정에서 북한 주민의 정서적 측면에 대해 많이 고려해야 한다. 오랜 기간 독재 체제에서 굳어진 가치관과 사고방식 등을 전환해야 하기 때문이다. 독일 사례에서 알 수 있듯이 북한의 신문은 단순한 보도 기능 이외에 북한 주민을 계몽하고 재교육하는 역할을 해야 한다. 특히 다급한 민영화보다는 남한의 공영 방송사인 KBS의 특성을 반영해 수익구조면에서 광고 등 기업에 의존할 수 없게 일정 기간 전국 구독료를 징수해 개혁하는 하나의 방안이 있다. 이후 공영화

---

8. 김광호. 1995. "통일 전 동서독의 방송정책 및 보도." 「전후분단 국가의 언론정책」. 한국언론연구원.

의 유지 면에서 전 국민의 지지를 받도록 통일 신문의 선구자 역할을 해야 한다. 이 과정에서 인적 쇄신은 필수적인데, 지역신문과 마찬가지로 노령의 간부급 인사를 퇴직시키거나, 능력이 있고 동료들로부터 신뢰가 두터운 일부 인사는 남한의 노령 언론인과 함께 자문 위원으로 위촉해야 한다. 이후 남북 할당제를 통한 청·장년층의 대거 채용이 이뤄져야 할 것이다.

문제점 ①의 마지막 개선 방안은, 남북한 신문의 서로 인용하는 행태를 자제하는 것이다. 현재 남북한 신문의 서로 인용 행태는 자국에 상대국을 견제하는 전단을 살포하는 것과 비슷하다고 볼 수 있다. 통일 과정에서 이 같은 행태가 완화될 수도 있겠지만, 분단 70년의 역사 속에서 풀어야 할 오해가 쌓여있는 현실과 대비하면 의도치 않은 분쟁은 자제하는 것이 바람직하다. 특히 신문 분야 통일의 첫 관문에서 앞서 말한 여러 가지 방안을 짧은 기간 안에 급속히 이루는 건 현실적으로 불가능할뿐더러 빠른 개혁을 이루는 것은 파생되는 문제의 개수가 증가할 가능성이 크기 때문에 통일 초기에는 남북한 신문이 서로를 인용하며 보도하는 것을 최대한 자제해야 한다. 민감한 시기에 인용이 이루어질 시 과거로의 회귀를 상상하게 해 의도치 않은 남북한 주민의 분쟁이 일어날 수도 있음을 명심해야 한다. 가능한 한 많은 국민이 인용문이 아닌 원문 그대로의 내용을 접할 수 있도록 통일 직후 일정 기간 남북한 언론이 협조해야 한다.

문제점 ②는 남한 신문의 독과점 문제이다. 남한 주도식 언론 개혁을 별다른 규제 없이 추진하다 보면 자유시장 경제에서 남한 신문이 필연적으로 유리할 것이다. 이에 대해 정부는 특정 집단이 북한 신문 체계를 선점하는 방식으로 일이 진행되지 않게 해야 할 것이다. 앞서 말했듯 북한 신문끼리의 리그를 펼치는 데 어려움이 없도록 남한 언론이 적극적으로 도움을 줘야 한다. 남한이 우세한 대부분 분야에서는 마찬가지로 북한의 자립에 협조해서 나중에 발생할 문제를 최소화해야 한다. 단, 이는 임시적 조치로서 수행해야 한다.

구체적으로 북한 신문 투자 유치를 들 수 있다. 자유시장 경제 체제에서 북한 신문을 남한 신문에 매각하는 것을 규제하고 투자로만 범위를 한정하는 것에 대해 의문을 가질 수 있다. 하지만 남한 신문의 대책 없는 매입으로 북한 신문 민영화를 가속하는 것보다, 일정 기간 남한 기업 차원에서의 투자로 북한 신문의 발전을 도모하고 남한 기업에도 경제적 이득을 가져다주는 편이 서로에게 좋을 것이다. 이때, 북한 신문은 전문적 인재를 추출하는 능력을 길러야 할 것이다. 무엇보다 허허벌판에서 도시를 세우는 것은 그것을 주도하는 '사람'의 몫이기 때문이다. 국가적 차원에서의 지원도 필수적이어야 한다.

결론적으로 통일 신문의 발전 방향은 최대한 남이 북을 돕는 쪽으로 향해야 한다. 하지만 과정에서 급격하지 말아야 하며, 북한 국민의 정서를 고려해 최대한으로 포용할 범위를 설정해야 한다. 어느 방향으로 나아가든 극단은 반드시 회피할 것을 명심해야 이후 발생할 추가적인 문제를 예방할 수 있다. 병든 몸에 약을 과다 투여하면 부작용이 일어나는 것과 마찬가지이다. 한반도 분단의 70년 아픔은 북한을 돕는 남한이나, 도움을 받는 북한이나 모두의 노력이 동반되어야 함을 잊지 않았으면 좋겠다.

〈참고문헌〉

김광호. 1995. "통일 전 동서독의 방송정책 및 보도." 『전후분단 국가의 언론정책』. 한국언론연구원.
김재한. 2009. "북한 및 미국 관련 남남갈등의 변화추세." 『통일과 평화』. 제1집 제2호.
김재한. 2018. "정전협정과 종전선언 그리고 평화협정." 『통일전략』. 제18집 3호.
김진웅. 2017. 『(22 독일통일 총서) 언론 분야 관련 정책문서』. 통일부.
김택환. 1995. "통일 독일의 언론지형." 『전후분단 국가의 언론정책』. 한국언론연구원.
리얼미터. "문재인 대통령 국정 수행 평가." http://www.realmeter.net. (검색일: 2019.11.20).
송승섭. 2007. "북한의 출판물 현황과 특징." 『문헌정보학논집』. 제9호.
연합뉴스. 2005년 12월 29일. "환갑맞이한 남.북한 강원일보." https://news.naver.com/main/read.nhn?mode=LSD&mid=sec&sid1=102&oid=001&aid=0001185269. (검색일: 2019.11.19.).

북한 로컬의 ODA형 발전 모델

한림대학교 정치행정학과

박명준·류동현·이소현·김주연

논문초록 한국은 세계 많은 국가들을 대상으로 ODA를 진행하고 있다. 심지어 사회주의 국가인 베트남, 캄보디아와 빈곤한 아프리카 국가들에 대해서도 많은 무상원조 사업을 진행하고 있다. 반면 사회주의 국가이자 빈곤국인 북한에 대해 이루어지지는 않고 있다. 이 글은 "왜 북한에 대해서는 ODA가 이루어지지 않을까?"라는 의문점에서 출발한다. 현재 한반도는 북한의 지속적인 핵 개발과 도발 그리고 이에 대한 대북제재로 인하여 한국의 대북 경제협력은 진행되지 않고 있다. 본 논문은 궁극적으로 한국의 국익을 위해서는 북한에 대한 ODA가 필수적이라고 주장하고 북한에 민간합작사업인 PPP와 공적개발원조인 ODA 사업을 융합한 PODA라는 새로운 경제협력모델을 제시한다. 사업 대상으로는 북한의 심각한 식량문제를 해결해 줄 수 있는 콩이다. 북한 벽성군이나 해주시 등 일부 지역에 ODA를 통하여 1차적으로는 협동농장의 콩 생산량을 증대하고, 2차적으로는 생산된 콩을 가공할 공장의 증설 및 신설이다. 마지막으로는 공장에서 생산된 상품을 풀무원 등이 국내시장에 반입하고 콩 및 식량 관련 연구소를 증설하는 것이다. 이와 같이 협동농장–공장–연구소 등의 기반을 형성하는 ODA 사업을 시작으로 PPP 사업까지 연계하여 향후 남북한 간의 자유로운 경제개발협력 및 교류를 할 여건을 조성하려 한다.

핵심주제어 ODA, PODA, 경제협력모델, 남북한 경제개별협력

Ⅰ. ODA의 의미

현재 한국은 개발도상국을 상대로 공적개발원조(Official Development Assistance; ODA)를 진행하고 있다. 한국의 ODA 역사는 다음과 같이 설명되고 있다. 전쟁으로 폐허가 된 1950~1960년대 한국은 미국과 유엔개발계획(UNDP)을 중심으로 지원되는 국제사회의 원조를 받았다. 이후 '한강의 기적'을 통해 비약적인 경제성장을 이룬 후 1987년 개발도상국들의 산업 발전과 경제 안정을 지원하고

이들 국가와의 경제협력을 증진하기 위해 한국은 대외경제협력기금(EDCF)을 창설했고, 4년 뒤인 1991년 KOICA를 창립했다. 이로써 한국은 원조를 받는 나라에서는 최초로 2009년에 원조 공여국으로 경제협력개발기구(OECD) 개발원조위원회(DAC)에 24번째 국가로 가입했다.[1] 이렇게 한국의 ODA는 발전해 왔고 지금까지도 이어지고 있다. ODA는 정부를 비롯한 공공기관이 개발도상국의 경제발전과 사회 증진을 목표로 제공하는 원조를 의미하며, 개발도상국 정부 및 지역, 또는 국제기구에 제공되는 자금이나 기술협력을 포함하는 개념으로 정의할 수 있다. 이와 같은 ODA의 정의는 DAC가 1961년 출범한 이후 통일되어 사용하고 있다.[2] DAC는 국민 총소득(GNI)의 0.7% 이상을 ODA에 사용하라고 권고하고 있는데,[3] 한국은 2018년도 기준으로 GNI의 0.15%만을 ODA자금으로 사용한 바 있다.[4]

여기서 한 가지 의문점이 생긴다. 바로 북한에 대한 ODA 여부이다. 한국과 가장 가까운 북한이라는 저개발국에 대한 ODA는 북한 대량살상무기개발 및 이에 따른 대북제재 등으로 이루어지지 않고 있다. 한국과 달리, 미국이나 일본은 북한에 대해 경제협력을 기반으로 하는 ODA에 대한 예비적 행동을 취하고 있는 실정이다. 미국과 일본은 북한이 풍부한 지하자원과 우수한 노동력을 보유하고 있으며 이를 기반으로 하는 다양한 국제 개발협력 프로젝트가 가능하다는 사실을 인지하고 있다. 이처럼 주요 공여국의 구상에 발맞추어 한국 또한 북한에 대하여 ODA를 계획하고 준비하여야 한다. 여기서 ODA란 국가와 국가를 대상으로 하는 공적개발원조로, 정치이념을 배제하고 북한이라는 저개발국가에 대한 ODA 즉 남북한 간의 상호 이익에 중심을 둔 경제적 협력관계를 목적으로 해야 한다.

이 논문은 한국이 수입에 의존하는 농산물을 북한에서 생산하여 기본적인 식량

1. 왕길환. 2016년 3월 31일. "〈한국 무상원조 25년〉① 숫자로 보는 ODA 역사." 「연합뉴스」 https://www.yna.co.kr/view/AKR20160330108300371.
2. 대한민국 ODA 통합홈페이지. 2020. "국제개발협력의 개념과 목적." http://www.odakorea.go.kr/ODAPage_2018/cate01/L01_S01_01.jsp.
3. OECD iLibrary. "Development Co-operation Profiles." https://han.gl/VK3DR.
4. 외교부. 2018년 4월 10일. "17년 우리나라 ODA는 22억불, DAC 국가 중 15위." http://www.mofa.go.kr/www/brd/m_4080/view.do?seq=368192.

문제 해결에 기여하고, 그 과정에서 발생한 잉여 생산물을 한국이 수입 및 소비, 재가공하는 형태의 모델을 구축하려고 한다. 다시 말해 ODA를 제공하되, 단기적이 아닌 장기적으로 국익을 가져올 수 있는 모델을 제시하고자 하는 것이다. 더불어 모델의 구체화를 위해 중국으로부터 수입 대체 효과 및 국내 이해관계자의 이해관계의 변수까지 고려한 것이며 그 대상은 대두이다. 대두는 단백질 함량이 높은 식품으로 북한의 식량난을 해결하는 데 있어 가장 큰 도움이 된다. 아울러 대두는 수입 대체효과를 극대화할 수 있어 한국 국내 이해관계로부터 상대적으로 자유롭다.

이 글에서는 북한의 대두 생산량 증대를 위한 대북 지원을 제안하고, 나아가 경제협력을 위하여 북한이 생산한 대두를 한국 내로 수입하여 두부와 같은 2차 가공 상품을 생산하는 경제협력 모델을 제시하고자 한다. 또한 경제협력을 장기적이고 안정적으로 진행하기 위해서는 민관합작투자 사업(Public − Private Partnership; PPP)이 필요하다. PPP의 성격과 의미에 대해 다양한 언급이 있는데, 학계에서는 "사업의 전 기간에 걸치거나 또는 특정한 기간에 국한되어 정부의 직접 지불 또는 이용자의 간접 지불을 전제로 사기업이 사업의 투자, 건설, 관리 등에 관여하는 것" 이라는 정의를 대체로 받아들이고 있다.[5] 이에 비해 정부 측의 PPP 정의는 민간부문의 역할을 더 강조한다. 예컨대 인도 정부는 PPP를 "민간 파트너가 특정 기간에 공공 목적 인프라의 구축·관리를 절반 이상 투명하게 맡는 민관 협력"으로 정의한다.[6] "남북교류협력법" 제7조 1항("정부는 민족경제의 균형적 발전을 통하여 남북 경제공동체를 건설하도록 노력한다.") 및 2항("정부는 남북 경제협력을 활성화하고 이를 위한 제도적 기반을 구축하는 등 남한과 북한 공동의 이익을 증진시키기 위한 시책을 수립, 시행한다.")에 근거하여 PPP 사업을 통한 남북한 교류 협력의 정당성을 부여할 수 있다.

이 논문에서는 북한 로컬의 발전에 적합한 모델로 PODA(Partnership and

5. David Weimer and Aidan Vining. 2011. Policy Analysis: Concepts and Practice. 5th edition. Long man. p.309.
6. Sri Krishna Kumar. 2010. "Public Private Partnership in India." https://web.archive.org/web/20120 616055409/http://jurisonline.in/2010/11/public-private-partnership-in-india/.

Official Development Assistance)를 제시한다. PPP와 ODA를 융합하여 PODA로 지칭한다. 이 모델에서는 ODA를 통한 콩 생산에 도움을 줄 연구소, 농장, 공장 등의 인력을 교육하는 마이스터고등학교 설립을 전제한다. 또한 PPP 사업을 통해 '풀무원'이라는 기업의 공장 증설을 함께 제시한다.

II. 한반도 식량 이슈의 개요

1. 한국 및 미국의 농업 ODA 역사

1) 한국의 농업 ODA 진행현황

글로벌발전연구원의 연구보고서에 따르면 한국의 농업 ODA 현황은 다음과 같다. 한국의 농림축산식품부는 2006년부터 ODA를 시작했다. 한국의 성공적인 발전 경험을 바탕으로 개발도상국의 빈곤 퇴치와 농촌·농업 발전에 기여하고, 한국 농식품 사업의 해외시장 개척에 우호적인 분위기 조성을 위한 목적으로 시행했다. 2018년 기준 약 40개의 사업을 수행 중이다. 중점협력국가로는 최근 7개의 아시아 국가들이 선정되어 이들을 바탕으로 아시아에 더욱 사업을 증진할 것이다. 한국의 농림축산식품부의 농업 ODA는 농림축산식품부, 농촌경제연구원, 농어촌공사가 각각 역할을 분담하여 수행하고 있다.[7]

한국의 농촌진흥청은 농업 기술 개발 및 보급을 통한 농업 생산성 제고, 부가가치 증대를 목표로 설립된 전문 기관으로, 연구·개발 위주의 ODA 사업을 진행하고 있다. 2018년 기준 약 210억 원을 지원하였고, 2017년까지는 프로젝트와 개발 컨설팅 사업을 진행하였지만, 2018년 이후 농촌 ODA 사업의 성격을 모두 개발 컨설팅으로 전환하였다. 개발도상국에 대한 지원으로는 민관협력 소통강화를 통한

---

7. 김용택·이은석·고효정. 2018. 「선진공여국 사례조사를 통한 농업 ODA 효과적 정책 마련」, 글로벌발전연구원. p.164.

성공적인 ODA 모델 마련을 목표로 하는 해외농업기술센터(KOPIA)사업과 대륙별 농업기술 현안 해결을 위한 기술 보급 확대를 목표로 하는 아시아, 아프리카, 중남미 지역 대상의 기술협의체를 운영하고 있다.[8]

2) 미국의 농업 ODA 진행현황

글로벌발전연구원의 연구보고서에 따르면 미국의 농업 ODA 현황은 다음과 같다. 미국은 세계 1위의 원조 공여국으로 농업부문에서도 가장 큰 원조국이며, 동시에 개발협력 주무 부처와 농업 관련 부처가 별도의 농업 ODA를 수행하고 있다. 최근 미국의 ODA 세계식량안보를 목적으로 이루어지고 있다. 미국의 농업 ODA는 약 27개 기관이 수행하고 있다. 대표적인 기관으로는 주무 부처인 USAID는 농업과 관련된 모든 전반적인 사업에 대해서 역·데이터 개발 및 분석 등을 담당하며, 농업 부문의 더 전문적인 부분에서의 역할을 담당하고 있다. 이를 통해 USDA는 농업 생산성의 향상과 농업 생산품의 무역 확장 등을 목적으로 농경법, 인프라 및 농업 관련 인프라를 지원하고 있다. 농업 부처인 USDA는 농업 관련 연구·기술 개발·농업 등 미국은 농업 ODA에 있어 다양한 수행기관이 존재하며, 기관별 분절화를 하고 있다.[9]

2. 북한의 식량 문제

1) 식량 생산

북한의 사회주의 헌법은 사회적 소유를 국가 소유와 사회 협동 단체 소유로 나눠 소유하게 했으며 사회 협동 단체 소유의 대표적인 예로는 협동 농장이 있다. 현재도 북한은 협동농장을 통해 집단으로 농업을 하지만 식량배급 부족의 문제는 해소하지 못했다. 1970년대 북한은 '주체농법' 따라 협동 농장으로 농작물을 생산했

---

8. 김용택·이은석·고효정. 2018. p.167.
9. 김용택·이은석·고효정. 2018. pp.17–18.

지만 실패했다. 주체 농법의 실패 상황에서 1990년대 들어서 많은 물자를 지원해 줬던 소련의 붕괴와 자연재해까지 닥치면서 북한 경제는 더 악화되었다. 이로 인하여 식량 수요량과 공급량이 단기간에 많은 격차를 벌이게 되었고, 식량 배급량은 급격하게 줄어들었으며, 통계청에 따르면 고난의 행군기 동안 약 33만 명의 아사자가 발생했다고 한다.[10] 특히 1997년에는 한국의 식량 작물 생산량이 614만 톤이었던 시기에 비해 북한은 348만 톤 이었다. 이후 2000년대 들어서는 국제사회와 남한의 지원으로 인하여 식량문제는 고난의 행군기보다 나아졌다. 하지만 식량 문제는 여전히 해결되지 않았다. 특히 2019년에는 전년도보다 식량난이 더 심각해졌을 것이다. 유엔의 발표에 따르면, 북한 주민 10명 중 4명은 식량 지원이 필요하며 전체 인구 중 70%가 식량배급 300g을 받는다고 했다. 2019년도에 들어 북한의 식량 부족이 심각해진 것은 협동 농장과 태풍 링링에 의한 피해라고 들 수 있다.[11] 하지만 만성적인 북한의 식량 문제는 자연재해 피해의 복구가 미비하고, 피해를 최소화할 만한 시설이 열악하다는 점과 협동농장의 문제점을 들 수 있다. 북한은 추운 날씨를 이겨내기 위한 연탄 등이 부족하여 산에 있는 나무를 땔감으로 이용하여 겨울을 보낸다. 그러다 보니 북한 내에는 민둥산이 많으며, 강수량이 많은 여름에는 빗물에 의하여 산에 있는 흙들이 민가와 토지로 내려와 피해를 준다. 하지만 재정이 부족한 북한은 이를 적극적으로 해결하지 못했고 여름마다 피해는 줄어들지 않고 오히려 증가하고 있다. 이외에도 태풍, 가뭄 등 자연재해에 대한 피해를 최소화하기 위한 시스템이 구축되어 있지 않았으며 피해 지역에 대한 복구는 인력에 의해 해결하려다 보니 피해 복구하는 데 많은 시간이 든다. 북한은 식량 문제를 해결하기 위해서는 협동농장 시스템과 자연재해대비 시스템을 구축하지 못하면 북한은 만성적인 식량난에서 벗어나지 못할 것이다. 또한 북한의 집단 농장은 공동

---

10. 허귀식, 2010년 11월 23일. "북한 '고난의 행군' 5년 동안 주민 33만 명 굶어 죽어." 「중앙일보」 https://news.joins.com/article/4695274.

11. BBC NEWS, 2019년 11월 10일. "올해 흉작으로 식량난 닥친 북한." https://www.bbc.com/korean/news-50364405.

으로 생산기구를 공유하고, 협동농장에서 생산된 양의 일부를 당에 헌납하고, 남은 양을 가지고 개인들에게 분배한다. 따라서 개인의 능률보다는 집단의 능률 증진에 중심을 두다 보니 자본주의를 기반으로 한 농업에 비하여 생산량이 낮을 수밖에 없다. 이러한 이유로 북한의 농산물 생산은 한계가 있다.

2) 대두 생산

2016년 북한의 두류 생산량은 15.4만 톤이다. 2017년에 들어서는 14.6만 톤으로 0.9천 톤 감소했다. 반면 한국은 2016에는 9.1만 톤을 기록했으며 2017년에는 10.1만 톤으로 1만 톤 증가했다. 수치로 보면 북한이 한국보다 대두 생산량이 높다. 하지만 한국의 경우 농업국이 아니고 산업국이다 보니 콩 같은 농산물은 수입을 통해 해결하므로 식량 공급이 북한보다는 좋다. 반면 북한의 두류 생산량은 해가 지날수록 심각하게 감소하고 있는 상황이다. 이에 대한 해결방안으로 북한은 부족한 식량 생산량을 늘리기 위해, 물 부족으로 벼농사를 못 짓는 경지에 콩을 재배하게 하여 식량 증진에 힘쓰고 있다.[12] 하지만 이러한 북한의 노력에도 불구하고 주요 작물생산 현황을 보면 긍정적인 결과를 얻지 못했다.

북한 주민들은 불균형적인 식단과 식량 부족에 대해 고통을 호소하게 되면서,

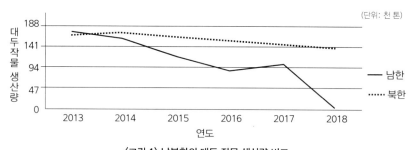

〈그림 1〉 남북한의 대두 작물 생산량 비교

출처: 통계청 북한통계 홈페이지. 2019. "식량작물 생산량." http://reurl.kr/8063FCFKL

---

12. 강선일. 2017년 6월 4일. "남한 쌀과 북한 콩, 옥수수 교환하자." 『한국농정』 http://www.ikpnews.net/news/articleView.html?idxno=30239.

김정은 정권은 식량 문제 해결뿐만 아니라 추가적으로 농업 외 수산, 축산업 분야의 증산도 강조하며 주민들의 단백질 섭취 문제에도 중점을 두고 있다.[13] 그러나 북한의 경제난 이후 축산업 분야는 지속적인 투자가 이루어지지 않고 인프라가 회복되지 않은 상황이다. 수산업 또한 열악한 인프라를 가지고 있는 상태이다. 지속적인 경제난에서 벗어나기 위해 중국에 조업권 판매와 수출 위주의 수산업 정책 등을 했지만 북한 연안의 자원 고갈과 그 성과는 별로 크지 않은 것으로 알려져 있다. 지속적인 경제 위기로 인하여 북한의 전반적인 분야는 인프라가 부족한 상황이다. 이로 인해 주민들은 균형적인 영양섭취를 하지 못하며 특히 식단은 탄수화물로 이루어지다 보니 단백질을 보충하는 것은 쉽지가 않다. 따라서 주민들의 단백질 보충을 가장 신속하고 효과적으로 할 수 있는 방법은 콩으로 대체 방안을 마련하는 것이다. 콩은 흔히 '밭에서 나는 쇠고기'라 불리며 고단백질의 영양과 활용도가 높아 직접적인 도움을 줄 수가 있을 것이다. 최고의 식물성 단백질 식품으로 콩에 들어 있는 단백질의 양은 농작물 중에서 최고이며, 구성 아미노산의 종류도 육류에 비해 손색이 없다. 또한 북한의 주요 작물로서 콩에는 비타민 B 군이 특히 많고 A와 D도 들어 있다. 또한 콩의 효능으로는 몸의 노폐물들을 제거해 주며 독소를 빼주는 역할을 한다. 결과적으로, 북한의 심각한 식량난에서 콩의 대량 생산이 많은 도움을 준다는 것은 분명하다.

Ⅲ. 대북 PODA 모델

1. PODA 사업의 개념, 전제조건, 기대효과

북한과의 경제협력을 기반으로 하는 ODA 사업은 향후 경제협력의 긍정적인 효

---

13. 통일교육원 연구개발과. 2017. 「2018 북한이해」. 통일부. p.128. https://www.uniedu.go.kr/uniedu/home/pds/pdsatcl/view.do?id=19939&mid=SM00000532.

과를 창출할 수 있을 것이다. 새로운 ODA 사업이라는 의미로 기존에 한국이 타국과 진행했던 ODA 모델과는 달리 북한에 최적화되어 있는 모델이다.

새로운 ODA 모델이라는 개념에서 사업이 진행되기 위해서는 세 가지 전제조건이 필요하다. 첫 번째, 북한의 '자력갱생'이라고 하는 정치적 이데올로기를 배제한다. 두 번째로, 원조라는 개념으로 북한에 대해 접근할 때 우선적으로 가장 기본적인 식량 차원에서의 접근이 강조된다. 북한에서 항상 거론되고 있는 식량 문제 해결을 목표로 접근하여 부가적인 경제이익 창출을 위한 사회기반시설까지 형성하는 것도 목표로 하고 있다. 세 번째로, 경제협력을 진행하면서 국익에도 도움이 될 수 있는 협력구조를 형성하는 것이다. 예를 들어 중국으로부터 수입하는 물품을 북한에서 생산하고 증진하여 한국으로 유통한다면 국익에 도움을 줄 것이다. 또한 사업의 효율성과 경제협력을 위한 인프라 구성을 위하여 민관합작 사업을 진행하는 데 목적이 있다.

북한에 대한 경제협력은 두 가지 차원의 사업을 통하여 진행되어야 한다. 첫 번째로, 협력농장에서 생산한 대두를 공장으로 보내는 것이다. 공장은 낙후되거나 사용하지 않는 시설을 장과 두부와 같은 파생상품을 생산할 수 있는 시설로 개조하는 것이다. 두 번째로, 풀무원 기업이 PPP를 통해 참여하여 장 및 두부를 생산하는 공정 과정 및 기술을 교육하고 생산하여 가격경쟁력이 있는 상품을 생산하는 것이다. 추가로, 콩을 효율적으로 생산할 수 있게 ODA를 통하여 교육기관 및 연구소를 세우고 지속적으로 콩 생산을 관리할 수 있다면 하나의 사업기반이 형성될 것이다.

PODA 사업 모델로 경제협력의 성과를 기대할 수 있다. ODA와 PPP 사업을 통해 북한에 대한 기업의 자유로운 기업의 사회적 책임 활동(CSR)을 전개할 수 있다면 한반도에 평화적인 경제협력을 추진할 수 있다. PODA 사업모델은 두 가지 사업의 추진으로 CSR을 추진할 수 있는 교량 역할을 할 것이다.

이의 구체적 방법으로 두 가지가 있다. 첫 번째로, ODA를 통해 북한의 콩 대량 생산에 도움을 주기 위한 연구소 그리고 협동농장에서 일할 인재들을 육성하기 위

296

한 마이스터고등학교 증설 등이 있다. 두 번째로는, 생산된 콩을 기반으로 PPP를 통해 두부 등 가공 산업을 위한 기존 공장을 보완하는 것과 증설된 마이스터고등학교를 기반으로 인력을 교육하는 것에 있다. 또한 여기서 생산된 파생상품들은 서해 바다를 통해 한국으로 운송될 수 있으며, 이 과정에 따라 유통에 대한 비용 감소 및 콩 그리고 두부 및 장 생산에 대한 인건비 비용 감소 등이 있다. 결과적으로 콩에 대한 중국의 무역의존도 낮출 수 있는 효과를 볼 수 있다. 그러나 아직 북한에서 실제로 진행된 PPP 사업이 없기 때문에 본 논문에서는 농산물 관련 기업인 풀무원을 북한에 대한 PPP 사업의 참여기업으로 가정해 볼 것이다. 풀무원은 ODA로 콩 대량생산 기반을 근거하여 두부 및 장을 생산하고 또 이를 위한 공장을 보완하여 증설하고 마이스터고등학교 증설 후 인력 교육사업에 참여할 수 있다.

2. PODA 사업과 대두 생산구조 확립

PODA 모델의 목표는 국가와 국가 간 ODA 사업을 위한 기반 산업의 형성에 목적이 있다. 즉, 향후 ODA 사업, PPP 사업 그리고 CSR까지 기업이 안정적으로 투자할 수 있는 기반을 형성하는 것이다. 〈그림 2〉의 구상을 응용해 보자면, 협력 농장에서 대두를 대량 생산한 후. 이 중 일부의 대두를 공장으로 이동하여 두부와 장

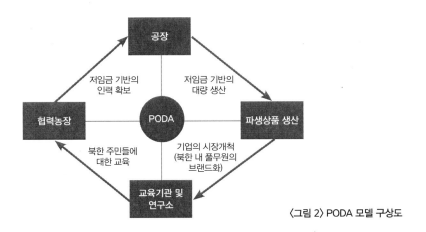

〈그림 2〉 PODA 모델 구상도

과 같은 가공식품을 생산한다. 이후 생산한 가공식품과 콩을 한국으로 유통한다면 중국에 대한 콩 수입 의존도를 확연하게 낮출 수 있다.

기본적으로 남북한은 ODA를 통해 집단농장 – 공장 – 연구소 – 교육기관의 생산구조를 확립하여 기본적인 생산구조를 확립하였다. 연구결과에서는 확립된 생산구조를 기반으로 기업이 참여하는 PPP 기반 사업을 추진한다면 더욱 건설적인 경제협력을 할 수 있을 것이다.

풀무원 기업이 북한에서 PPP를 추진함에 있어 얻을 수 있는 효과는 대표적으로 두 가지가 있다. 첫 번째로, 북한에 대한 PPP 사업은 상대적으로 낮은 임금을 통해 많은 물량을 생산할 수 있다는 장점이 있다. 북한은 2017년 기준 GNI는 36조 3천730억 원이며 1인당 국민소득은 한화 146만 원 가량이다.[14] 이는 풀무원 기업이 북한 내에서 저임금을 기반으로 콩과 가공식품을 대량생산해 낼 수 있다.

두 번째로, PPP 사업은 기업의 성공적인 시장 개척에 기여할 수 있다. 향후 PPP 사업 이후 해외자본 및 기업이 북한에 유입된 후 우선적으로 콩 그리고 농산물에 대한 기업의 긍정적인 이미지를 풀무원이 확립해 놓는다면 장기적으로 기업의 시장에 대한 점유율을 확보하는 데 긍정적인 효과가 있을 것이다. 예를 들어 북한 공장에서 생산한 두부를 새롭게 상품화하여 국내 시장에서도 유통하고 반대로 풀무원 기업의 두부가 북한 내에서 주요 단백질 공급원으로 유통된다면 북한 인민들의 대표적인 상품이 될 것이다. 향후 시장이 개방되어 일본이나 미국 등의 기업이 진출해도 대한민국 기업의 시장 점유는 독보적일 것이며 대한민국과 북한의 경제협력의 연속에도 긍정적인 영향을 끼칠 것이다.

---

14. 한겨레. 2017년 12월 15일. "북한 1인당 국민 소득 146만 원, 남한은 3198만 원." http://www.hani.co. kr/arti/economy/economy_general/823687.html.

3. 잠재적 북한 후보 지역

1) 벽성군

황해도 벽성군의 지형은 대부분 언덕성 산지와 충적평야로 이루어져 있으며, 평야지대가 발달되어 있다.[15] 대표적인 산으로는 동쪽은 수양산맥이 뻗어 있으며, 북쪽은 천봉산과 지남산 외에도 500m 이상의 많은 높은 산들이 솟아 있어 인접한 군과 자연적인 경계를 이룬다. 또한 일부 지역을 제외한 군 면적의 93%가 해발 200m 이하이며, 해발 100m 아래 지역이 64%를 차지하는 등 평지가 대부분이기 때문에 콩과 같은 농작물을 재배하는 데 좋은 지리적 위치에 있다는 장점이 있다. 실제로 벽성군의 주요 산업은 농업이다. 군 면적에서 농경지는 46.3%로, 그 가운데 논이 48%, 밭은 42%를 차지하며 주요 농작물은 벼, 강냉이 수수, 콩, 밀, 보리, 감자류, 담배 등이다.

벽성군의 기후는 대체로 해양성 특성을 가지고 있으며 황해남도의 따뜻한 지역에 속한다. 연평균기온은 10.5℃, 1월 평균기온은 −4.8℃, 8월 평균기온은 24.7℃이며, 연평균강수량은 1147.5mm이다. 대두는 열대에서 온대 북부 지역까지 널리

〈그림 3〉 벽성군 지도

출처: NK조선지리, http://reurl.kr/8364CCFDO

---

15. 한국민족문화대백과사전. "벽성군." http://reurl.kr/816463AZX.

재배됨에 따라 동양에서는 오래전부터 재배하였기 때문에 벽성군은 대두 생산과 재배에 적합한 환경이라고 할 수 있다.

그렇다면 왜 벽성군이어야 하는가? 첫째로, 대두 생산 품목의 해외 의존도를 낮출 수 있다. 한국 같은 경우 대두를 생산하는 데 있어 대두의 생산성과 소득이 낮아 대부분의 대두를 미국과 중국에서 수입하고 있다. 반면, 벽성군에서 생산된 대두를 수입 대체할 수 있다. 두 번째로, 대두의 특징이다. 벽성군도 북한 내 다른 지역 사람들과 마찬가지로 극심한 식량난과 영양 불균형으로 고통을 받고 있다. 대두는 3대 영양소인 단백질, 지방, 탄수화물과 다양한 비타민 성분, 칼슘, 철분 등 다양한 영양소를 포함한 기호 식품이다.[16] 이런 높은 영양소를 함유한 콩은 벽성군에서 이미 많이 재배하고 있어 사업을 투자하는 데 있어 실패 가능성이 낮을 것이다. 세 번째로, 국가와의 거리이다. 실제로 전 세계에서 대두를 가장 많이 수입하는 중국은 대두를 미국과 브라질로부터 수입한다.[17] 반면, 북한은 한국과 국경을 맞대고 있어 지리적으로 매우 가깝다. 네 번째로, 사업 안정성이다. 중국은 미국산 대두를 가장 많이 수입하는 나라이지만, 미국과 무역전쟁을 하면서 보복 관세 등의 제재를 받고 있다. 따라서 대두 수입에 불안정이 높아짐에 따라 안정성을 가지고 무역할 수 있는 새로운 시장을 중국은 찾고 있다.[18] 이처럼 국가 간의 정치적 갈등으로 수입의 불안정성을 가질 수밖에 없기 때문에 남북 융합 경협 모델을 통해서 한국은 국내에 대두와 가공 물품을 반입하는 데에 안정성을 가질 수 있다는 특징이 있다.

지리적 관점에서 벽성군은 해결해야 할 과제가 남아 있다. 지난 9월 북한을 지나간 태풍 링링은 농업 부문에 많은 피해를 주었다. 조선중앙통신에 따르면 태풍 링링으로 4만 6200여 정보(약 458km²)의 농경지에서 작물이 넘어지거나 침수되는 피해가 발생하였다. 특히 곡창을 가장 많이 보유한 황해도를 타격하며 벼와 옥수

---

16. Food Vaccine. 2017년 2월 23일. "대두(콩)효능, 대두(콩)효과, 대두(콩) 영양소, 역사, 민간요법." https://foodvaccine.tistory.com/208.

17. 이장훈. 2018. "중국이 콩 확보에 사활을 건 이유는." 『한국경제매거진』, 9월호. http://reurl.kr/8164642RX.

18. 이장훈. 2018.

수 절반이 태풍에 쓸려갔다. 피해 지역을 도울 기관이 결여된 북한 주민들은 농경지에서 직접 일일이 복구 작업을 할 수밖에 없었다.[19] 반면 한국의 경우 자연재해로 인해 농작물 피해를 입을 경우 정부로부터의 보조금이나 정부 산하기관의 도움을 받아 복구하기 때문에 농민들의 재정적 부담이 적고, 복구하는 데 많은 시간이 걸리지 않는다. 따라서 한국이 북한과의 ODA 사업을 추진하더라도 모든 대책을 강구하고 해결할 수 없다는 한계를 가질 수밖에 없다. 이를 해결하기 위해선 실질적인 대책 방안을 구축하고 북한 자체적으로 인프라를 가져야 한다.

2) 해주시

고유명으로 나맷골이라고 불렸던 해주시는 황해남도 도청 소재지이며 행정구역으로는 26동 5리로 인구는 약 27만 명(2007년 기준)으로 추산된다. 면적으로는 206.93km² 정도 되며 황해도 내 다른 지역에 비해 다양한 산업시설이 구축되어 있는 도시이다. 또한 평양과는 110km, 개성과는 75km이며, 인천과는 20km의 거리에 위치하고 있다. 서울과는 직선으로 120km, 철도로 하면 160km로 한국과 지리적으로 매우 가깝다고 볼 수 있다.[20] 지리적 특성으로는 전형적인 배산임수라고 할 수 있다. 또한 동쪽과 서쪽에는 각각 하천을 경계로 해서 장방평야와 신광평야가 펼쳐져 있어 농사를 짓기에 좋은 지리적 특성을 가지고 있다. 농업은 주로 남부의 평야 지대에서 벼농사로 이루어졌으며, 교외에서는 근교 농업이 발달하여 주로 과일을 생산한다. 해주시의 기후로는 바다에서는 남중국해에서 흐르는 난류의 영향을 받고 북쪽에 위치한 산이 북서풍을 막아줌에 따라 대체적으로 온화한 편이다. 해주시의 연평균 기온은 10.5C이며 1월 일 평균 기온은 −4.8도이며 8월은 24.7C 도로 다른 북한의 지역보다 여름에는 시원하고 겨울에는 따뜻하다고 할 수 있다.[21]

---

19. 유민정. 2019년 9월 9일. "북한, 태풍 '링링'으로 5명 사망··· 가옥 460채 건물 15동 파손." 「Chemical News」. http://www.chemicalnews.co.kr/news/articleView.html?idxno=883.
20. 황지욱. 2019. "서해안 평화 번영 구상." 김재한 편. 「통일·북한의 공간적 이해」. 카오스북. p.479.
21. 한국민족문화대백과사전. "해주시." http://reurl.kr/8164659WG.

〈그림 4〉 해주시 지도
출처: NK조선지리, http://reurl.
kr/8364CD0ZT

　원자재를 가공하는 데에는 기본적인 산업기반과 잘 구축된 인프라, 낮은 가격으로 일할 수 있는 많은 잉여 인원이 있게 된다면 시장에서 경쟁력을 갖출 수 있다. 해주시는 이러한 요건을 다 갖춘 도시이다. 행정적으로 황해남도의 도청 소재지여서 영향을 받은 것도 있지만 산업적으로도 다른 북한 지역에 비해 발달된 도시이다. 또한 지리적으로 북한 남단에 위치해 있어 한국과 거리가 매우 가깝다.

　첫째로, 산업적으로 보면 해주시는 부동항이 있어 다양한 물자들이 중국으로부터 들어오기도 하고 그 물자를 이용하여 다른 지역으로 유통도 하지만, 원자재를 가공하여 유통하기 때문에 가공하는 공장이 많다. 예를 들어 해주 시멘트 공장을 들 수 있다. 이 공장에서 생산된 질 좋은 시멘트는 해주시뿐만 아니라 황해남도에도 공급되고 또 남은 시멘트는 북한의 다른 지역으로 유통된다.

　둘째로, 북한 내 교통이 낙후된 타 지역에 비하면 상당히 발달된 지역이기도 하다. 도로로서는 해주~개성, 해주~사리원 갈 수 있는 1급 도로가 있으며 다른 지역과 연결할 수 있는 2급 도로가 있다. 철도로는 황해남도를 남북으로 관동 하는 황해 청년선, 황해남도 동부 지역과 연결되는 배현선 등이 있어 해주시내에서 생산된 물자를 타 지역으로 유통하기는 용이하다.[22] 또한 항만이 있어 많은 물자를 수입·수출하기에 용이하며 북한 내 공항이 있는 몇 개 안 되는 도시이기도 하다. 이처럼 해주시는 도로, 철도, 항만, 항공 등의 인프라를 가지고 있다.

---

22. 북한지역정보넷, "해주시 교통." http://www.cybernk.net/.

셋째로, 북한은 고난의 행군기를 기점으로 배급체계가 무너졌다. 또한 전반적으로 북한 경제가 어려워지다 보니, 기계를 돌리지 못하는 공장들이 많아지면서 실업률이 급격하게 증가하게 되었다. 현재도 북한 정부에서 구제해 주지 못한 실직된 노동자를 포함하여 낮은 임금을 받고 일할 수 있는 많은 잉여 인력들이 있다. 만약 PODA 모델을 시작할 경우, 이 인력들을 고용하여 사업을 진행한다면 21세기 들어 새로 떠오르는 동남아 시장의 노동자처럼 보다 낮은 가격으로 고용할 수 있다. 해주시의 경우 27만 명(2008년 인구센서스 기준)의 인구가 있으므로 벽성군보다 안정적인 산업인력 수급이 가능하다는 장점이 있다.[23] 매년 급격하게 성장하고 있는 베트남의 단순노동자의 월급은 650만 동(2017년 기준)으로 한화로 약 32만 원이다.[24] 인건비가 낮은 베트남처럼 북한도 낮은 가격에 이들을 고용할 수 있는 장점이 있으며 동남아 시장보다 더 큰 매력은 한국어가 통용된다는 것이다. 관리인이 현지어를 배우거나 통역인을 고용해야 말이 통하는 동남아와 달리, 북한의 경우 동일한 말을 쓰다 보니 언어 사용에 대한 불편함은 동남아시아보다는 적을 것이다.

마지막으로 거리의 장점이다. 해주에서 인천까지의 거리는 109km이다. 반면 베트남 호치민과 인천의 거리는 3,551km인데, 이는 인천과 해주시 거리보다 30배 이상의 거리이며 따라서 물자 운송에 대한 들어가는 비용과 시간이 훨씬 더 많이 든다. 물자를 이동하는 비용과 시간이 줄어든다면 보다 더 높은 시장 경쟁력을 갖출 수 있을 것이다.

북한 지역의 한계로는 사업에 주가 되는 공장 근로자와 농부들이 생필품 부족에 따른 일탈행위이다. 북한 내부에 생필품에 대한 절도 사건이 비일비재하게 일어난다. 생필품 절도 사건은 개성공단 운영 시기에도 일어났으며 이 문제는 국내 업주들의 머리를 아프게 했었다. 실제로 개성 공단에 있는 공장 내 창고에 있던 자재는

23. 황지욱. 2019. "서해안 평화 번영 구상." 김재한 편. 「통일·북한의 공간적 이해」. 카오스북. pp.479-481.
24. 비나한인. 2018년 3월 10일. "베트남 성, 시 도시별 평균월급, 호치민이 최고." 「VIETNAM NEWS」 http: //reurl.kr/8164660IR.

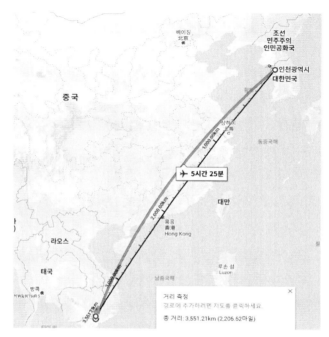

〈그림 5〉 인천과 호치민의 거리

출처: Google Maps. https://han.gl/Qego2

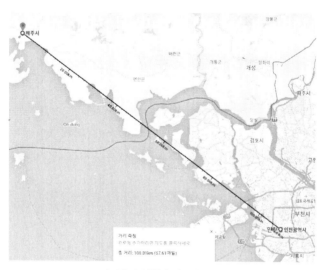

〈그림 6〉 인천과 해주의 거리

출처: Google Maps. http://reurl.kr/816466BOQ

시간이 지날수록 점점 줄어들었으며, 화장실에 비누와 휴지를 비치만 하면 금방 다 사라진다고 개성공단 전 기업인들은 증언했다. 만약 개성공단에 진출한 국내 업주들이 사라지는 것에 대해 민감하게 반응하면, 많은 북한 근로자들은 그동안 쌓았던 이해관계는 다 사라지고 오히려 등을 돌리기 때문에 공단에 진출한 업주들은 측은지심의 마음으로 넘어갔다고 한다.[25] 이익 창출을 목표로 둔 기업으로서는 그 정도에 따라 다르게 대응할 수밖에 없을 것이다.

4. 식량 생산 증대 방안

유엔 식량농업기구의 발표에 따르면 2017년 북한에서 생산된 총 생산량은 540만 톤(도정 전 기준)이었으며 2018년에 들어서는 총 509만 톤을 생산하게 됨에 따라 2017년보다 전체 식량 생산량이 20.8%가 줄어들었다. 각종 자연재해와 비료 부족 등으로 인해 31만 톤에 가까운 식량의 대폭 감소하였다. 이로 인하여 영양실조에 걸린 아이들과 국민들은 배고픔을 호소할 수밖에 없었다. 따라서 북한의 고질적인 식량 문제와 영양불균형을 해결하기 위해 인도주의적 방식으로 북한에 ODA를 실시하되 황해남도 벽성군과 해주시로 구분하여 생산 증대 사업을 적용하려고 한다.

벽성군은 농업지대로서 콩 생산량이 다른 지역에 비해 많다. 하지만 관개시설과 농기구 등 농업 시설이 열악하고, 전반적으로 인력에 의존한 농업으로 이루어지다 보니 생산량 증대에 한계가 있다. 열악한 환경에서 단기적으로 생산량을 증진할 수 있는 방법인 기술과 농업과학이 필요하다.

첫째로는, 비료로 인해 산성화된 벽성군의 토지를 한국에서 생산한 커피 찌꺼기를 통해 중성화하여 생산량을 증진할 수 있는 토지로 만들려고 한다. 둘째로는, 벽성군에는 중등교육기관인 농업전문학교가 있다. 이 학교에 한국의 농업 분야를 중

---

25. 정은미. 2014. "개성공단 북한 근로자의 정체성 인식과 행동 양식의 메커니즘." 『북한연구학회보』(북한연구학회). 제18권 2호. pp.123-146.

제7장. 한림대학교 통일, 북한의 로컬적 이해 **305**

점적으로 가르치는 마이스터고등학교의 2개 학과를 벽성군에 있는 농업전문학교에 적용해 보려고 한다.[26] 첫 번째는 농산물을 생산 및 증진할 수 있는 학과를 개설하여 대두 생산 증진을 위한 기본 지식과 농업에 대한 기본 교육을 알려 주어 인력을 양성하려고 한다. 이후 고급 인력 양성을 위해 김제원대학교에 진학하여 보다 더 전문적 인력을 양성할 수 있는 교육프로그램을 제공하는 것이다. 두 번째는 농기계학과이다. 예를 들어 대표적인 농기계 트랙터 및 경운기의 사용법과 관리방법을 재학 기간 동안 학습시키는 것이다. 농기계 작동 방법을 습득하여 졸업 후 농사현장에서 일하게 하는 것이다. 이를 통해 북한은 생산량 증진과 중등교육기관에 재학 중인 학생에게 기술적인 교육을 제공함으로써 북한 농업사회에 기여할 수 있다는 장점이 있다. 한국은 중국으로부터 수입하는 대두를 대체할 수 있다. 실제로 2019년 상반기에 중국으로부터 2.5만 톤을 수입했고 전체 대두 수입량의 25.%를 차지한다.[27] 따라서 PODA 사업을 통해 생산량이 증진된 콩을 더 낮은 가격으로 국내에 반입함으로써, 중국에서 수입하는 콩을 대체할 수 있다는 장점이 있다.

해주시는 황해남도의 중심지이며 벽성군과 달리 다양한 경공업 및 중공업 공장이 있는 산업도시이다. 따라서 해주시는 가공 산업과 고급 인력을 양성할 수 있는 시설을 나눠 설명하려고 한다. 우선, 가공 산업에 대해 설명하려고 한다. 새로운 대북 사업을 통해 벽성군에서 생산된 전체 대두에서 일부를 한국과 북한 정부에 분배하고, 분배한 남은 양은 해주의 신설된 장 및 두부 공장에 배분한다. 공장에서 생산된 가공 제품의 전체 생산량 중 일부는 인도주의적 목적으로 사용하고 나머지는 기여도에 따라 분배한다. 새로운 대북 모델의 하나인 가공 산업을 통해 한국과 북한 정부 각각은 많은 이득을 취할 수 있다. 한국의 경우 초기 정부 자본이 많이 들어가지만 단기적 및 장기적으로 다양한 이득을 가질 수 있다. 단기적으로는 앞서

---

26. 대구농업마이스터고등학교 ICT시설채소과 그리고 청주농업고등학교 농업기계학과의 교육과정을 모태로 삼으려 한다.
27. 정민국·송우진·이현근·유정호·명수환. 2017. 「FTA 체결국 농축산물 수출입동향 조사·분석 매뉴얼」. 한국농촌경제연구원. p.18.

말했듯이 중국에서 수입하는 대두를 협력농장에서 생산된 양으로 일부를 대체할 수 있으며, 가공 상품은 낮은 가격으로 국내에 반입할 수 있다. 다음, 인건비에 대한 부담감을 줄일 수 있다. 실제로 개성공단 운영 시기 북측 노동자의 월급은 130달러였다.[28] 다른 시장과 달리 월등히 낮은 가격에 북한 근로자를 고용할 수 있다.

장기적으로, ODA 사업 경험을 가진 벽성군과 해주시에 대한 추가적인 ODA 사업을 추진할 수 있다. 전체적으로 노후화된 지역에 한국 정부의 자본을 통해 공장을 만듦으로써 기본적인 인프라를 갖게 되기 때문에 더 다양한 ODA 사업을 할 수 있다. 북한은 굶어가는 주민들에게 긴급 식량을 제공할 수 있다는 장점과 단백질이 부족한 식단으로 이루어진 북한 주민에게 고단백을 제공할 수 있다는 장점이 있다. 두 번째로는 공장에 근무하는 북한 근로자들이 일정한 직업을 가지고 일을 함에 따라 근로자뿐만 아니라 근로자의 가족들의 삶의 질이 향상될 수 있다. 마지막으로 한반도의 경우 새로운 대북 모델을 통해 평화의 상징성을 국제사회에 보여줄 수 있으며, 남북한이 사업기간 동안 서로를 이해하고 알아갈 수 있는 창구를 만들 수 있다는 큰 의의를 들 수 있다. 김제원대학교 내 연구소 건설은 대두 생산 증진 연구와 황해남도 농업에 대한 연구를 수행할 수 있다. 연구소는 황해남도에서 태어나 자랐고 벽성군 농업전문학교에서 농업에 대한 기본적인 교육을 받은 학생들이 한국의 연구진과 함께 연구를 경험하게 함에 따라 수준 높은 연구를 수행할 수 있을 것이다. 이에 따라 연구소에서는 정치이념 문제를 떠나 보다 더 질 좋은 생산이라는 하나의 목표를 가지고 남북한의 전문가들이 함께 연구할 수 있다는 점에서 연구소 개설에 의미를 둘 수 있다.

---

28. 박병용. 2014년 3월 13일. "개성공단 근로자 실질임금 80달러." 「VOA NEWS」. https://www.voakorea.com/a/1870362.html.

IV. 북한 로컬의 발전 효과

지리적으로 북한은 한국과 국경을 맞닿은 유일한 나라이며 경제적으로는 세계 최빈국 중의 하나이다. 북한은 1970년대 주체 농법의 실패와 지속적인 자연재해에 대해 대비를 갖추지 못해 식량난 문제를 지금까지 해결하지 못했다. 또한 북한 주민들은 단백질이 만성적으로 부족하다. 이러한 식량난과 불균형적인 식단을 단기적이며 동시에 해결할 수 있는 방법 가운데 하나는 대두 생산이다. 대두는 밭의 쇠고기라고 불리며 다른 농작물에 비해 재배하기 쉬운 작물이기 때문에 세계적으로 많은 지역에서 대두를 생산한다. 하지만 북한이 자체적으로 단기간에 많은 식량을 생산하기에는 분명한 한계가 있으므로 외부의 자본이 절실하다. 따라서 PODA 사업은 북한의 일부 지역을 단기간에 생산율을 올리게 도와줄 것이다. 단순히 물고기를 잡는 방법만을 알려 주는 것뿐만 아니라 장기적으로 생산된 원자재를 가공하는 사업을 통해 국내 기업이 투자할 수 있는 기반을 마련하려고 한다. PODA 사업은 북한과 한국에 긍정적인 영향을 미친다는 것은 분명하다. 북한의 경우 사업 식량 생산율을 올릴 수 있을 뿐만 아니라, 지속적으로 식량을 생산할 능력 확보에도 도움이 될 것이다. 또한 제대로 된 일자리가 없거나 무직인 북한 주민들에게 공장에서 일할 수 있는 일자리를 제공하여 그들의 삶의 질을 올릴 수 있다는 장점이 있다. 한국의 경우는 북한의 장점을 최대한 극대화하여 이익을 지속적으로 증진할 수 있다. 북한에는 한국보다 낮은 임금으로 고용할 수 있는 인력이 풍부하다. 그리고 지리적 가까움에 대한 이점을 이용하여 보다 낮은 가격으로 원자재와 가공한 물자를 국내에 반입할 수 있다는 장점이 있다.

PODA의 궁극적인 목적은 북한 내에서 기업들이 자유로운 경제활동을 할 수 있는 기반을 형성하는 것에 있다. 기업의 사회적 책임 활동인 CSR은 기업이 지역 사회 및 국가에서 활동하고 생존하기 위해서 가장 중요한 활동 중 하나이다. CSR은 고객에게 기업의 긍정적인 이미지를 심어주기 위한 활동으로 기업의 영속을 위한 투자 행위이기도 하다. 또한 기업의 활동은 기본적으로 사회기반 인프라가 갖추어진 상태에서 가능하기 때문에 CSR은 남북한 간의 경제협력의 가장 높은 단계이다. 이 논문은 ODA-PPP-CSR의 세 단계가 북한에 대한 안정적인 경제협력의 기반이 된다고 주장한다.

더하여 PODA 사업은 북한이라는 공간에 대한 평화적인 담론의 형성에 목적이 있다. 기존에 북한이라는 공간에 대해 보수와 진보 간의 대립을 초월하여 새로운 담론을 형성할 것이다.[29] 결과적으로 PODA 사업은 남북한 간 실용적인 이익을 추구할 수 있는 사업일 뿐만 아니라 남북한 간 갈등을 완화하는 새로운 역할을 수행할 것이다.

참고 문헌

강선일. 2017. 6. 4. "남한 쌀과 북한 콩, 옥수수 교환하자." 『한국농정』. http://www. ikpnews.net/news/articleView.html?idxno=30239. (검색일: 2019.10.26.).

김용택·이은석·고효정. 2018. 『선진공여국 사례조사를 통한 농업 ODA 효과적 정책 마련』. 글로벌발전연구원.

김재한 편. 2019. 『통일·북한의 공간적 이해』. 카오스북.

대한민국 ODA 통합 홈페이지. http://www.odakorea.go.kr.

박병용. 2014. 3. 13. "개성공단 근로자 실질임금 80달러." 『VOA NEWS』. http://www .hani.co.kr/arti/economy/economy_general/823687.html. (검색일: 2019.11.14.).

북한지역정보넷.

비나한인. 2018. 3. 10. "베트남 성, 시 도시별 평균월급, 호치민이 최고." 『VIETNAM NEWS』. http://reurl.kr/8164660IR. (검색일: 2019.11.17.).

서울신문. 2019. 5. 4. "비건과 대북 식량 인도적 지원 논의 할 듯, 북미대화 재개 물꼬?." https://www.seoul.co.kr/news/newsView.php?id=20190504500007. (검색일: 2020.1.22.)

왕길환. 2016. 3. 31. "〈한국 무상원조 25년〉① 숫자로 보는 ODA 역사." 『연합뉴스』. https://www.yna.co.kr/view/AKR20160330108300371. (검색일: 2019.11.20.).

---

29. 김재한. 2019. "통일·북한의 공간적 이해." 김재한 편. 『통일·북한의 공간적 이해』. 카오스북. pp.20-21.

외교부 홈페이지.

유민정. 2019. 9. 9. "북한, 태풍 '링링'으로 5명 사망… 가옥 460채 건물 15동 파손." 『ChemicalNews』. http://reurl.kr/8164659WG. (검색일: 2019. 11.15.).

이장훈. 2018. "중국이 콩 확보에 사활을 건 이유는." 『한국경제매거진』. 9월호. http://reurl.kr/8164642RX. (검색일: 2019.11.19.).

정민국·송우진·이현근·유정호·명수환. 2017. 『FTA 체결국 농축산물 수출입동향 조사·분석 매뉴얼』. 한국농촌경제연구원.

정은미. 2014. "개성공단 북한 근로자의 정체성 인식과 행동 양식의 메커니즘." 『북한연구학회보』(북한연구학회). 제18권 2호.

통일교육원 연구개발과. 2017. 『2018 북한이해』. 통일부.

통일부 북한정보포털.

한겨레. 2017. 12. 15. "북한 1인당 국민 소득146만 원, 남한은 3198만 원." http://www.hani.co.kr/arti/economy/economy_general/823687.html. (검색일: 2019.11.14.).

한국민족문화대백과사전.

허귀식. 2010. 11. 23. "북한 '고난의 행군' 5년 동안 주민 33만 명 굶어 죽어." 『중앙일보』. https://news.joins.com/article/4695274. (검색일: 2019.11.20.).

BBC NEWS. 2019. 11. 10. "올해 흉작으로 식량난 닥친 북한." https://www.bbc.com/korean/news-50364405. (검색일: 2019.11.20.).

Food Vaccine. 2017. 2. 23. "대두(콩)효능, 대두(콩)효과, 대두(콩)영양소, 역사, 민간요법 [온라인 음식, 건강 정보]." https://foodvaccine.tistory.com/208. (검색일: 2019.11.12.).

Google Maps.

Kumar, Sri Krishna. 2010. "Public Private Partnership in India." https://web.archive.org/web/20120616055409/http://jurisonline.in/2010/11/public-private-partnership-in-india/.

NK조선지리.

OECD iLibrary. "Development Co-operation Profiles." https://han.gl/VK3DR.

Weimer, David, and Aidan Vining. 2011. Policy Analysis: Concepts and Practice. 5th edition. Longman.

서울대학교
시민정치론: 서울시 참여예산제 프로젝트

제8장

* 수업 소개 *

수업 명	서울대학교 정치외교학부 〈시민정치론: 서울시 참여예산제 프로젝트〉		
교수자명	김의영	수강 인원	16명(조교 1명)
수업 유형	전공선택	연계 지역/기관	서울시

수업 목적

참여예산제도, 시민사회, 참여민주주의, 사회적 자본, 로컬 거버넌스 등 시민정치와 관련된 주요 개념과 핵심적 논의, 기존의 연구와 연구 방법을 학습하며, 이를 바탕으로 필드에 나가 시민정치의 현장을 경험하고 분석 및 관찰하여 탐구 결과를 집필함.

주요 교재

김의영. 2011. "굿 거버넌스 연구분석틀." 『한국정치연구』.

유재원·홍순만. 2005. "정부의 시대에서 꽃핀 Multi-level Governance: 대포천 수질개선 사례를 중심으로." 『한국정치학회보』Vol 39, No 2.

토마스 커러더즈. 2000. "시민사회에 대한 오해." 조효제 편역. 『NGO의 시대』.

Abers, Rebecca. 1998. "From clientelism to cooperation: Local government, participatory policy, and civic organizing in Porto Alegre, Brazil." *Politics & Society*. Vol. 26, No. 4.

Fung, Archon and Erik Olin Wright. 2003. *Deepening Democracy: Institutional Innovations in Empowered Participatory Governance*. London: Verso.

Michael Saward. 2003. *Democracy*. Cambridge: Polity Press.

Robert K. Yin. 2009. *Case Study Research: Design and Methods. Thousand Oaks*. California: SAGE Inc.

Robert Putnam. 2003. *Better Together: Restoring the American Community*. New York: Simon and Schuster.

Siriani, Carmen. 2009. *Investing in Democracy: Engaging Citizens in Collaborative Governance*. Washington, D. C.: Brookings Institution Press.

Smith, Graham. 2009. *Democratic Innovations: Designing Institutions for Citizen Participation*.

Cambridge: Cambridge University Press.

수업 일정

제1주: 강의소개 및 팀 구성. 서울시 참여예산제 소개.
제2주: 시민정치와 참여민주주의 관련 개념 발제 및 토의. (읽기: Michael Saward, 토마스 커러더즈 외)
제3주: 연구문제 설정 방법에 대한 강의 및 조별 프로젝트 주제 정하기. (읽기: Robert K. Yin 외)
제4주~5주: 서울시/희망제작소의 활동가를 초청해 참여예산제의 기본 이해 및 특징. 서울시 재정지표 및
재정참여. 분과 구성 및 역할. 서울시 청년 정책 특징. 사업 계획서 등 서울시 참여예산제 관련 주제로
특강.
제6주: 사회적 자본과 미국 사례 강의. 조별 주제 구상 및 연구 계획 수립. (읽기: Robert Putnam 외)
제7주~8주: 로컬 거버넌스 이론과 사례 강의. 연구 방법 구체화 및 설문 문항 작성. (읽기: Carmen Siriani
외)
제9주: 중간고사
제10주~11주: 참여예산제 강의 및 조별 조사, 서론 작성. (읽기: Rebecca Abers 외)
제12주: 조별로 작성한 서울시 참여예산제 제안서 검토 및 서울시/희망제작소 특강. 인터뷰 및 설문 분석.
제13주: 조별 프로젝트 중간발표 및 피드백.
제14주: 조별 보고서 초안 제출 및 발표. 피드백.
제15주: 초안 수정 보완 및 결과 발표. 피드백.
제16주: 최종 연구결과물 제출.

프로젝트 개요와 결과

4~5명이 1개 팀을 구성하여 서울시 참여예산제를 비롯한 서울시 시민참여의 면면을 연구해 분석하고, 문제점에 대한 정책적 제언을 제시하는 프로젝트로서, 학생들이 직접 지역 공동체에서 활동하는 민과 관의 다양한 행위자를 만나 참여관찰, 설문, 인터뷰를 진행하고 이를 통해 얻은 정성적·정량적 자료를 분석하여 시민사회 및 제도에 기여할 의미 있는 결과를 도출하도록 디자인되어 있다.

팀1) 두 동네 거버넌스 이야기(Narratives): 시민참여예산에 활발히 참여하는 주체 중 하나인 주민자치회에
집중하여, 관악구 서림동과 성현동 주민자치회를 참여관찰하고 인터뷰를 진행하였다. 이를 바탕으로 두
동의 성패 요인을 비교·분석하였다.

팀2) 서울시 엠보팅(mVoting) 제도에 대한 비판적 검토: 주민참여예산 제도 중 하나인 엠보팅 제도에 관심
을 가지고, 관악구, 동작구 사례를 중심으로 자치구별 주민참여예산제도의 엠보팅 활용양상에 대해서 살
펴본 뒤, 여러 정책적 제언을 던졌다.

팀3) 예산과정의 민주성·효율성 현황 및 발전과제: 서울시 참여예산제도 민관예산협의회 운영을 중심으로
참여성, 분권화, 숙의성, 반응성, 효율성 및 효과성의 잣대에서 예산과정의 민주성과 효율성을 평가하였
다.

팀4) 서울시 시민참여위원회 온예산분과의 민주성과 효율성: 온예산분과를 분석하여, 참여민주주적인 측면
에서 시민의 참여성과 시민성 증진에 기여하고 있는 바가 있으며, 기능 수행적인 관점에서는 앞으로 나
아질 부분이 있으나 희망적이라고 전망했다

시민정치론: 서울시 참여예산제 프로젝트

김의영 (서울대학교 정치외교학부 교수)

전소연 (서울대학교 정치학과 석사과정)

1. 수업 개요

시민정치는 주민들이 자치적으로, 관과 함께 협치(協治)하며 문제를 해결하고
자 노력하는 것을 말한다. 본 과목은 정치외교학부 전공선택 과목으로서 시민정치
이론과 방법론 및 경험적 연구에 대한 학습에 기초하여 시민정치의 다양한 사례를
접하고 분석하는 실행 연구를 실시하는 것을 목적으로 한다. 특히 이번 학기에는
참여예산제도와 관련되어 시·구·동단위에서 나타나는 시민정치의 다양한 양상
을 관찰 및 분석하였다.

주민참여예산제도(PB: Participatory Budgeting)란 지역 주민들이 토론과 협의
를 통해 지역 예산의 우선순위를 정하고 이에 따라 예산을 배분할 수 있도록 보장
하는 제도이다. 브라질 남부에 위치한 포르트 알레그르(Porto Alegre)시에서 1989
년 처음 도입되었고 성공 사례가 전 세계로 알려졌으며, 유럽과 아메리카 등에서
도 이를 벤치마킹하여 주민참여를 위한 핵심적인 제도로 시행하고 있다.[1] 서울시

---

1. 이지문·권자경. 2013. "주민참여예산제도가 부패방지에 미치는 영향 연구." 「한국부패학회보」. 18(4).

는 이를 2012년 최초로 도입하였는데 초거대도시(megalo-city)라는 서울시의 위상, 주민의 참여와 위원회 구성을 기준으로 살펴보았을 때 서울시는 국내 주민참여예산의 도입과 확산에 단연 선구자적 역할을 하고 있다. 서울시의 주민참여예산제도는 시민사회와 수평적 관계 지향, 주민과의 소통 강조, 참여예산위원의 개방성을 고려한 제도 설계 등의 측면에서 긍정적인 평가를 받고 있다.[2] 본 수업에서 학생 연구진들은 이러한 서울시 주민참여예산제도의 면면을 살피고, 실제 시행에서 직면하는 난관과 애로사항을 포착하고 이와 관련하여 구체적인 개선 방안을 제시하고자 하였다.

교수와 석사과정 대학원생 1명, 16명의 학부 수강생들이 참여한 이 수업에서 각 연구팀은 서울시 참여예산제와 관련된 다양한 제도의 운영 현황과 성과를 조사하였다. 그 후 최종적으로는 논문의 형태로 작성하는 것을 목적으로 인터뷰와 참여관찰, 설문 등의 다양한 정치학적 연구 방법을 사용해 이를 분석하였다. 더불어 서울시/희망제작소의 활동가를 섭외해 특강을 열었으며 '내가 해 보는 참여예산제' 실습을 실시하고, 서울시 참여예산 사업 지원을 위한 제안서를 작성하기도 했다.

수업 전반부에 수강생들은 참여예산제도, 시민사회, 참여민주주의, 사회적 자본, 로컬 거버넌스의 주요 개념과 핵심적 논의, 경험적 연구, 연구 방법을 학습하고 비판적으로 분석하는 연습을 실시하였다. 학생들은 매주 국·영문의 책과 논문을 읽고 이에 대한 요약과 자신의 생각을 담은 크리티컬 노트(critical note)를 한 페이지 이내로 작성해 제출했다. 동시에 매주 발제 조를 정해 해당 학생들은 노트를 제출하는 대신 논문을 요약하고 각자의 연구에 적용할 방법을 고민하여 한 시간 가량의 발표를 준비했다.

수업 진행 3주차에 학생들은 조별로 연구 주제를 구상하였고, 필요한 자료를 수집하고 정리하였다. 4주와 5주차에는 참여예산제도에 대한 특강을 수강하며 활동가와 교수의 피드백을 받아 주제를 구체화시켰고 연구에 본격적으로 임하였다. 6

---

2. Ibid., p.144

주차에 이르러 학생들은 사회적 자본 등 시민정치와 관련된 여러 개념을 성실히 학습함과 동시에 자신들이 선정한 주제에 따라 각자 주제의 2차 자료(문헌, 신문, 데이터, 자료집 등)를 바탕으로 각자의 주제에 맞는 연구 대상을 선정하고, 연구 계획을 수립하였다. 이에 따라 각기 관악구 주민자치회, 서울시mVoting, 서울시 참여예산제도, 온예산분과를 주제로 선정하였다.

수업 후반부는 주로 사례 분석과 사업제안서 작성에 도움을 주기 위한 방식으로 진행되었다. 참여예산제에 대해 국·내외의 구체적인 사례를 깊이 있게 다뤘으며 조별로 서울시 참여예산제에 제출할 사업 안건을 논의하고 제안서를 작성해 보았다. 동시에 각 조의 연구 계획에 따라 연구 방법을 구체화하고 인터뷰, 설문, 참여 관찰 등을 요청했다. 이 과정에서 학생들은 시와 자치구에서 활동하는 지역 매니저, 중간지원조직의 활동가, 공무원, 지역의 청년 멘토 등 참여예산과 관련한 활동을 하는 다양한 인사와 교류할 수 있었다. 13주차부터는 연구 보고서 작성에 본격적으로 힘을 써 보고서 내용 발표, 보고서 작성 및 피드백의 과정이 반복되었고, 16주차에 최종 연구 보고서를 완성할 수 있었다. 연구 결과에 따라 최종 보고서를 수정·보완하여 가능한 학술 논문 또는 저서, 『서울시 참여예산제: 사례분석과 제안』〈서울대 사회혁신 교육연구 센터 총서〉로 출판할 기회가 주어졌다.

본 수업은 '지역기반 시민정치 교육'이라는 특징을 갖는다. 대개의 수업이 강의실에서 진행됨에 반해 본 수업은 강의실에서 배운 내용을 지역의 현장에서 활용하고, 시민과 실무자와 함께 지역의 문제를 탐구하여 해결해 나가는 데 그 의의를 둔다. 현장에서의 생생한 경험은 학생들로 하여금 수업에서 배운 내용을 심도 있고 풍성하게 이해하는 데 실질적인 도움을 주며, 학생들은 전문가(교수, 활동가)의 지도 아래 현장에 나가 자신들의 재능을 충분히 발휘하게 된다. 이와 유사한 프로젝트로 미국, 일본, 영국 등에서 지역 문제 전문가 양성과 지역 활성화 취지에서 도입되어 활발히 사용되고 있는 문제기반학습(PBL, Problem-based Learning)과 캡스톤(Capstone), 액션러닝 등이 있다.

서울시와 참여예산제의 일선에 있는 여러 단체들과 학생들이 연계하여 진행한 본 수업은 다음과 같은 긍정적인 면을 가진다. 우선, 학생들은 지역적 차원에서 이론적·실천적으로 시민정치 발전에 기여할 수 있는 방법을 진지하게 모색할 수 있다. 필드 연구에 참여한 학생들은 교실 안에서 추상적으로 접했던 여러 이론과 다른 나라의 사례들을 지역 안에서 구체적이고 밀접하게 관찰할 수 있으며, 이러한 학문적 논의와 현장의 경험을 바탕으로 학생들은 이상과 실제를 모두 고려해 지역의 문제를 고민하고 해답을 내릴 역량을 기르게 된다. 또한 필드 연구는 학생들뿐만 아니라, 지역 연구진에게도 자극과 성장의 기회를 제공한다. 이론적 배경과 창의성을 지닌 학생들과 전문성을 가진 활동가가 교류하는 과정에서 전문가들은 기존 제도의 운영에서 자칫 간과했거나 개선이 필요했던 부분에 대해 관련된 기존의 학문적 논의와 학생들의 신선한 접근을 수용할 수 있게 되며, 이 과정에서 합리적이면서 창의적인 지역 문제 해결 방안을 마련할 가능성이 열린다. 마지막으로 본 수업은 교육과 연구뿐 아니라 수강생들의 사회적 책임 실천과 공헌을 목표로 한다. 학생들은 필드에서 직접 주민들을 마주하고, 그들의 문제에 공감하며, 시민정치의 중요성과 서울시 참여예산제의 예시적 사례를 우리 사회에 알린다. 이러한 경험은 학생들이 따뜻한 마음을 가진 진정한 리더로 성장할 수 있도록 가이드한다.

이번 서울시 시민참여예산제 프로젝트에서는 다음의 방법으로 심층연구를 진행하였다. 학생 연구진의 전체 규모에 따라 4~5명씩 4개 연구팀을 구성해, 연구팀별로 시민참여예산제도와 관련된 자체적인 주제를 선정하고 탐구하였다. 학생 연구진은 관악구청 내 공무원, 주민자치회 위원, 관악구 참여예산 네트워크 활동가, 관악사회복지 사무국장 등 참여예산제와 관련된 다양한 행위자를 만나 각각 관악구 주민자치회, 서울시 mVoting, 서울시 참여예산제도, 온예산분과를 주제로 연구를 진행하였다. 이에 따라 관악구 주민자치회 연구팀은 주민자치회의 행위자적 요인에서 관찰할 수 있었던 미묘한 제도적·비제도적 개선 방안을 제안했고, 서울시 mVoting 연구팀은 모바일 투표의 질적 측면, 홍보방안, 본인 인증 문제와 관련한 제도적 제언을 제시했다. 또한 서울시 참여예산 제도 연구팀은 참여예산제도의 지표(참여성, 분권화, 숙의성, 반응성, 효율성 및 효과성)에 따라 서울시 시민참여예산제의 단계별 실질적 운영을 평가했다. 마지막으로 온예산분과 연구팀은 온예산분과가 참여성과 시민성이라는 참여민주주의의 핵심 가치와 온예산분과의 기능을 어느 정도 올바르게 실현하는지 평가하였다.

〈연구 팀별 활동 모습〉

서울시 시민참여예산위원회 온예산분과의 민주성과 효율성

서울대학교 자유전공학부 윤정찬
서울대학교 정치외교학부 김민석
서울대학교 정치외교학부 김성주
서울대학교 중어중문학과 이민예
서울대학교 정치외교학부 허수연

논문초록 2013년부터 시작된 서울시 시민참여예산위원회의 온예산분과는 서울시 전체 예산에 대한 시민의견서 작성, 참여예산사업 모니터링, 예산낭비신고 조사 및 심사 참여, 자치구 참여예산제 평가 등의 기능을 수행한다. 시민 참여를 통해 재정민주주의를 실현하려는 이러한 제도는 한국은 물론 세계적으로 전무하다. 따라서 온예산분과가 과연 참여민주주의의 핵심 가치(참여성과 시민성)를 잘 실현하는지, 또 얼마나 그 기능을 효율적으로 수행하고 있는지 본 연구는 답하고자 한다. 이를 위해 서울시 담당 공무원과 과거 온예산분과에 참여한 시민위원들을 인터뷰하고, 2018년과 2019년 온예산분과에 참여한 시민위원들을 대상으로 온라인 설문조사를 실시하였다.

핵심주제어 시민참여예산위원회, 참여예산제, 온예산분과, 참여민주주의

Ⅰ. 서론

1. 연구의 배경

한국의 주민참여예산제도는 중앙정부의 주도로 시작된다. 2003년 안전행정부는 '지방자치단체 예산편성 운영기준'을 통해 주민참여형 예산편성제도를 권장하고 이를 계기로 일부 지자체가 관련 조례를 제정하여 운영하게 된다. 그리고 2011년 국회는 지방재정법을 개정하여 주민참여예산제도의 실시를 의무화하고, 중앙정부 차원에서 조례 모델안이 제시되어 전국적으로 확산된다. 서울특별시(이하

'서울시')는 2011년 지방재정법 개정 이후 2012년 '서울특별시 주민참여예산제 운영 조례'(현재 '서울특별시 시민참여예산제 운영 조례')[1]를 제정하여 주민참여예산 제도를 시행해 왔다. 서울시의 시민참여예산제(이하 '참여예산제도')는 예산편성 과정에 시민참여를 보장함으로써 시 예산의 투명성·민주성을 증대하고 참여민주 주의를 활성화하는 것을 목적으로 한다.

주민참여예산제도와 같은 혁신적 민주주의를 시행하기 위해서는 주민들의 참여 를 제도화하는 것이 필요하다. 서울시도 이러한 부분을 고려하여, 참여예산제도를 시행함에 있어 시민들의 참여를 제도화하기 위해 '시민참여예산위원회'(이하 '참 여예산위원회')를 둔다. 참여예산위원회는 300명으로 구성되고, 그중 275명은 '예 산학교'를 수료한 회원 중 무작위 추첨으로, 25명은 서울시장 및 서울시의원의 추 천으로 선정된다. 그리고 참여예산위원회는 민관예산협의회와 두 개의 기능분과 (온예산분과 및 홍보분과)로 나뉜다. 민관예산협의회는 시민이 제안하는 참여예산 사업을 심의 및 조정하는 역할을 수행하고, 온예산분과는 시 전체 예산에 대해 의 견을 개진하고 모니터링하며, 홍보분과는 참여예산제도 홍보를 위한 각종 활동을 한다.

일반적으로 서울시의 참여예산제도를 논할 때 주목받는 분야는 민관예산협의 회가 관할하는 참여예산사업이다. 시민들은 자신이 제안한 사업이 또 다른 시민에 의해 검토되고 시행되는 과정을 보면서 참여의 효능감을 직접적으로 경험할 수 있 기 때문이다. 이에 비해, 온예산분과는 상대적으로 주목을 덜 받는다. 그럼에도 시 민참여예산제의 목적에 비추어 보면, 온예산분과의 역할은 과소평가되고 있고 상 당히 중요하다. 민관예산협의회가 시 예산 중 참여예산사업 부분만을 살펴본다면, 온예산분과는 그 이름에서부터 전체를 의미하는 '온'이라는 순우리말을 사용하여

---

1. 서울시는 2012년 참여예산제도를 시행한 이래 '주민참여예산제'라는 명칭을 사용해오다가 2017년부터 '시 민참여예산제'라는 용어로 바꾼다. 여기서 '시민'은 ▲서울특별시에 주소를 두고 있는 자, ▲시 관할지역에 소재한 기관에 근무하는 자 ▲시에 영업소의 본점 또는 지점을 둔 사업체의 대표자 또는 임직원 ▲시소재 '초등교육법'과 '고등교육법' 상의 학교 재학생과 이와 동등한 자격을 갖춘 자가 해당한다.

시 전체 예산을 검토한다는 의미를 가지고 있다. 이러한 측면에서 온예산분과는 시 예산의 투명성 및 민주성 증대라는 시민참여예산제의 목표 달성에 있어 핵심적인 부분이라고 할 수 있다.

온예산분과는 그 기원을 온예산위원회에 두고 있다. 2013년부터 서울시는 참여예산위원회 내 한시적인 특별위원회 격의 온예산위원회를 구성했고, 이 위원회는 예산안에 대한 시민의견서를 작성하는 업무를 맡아 왔다. 2017년 서울시는 시민참여예산제를 혁신하면서 온예산분과를 상설 운영되는 독립 분과로 분리했다. 그렇게 생겨난 온예산분과는 참여예산위원(75명) 및 온예산 코디네이터(5명, 해당분야 예산 전문성을 갖춘 연구자 및 연구자 및 시민단체)로 구성된다. 온예산분과의 위원들은 5개 분과(복지·여성, 문화·관광·체육, 환경·공원, 도시안전·교통·주택, 경제·일자리·행정)로 나눠서 활동을 진행하는데, 각 분과는 위원 15명과 코디네이터 1명으로 구성된다. 주요 활동은 온예산 참여(예산안 시민의견서 작성 등), 참여예산사업 모니터링, 예산낭비신고 조사 및 심사 참여, 자치구 참여예산제 평가 등이다.

온예산분과의 활동을 보다 구체적으로 살펴보면 다음과 같다. 첫째, 온예산 참여 활동이다. 서울시의 예산편성안, 예산조정안 그리고 시의회 제출 전체예산안에 대해 시민들의 의견을 제시하는 것이다. 둘째, 사업 모니터링 활동이다. 시민참여예산사업 중 5천만 원 이상 규모의 사업에 한해 상, 하반기 2회의 모니터링을 실시한다. 셋째, 예산낭비 감시 활동이다. 서울시 참여예산제도 홈페이지를 통해 시민들은 예산낭비를 신고할 수 있다. 이렇게 신고가 들어오면 온예산위원들이 조사 및 심사에 참여한다. 넷째, 자치구 참여예산제 평가이다. 온예산위원 중 일부는 외부전문가들과 함께 서울시 내 25개 자치구의 주민참여예산제 운영실태 평가를 진행한다.

2. 선행연구 검토

참여예산과 관련된 선행연구은 크게 2가지로 나눌 수 있다. 첫 번째 유형은 사례 분석을 통해 문제를 진단하고 주민참여예산제도가 나아가야 하는 방향을 제시하는 정책적·실용적 연구이다. 곽채기(2011)는 광주광역시 북구를 중심으로 주민참여예산제도의 확산 이전에 생각해야 하는 지점들을 지적했고, 최길수(2011)와 최진혁(2011)은 대전광역시를 선정하여 단계별 제도운영의 성과와 한계를 경험적으로 분석하였다. 유홍성 외(2014)의 연구는 인천 남구지역을 중심으로 주민참여예산제도 활성화 방안을 제안했으며 허철행(2014)의 연구는 부산광역시를 중심으로 주민참여예산제도의 한계와 개선방안을 도출해냈다. 임성일(2011)은 주민참여예산제도가 우리나라의 지방재정시스템 속에서 정착하고 나아가는 방안을 제시했고, 백형배외(2011)는 통합창원시를 사례로 설문조사를 통해 주민참여예산제도의 발전 방향을 제안했다. 기초자치단체 수준의 주민참여예산제를 연구한 김의영외(2017)의 연구는 관악구 사례에서 참여민주주의 구현을 위한 핵심 요소가 잘 적용되고 있는지 분석하고, 해당 사례에서 도출한 주민참여예산제도의 한계가 결정적 사례로 일반화될 수 있다는 점을 주장한다.

두 번째 유형은 일정한 요건을 기준으로 참여예산의 유형을 모델화하고 통계적 기법을 활용하여 주민참여예산제도의 성과요인 등을 분석한 연구들이다. 나중식(2004)은 주도권 및 영향력을 기준으로 정부주도적 예산참여형, 민·관 협의적 예산참여형, 시민주도적 예산참여형의 유형으로 주민참여예산제도를 구분하였다. 박광우(2006)의 분류는 주민참여의 범위 및 수준을 기준으로 관 주도형, 민·관 협의형, 그리고 민·관 협치형을 제시하였다. 이지문·권자경(2015)의 연구는 "주민참여 수준은 주민참여예산제도의 효과에 영향을 미칠 것이다"는 가설을 설정하고 이를 다양한 변수로서 통계적으로 입증하고 있다.

하지만 기존의 주민참여예산제도와 관련한 연구들은 우선, 주로 민·관의 관계에서 관 주도로 도입된 주민참여예산제도를 제도적 측면에서 분석하고 있다는 한계를 가진다. 주민참여예산제도가 모든 지방자치단체에 초기 도입되던 시기인 2012년에는 안정적인 제도 정착을 위해 관 차원에서의 운영을 위한 제언이 필요했다고 볼 수 있다. 하지만 도입 후 7년이 지난 현 시점, 주민참여예산제도가 본질적으로 구현하고자 했던 '참여민주주의'를 얼마나 잘 실현하고 있는지 실질적으로 평가하는 과정이 필요하다. 따라서, 예산의 결정과정에 실질적으로 참여했던 시민, 또는 시민위원들의 의견을 직접 듣고 분석하는 과정이 요구된다.

또한 기존의 연구들은 주민참여예산제도의 한계를 찾는 과정에서 체계적이고 통일적인 지표를 활용하지 못하고 있다. 주민참여예산제도와 참여민주주의의 상관관계를 분석하기 위해서는 다른 시·도에도 확장이 가능하며, 일관된 지표의 도입이 필요하다. 본 연구에서는 이러한 한계를 극복하기 위해 기초자치단체 수준의 의정감시활동을 평가하기 위해 일반적으로 쓰이고 있는 공신력 있는 지표를 적절하게 변형·확장하여 적용하고자 한다.

마지막으로 서울시에서 최초로 도입한 온예산분과만을 오로지 연구대상으로 설정한 연구는 전무하다고 볼 수 있다. 온예산분과는 2013년에 시작하여 매년 시민의견서를 제출하고 서울시 예산 업무 전반에 대한 제언을 실시하고 있지만 이러한 서울시의 '실험적 사례'에 대한 연구는 전무하기에 이에 대한 사례 연구가 절실한 시점이다. 본 연구에서는 서울시의 온예산분과에 대한 연구를 심층면접과 설문 등을 통해 진행하여 온예산분과가 참여민주주의의 요소를 어떻게, 얼마나 구현해내고 있는지 분석하는 최초의 탐색적(revelatory), 예시적(exemplary) 사례 연구로서 그 의의를 갖는다(Yin, 2009).

온예산분과에 대한 단일사례연구방법론의 적용은 우선, 이미 잘 알려진 이론인 '참여민주주의'와 '참여민주주의의 요소'를 검증하는 데 매우 중요한 '결정적(critical)'사례라는 점에서 의의를 갖는다(Yin, 2009). 서울시는 선도적으로 주민참여예산제도를 도입하여 우리나라에서도 가장 큰 규모로 주민참여예산제도를 운영하고 있다. 서울시에서 최초로 시도한 온예산분과는 서울시의 주민참여예산제도에서 주민 참여와 숙의의 과정을 더욱 활성화시키고자 도입된 만큼 온예산분과에서의 성과나 참여민주주의의 실현 여부는 다른 시도에도 매우 중요한 지표가 된다. 구 차원은 물론, 전국적으로 주민참여예산제도가 형성되고 확립되는 현 시점 서울시 온예산분과의 사례는 선도적 사례로 중요하게 다루어져야 한다. 적절한 분석을 통해 '여기(서울시 차원)서 사실이라면 다른 모든 곳에서도 사실이라는 것'이 입증된다면, 온예산분과에 대한 연구가 갖는 의의는 막대하다(Yin, 2009).

3. 연구 문제 및 분석틀

본 연구는 다음의 두 연구문제에 대한 대답을 제시하려 노력한다. 첫째, "서울시 온예산분과가 참여민주주의의 핵심가치를 실현하고 있는가?" 시민참여예산제의 일환으로 시행되고 있는 온예산분과는 재정민주주의, 즉 시 예산에 있어 민주성 증대를 목표로 한다. 여기서 민주성 증대의 핵심은 시민의 참여이다. 참여를 통해 전문가 중심의 시민단체에 의한 예산 감시가 아니라, 예산학교를 수료한 일반 시민 누구나에게 열려 있는 온예산분과는 따라서 참여민주주의적인 실험이라 할 수 있다. 이러한 온예산분과가 목표한대로 참여민주주의의 핵심가치를 실현하고 있는지 참여성과 시민성의 두 가지 차원에서 답하고자 한다. 온예산분과에 시민위원으로 참여한 시민들이 참여성과 시민성의 측면에서 변화했는지, 그래서 참여민주주의적 가치들이 시민들에게 실현되었는지 탐구하고자 한다.

둘째, "서울시 온예산분과가 목표한 기능을 효율적으로 수행하며 기존 제도에서 유의미한 영향력을 끼치고 있는가?" 온예산분과는 앞서 서술했듯 온예산 참여, 참여예산사업 모니터링, 예산낭비신고 조사 및 심사 참여, 자치구 참여예산제 평가를 기능으로 삼고 있다. 이러한 기능들이 얼마나 효율적으로 이루어지고 있는지 조사한다면, 향후 온예산분과의 실질적 개선에 도움이 되는 제언을 할 수 있음은 물론, 서울시 외에 온예산분과 제도를 도입하려는 지방자치단체에 도움이 될 수 있다. 특히 시의회와 행정부서에 의해 예산이 편성되고 집행되던 기존 예산 결정 과정에서 온예산분과가 어떤 영향력을 끼치고 있는지는 그 효율성을 평가하는 데 있어 중요한 지표가 될 것이다.

본 연구에서는 위의 연구 문제를 바탕으로 온예산분과를 두 가지 측면에서 분석하였다. 이를 위해 온예산분과를 평가하는 연구분석틀을 고안하였다. 분석틀을 만드는 데에 있어서 주민참여예산제도와 같은 혁신적 민주주의의 사례를 분석하고 있는 문헌을 참고하였다… 기존 문헌에서는 다양한 기준을 활용하여 혁신적 민주주의의 사례를 분석하고 평가하고 있었다. 예를 들어 Smith(2009)는 민주주의 이론과 정책들을 효과적이고 체계적으로 비교분석하기 위해 민주주의제도가 갖추어야 할 6가지 덕목들을 분석틀로서 제공한다. 이는 대중 참여의 포괄성(inclusiveness), 정치에 대한 대중의 통제(popular control), 정치에 대한 대중의 통제(considered judgement), 투명성(transparency), 효율성(efficiency), 정치제도의 전이성(transferability)로 제시되었다. Fung and Wright(2003)은 시민권한강화참여거버넌스(Empowered Participatory Governance)의 이름으로 참여, 심의, 실용성과 같은 기준들을 제시한다. 다음으로 김의영 외(2017)의 연구는 사례가 관악구 사례에 대한 탐색적 연구라는 점에서 참여, 숙의, 권한 부여를 분석 기준으로 삼아 관악구의 주민참여예산제도를 분석하였다.

본 연구에서는 기존의 문헌을 종합하여 아래와 같이 평가지표를 구성하였다. 먼저 온예산분과가 실현하고자 하는 참여 민주주의의 핵심가치로는 '참여성, 시민성, 민관 협력'으로 상정하였다. 이 중에서도 참여성과 시민성의 평가 측면에서는 김의영 외(2017)의 연구를 참고하였다. 해당 연구에서는 기초자치단체 수준의 의정감시활동을 평가하기 위해 참여성과 시민성을 주요한 틀로 활용했고, 참여의 질적 측면을 제고하기 위한 대표성, 평등성과 같은 요소들이 잘 구현되고 있는지를 평가 지표로 포함하였다. 본 연구에서는 참여성과 시민성을 참여민주주의의 핵심 가치로 받아들이면서 온예산분과가 실현하고자 하는 예산 부문에서의 참여민주주의는 민관협력 역시 핵심적인 가치라고 판단해 이 부분을 독립적인 평가의 영역으로 구분했다. 온예산분과의 기능수행과 영향력은 온예산분과라는 사례가 가지는 특수성을 고려하여 독립적인 평가 영역으로 구축했다. 기능수행 지표에서는 온

<표 1> 온예산분과 활동 분석틀

	평가항목	평가기준
참여민주주의의 핵심가치 실현	참여성	**(참여 촉진)** 참여자들을 촉진하고 매개하여 동원하는 역할을 수행하는가?
		(구성의 대표성) 조직 내의 구성이 성별, 연령, 사회적인 계층, 거주지역 등에 대하여 대표성이 있고 이를 보장하는 선정 기준이 존재하는가?
		(평등성) 역할의 분배가 공정하고, 비활동가와 활동가 사이의 능력적인 격차를 줄이려는 시도가 있었는가?
		(친밀감) 조직 내 구성원 간 유대적인 관계가 형성되어 있는가?
	시민성	**(정치적 효능감)** 정치적 교육 및 사회화가 이루어지면서 정치적 관심과 정보 및 효능감을 소유하게 되는가?
		(공동체 의식) 개인 차원의 '나'를 넘어서서 '공동체'속의 '나'로서 확장된 의식을 가지게 되었는가?
	민관 협력	**(협력·신뢰)** 공무원과 시민위원 간의 관계에서 협력과 신뢰가 축적이 되었는가?
		(소통) 관 차원에서 시민위원들의 요구에 적절히 대응하였는가?
효율적인 기능수행	기능수행	**(기능적 구조)** 온예산분과 기능을 잘 수행할 수 있는 구조인가?
		(실질적 수행 여부) 온예산분과 4가지 기능을 잘 수행하는가?
	영향력	**(영향력 행사)** 온예산분과의 실질적 영향력 행사가 드러났는가?
		(영향력 인식) 시민위원들이 스스로 자신들의 활동의 영향력을 인지하는가?

예산분과가 처음에 실현하고자 했던 4가지 기능을 효과적으로 수행하고 있는지를 결과의 측면에서, 구조적인 측면에서 보고자 했다. 또한 영향력 지표에서는 온예산분과의 활동이 가지는 영향력을 실질적인 측면과 시민위원들의 인식 측면으로 구분하여 평가하고자 했다.

4. 자료 수집 및 분석 방법

본 연구는 온예산분과를 참여민주주의 및 기능수행의 측면에서 분석하고자 한다. 이러한 연구 목적을 달성하기 위한 연구 자료는 크게 문헌자료, 인터뷰자료(interview)와 설문자료로 구분된다. 우선 온예산분과와 주민참여예산제도에 대한 정보를 담고 있는 문헌자료를 수집하였다. 주민참여예산학교에서 배포하고 있는 자료집과 서울특별시 시민참여예산 홈페이지를 통해서는 온예산분과를 포함하여 서울시의 예산이 집행되는 과정에 대한 기본적인 정보를 얻을 수 있었다. 또한 온예산분과에서 그 동안 발간한 시민의견서와 회의록을 통해서 온예산분과의 활동과 역할, 성과를 파악하고 연구의 질문을 선정하였다. 온예산분과를 평가하는 방법에 있어서도 다양한 선행연구를 참고하였다(Yin, 2009; Smith, 2009; Fung and Wright, 2003; 김의영 외, 2017).

인터뷰 자료는 문헌 자료로는 파악하기 어려운 부분을 중심으로 작성하였다. 특히 온예산분과의 활동 전반에 있어서 참여민주주의의 핵심 요소가 실현되고 있는지 그리고 기능이 효율적으로 수행되는지를 파악하는 데에 집중했다. 실제 온예산분과 활동에 참여한 시민위원과 코디네이터 그리고 온예산분과 활동을 지원하는 시민숙의예산담당관 공무원을 대상으로 인터뷰를 진행했다. 인터뷰는 참여민주주의를 구성하는 세 가지 핵심요소(참여성, 시민성, 민관협력)와 효율적인 기능수행을 구성하는 두 가지 요소(기능수행 및 영향력)을 중심으로 진행되었다. 인터뷰는 모두 면 대 면으로 진행되었으며 대략적으로 1시간 정도의 분량으로 구체적인 답변을 얻을 수 있었다. 모든 인터뷰는 인터뷰의 내용과 목적에 대해 대상자에게 명확하게 설명한 후 문서화되었다. ○

설문조사는 2019년 12월 1일부터 12월 9일까지 9일간 온라인 설문지를 통해 이루어졌다. 설문 대상은 2018년과 2019년 온예산분과에 참여했던 시민위원들이다. 두 해에 각각 활동했던 시민위원 총 130명을 상대로 설문지를 발송하였고 그 결과 총 66개의 응답을 받았다. 설문은 연구분석틀에 따라 5가지 평가항목(참여성, 시

〈표 2〉 인터뷰 대상자 목록

이름	성별	직책	인터뷰 장소	인터뷰 일시
최○○	남	온예산분과 담당 주무관	서울시청	2019.11.26.
김○○	남	도시안전·교통·주택분과 코디네이터	서울시청	2019.11.26.
이○○	여	환경·공원분과 시민위원	서울시청	2019.11.26.
서○○	여	여성·복지분과 분과장	서울대학교 예술계 내 카페	2019.12.04.

민성, 민관협력, 기능수행, 영향력)에 입각하여 작성하였다. 대부분의 질문은 1점에서 5점 사이의 척도로 구성되어 참가자들이 5개의 점수 중 하나로 평가할 수 있게 하였다.

온예산분과에 대한 평가는 계층적으로 이루어지는데 문헌자료, 인터뷰 자료 그리고 설문자료를 바탕으로 한다. 앞서 〈표 1〉에서 살펴본 바와 같이 각 평가항목은 평가기준으로 구분된다. 각 평가기준에 대해 상, 중, 하 3 단계로 평가한다. 평가등급이 '상'일 경우에는 3점, '중'일 경우에는 2점, '하'일 경우에는 1점을 부여한다. 그리고 최종적으로 각 평가항목은 '[(각 평가기준 점수의 합×10)/평가기준 수×3]'로 점수가 부여되며, 총 10점 만점으로 평가된다. 평가항목에 있어서 최종 점수가 7점 이상인 경우에 상, 4점이상 7점 미만인 경우에 중, 4점 미만인 경우에 하로 평가한다.

II. 온예산분과와 참여민주주의

1. 참여성

참여의 양과 질에 있어서 참여 촉진, 구성의 대표성 및 참여의 평등성 보장, 그리고 참여 구성원 간 동질감의 형성이 중요하다. 먼저, 온예산분과는 제도적으로 시민위원들의 참여를 촉진한다. 온예산분과는 일반 시민으로 구성된 시민위원들이 서울시의 전체 예산을 살펴보게 함으로써 재정민주주의의 실현을 그 목적으로 한다. 따라서 제도의 목적상 가능한 많은 시민들이 참여하는 것을 추구한다. 무료로 진행되는 시민예산참여학교를 통해서 시민들이 참여예산제도에 대한 전반적인 교육을 받을 수 있도록 하고, 이를 수료하게 되면 참여예산위원으로서 활동할 수 있는 기회를 부여한다. 참여예산위원회 내에 있는 온예산분과는 이렇게 충원된 시민위원들이 주축이 되어 다양한 활동을 진행한다. 비록 온예산분과의 경우 민관예산협의회에 비해 사람들의 선호도가 낮은 경향이 있기는 했지만, 그럼에도 불구하고 온예산분과에 참여한 대부분의 위원들은 다음에도 온예산분과에 참여하고 싶다고 재참여 의사를 밝혔다. 실제로 설문 결과 향후참여의사 부문에서는 5점 만점에 평균 4.48점의 점수가 산출되었다. 인터뷰를 통해서도 온예산분과가 참여의 기제를 효과적으로 활용하고 있었고, 참여한 시민위원들의 재참여 의사를 고취시켰다는 것을 알 수 있었다.

> "(전략) 이제 좀 알거 같은데, 내년엔 정말 잘할 수 있을 것 같은데 안 될 수도 있다는 게 불만이에요."
> — 이○○ 시민위원

> "참여할 의사가 있습니다. 다만, 이번에는 경제 및 일자리 분야로 참여하고 싶습니다. 물론 여성 부분도 괜찮구요. 그런데 너무 힘든 건 사실이에요. 저는 참여예산위원회 이외에도 다양한 협치 사업에 참여했었는데, 아무래도 온예산분과 활동이 서울시 차원이다 보니까 로컬 단위에서의 사업(마을 공동체 사업 등)과 비교했을 때, 훨씬 해야 하는 업무가 많았습니다."
> — 서○○ 여성·복지 분과 분과장

김○○ 코디네이터는 2017년도에 참여예산을 경험한 사람들을 대상으로 설문조사를 한 결과, 70% 이상이 참여예산활동을 마친 이후에도 계속 연관된 활동을 하고 싶다고 응답했다고 한다. 그리고 이렇게 연임하는 시민들은 대부분 가장 주도적으로 활동한 분들이며 시민의견서 작성에서 중요한 역할을 담당한다는 것을 알 수 있었다. 그러나, 연임은 1회 가능하지만, 재참여의사가 있더라도 추첨이 다시 되어야만 활동할 수 있다. 또한 최○○ 주무관은 시민들이 선발되더라도, 온예산분과가 아닌 민관예산협의회 위원으로 선발될 경우도 있기에 재참여비율은 통계상으로 12% 정도라 답했다. 따라서 재참여 의사가 있는 위원들의 재참여를 막는 방식이 아니라 적절하게 활용할 수 있는 방법을 찾는 것이 중요하다고 할 수 있다.

다음으로, 온예산분과의 모집에 있어서 구성의 대표성은 제도적으로 보장되고 있음을 확인할 수 있었다. 각 분과는 15명으로 이루어지는데 모집 과정에서 성별, 연령, 거주지에 따라 대표성을 고려한다. 실제로 각 분과의 15명은 출신 자치구가 모두 다르고, 성별 및 연령에 있어서도 다양하다. 다만, 실질적으로 대표성은 선발된 이후 시민위원들의 참여 정도에 따라 달라진다. 다양하게 구성한다고 하더라도 실제로 활동을 하는 사람이 한정되다 보니 대표성이 떨어진다는 것이다. 이런 문제점을 개선하기 위해 공무원들은 온예산분과 회의시간을 저녁대로 하고, 내년도 위촉식에서 전년도 참여율이 높은 위원들에게 표창을 하는 등의 방법을 시도하고 있지만, 여전히 분과별 참여율의 편차는 크다.

"시민참여예산위원이 총 300명인데 그중 275명이 추첨과정을 통해 뽑히고, 25명은 시의 시장 추천 받아서 뽑습니다. 대표성의 경우, (중략) 연령을 고려하고, 성별이 치우치지 않게 하며, 25개 자치구가 웬만하면 다 들어갈 수 있도록 노력 중입니다. 또 추천할 때 장애인, 다문화, 청소년가장 등이 모두 포함되도록 대표성을 고려하긴 해요. 하지만 문제는 항상 참여율입니다. 이렇게 막상 선정해도, 온예산분과 회의에 나오셔야지 그 자치구, 성별, 연령을 대표할 수 있습니다. 하지만 올해의 경우 쏠림현상이 있어요. 위원님들 중에서도 대학생은 시험기간이면 바빠서 못나오고, 직장인들도 마찬가지입니다. 그러다 보니 아무래도 나이대가 많은 분들 위주로 회의가 흘러갈 수밖에 없습니다."

— 참여지원팀 최○○ 주무관

평등성 측면에서 시민위원들의 목소리는 상대적으로 동등하게 반영된 것으로 보인다. 실제로 서○○ 시민위원은 이와 관련하여 토론이 잘 된 날은 오후 7시부터 11시까지도 회의를 하기도 하고, 추후에 시청 외의 공간에서도 회의를 하기도 하는데 이러한 과정들은 그 날 참여한 모든 위원들이 각자의 의견을 내고 모든 의견들이 회의에서 동등하게 반영될 때에만 가능하다고 말한 바 있다. 설문 결과 시민위원들의 목소리가 동등하게 반영되는지에 대한 질문에서는 5점 만점에 평균 4.05의 결과가 나와 응답자들 대부분이 시민들의 목소리가 동등하게 반영되고 있음에 동의한다는 것을 확인할 수 있었다.

물론 시민들의 발언 횟수가 전문성, 성별, 그리고 나이에 따라 다르게 나타나는 경향도 나타났다. 김○○ 코디네이터는 쟁점과 관련된 특수한 직업에 종사한 경험이 있는, 즉 전문적 지식을 갖춘 시민의 발언 횟수가 가장 많다고 대답했다. 전문성을 제외하고는 중년 남성들이 많이 발언한다고 하였다. 그러나 그는 이를 시민위원들에게 선별적으로 나타나는 현상이 아닌, 현 한국 사회의 기본적 한계를 투영한 결과라 해석했다.

한편, 온예산분과는 모집 과정에서 다양한 배경의 시민위원들을 위촉하게 되면서 자연스럽게 위원들 간 상당한 전문성 차이가 나타난다. 서○○ 시민위원에 따르면 본인이 활동한 여성복지분과만 해도 위원들의 전문성은 각기 달랐다고 한다. 현직에서 사회복지사로 일하는 위원이나 고양이를 키우는 집사 위원와 같이 특정 분야에서 전문성을 가지고 있는 분들도 있었던 반면, 생활성 민원을 제기하는 60대 이상의 위원도 있었다고 한다. 김의영 외(2017)는 시민 활동가 사이에서의 능력적인 차이가 평등성을 저해하는 요소로, 참여에 있어서 부정적인 영향을 줄 수 있다고 본다. 그리고 이러한 능력적 격차를 줄임으로써 참여자들의 적극적인 참여를 이끌어낼 수 있다고 한다.

그러나 위의 견해와는 달리, 온예산분과에서 전문가들의 존재는 시민위원들의 참여에 긍정적인 영향을 주었다. 특정 분야에서 전문성을 갖춘 위원님들이 있었기에 각 사업 부문에 대한 예산 검토가 세부적으로 이루어질 수 있었다. 또한 각 분과를 지원하는 시민 전문가인 코디네이터의 역할도 활동 과정에서 중요했다. 공무원들이 시민들이 의견을 개진할 수 있는 공론장을 만들어 주었다면, 코디네이터는 실제 회의 과정에서 전문성이 차이가 있는 다양한 시민위원들을 공론장에 적극적으로 참여시키는 역할을 수행했다. 이러한 전문가들의 지원으로 인해 시민위원 간의 능력 차이에도 불구하고 시민위원들의 적극적인 참여가 가능했다.

"(전문성 차이를) 크게 느꼈습니다. 저희 분과는 여성가족정책실이랑 복지파트 담당이었습니다. 실제로 병원에서 근무하시는 사회복지사, 사회복자재단 및 종합복지관에서 일하시는 사회복지사 분들도 오셨고, 동물권 관련해서는 캣맘분도 계셨는데, 이분들은 각자의 분야에서 전문성을 바탕으로 문제를 제기해 주셨습니다. 반면, 60대 이상의 분들은 예산서를 보고 이야기를 하는 것이 아니라, 실생활 수준에서 본인들이 느끼는 부분에 대해 지적을 했습니다. 이렇게 전문성의 차이는 있었던 것 같은데, 전반적으로 보면 시민들의 의견들이 참여를 통해 일정 정도 제도권 내에 반영되었다고 볼 수 있을 것 같습니다. 그리고 저는 이것이 참여민주주의의 실현 과정이라고 생각합니다." – 서○○ 여성·복지 분과 분과장

"실제로 코디네이터의 역할이 컸습니다. 공무원분들이 식사 준비, 자료 제공 및 회의 준비 등을 통해 시민들이 의견을 개진할 운동장을 만들어줬다면 코디네이터분들은 실제 회의 과정에서 많은 도움이 되었어요. 전체적인 제도와 운영에 관해서 공무원들이 설명을 해줬지만, 구체적인 안건을 조율하는 데에는 개입하지 않았습니다. 실질적으로 온예산분과의 핵심 기능인 시민제안서 작성에 있어서 코디네이터의 역할이 컸습니다." – 서○○ 여성·복지 분과 분과장

또한, 참여 구성원 간 동질감의 형성 측면에서, 시민들은 온예산분과 회의 내외적으로 동질감을 형성한 것으로 드러났다. 내적으로는 '시민위원'이라는 지위를 공유하며 시민의식을 함양하고, 외적으로는 단체 채팅방을 만들어 일상적으로 소통하며 비공식적 모임을 통해 관계를 형성했다고 김○○ 코디네이터는 대답했다. 물론 개인적 관계의 형성은 분과과정에서의 갈등을 유발하기도 하지만, 이러한 친분을 통해 온예산분과의 환경·공원 분야 위원들은 15명 중 12명이 끝까지 활발히 참여하며 유의미한 결과를 거둘 수 있었다. 여성·복지 분과에서도 서로 다른 지역에 거주하는 위원들의 이야기를 듣는 것은 정보 습득의 기회로도, 친목을 다지는 기회로도 작용하였다. 분과 활동 이외에 분과장들과 매달 모여서 진행한 분과장들과

의 회의에서는 다른 분과 활동을 의식하면서 각자의 분과를 자랑하기도 하며 분과 장들과의 관계를 돈독히 하였다.

"많이 친해졌어요. 위원님들이 사시는 동네가 다 다르다보니까, 각 지역에 어떤 일들이 일어나고 어떤 이슈가 있는지를 들을 수 있었고, 모임이 일종의 정보 습득의 기회 플랫폼 역할을 했던 것 같습니다. 모임을 나가면 중랑구에 뭐가 있네, 종로에서 이번 주에 뭐를 하네 등과 같이 지역의 소식을 접할 수 있었죠. 아 그리고 아직도 카톡방 깨지 않고 교류를 이어나가고 있어요. 추가적으로 일부 위원님들은 이번 활동을 계기로 더 성장하셔서, 각자의 지역에서 자치활동에 참여하시기도 합니다. 이렇게 시민참여예산활동 이외에도 다양한 정보 공유를 했죠."

– 서○○ 여성·복지 분과 분과장

2. 시민성

시민성은 사익과 공익 간 균형 감각을 내장한 것으로, 자발적 결사체에의 힘으로 길러진다. 시민의식은 시민과 시민 사이, 수평적 관계에서 발생하는 공존의식이자 균형 감각이다(송호근, 2016). 시민성과 시민의식을 길러내는 것은 참여민주주의의 가치를 실현하고자 하는 제도가 필수적으로 가져야만 하는 조건이며, 이렇게 길러진 시민성은 본인뿐만 아니라 평소 풀뿌리 민주주의에 관심이 없던 시민들에게까지도 긍정적인 영향을 끼친다. 이는 'Positive Epidemic'으로서 시민정치의 근간이된다(Robert Putnam, 2005). 시민성 함양에 있어서는 정치적 효능감과 공동체 의식이 중요하다. 온예산분과 활동 이후 참여자들의 시민의 역할이나 책임에 대한 인식 변화와 공통 의식 및 목표에 대한 인식은 시민성 함양을 나타낸다. 이는 참여성과도 깊은 연관이 있으며, 인터뷰 결과, 법적 기반을 통한 참여가 보장됨과 동시에, 시민의 역할로서 권리와 책임이 함께 부여된다는 점을 인식하고 있는 것으로 드러났다.

먼저 정치적 효능감은 온예산분과위원으로 참여하시는 분들은 시민 입장에서 자신의 숙의와 노력이 실질적 반영 정도에 얼마나 영향을 주었는가에 대한 주관적 인식으로 측정했다. 앞서 살펴본 바에 따르면 시민위원은 예산학교를 수료한 사람 중 추첨에 의해 위촉된다. 따라서 시민위원의 온예산분과에의 참여는 본인의 자발적인 의사를 그 기초로 한다. 정치적 효능감은 이러한 참여 의사에도 영향을 미친다. 실제로 김○○ 코디네이터님은 시민들이 1년간 시간 내서 참여하는 이유를 시민들의 의견 반영에 대한 기대로 답변했다. 설문 결과에서도 시민의 역할과 책임을 알게되었다는 답변이 5점 만점에 평균 4.32로 긍정적 반응을 보였으며 시민참여의 필요성에 대한 의견에 있어서도 평균 4.59로, 시민성 함양에 온예산분과가 큰 영향을 끼쳤다고 분석할 수 있었다.

> "피드백에 대한 요구 등이 계속 강조되는 이유가 초기에는 호기심이라고 생각했는데, 결국 영향을 미치고 싶다는 기대로 인한 것이거나 영향을 미치지 않더라도 내 의견이 어떻게 수용되거나 불수용되는가에 대한 설명을 듣고 싶다는 것 등으로부터 알 수 있어요."
> – 김○○ 코디네이터

또한, 온예산분과를 담당하는 공무원의 입장에서 시민위원들은 활동을 통해 상당한 정치적 효능감을 얻는 것으로 보인다.

> "(전략) 직접 예산 들여다보고 시민 분들이 내신 세금이 어떻게 쓰이는지 직접 공부를 하는 경험을 하는 거잖아요. 우리 공무원들은 누가 들여다보고 있는 사람이 있으니까 예산을 더 잘 써야겠다 싶기도 하고. 서로 발전할 수 있죠."
> – 참여지원팀 최○○ 주무관

온예산분과에 직접 참여한 시민위원도 활동 과정에서 정치적 효능감을 체감했다. 실제로 이○○ 시민위원님은 인터뷰에서 온예산분과의 활동을 통해 시민들의 참여가 공적인 의사결정과정에 반영된다는 느낌을 받았다고 한다.

"잘은 모르겠지만 저는 반영이 되었다고 봐요. 옛날처럼 무시당하는 건 아니라고 생각해요. 선순환으로 잘 굴러가는 듯한 느낌에 확신해요. 그러니까 이 제도도 이렇게 유지되지 않았을까 싶어요. 민주주의 제도로 잘 정착되고 있는 것 같아요."   – 이○○ 시민위원

온예산분과에 참여한 위원분들은 모두 활동 과정에서 정치적 효능감의 중요성을 인식하고 있었으며, 결국, 시민들이 낸 의견이 유효하게 반영된다고 주관적으로 느껴야 효능감이 높아진다는 것을 알 수 있다. 그러나 실질적으로 모든 사안에 대해 반영 정도를 파악하기는 사실상 불가능해 보인다. 따라서 시민들이 낸 의견이 유효하게 반영되는 가의 여부는 가시적으로 파악하기는 힘들지만, 주관적인 인식에 있어 반영된다고 느끼는 경우가 많았다.

"결국에는 시민들이 낸 의견이 유효하게 반영되어야 효능감이 높아져요. 그래서 끊임없이 피드백을 주는 형태로 유지해요. 상반기, 하반기 과정으로 분리되는 데 상반기는 당해 년도 확정 예산서를 보고 차년도 예산 편성 시 이런 걸 고려해 달라는 의견서를 작성해요. 사업부서에서 차년도 예산편성을 하니까 7~8월 쯤에 제한적이나마 피드백이 오는 데 그 내용을 바탕으로 하반기에는 시의회를 대상으로 하는 의견서를 작성해요. 그런데 지금까지 시의회로 넘어간 피드백은 사실상 없는 상태에요. 이게 필요해요."   – 김○○ 코디네이터

시민성에서 또 중요하게 여겨지는 '공동체 의식'은 개인 차원의 '나'를 넘어서서 '공동체'속의 '나'로서 확장된 의식을 의미한다. 온예산분과 활동 과정을 통해 참여한 분들은 스스로 달라진 점을 느꼈으며, 회의에 참여한 것은 단순히 자신을 위해 활동한 것이 아니라 보편적인 가치를 위해 힘썼다는 것으로 판단된다.

"예산 주기를 조금 더 이해를 하게 되었고 공무원의 역할을 알게 되었어요. (중략) 예를 들어 비가 오고 날씨가 좋지 않을 때에도 노원 같은 곳에서 한 시간 반이 넘게 지하철을 타고 회의에 오시는 시민분들을 보면서 (중략) 시민위원님들은 단순히 자기 자신을 위해 활동을 했던 것이 아니라 보편적인 가치를 위해 힘썼던 거죠."   – 서○○ 여성·복지 분과 분과장

다만 정치적 효능감을 느꼈는지에 대한 질문에 대한 설문 결과는 5점 만점에 평균 3.47로 다른 지표들에 비해서는 상대적으로 낮은 수치를 보였다. 또한 효능감에 대한 답변의 편차가 크게 나타나면서 모든 시민위원들의 효능감을 높일 수 있는 방안에 대한 재고가 필요함을 알 수 있었다.

코디네이터 김○○님은 참여제도는 시민들의 공동 책임을 확인하는 계기가 될 수 있다며, 단순 참여로 마무리되는 것이 아니라 참여로 촉발된 공적 관심이 다른 방향으로도 확장되는 것이 중요함을 역설했다.

"(전략) 2010년도 지방재정법이 개정되어 의무화되었을 때, 법적 기반은 지방재정의 위기에 대한 시민들의 공동책임을 확인하는 계기라고 생각해요. 전체 예산 편성 시 시민들이 직접 관리, 감독하며 책임성을 부여한다는 게 목적이고 이게 온예산 사업의 핵심이니까요. (중략) 이로 인해 촉발된 공적, 정치적 관심이 끊임없이 다른 쪽으로 확장될 수 있어야 한다고 생각해요."   – 김○○ 코디네이터

특히, 예산 평가를 할 때 '나'라는 개인의 관점에서 벗어나 확대된 의식으로서 '시민의 대표'라는 인식으로 관점의 변화가 생겼다는 점에서, 시민성이 함양되었다고 평가할 수 있다.

"일반적 평균치 의견을 놓고 보면 관점 자체가 이동한 것은 맞아요. 내가 살고 있는 지역, 세대, 특수성이라기보다는 '서울시민의 관점으로 보았을 때' 라는 표현

을 더 많이 시작했어요." - 김○○ 코디네이터

서○○ 여성 복지 분과 분과장 역시 분과 내에 공유되는 공동의 목표 여부에 대한 질문에 긍정적인 답변을 보였으며, 사회 공공성 확보에 힘쓰기 위해 노력했다고 말했다. 물론 각 위원들마다 차이는 있으나, 논의 과정에서 공익적 문제를 추구하도록 하는 제도적 장치 덕분에 공동체 일원으로서의 입장을 반영할 수 있었다는 이야기를 들을 수 있었다.

"더 좋은 사회를 만들고, 사회 공공성을 확보하는 것이 분과위원들이 공유했던 목적이었어요. (중략) 각 위원님마다 차이는 있어요. 마을 자치교육이라든지 협치 교육을 많이 받은 분들도 있지만, 이익단체의 입장에서의 민원을 제기하는 분들도 있었어요. 그런데 논의 과정에서 공익적인 문제를 추구하도록 하는 일정의 제도적 장치는 있었어요. 저도 분과장으로서 민원성 발언들을 필터링하는 역할을 했었고, 코디네이터분들도 힘써주셨습니다."

– 서○○ 여성·복지 분과 분과장

이렇게 공유되는 공동의 목표는 온예산분과의 목표의식 고취에도 도움이 되었다는 것을 알 수 있었고, 실제 설문결과에서도 공유하는 목표와 의식 여부에 대한 질문에 평균 3.98의 응답이 산출되었다. 따라서 온예산분과 위원들은 공동의 목표에 대해서 숙지하고 있으며 이러한 목표가 적극적인 활동에도 영향을 끼쳤다고 파악할 수 있었다. 온예산분과위원으로서의 활동이 단순히 정치적 관심으로만 이어지는 것은 아니다. 회의나 만남을 통해 사람들 사이에서 일어나는 상호 관계로, 어느 정도 진화적 변화가 일어난다는 점과 넓은 의미에서의 시민성이 암묵적으로 발전하는 분위기가 생긴다는 점을 파악했다.

"긍정적인 부분은, 일종의 공진화가 있는 것 같아요. 2012년도에는 회의 도중 반말을 하거나 젊은 사람이 간사를 해야 한다는 인식이 좀 있었는데 적어도 햇수 거듭하면서 이런 부분에 대한 자기 통제 정도는 생긴 것 같아요. 이게 좀 흥미로운 부분이기도 해요. 적어도 이런 자리에서는 그렇게 해서는 안 된다는 생각으로 인해 조금씩 바뀌어가는 게 보입니다. (중략) 사전 경험이 없더라도 이게 오래될수록 제도 내에서 이렇게 되는 것 같아요. 예전보다는 참여하는 시민들이 훨씬 나아요."
                                                                  – 김○○ 코디네이터

과거 시민 참여 활동에 비해 시민성이 발전함에도 불구하고, 기본적인 시민성이 바탕이 되어야 훌륭한 제도들이 성공적으로 정착될 수 있다는 의견이 강했다. 시민으로서의 권한은 물론 중요하나, 권한을 보장받는 만큼 책임이 따라야 한다는 점을 재확인하였다.

"훌륭한 제도들이 국내에 많이 들어와 있는데, 기본적으로 어느 정도의 시민성이 보장되어야 성공적으로 시행할 수 있습니다. (중략) 시민들이 자신의 권한을 더 많이 보장받기 위해서는 결정에 따르는 책임의 강도가 높아져야 해요. 일종의 비례성 원칙인거죠."
                                                                  – 서○○ 여성·복지 분과 분과장

3. 민관 협력

공무원과 시민위원 간의 체계적이고 전략적인 협력을 위해서 신뢰는 필수적인 요소이다. 신뢰를 바탕으로 형성된 협력구조는 사회적 자본 축적에도 일조할 것으로 판단된다. 이렇듯 공무원과 시민위원의 긴밀한 협력구조를 위해 신뢰가 형성되려면, 두 집단이 활발히 소통해야 하고, 공무원들이 시민위원들에게 필요한 자료를 투명하게 제공해야 할 것으로 보인다. 설문조사에서 민관협력에 관한 항목은 평균 3.73을 기록했는데, 이 두 측면에서 시민위원들은 아쉬움이 있었다고 느낀 것으로 파악하였다.

공무원과 시민위원의 소통 정도를 검토하기에 앞서, 주민참여예산제도에서의 공무원들의 역할 및 참여 정도에 대해 살펴보았다. 인터뷰에서 최○○ 주무관은 온예산분과 활동 시 공무원은 "연결다리" 역할을 해야 한다고 답했다. 민관협치와 거버넌스가 실현될 수 있도록 회의실 제공, 참여 독려, 민관 소통 과정의 피드백 전달 등의 역할을 시청의 담당 분과가 해야 한다는 것이다. 그런데 온예산분과에서 공무원의 실질적 역할은 크지 않았다. 최○○ 주무관은 자치구 평가, 예산낭비 신고, 예산 모니터링을 담당하는 공무원은 각각 따로 있지만, 온예산분과도, 민관예산협의회도 총괄을 하는 공무원은 1명뿐이라고 답하였다. 따라서 전문성 보완을 위해 5개 분과마다 민간전문가 1명이 코디네이터로서 활동하며 온예산분과 회의 진행을 돕는다고 대답했다. 공무원들의 참여를 더 독려하고 싶지만, 공무원들은 업무가 따로 있기에 협조 구하기가 어렵다고 대답했다.

공무원의 역할은 비교적 작았지만, 시민들은 이를 적당하다고 여겼다. 이○○ 시민위원은 시민의견서를 완료한 시점에서 1년 동안의 활동을 되돌아 봤을 때, 온예산분과 활동이 제도로 자리를 잘 잡기까지는 시민위원뿐만 아니라, 공무원의 역할도 컸다고 응답했다.

"(전략) 연령대 차이도 굉장히 많이 나고, 실력과 수준도 모두 다른데 이걸 어느 정도 중화시켜주는 데에는 공무원들의 역할이 컸던 것 같아요. 회의하면 회의 자료도 잘 주시고, 의견서 낼 때는 양식도 잘 알려 주셨어요. 만약 하얀 종이를 주고 쓰라고 했으면 못했을텐데, 이렇게 자료도 그렇고 잘 안내해 주셨어요. 이게 우리만, 시민만 잘한다고 돌아가는 게 아닌데, '제도가 자리를 잡았구나' 하고 생각하게 되었죠." — 이○○ 시민위원

이를 바탕으로 보았을 때, 코디네이터 및 시민위원들이 속한 분과 및 역할에 따라 소통의 정도를 다르게 느낀 것을 볼 수 있었다. 시민들의 정치적 효능감 형성 및 제고를 위해서는 시민들이 직접 낸 의견이 유효하게 반영된다는 사실을 알리는 것

이 중요하게 작용할 것이다. 이에 따라, 온예산분과 활동은 시민위원들이 공무원 부서와 시의회에 각각 피드백을 요구하는 형태로 진행되어 왔다. 인터뷰를 통해, 김○○ 코디네이터 및 시민위원들이 각 집단 간의 소통 정도를 다르게 느끼고 있음을 확인할 수 있었다.

먼저, 이○○ 시민위원은 피드백이 잘 이루어졌다며 만족감을 표했다.

"(전략) 실무국도, 조율 담당 부서까지도 일을 정말 잘했어요. '어쨌든 보기는 하는구나' 싶었어요. (중략) 회의할 때 시민들이 궁금해하는 부분이 있으면 수준차가 나는 질문이더라도 전부 다 답변을 잘 해줬어요. 처음에는 시민들이 고생한 것이라 생각했는데, 담당부서까지 잘 굴러가서 '내가 (온예산분과 회의에) 오고 싶었구나' 하는 생각이 들었어요." – 이○○ 시민위원

부서에서 오는 피드백에 대해, 서○○ 분과장은 소통 정도는 담당 공무원들에 따라 달랐다고 답했다.

"(전략) 시민의견서를 보시고 나서 자신들이 이러한 시민들의 의견을 예산에 어떻게 반영할 것인지 하나하나 검토해서 가져오는 부서가 있는 반면, 하나도 준비를 하지 않고 그 자리에서 즉흥적으로 답하는 부서도 있었습니다. 그런데 저희가 공무원분들을 만날 수 있는 시간은 한정되어 있습니다. 준비를 해서 오시면 원활하게 협의가 진행될 수 있는데, 그렇지 않으면 "추후에 알아본 후에 답변 드리겠습니다." 라는 말만 남긴 채 끝나게 됩니다. 그래서 민관협력은 저희가 처음에 생각했던만큼 진행되지는 않았던 것 같습니다." – 서○○ 여성·복지 분과 분과장

김○○ 코디네이터는 사업부서에서의 피드백은 제한적이나마 왔던 반면, 시의회에서의 피드백은 거의 없었다고 답했다.

"(전략) 온예산분과는 상반기, 하반기 과정으로 분리되는데, 상반기에는 당해 연
도 예산서를 보고 차년도 예산 편성 시 이런 걸 고려해달라는 의견서를 작성해
요. 이에 대한 피드백은 사업부서에서 하는데, (중략) 피드백이 7~8월쯤에 와요.
그 내용을 바탕으로 하반기에는 시의회를 대상으로 하는 의견서를 작성해요. 그
런데 지금까지 시의회로 넘어간 피드백은 사실상 없는 상태입니다. 이게 필요하
고, 최근 서울시 내년도 예산안에 대한 토론회에서도 지적된 내용인데, (중략) 법
적 근거가 없으니까 (요구사항이 반영될지는) 모르겠죠." – 김○○ 코디네이터

다음으로, 정보 공개가 얼마나 적절히, 투명하게 이루어졌는지 살펴보아야 한
다. 김○○ 코디네이터는 "정보 공개의 투명성은 참여예산에서 관의 가장 핵심적
역할"이라고 대답했다. 현대 사회의 정치 과정에서 시민들은 자신들의 참여 및 책
임을 제고할 것을 더욱 요구하고, 이러한 욕구에 따라 주민참여예산제도에 참여
한다. 그런 만큼 적어도 참여 시민들에게만큼은 정보 제공이 투명하게 이루어져야
한다는 것이다. 이렇듯, 정보 공개는 신뢰 형성 및 민관 협력 구조 유지·지속을 위
한 중요한 요소로 작용한다. 그러나 정보 공개의 정도에 대해 김○○ 코디네이터,
최○○ 주무관, 그리고 서○○ 분과장은 아쉬웠다고 지적했다.

"(전략) 기존보다 더 많은 정보를 공개해야 합니다. 이를 테면, 차년도 예산안에
대한 정보공개가 되지 않으면 차년도 예산안에 대한 의견서 제출 역시 불가능합
니다. 그런데 이전까지는 시민들에게 미확정된 예산안을 공개한 전례가 없었어
요. 따라서 저희 입장에서는 당연히 공개해달라고 요구하는 것입니다. 이에 따
라, 부분적이나마 차년도 예산안이 사전에 공개되는 절차를 겪고 있습니다."
– 김○○ 코디네이터

최○○ 주무관은 이 의견에 동의하며, 투명한 자료 공개의 필요성을 지적했다.

"전산화가 잘 되어 있어서, 온예산분과 시민위원들이 모니터링을 하기 전에 필요한 사업계획서랑 결과보고서 같은 검토 자료들은 업로드가 되면 참여예산 홈페이지와 연동이 되어서 위원님들이 로그인한 후 다운받아서 열어볼 수 있어요. 이외 필요한 자료들은 개별적으로 요청할 수 있고요. (중략) 결국 사업 부서에서는 좀 더 시민 분들이 검토를 원활히 할 수 있게 투명하게 자료를 공개할 필요가 있습니다."
                                              – 참여지원팀 최○○ 주무관

서○○ 분과장은 자료 중에서도 구체적으로 미시적 자료가 제공되었으면 좋겠다는 의견을 표했다.

"(전략) 거시적인 자료만을 받고, 미시적인 예산 자료는 제공받지 못해서 활동에 어려움이 있었다는 의견이 분과 내에서는 있었습니다. 예를 들면 국단위, 과단위 사업 내역까지 제공받기를 원하셨던 분들이 있었으나 그 부분까지 제공되지는 않았습니다. 또한 공무원분들은 예산 자료들을 사업단위별로 분류해서 주셨는데, 시민위원분들은 이러한 분류가 자료를 검토하기에 불편하다고 지적하셨고 분야별(사회계층 및 세대별)로 제공해줬으면 좋겠다는 의견을 제시하기도 했습니다. 이렇게 분류를 하려면 공무원분들이 자료를 다시 정리를 해야 하는데, 그러한 인력이 없는 건지 역량이 되지 않는지 모르겠으나 그렇게 제공되지는 못했습니다."
                                          – 서○○ 여성·복지 분과 분과장

정보 제공이 충분히 이루어지지 않는 이유에 관해, 김○○ 코디네이터는 "혹여 미확정된 정보를 공개할 경우 시민들이 더 큰 혼란을 겪고, 불필요한 갈등을 촉발할 가능성 때문이 가장 통상적인 답안"이라고 답했다. 그러나 곧이어 그는 이것이 공무원들이 시민들을 충분히 신뢰하지 못하는 것이라 설명하며 이제는 더욱 많은 정보 공개의 필요성을 제기했다.

"(전략) 행정 측은 시민들이 예산 판단의 역량을 갖추지 않았기에 이로 인해 불필요한 갈등이 생길 것이라 하는데, 이것은 일어나지 않은 상황에 대한 예측입니다, 결국 한 쪽은 부정적 상황을 예측하여 시도하지 않겠다는 것이고, 다른 쪽은 해 보지 않았으니 시도해 보고 보완하자는 입장입니다. 다행인 것은, 광주는 부서별 예산안 공개 중이라는 것입니다. 미확정된 예산을 공개했음에도 사회적으로 논란이 되지 않는 전례가 있다는 것이죠. 따라서 저희는 시민을 신뢰할 수 있다고 생각합니다."

– 김○○ 코디네이터

Ⅲ. 온예산분과의 효율적 기능수행과 영향력

1. 기능 수행

앞서 '서울시 온예산분과가 참여민주주의의 핵심가치를 실현하고 있는가'의 첫 번째 연구문제에 대한 답을 제시하기 위해 참여성, 시민성, 그리고 민관협력 3가지 파트로 나누어 분석해 보았다. 이는 참여민주주의를 실현하는 것에 있어 온예산분과의 유용성을 파악하는 데 도움이 된다. 이와 더불어 중요시 여겨져야 할 문제는 온예산분과가 본 취지에 맞게 효율적으로 그 기능을 수행하는 가이다. 이처럼 본 연구의 두번째 연구문제인 '서울시 온예산분과가 목표한 기능을 효율적으로 수행하며 기존 제도에서 유의미한 영향력을 끼치고 있는가' 중 기능 수행에 대한 답을 찾기 위해 온예산분과의 구조적 측면과 실질적 기능수행 여부 측면으로 총 2가지 측면에서 살펴보았다. 즉, 온예산분과가 기능을 잘 수행할 수 있는 구조인지 파악해야 하며, 실질적으로 그 기능을 잘 수행하고 있는지를 판단해야 한다.

서론에서 제시한 바와 같이, 구조적 측면에서, 온예산분과는 각 분과는 1명의 분과장, 1명의 간사를 포함한 15명의 시민위원분들과 1명의 코디네이터로 이루어져 있으며 총 5분과로 구성되어 있다. 온예산분과의 구조 자체가 4가지 기능을 수행하기에 적합한 지를 판단하기 위해 분과별 인원이 적당한지, 내부 역할 배분이 잘 되었는지에 대해 조사하였다. 분과장과 간사를 뽑는 과정에 있어서 최○○ 주무관님은 다음과 같이 답하였다.

"보통 연초 3월에 뽑는데, 그 전에 임시 간사라 해서 각 분과마다 연락 담당이신 분들이 아무래도 단톡방, 밴드를 만드시는데, 그분들이 추천을 많이 받아 분과장을 하시는 경우가 많아요. 가급적이면 간사는 젊으신 분들이, 분과장은 나이가 있으신 분들이 많이 해요. 투표를 해서 뽑는 데 거창한 게 아니라 후보 받고 이름 쪽지 써서 열어보는 거에요." 　　　　　　　　　　　　– 참여지원팀 최○○ 주무관

이처럼 민주적 절차를 통해 내부 역할을 나누려는 노력이 드러났다. 더불어, 적절한 기능을 수행하기에 적합한 인원인 가에 대한 질문에 적당하다는 답변을 얻었다. 인원을 늘리게 되면, 시간적으로 조율이 힘든 사람들이 모두 한 회의실에서 다 진행하는 것이 어려우며, 집단행동의 딜레마 현상이 더 커질 가능성이 높다. 반면, 인원을 줄이게 되면, 대표성과 참여 기회 보장 정도가 모두 줄게 되어 온예산분과의 운영 취지 자체에 어긋난다. 다만, 적절한 기능 수행에 있어서 실질적으로 참여하는 인원이 적기에 기존 75명의 전원 참석을 독려하는 것이 중요해 보인다.

"부족하진 않아요. 75명을 뽑아도 실질 참여 인원은 30~40명이므로 더 많이 뽑는다고 되는 건 아니에요. 그리고 회의실 확보 문제도 있어요. 75명도 많은 숫자인데, 한 회의실에서 다 같이 진행하기에 더 많이 늘리려는 생각은 없어요. (중략) 줄일 수도 없죠. 왜냐하면 이미 300명으로 명시되어 있고 예산학교 참여 인원만 해도 3000명인데 줄게 되면 더 많은 시민들이 참여 기회를 뺏기게 되니까. (후략)" 　　　　　　　　　　　　– 참여지원팀 최○○ 주무관

무엇보다 시민들의 참여가 가장 중요하지만, 온예산분과의 구조적 측면에서 코

디네이터의 역할 역시 중요한 것으로 밝혀졌다. 실제 설문조사에서도 전문성의 격차는 5점 만점에 평균 4.09점이 도출되어 일반 시민위원분들과 코디네이터 간의 격차가 드러났으나, 시민위원분들은 이를 부정적으로 생각하지 않고 오히려 매개체로서의 코디네이터 역할을 긍정적으로 바라보는 경향이 컸다.

"실제로 코디네이터의 역할이 컸습니다. (중략) 실제 회의 과정에서 많은 도움이 되었어요. 실질적으로 온예산분과의 핵심 기능인 시민의견서 작성에 있어서 역할이 컸습니다. (중략) 또한 처음에 업무를 시작할 때, 다들 일이 어떻게 돌아가는지 모르고 헤맸는데, 이런 부분에서 역할이 컸어요."

– 서○○ 여성·복지 분과 분과장

다음으로, 온예산분과의 실질적 기능 수행 측면을 살펴볼 수 있다. 온예산분과는 시 전체 예산에 대한 의견을 개진하고 모니터링 하는 역할을 한다. 이를 수행하기 약 1년에 걸쳐 시 전체 예산 의견서 작성 및 예산과정 참여, 사업 모니터링 진행, 예산낭비 감시, 그리고 자치구 참여예산제 평가의 기능을 담당한다. 이러한 4가지 기능 중, 서울민주주의위원회 시민숙의예산담당관 참여지원팀의 최○○ 주무관님의 인터뷰를 통해, 온예산분과에서 가장 관심을 기울이는 것은 '시민의견서' 작성이라는 점을 파악했다. 2019년 10월 서울시 시민참여예산위원회에서 작성한 '2020년 예산안에 대한 시민의견서'를 보면, 각 5개의 분야당 총평, 주요 사업별 의견, 그리고 기타 의견으로 구성되어 있으며, 약 80페이지의 분량으로 구체적인 서술에 초점을 맞춘 것을 알 수 있다.

"시민의견서에 활동이 집중되다 보니까. (중략) 시민의견서가 메인이라 이걸 따로 분리해서 하려고도 했죠. 처음 간담회 때 제안했던 게 시민위원들 15명이 있으면 6명은 시민의견서, 6명은 모니터링, 1~2명은 낭비 신고 등으로 하려 했죠. 그런데 별로 이걸 달가워하지는 않으세요."   – 참여지원팀 최○○ 주무관

시민위원들의 의사에 따른 결정으로서 시민의견서를 중점적으로 작성하는 것으로 밝혀졌다. 과거에는 단순히 추상적인 바람에 그쳤다면, 현재는 사업 집행의 수용 여부에 대한 답변을 듣고자 하는 의지가 반영되어 시민의견서 내용 자체가 구체화되고 세부화되었다는 것을 알 수 있다. 이는 코디네이터들의 유인을 바탕으로 시민위원들의 의지가 결합되어 나타나는 것으로 판단된다.

"(전략) 시민의견서의 내용이 구체화되었어요. 코디들이 유인하는 것도 있지만, 예전에는 '시민을 고려하는 예산 편성이 되었으면 좋겠습니다.'라고 했다면, 지금은 '대규모 사업의 경우 연차별 투자 계획 등을 한눈에 볼 수 있는 것을 마련했으면 좋겠습니다.'라는 식으로 이것에 대한 수용, 불수용으로 판단될 수 있는 내용이 제시되고 있어요. 결국 이렇게 제안되는 이유는 가부에 대한 걸 듣고 싶다는 거죠." — 김○○ 코디네이터

사업 모니터링의 경우, 상반기와 하반기로 나누어 한 해에 두 번 실시하도록 하고 있다. 그러나, 각 문항에 따라 500자 글자 제한이 되어 있어 많은 의견을 개진하는 것이 어려웠다는 답변을 얻었다. 모니터링이 형식적일 수 있다는 문제의식을 가지고 있었으며, 수용가능성에 대해 의문을 품는 분들도 있었다.

"활성화되지는 않았다고 봐요. 각 문항에 따라 500자 제한이 되어 있어 어떤 위원님들은 더 많은 의견을 개진하고 싶으셨는데 그렇게 하지 못하셨습니다." — 서○○ 여성·복지 분과 분과장

뿐만 아니라, 사업 모니터링의 실효성 면에 있어서 사업이 끝난 부분에 대한 감독은 효과가 적은 것으로 드러났고, 앞으로의 추진 방향에 있어 수정이 필요하다는 점이 제시되었다.

"올해의 경우, 두 번 실시했어요. 온라인 시민청 예산 홈피가 따로 있는 데 여기 플랫폼을 만들어서 서면 모니터링 후 입력 가능하게 만들어놓았어요. 통계화시켜서 각 부서마다 전파할 필요가 있다 싶으면 1차 검토를 하고 전파를 해요. 그래서 부서에 환류 과정이 이루어져요. (중략) 올해의 경우 2회했는데, 내년엔 1회로 줄이려고 해요. 전년도 집행완료 사업에 대한 모니터링은 큰 실효성이 없어요. 부서에서 돌아오는 답변은 향후 유사 사업시 검토하거나 고려하겠다는 정도에요."
                                                                    – 참여지원팀 최○○ 주무관

예산낭비 감시의 경우, 온예산위원들뿐 아니라 모든 시민들에게 예산 낭비 신고 기회를 열어두었다는 점에서 모든 시민들이 참여할 수 있는 기회를 보장하였다. 그러나 온예산분과에서 중점적으로 시민의견서에 힘을 쏟을 뿐 아니라 홍보 자체도 제대로 이루어지지 않아, 예산낭비 신고의 역할은 비교적 소홀해짐이 드러났다.

"온예산위원도 하긴 하는 데, 일반 시민들도 언제든지 가능하다. 매년 3월쯤 전년도 1년치를 모아서 예산성과금 심사가 있는데 예산낭비 신고 우수사례로 뽑힌 것은 예산낭비 신고 코너에 선정된 것을 올리고 이걸 보고 다른 시민들도 참고할 수 있게 해요. (중략) 시민의견서가 메인이 되니까 예산 낭비 신고 부분이 저조해요."
                                                                    – 참여지원팀 최○○ 주무관

"홍보가 제대로 이뤄지지 않았어요. 예산낭비 신고가 들어와야 시민 의견을 개진하는데, 많이 들어오진 않았던 것 같아요."   – 서○○ 여성·복지 분과 분과장

더불어, 자치구 예산 평가는 시민의견서 작성만큼의 온예산분과의 주요한 활동은 아니라는 점을 파악했다. 그러나 위원들의 참여는 보장하되, 예산 검토 및 평가 과정에서의 전문성을 확보하기 위해 정성 평가를 하는 전문위원분들을 따로 배치한 것으로 보인다.

"자치구 평가는 온예산의 주 활동은 아니에요. 5개 소분과에 두 분씩, 주로 분과
장님과 식견이 있으신 분들 위주로 대표로 나와서 정량 평가만 하시고, 정성 평
가를 하시는 전문위원분들은 따로 있어요."   – 참여지원팀 최○○ 주무관

이 외에도 온예산분과는 전체 예산에서 서로 복잡 다양하게 중복되는 부분들을
잡아내는 등 전체적 기능을 한다. 구 차원, 분야 차원, 부서 차원에서 중복되던 예
산 신청을 온예산위원회가 잡아내고 개선시켰는지 파악하기 위한 인터뷰를 통해
다음과 같은 대답을 들을 수 있었다.

"기대하는 건 알지만 그게 잘 되고 있다고는 보기 힘들어요. 온예산 과정이 분과
체계로 운영되다 보니 실제로 분과별 논의에 집중하지 타 분과 논의내용에 대한
교차가 잘 이루어지지는 않아요. 따라서 의견이 나오면 공유하자고 이야기하지
만, 행정 입장에서는 시간적 스케줄이 밀리면 잘 이루어지지 않아요. 현재 구조
로는 조금 힘든 면이 있어요."   – 김○○ 코디네이터

"이건 시민의견서 반영 정도를 알아야지 중복된 예산을 잡아냈는지 알 수 있어
요."   – 참여지원팀 최○○ 주무관

분과별 운영체계에서 전체 예산에서 중복되는 부분을 잡아내려면 타 분과의 논
의내용에 대한 교차가 잘 이루어져야 한다. 그러나 구조적으로, 시간적으로 한계
가 있어 보인다. 서○○ 여성 복지 분과 분과장은 분과 간의 의견 공유가 크게 존
재하지 않아 단절된 느낌을 한계로 지적하며 보통 야간에 회의를 진행했기에 다
음 날의 각자 일정 때문에 분과 회의 이후 남아 따로 교류의 기회를 가지지 못한 것
에 아쉬움을 표했다. 그리고 각 분과별로 5분 정도 브리핑을 하고 의견을 나눌 수
있는 장 같은 끝맺음의 자리를 마련했으면 좋겠다는 바람도 드러냈다. 설문조사의
중복예산 개선 기능 수행평가 항목에서 5점 만점에 평균 3.53점이 나와 다른 항목

에 비해 비교적 낮은 수치를 기록했다.

그럼에도 불구하고, 온예산분과 내에 특정 분야에 대해 잘 아는 사람이거나 전문성이 있는 사람이 있을 경우, 예산 중복 부분을 잡아낼 수 있다는 것을 파악했다. 예산 중복을 찾아내는 것은 어려우나, 담당 전문가들이 따로 있으며 예산 심의 과정에도 시민분들이 참여하기 때문에 역량이 부족하다고 해서 큰 문제는 되지 않는다고 판단된다.

"성평등 관련해서 예산이 일정 부분 중복되는 경우가 있었어요. 제가 그쪽 분야를 잘 알아서 가려낼 수 있었죠. 예를 들어 성평등 활동지원센터에 성평등 스쿨이 있고 여기서 관련 교육을 해요. 그런데 내용이 중첩되는 교육이 반복적으로 시행되는 것을 확인했어요. (중략) 이러한 부분을 서면 제안서에 넣었습니다. (중략) 다만, 중첩되는 예산을 잡아내는 것은 일반 시민들이 하기는 어렵고, 그 분야에 전문성을 가지고 있어야 할 수 있는 일이에요. 그러나 사실 시민 위원분들의 역량이 이 부분까지 미치지 못한다고 해서 큰 문제는 아니에요. 이미 기존에 시정부 및 시의회 차원에서 전문가들이 하고 있어요."

                                            – 서○○ 여성·복지 분과 분과장

앞선 인터뷰를 통해, 전반적으로 온예산분과의 기능은 시민예산서 작성에 초점이 맞추어져 있다는 점을 발견했다. 이는 시의회에 시민들의 의견을 전달할 수 있는 효과적인 방향이라는 판단 하의 집중이다. 해를 거듭하며 보완되어야 할 점을 위원분들이 인식하고 있는 점을 보아, 어떤 점이 잘 수행되고 있고, 어떤 점에서는 소홀한지 파악되고 있는 것으로 보인다.

"75명이 다 나오지 않고 30명, 또는 35명 정도 의견서 작성, 모니터링, 예산 낭비 감독 등을 해야 하니 쌓이는 거죠. (후략)"   – 참여지원팀 최○○ 주무관

온예산분과는 리더인 분과장을 주축으로 하여 코디네이터의 도움을 받으며 시민위원들이 이끌어가는 것으로 판단된다. 인원 자체는 적당하나, 온예산분과가 더 수월하게 기능을 수행하기 위해서는, 75명의 위원들의 참여율이 더 높아져야 한다는 판단을 내릴 수 있으며, 시의회에 시민들의 의견이 잘 반영되고 있는 지에 대한 고려가 필요하다.

2. 영향력

본 연구에서 말하는 영향력이란, 온예산분과의 활동이 정책의 의사결정과정에 영향을 미쳤는지 이다. 이는 두 가지 측면에서 살펴볼 수 있다. 하나는 '영향력 행사'로 온예산분과의 활동이 실질적으로 정책과정에 영향력을 주었는지를 평가하는 것이고, 다른 하나는 '영향력 인식'으로 시민위원들이 스스로 자신들의 활동의 영향력을 인지하는 지를 파악하는 것이다. 먼저 영향력 행사의 측면에서, 온예산분과의 활동이 방대하고 시민의견서 작성 하나만 놓고 보더라고 모든 사안에 대해 실질적 반영 정도를 정량·정성적으로 파악하는 것은, 본 연구의 범위에서, 힘들다. 아래 인터뷰에서도 볼 수 있듯이 시민들이 제시한 의견이 어느 정도로 정책에 반영되는지를 가시적으로 확인하기는 어렵다.

"시의회에서 어느 정도 비율로 이를 반영하는 지를 파악하기는 어려워요. 그렇게 하려면 시의원마다 찾아가서 물어봐야 하는 데 그건 불가능한 상황이에요. (중략) 위원들이 시민의견서 내용을 보고 '어 이 부분 예산이 많이 편성된 거 같긴 하네' 싶으면 삭감을 한다면 반영된거죠. 그런데 이걸 모든 사안에 대해 일일이 볼 수는 없다는 것이죠." — 참여지원팀 최○○ 주무관

하지만, 구조적인 한계로 온예산분과의 활동이 갖는 실질적인 영향력이 어느 정도인지 알 수 없다고 해서, 그 영향력이 없다고 단정 지을 수는 없다. 온예산분과

의 활동에 참여한 시민위원들 중 상당수는 분명히 자신들의 활동이 정책에 반영되었다고 인지하고 있었기 때문이다. 영향력 인식 정도를 측정하는 질문(온예산분과 활동으로 작성한 시민의견서가 실제 예산에 반영된다고 생각하십니까?)에 시민위원들은 평균적으로 3.72점(5점 만점)으로 답했다. 결국 시민위원들은 상당수가 '영향력 인식'을 하고 있었다고 보인다.

> "잘은 모르겠지만 저는 반영이 되었다고 봐요. 옛날처럼 무시당하는 건 아니라고 생각해요. 선순환으로 잘 굴러가는듯한 느낌에 확신해요. 그러니까 이 제도도 이렇게 유지되지 않았을까 싶어요.(후략)" － 이○○ 시민위원

설문결과에서 한 가지 흥미로운 점은 시민위원들이 의회 반응성(온예산분과 활동에 대해 서울시 의회는 반응성이 높다고 생각하십니까?)에 비해 행정부서의 반응성(온예산분과 활동에 대해 서울시의 행정부서는 반응성이 높다고 생각하십니까?)을 높게 평가했다는 점이다. 그리고 시민위원들은 두 기관의 반응성에 비해 온예산분과 활동의 영향력을 높게 인식하고 있다. 즉, 시민위원들은 자신들이 활동이 정책과정에서 상당히 영향력을 주었다고 인지를 하고, 그 과정에서 시의회에 비해서 시행정부가 더 적극적이었다고 느낀다.

위의 결과는 본 연구진이 사전에 가지고 있었던 통념과 반대된다. 온예산분과의 활동의 주가 되는 시민의견서는 시행정부가 작성하는 예산안에 첨부되고 이는 시의회가 최종적으로 검토한다. 따라서 본 연구진은 시의회가 시민의견서를 얼마나 반영하는지가 시민의견서의 영향력을 결정한다고 생각했다. 그러나 실제 시민위원들의 인터뷰와 설문조사 결과를 종합해 본 결과 시민의견서의 영향력을 결정하는 것은 예산안에 대한 심의 및 의결 권한을 가진 시의회가 아니라 작성 권한을 가진 시행정부라는 점을 알 수 있었다. 그 이유는 한국의 지방자치제도 하에서 지방행정부가 지방의회에 비해 예산 편성 및 집행 과정에서 더 많은 권한을 가지고 있기 때문이다. 실제로 임승빈(2018: 287)에 따르면 한국의 지방자치제도는 지방행

정부와 지방의회가 분리되어 있는 기관대립형이고 그중에서도 '강시장-의회형'으로 분류된다.

"시민들의 의견은 기본적으로 시행정부가 작성하는 예산안에 반영되어서 시의회로 넘겨집니다. 그리고 시의회는 이를 검토하죠. 그런데 우리나라의 지방자치제도 하에서는 행정부가 의회에 비해 막강한 권한을 가지고 있습니다. 서울시만 하더라도 시행정부는 예산 편성권을 가지고 있고 시의회는 이를 심의 및 의결합니다. 물론, 시의회가 의결권을 가지고 있지만 시행정부가 제안한 예산안을 임의적으로 변경할 수는 없습니다. 제가 본 바로는 대략적으로 기존 예산안을 5% 내외에서 수정하는 것 같아요. 결국 시의회는 시민들의 의견이 반영된 예산안을 한 번 더 검토하는 역할을 수행하는 것이죠."   – 서○○ 여성·복지 분과 분과장

IV. 온예산분과에 대한 최종 분석

본 연구는 참여민주주의적 가치의 증진과 기능수행 및 효율성 측면에서 서울시 시민참여예산제 온예산분과를 분석하고 평가했다. 문헌검토와 공무원 및 시민위원 인터뷰, 설문조사가 진행되었다. 연구 결과를 바탕으로 항목별로 평가를 해 본 결과 아래 표와 같은 결론이 도출되었다.

본 연구는 참여민주주의적 가치의 증진과 기능수행 및 효율성 측면에서 서울시 시민참여예산제 온예산분과를 분석하고 평가했다. 문헌검토와 공무원 및 시민위원 인터뷰, 설문조사가 진행되었다. 그리고 앞서 밝혔듯, 평가항목의 각 평가 기준에 대해 상, 중, 하 3단계로 평가하였다. 이를 바탕으로, 참여성, 시민성, 민관협력, 기능수행, 영향력의 5가지 평가항목에 있어서 [(각 평가 기준 점수의 합×10)/평가 기준 수×3] 으로 점수를 부여하였으며, 최종 점수가 7점 이상인 경우 상, 4점 이상 7점 미만인 경우에 중, 4점 미만인 경우 하로 평가하였다. 평가 결과, 참여성의 평

<표 3> 온예산분과 활동 분석결과

평가 항목		총점 (10점)	평가 기준	
참여민주주의의 핵심가치 실현	참여성	9.1점	(참여 촉진) 참여자들을 촉진하고 매개하여 동원하는 역할을 수행하는가?	상
			(구성의 대표성) 조직 내의 구성이 성별, 연령, 사회적인 계층, 거주지역 등에 대하여 대표성이 있고 이를 보장하는 선정 기준이 존재하는가?	중
			(평등성) 역할의 분배가 공정하고, 비활동가와 활동가 사이의 능력적인 격차를 줄이려는 시도가 있었는가?	상
			(친밀감) 조직 내 구성원 간 유대적인 관계가 형성되어 있는가?	상
	시민성	10점	(정치적 효능감) 정치적 교육 및 사회화가 이루어지면서 정치적 관심과 정보 및 효능감을 소유하게 되는가?	상
			(공동체 의식) 개인 차원의 '나'를 넘어서서 '공동체'속의 '나'로서 확장된 의식을 가지게 되었는가?	상
	민관협력	6.6점	(협력·신뢰) 공무원과 시민위원 간의 관계에서 협력과 신뢰가 축적이 되었는가?	중
			(소통) 관 차원에서 시민위원들의 요구에 적절히 대응하였는가?	중
효율적인 기능수행	기능수행	8.3점	(기능적 구조) 온예산분과 기능을 잘 수행할 수 있는 구조인가?	상
			(실질적 수행 여부) 온예산분과 4가지 기능을 잘 수행하는가?	중
	영향력	6.6점	(영향력 행사) 온예산분과의 실질적 영향력 행사가 드러났는가?	하
			(영향력 인식) 시민위원들이 스스로 자신들의 활동의 영향력을 인지하는가?	상

가 항목은 9.1점으로 상, 시민성은 10점 만점으로 상, 민관협력은 6.6점으로 중으로 평가하였다. 그리고 기능 수행은 8.3점으로 상, 영향력은 6.6점으로 중으로 최종 평가하였다.

본 연구의 의의는 구체적으로 온예산분과를 사례연구를 통해 평가한 것뿐 아니라, 이와 같은 제도가 갖는 민주적 함의를 발견하고 이론적으로는 이를 평가할 수 있는 틀을 기존 연구에 대한 검토와 수정을 통해 도출한 데 있다. 참여민주주의의 가치에는 참여성, 시민성, 민관협력이라는 요소들이 포함되었으며, 각각을 구성하는 핵심적 질문들을 제시했고, 이를 인터뷰와 설문조사 결과를 통해 검증했다. 기능수행과 효율성에 있어서는 기능수행 능력과 영향력 측면의 분석틀을 제시했다.

구체적으로 민주성의 측면에서는, 온예산분과는 참여성, 시민성, 민관협력과 같은 가치들을 잘 수행하고 있는 것으로 나타났다. 예를 들어 온예산분과는 주민들의 참여를 효과적으로 촉진하여 반영하고 있었으며 지속적인 참여를 보장하기 위해 온예산분과 내 대표성과 평등성을 확보하는 것 역시 힘쓰고 있었다. 또한 온예산분과에 참여한 시민위원들은 온예산분과를 통해 '나'를 넘어선 확장된 의식을 가지게 되었다는 것을 알 수 있었으며 이러한 결과가 나오는 데에 공무원과 민간위원 간의 협력과 신뢰의 관계가 구축된 것이 중요한 요인이라는 것을 알 수 있었다.

하지만 여전히 발전이 필요한 측면들은 곳곳에서 찾을 수 있었다. 예를 들어 재참여하고 싶은 의사가 있는 시민위원들이 재참여를 구조적으로 하기 힘든 측면, 온예산분과 회의에 있어서 전문가들의 존재가 때로는 비전문가의 회의 참여를 위축시키는 측면, 시민위원의 참여율에 따라 온예산분과의 대표성 확보 여부가 달라지는 측면 등은 개선이 필요해 보였다.

다음으로 기능수행의 측면에서는, 구조적으로 적절한 인원을 선별하여 온예산분과가 제 기능을 수행하는 데에 부족함이 없다는 답변을 받기도 했고, 매년 양질의 방대한 양의 시민의견서를 통해 시민들의 의견이 시의회에 전달될 수 있도록 최선을 다하고 있음을 조사를 통해 알 수 있었다.

하지만 여전히 온예산분과가 기존에 수행하고자 했던 4가지 기능 중에서는 온예산분과의 활동이 주로 시민의견서 작성과 사업 모니터링에 치중된 점, 일부 위원들의 불참으로 인해서 4가지 기능을 모두 수행하기가 힘들어지는 점 등은 앞으로 개선이 필요함을 알 수 있었다.

본 연구의 한계는 다음과 같다. 구체성과 대표성의 사이에서 적절한 균형을 찾기 위해 노력했으나, 만족스럽지 않을 수도 있다. 시민 인터뷰의 대상자들은 무작위 추출된 것이 아니라 시청 담당 공무원의 연락에 응한 분들이었기에, 이들이 전체 시민위원들 중 대표성을 갖는다고 단언할 수 없다. 다만, 인터뷰 대상자들을 온예산분과 내에서도 각각 다른 분과 소속으로 선정하여 최대한 모든 분과를 파악하려 했으며, 인터뷰 내용에는 본인의 경험뿐 아니라 전체 분위기나 다른 시민위원들의 행동에 대한 질문도 다수 포함되었다. 또한, 설문조사를 통해 다수의 의견을 파악하여 인터뷰 대상자들의 의견이 일반성을 갖는지 검증하고자 노력했다. 비교 결과 인터뷰에 응한 시민위원들의 의견을 대다수 시민위원들이 전반적으로 공유하고 있음이 드러났다. 설문조사 응답 또한 자기선택(self-selection)의 문제에서 완전히 자유로울 수 없지만, 2018년과 2019년 참여한 150명 중 66명이 참여하여 44%의 응답률을 보인 점은 긍정적이다.

　종합적으로, 온예산분과는 한계들이 있지만 시민참여예산제의 독특한 분과로서 기능 수행을 하고 있음을 알 수 있었다. 특히 참여민주주의 관점에서 시민들의 참여성과 시민성 증진에 온예산분과가 기여하고 있는 바가 있음을 알 수 있었으며, 기능수행 부분에서는 개선의 여지가 있으나 앞으로 희망적이라는 결론을 내릴 수 있었다. 본 연구를 통해 서울시 시민참여예산제의 온예산분과 활동이 평가되어 향후 발전할 수 있는 방향으로 활용되고, 다른 행정구역에서도 온예산분과를 시행하는 데 도움이 되었으면 한다.

〈참고문헌〉

곽채기. 2007. "광주광역시 북구의 주민참여예산 제도화 과정과 운영 성과." 『한국지방재정논집』. Vol.12(3).

김의영 외. 2017. "기초자치단체 수준의 의정감시활동: 관악주민연대 의정평가단 사례를 중심으로." 『한국정치연구』. Vol.26.

나중식. 2004. "주민참여예산제도의 운영모형에 관한 비교연구." 『지방정부연구』. Vol.9(2).

백형배 외. 2011. "주민참여제도 방안에 관한 실증적 연구: 통합창원시를 중심으로." 『지방행정연구』. Vol.25.

송호근. 2016. "한국의 시민과 시민사회의 형성." 『지식의 지평』. Vol.20.

유홍성 외. 2014. "주민참여예산제도 활성화 방안 – 인천 남구지역을 중심으로." 『인천학연구』. Vol.21.

이자문·권자경. 2015. "주민참여예산제도 효과의 결정요인에 관한 실증연구– 서울시를 중심으로." 『지방정부연구』. Vol.19(1).

임승빈. 2018. 『지방자치론』. 법문사.

임성일. 2011. "주민참여예산제도의 의의와 성공적 실시방안." 『지방재정과 지방세』. Vol.44.

최진혁. 2011. "광역자치단체의 주민참여예산제 운영실태와 대안적 모델: 대전광역시 사례를 중심으로." 『지방재정과 지방세』. Vol.44.

허철행. 2014. "주민참여예산제의 한계와 개선방안 – 부산광역시를 중심으로." 『한국지방자치연구』. Vol.16(2).

Fung, Archon and Erik Olin Wright. 2003. Deepening Democracy: Institutional Innovations in Empowered Participatory Governance. New York: Verson.

Putnam, Robert. 2003. Better Together: Restoring the American Community. New York: Simon and Schuster.

Smith, Graham. 2009. Democratic Innovations: Designing Institutions for Citizen Participation. Cambridge: Cambridge University Press.

Yin, Robert K. 2009. Case Study Research: Design and Methods. Thousand Oaks. California: SAGE Inc.

□ 설문지 양식

온예산분과 참여 시민위원 인식조사

안녕하세요.

본 연구는 서울대학교 정치외교학부 〈시민정치론〉 수업에서 진행하는 연구의 일환으로, 서울시 시민참여예산제 온예산분과에 대한 조사입니다. 온예산분과 자체에 주목하는 연구는 본 연구가 최초로, 학계 및 일반시민들에게 온예산분과를 소개하고 더 나은 제도를 위한 제언을 목표로 합니다. 과거 시민위원님들의 참여를 더욱 의미 있게 하고자 노력하겠습니다.

본 연구에서 제시되는 질문에 정답은 없습니다. 주어진 질문을 잘 읽고 자신의 생각대로 솔직하게 응답해 주시기 바랍니다. 응답 결과는 오직 연구 목적으로만 활용되며, 어떠한 경우에도 응답자 개인의 정보는 공개되지 않습니다. 설문 종료 후, 원하시는 분에 한해 휴대전화 번호를 남겨주시면 추첨을 통해 15분께 스타벅스 상품권을 발송해드릴 예정입니다.

연구에 대한 질문이 있으시면 연구담당자 윤정찬에게 연락 부탁드립니다.

참여해 주셔서 감사합니다.

PART1_모집 과정

Q1. 온예산분과 활동 전, 온예산분과에 대한 선호는 시민참여예산제의 다른 위원회 활동(예: 민관협의회)에 비교해 어땠나요? (1=전혀 선호하지 않았다; 5=가장 선호했다)

Q2. 1년간 활동 후, 온예산분과 활동에 대한 선호도 수준은 어떤가요? (1=전혀 선호하지 않는다; 5=가장 선호한다)

Q3. 온예산분과 활동내용이 그 목적과 취지에 잘 부합한다고 생각하십니까? (1=전혀 아니다; 5=매우 그렇다)

Q4. 온예산분과 활동에서 가장 중요하다고 생각하는 두 가지는 무엇입니까? (2

개 선택)

  1) 관심 있는 시민 누구나 참여할 수 있는 열린 구조

  2) 공정한 위원 선출, 민주적 운영으로 시민들로부터 얻은 대표성

  3) 시민들이 활발히 의논할 수 있는 대화의 창

  4) 시민들이 스스로 결정하고 실행할 수 있는 권한

  5) 행정기관과의 대등한 협력관계

Q5. 온예산분과 활동에 참여한 시민위원들의 배경, 연령, 성별 및 지역 등이 얼마나 다양했다고 생각하십니까? (1=전혀 다양하지 않다; 5=매우 다양하다)

Q6. (주관식, 선택) 어떤 계기로 온예산분과위원으로 지원하셨습니까?

PART2_참여성

Q1. 회의 진행 과정에서 모든 시민위원이 동등한 목소리를 보장받았다 생각하십니까? (1=전혀 아니다; 5= 매우 그렇다)

Q2. 온예산분과 활동 과정에서 귀하께서는 얼마나 적극적으로 참여했다고 스스로 평가하십니까? (1=전혀 적극적이지 않았다; 5=매우 적극적이었다)

Q3. 온예산분과 활동 과정에서 다른 시민위원들은 평균적으로 얼마나 적극적으로 참여했다고 생각하십니까? (1=전혀 적극적이지 않았다; 5=매우 적극적이었다)

Q4. 회의 과정에서 시민위원들이 공유하는 의식·목표가 존재했다고 생각하십니까? (1=전혀 아니다; 5=매우 그렇다)

Q5. 회의 과정에서 시민위원 개인 간 전문성의 차이가 느껴졌습니까? (1=전혀 아니다; 5=매우 그렇다)

Q6. 온예산분과 참여를 통해 시 예산에 대한 관심이 늘었습니까? (1=전혀 아니다; 5=매우 그렇다)

Q7. 온예산분과 참여를 통해 서울시 시민참여예산제에 대한 인식이 긍정적으로 바뀌었습니까? (1=전혀 아니다; 5=매우 그렇다)

Q8. 가능하다면, 온예산분과 및 시민참여예산제에 시민 위원으로 향후 참여하

실 의향이 있으십니까? (1=전혀 아니다; 5=매우 그렇다)

Q9. 온예산분과의 시민위원들과 시청 담당 부서의 협력 수준은 높다고 생각하십니까? (1=전혀 아니다; 5=매우 그렇다)

Q10. (주관식, 선택) 1년간 온예산분과 활동에 참여하게 된 가장 큰 동기가 무엇입니까?

PART3_시민성

Q1. 다음을 읽고 귀하의 생각과 가장 가까운 곳에 표시해 주시겠습니까?
(1=전혀 아니다; 5=매우 그렇다)

(**정치효능감**; ANES; Craig, Niemi & Silver, 1990; 안병만, 1983; 김인철, 1992; 안병만·김인철, 1993; 박기관, 2007)

– 서울시청이나 시의회에서 하는 일은 하도 복잡해서 나 같은 사람은 어떻게 돌아가는지 모르겠다.

– 서울시청이나 시의회에서 하는 일에 대해 나 같은 사람은 아무런 발언권이 없다.

(**정치신뢰감**; 안병만, 1983; 김인철, 1992; 안병만·김인철, 1993; 박기관, 2007)

– 서울시청이나 시의회는 지역과 시민들의 실정을 잘 알고 적절히 대응할 것이다.

– 서울시청이나 시의회는 시민들을 잘 살게 해 줄 충분한 능력이 있다.

(기타)

– 온예산분과 활동 전보다 활동 이후 시민의 역할과 책임에 대해 잘 알게 되었다.

(이외 정치효능감 측정 대표 문항들. 참고; 강수영, 2013)

(나는 중요한 정치 사안의 원인과 결과에 대해 잘 분석할 수 있다

정치적 사안에 대해 사람들과 대화할 때 별 어려움 없이 내 의견을 피력할 수 있다.

나는 복잡한 정치 소식을 읽거나 보는 일을 가능한 피하려고 한다 (R)

결론을 내지 못한다 하더라도, 정치 사안에 대하여 사람들과 토론하는 것은 의미 있다

나는 우리 정치 제도 전반에 대한 신뢰를 갖고 있다)

Q2. 서울시 예산 전반에 대해 시민 참여가 꼭 필요하다고 생각하십니까?

(1=전혀 아니다; 5=매우 그렇다)

PART4_온예산분과의 영향력

Q1. 온예산분과 활동으로 작성한 "시민 의견서"가 실제 예산에 반영된다고 생각하십니까? (1=전혀 아니다; 5=매우 그렇다)

Q2. 온예산분과 활동에 대해 서울시의 행정부서는 반응성이 높다고 생각하십니까? (1=전혀 아니다; 5=매우 그렇다)

Q3. 온예산분과 활동에 대해 서울시 의회는 반응성이 높다고 생각하십니까?

(1=전혀 아니다; 5=매우 그렇다)

(위 문항들은 정치적 효능감 측정 문항과 상관관계 분석 가능)

Q4. 온예산분과 활동이 시·구·부서에서 중복 책정되는 예산을 포착하고 개선했다고 생각하십니까? (1=전혀 아니다; 5=매우 그렇다)

문구: "고생하셨습니다. 마지막으로 간단한 인적 정보 조사입니다"

PART5_인구통계학적 자료

Q1. 귀하의 성별은 어떻게 되십니까? (여; 남)

Q2. 귀하는 언제 온예산분과 활동에 참여하셨습니까? (2018; 2019)

Q3. 온예산분과에서 귀하의 역할은 무엇이었습니까? (분과장; 간사; 일반 시민위원; 코디네이터)

Q4. 귀하는 어떤 분과 소속이셨습니까?

  1) 도시안전·교통·주택 분야

  2) 문화·관광체육 분야

  3) 환경·공원 분야

  4) 경제·일자리 분야

5) 복지·여성 분야

감사합니다.

추첨을 통한 스타벅스 상품권 응모를 희망하시는 분은, 휴대폰 번호를 입력 해 주세요. 추후 개인정보는 모두 폐기합니다.

참여예산제도 운영의 민주성·효과성 연구
: 서울시 참여예산제도 사례를 중심으로

서울대학교 정치외교학부 김채윤·문지윤
서울대학교 사회교육과 이재순
서울대학교 국사학과 조용준

논문초록 참여예산제도는 시민들이 직접 정치과정에 참여하게 하는 참여민주주의 실현을 목표로 한다. 그 운영 및 의사결정의 전반적인 과정에서 참여와 숙의, 권한 부여와 협력적 거버넌스가 이루어지는지는 파악하는 것은 중요한 과제이다. 이에 본고는 '서울시 참여예산제도'라는 단일 사례에 대한 탐색적 연구를 진행하고자 하며, 단순히 서울시 참여예산제의 제도적 영역에만 국한하여 접근할 것이 아니라, 예산학교부터 민관예산협의회 운영 및 사업 선정과 피드백까지 제도의 실질적 운영 양상을 파악한다. 기존 지표들의 한계 분석 및 구체화와 통합의 과정을 거침으로써 크게 민주성과 효과성 두 가지, 세부적으로 참여성, 분권화, 숙의성(심의성), 반응성, 효율성 및 효과성의 다섯 가지 기준으로 구성된 분석틀을 도출하였다. 서울시의 참여예산제도는 세계에서 유래없는 거대한 광역 행정구역을 기반으로 형성되었다. 서로 다른 상황에 있는 자치구와 다양한 계층을 대상으로 하기에, 참여의 대표성 문제와 지역구 이기주의 등의 문제에 취약할 수밖에 없다. 이를 극복하기 위해 서울시 참여예산제도는 매년 새로운 제도를 도입하며 복잡한 체계를 구축해 왔다. 본고는 이를 구체적으로 파악하고 평가함으로써 참여예산제도의 현실 적용 방안을 검토할 뿐 아니라, 참여민주주의의 원칙의 적용에 대한 시사점을 제공하고자 한다.

핵심주제어 참여예산제도, 참여민주주의

I. 서론 및 문제제기

참여예산제도(PB: Participatory Budgeting)는 지역주민들이 직접 그들의 수요와 지역발전을 위해 개선해야 할 부분들의 우선순위를 파악하여 토론과 협의의 과정을 통해 예산배분에 영향을 미치는 과정이라고 정의할 수 있다.[1] 이는 1989년 브라질 남부의 포르트 알레그르(Porto Alegre)시에서 시작되어 남미뿐 아니라 유럽

및 아메리카 등지에도 확산되며 최근 주민참여의 가장 효과적인 수단 중 하나로 주목되고 있다.[2]

한국의 참여예산제도는 2000년대 초 시민사회의 관심과 담론확대 과정을 거치며 분권화와 시민사회 강화를 목표로 한 상향식 제도 정착을 유도하고자 하였다. 하지만 전국 차원의 실제적 도입은 2011년 주민참여예산제도를 의무화하는 지방재정법 개정을 통한 정부 중심 하향식 주도로 이루어졌다. 이에 지방자치단체별로 조례를 제정하고 주민참여예산위원회를 구성하는 등 각 지자체별 제도화로의 도입이 분주하게 이루어졌으며,[3] 현재는 도입기에 비해 두 배 이상 확대 운영되는 등 점차 정착되는 모습을 보인다.

서울시 참여예산제도는 도시 규모, 일반 주민의 참여, 그리고 지역위원회 구성 등의 기준을 고려하면 한국 내 가장 선구적인 모델이다. 일례로 서울시 참여예산제도는 2012년 도입 당시 인구 1000만 이상 초거대도시(megalo-city)에서 예산 편성에 대한 시민참여를 최초로 실시한 실험적인 사례로 평가된 바 있다. 특히 서울시 참여예산제도는 시행 초기부터 시민사회와 수평적 파트너십 구축을 통한 원활한 소통과 주민참여예산위원 구성의 개방성 확보 등에서 긍정적 평가를 받기도 했다.[4] 다만 서울시의 참여예산제도는 광역 행정구역 내 다양한 계층이 복잡한 공동체 구조를 형성하며 살아가는 공간에서 도입되었기 때문에 참여의 대표성 문제와 지역구 이기주의 등의 문제에 취약할 수밖에 없다. 이를 극복하기 위해 해당 제도가 복잡한 사업선정체계를 가지고 있다는 점은 서울시 참여예산제도의 사례가 예산과정에 있어 참여민주주의 원칙의 적용에 많은 시사점을 줄 수 있음을 의미한다.[5]

1. Bhatnagar, Deepti, Animesh Rathore, Magui Moreno Torres, and Parameeta Kanungo. 2007. Participatory Budgeting in Brazil. World Bank, p.1.
2. 이지문·권자경. 2013. "주민참여예산제도가 부패방지에 미치는 영향 연구." 「한국부패학회보」. 18(4).
3. 이지문, 권자경. 2015. "주민참여예산제 효과의 결정요인에 관한 실증연구: 서울시를 중심으로." 「지방정부연구」. 제19권 제1호(2015 봄) p.122.
4. 위의 글. p.144.
5. 손종필·김대진. 2017. "예산과정에 있어서 참여민주주의의 한계와 발전과제: 서울시 참여예산제 사례를

참여예산제도는 효과적으로 실행될 경우 참여민주주의의 실현으로 이어질 수 있다.[6] 하지만 참여예산제도 운영 및 의사결정의 전반적인 과정에서 어느 정도의 진정한 참여와 숙의, 권한 부여와 협력적 거버넌스가 이루어지는지는 경험적으로 분석하여 검증해 볼 일이다.

국내외적 참여예산제도에 관한 연구는 제도 도입 초기부터 꾸준히 축적되었으며, 단순 제도 분류부터 실증분석까지 다양한 분야를 망라한다. 한국의 참여예산제도 관련 기존 문헌을 살펴보면 크게 두 가지 경향으로 나뉜다. 첫 번째 유형은 일정한 조건을 기준으로 두고 참여예산제도를 유형화하거나 모델화하는 데에 초점을 둔 단순한 이론적 연구이다.[7] 다른 하나는 사례 분석이나 정량적, 정성적 평가를 통해 제도의 문제를 진단하고 바람직한 해결방향을 제시하는 정책적, 실용적 성격을 띤 연구로, 참여민주주의 제도의 속성을 측정하기 위한 지표 연구가 상당히 진행되어 있다. 특히 제도의 평가에 있어 참여제도의 속성을 측정하기 위한 지표에 대한 연구[8]가 상당히 진행되어 있다. 일례로, 제도의 대표성과 참여에 대한 다양성·개방성·투명성·심의성 평가,[9] 운영에서의 공정성·반응성·투명성·효과성 평가,[10] 제도구축·운영·참여를 기준으로 한 운영현황 평가 연구[11] 등이 존재한다.

───────────

　중심으로." 『예산정책연구』. 제6권 제1호. pp.114-115.

6. 김의영 외. 2017. "기초자치단체 수준의 주민참여예산제 연구: 관악구 사례." 오토피아, 32(1), p.156.

7. 나중식(2004, 462)은 주도권 및 영향력을 기준으로 정부주도적 예산참여형, 관·민 협의적 예산참여형, 시민주도적 예산참여형의 세 가지 유형으로 구분하였다. 이자성(2008)의 연구는 주민참여예산제를 주민참여의 수준과 제도적 특징에 따라 정부주도형, 민관협의형, 주민주도형으로 나누었다. 윤태환(2010)은 예산편성의 민·관 협의 과정 및 제도화를 기준으로 형식적 운영모형, 제안-수용적 운영모형, 협의적 운영모형, 환류적 운영모형을 제안하였다.

8. 박정범(2008)은 참여예산제도를 지방 거버넌스의 한 형태로 보고 예산참여자들의 행태를 분석하는 기준으로 참여성, 투명성, 효과성의 세 가지 기준을 제시하였다. 오현순(2016)의 연구는 심의민주주의와 주민참여의 관계를 연구하였는데, 민주성, 공개성, 숙의성, 평등성 등을 정량화하고 이를 사용하여 심의민주주의의 심화수준을 평가하였다.

9. 이지문·권자경. 앞의 글. 2015.

10. 정상호. 2014. 참여민주주의의 관점에서 본 서울시 주민참여예산제 연구. 『시민사회와 NGO』. 12(1).

11. 유희숙·김예승. 2012. 주민참여예산제의 현황과 정책과제: 경기도 주민참여예산제 운영을 중심으로. 『한국정책연구』. 12(1): 243-260.

하지만 기존의 지표만으로는 시민사회의 참여, 위계적인 정부 권위의 분산 및 이양 정도, 민-관의 수평적 협력 네트워크, 피드백을 통한 책임성 부여 등 해당 제도가 내포하고 있는 민주성과 효과성 등 폭넓은 가치들을 담지 못한다. 우선, 평가 지표의 각 속성이 중첩되는 경우가 많으며, 그 기준들이 지나치게 추상적이거나 모호하여 통일적이고 표준화된 지침으로 채택하기 어려운 한계를 지녔다는 점이다. 특히 지표 선정 근거에 대한 설명이 부족하며 이전의 지표를 개선 없이 사용하여 다른 분석 단위에 적용한 경우도 존재한다. 이와 더불어 참여예산제의 목표 속성에 대한 지표인지, 그러한 속성을 실현하기 위한 행위자의 역할을 평가하기 위한 지표인지 혼동한 경우도 있다.

무엇보다 서울시 참여예산제도를 대상으로 한 선행연구는 주로 효율성과 효과성에 관한 평가 등 가시적 효과를 검증하기 위한 실증 연구에 집중되어 있으며, 제도의 운영 과정 분석에 있어서는 참여성과 숙의성 분석에 관한 논의 외에 반응성, 분권화 등 핵심 가치들에 대한 평가는 미흡한 실정이다. 서울시 참여예산제도의 경우 서울시 정도의 규모에서 참여예산을 실시한 사례가 없다는 점, 서울시 참여예산은 특성과 여건이 매우 상이한 25개 자치구와의 관계 속에서 진행되고 있다는 점으로 인해 보다 보편적인 평가 기준이 요구된다. 따라서 참여민주주의의 근본적 가치들을 지향하면서도 면밀한 평가가 가능한 모델의 정립이 필요하다.

본고는 '서울시 참여예산제도'라는 단일 사례에 대한 탐색적 연구를 진행하고자 하며, 단순히 서울시 참여예산제의 제도적 영역에만 국한하여 접근할 것이 아니라, 예산학교부터 민관예산협의회 운영 및 사업 선정과 피드백까지 제도의 실질적 운영 양상을 파악한다. 따라서 해당 연구는 서울시 참여예산제도의 예산과정 전반을 참여민주주의 구현을 위한 핵심 요소인 참여, 권한부여, 숙의, 피드백, 효율성 및 효과성의 기준을 바탕으로 분석한다는 점, 기존에 등한시되어 온 현상에 대한 탐사적, 폭로적 사례연구의 성격을 띤다.

보다 면밀한 검토를 위해 문헌조사 외에도 참여관찰 및 인터뷰 등 다양한 정성적, 정량적 자료수집 기법을 활용함으로써 참여예산제도의 목표(참여, 분권화, 숙의, 피드백, 효율/효과) 달성 현황과 목표 실현을 위해 노력하는 행위자들의 다양한 전략들을 파악하고자 한다.

물론 행위자들의 전략과 행위만으로 측정할 수 없는 보다 맥락적이고 환경적인 조건 또한 고려할 필요가 있다. 하지만 해당 요인에 있어서는 결과론적 접근을 통한 평가만이 가능하기 때문에 해당 보고서에서는 참여예산제도의 '목표'로서의 속성과 그러한 속성을 실현하기 위한 역량에 초점을 맞추며, 현장 조사 내용을 바탕으로 제도의 실질적 운영을 평가한다. 또한 2018년과 2019년 민관예산협의회 참여예산위원 및 참여예산분과 공무원들과의 직접적 질의응답을 통해 민과 관의 다양한 주체들의 입장을 포괄적으로 검토하였다.

본고의 구성은 다음과 같다. 우선, 2장에서는 참여예산제도의 구현 가치로써 민주성과 효과성(및 효율성)을 제시하며, 이를 바탕으로 참여민주주의 목표의 분석틀을 도출한다. 3장에서는 분석 대상으로써 서울시 참여예산제도의 운영 과정에 대한 간략한 소개를 제시한다. 4장에서는 분석틀을 바탕으로 예산학교부터 발전방안 토론회까지 전반적 과정의 목표와 가치 실현 정도를 평가하며, 제도의 운영 실태와 문제점을 제시한다. 5장은 서울시 참여예산제도 운영의 한계를 개선할 수 있는 방안에 대한 제언을 하면서 결론을 맺는다.

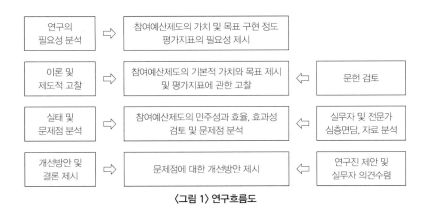

〈그림 1〉 연구흐름도

II. 참여예산제도의 제도적 고찰과 분석틀

1. 참여예산제도의 목표와 가치

참여예산제도는 행정부의 권한이었던 예산편성권에 시민 혹은 주민의 참여를 보장하는 참여제도이다. 참여예산제도의 목적은 크게 민주성과 효과성, 즉 주민의 참여와 권한부여 증진으로 인한 '민주성 향상'과 '재정의 효율성 강화의 효과'의 두 가지 차원에서 논의된다.

우선, 참여예산제도는 지방재정에 대한 효과적인 시민통제장치로, 분권화된 정부로 하여금 재정에 대한 책임성과 주인의식을 확보하도록 하는 제도이다. 또한 예산편성과정에서 주민들의 의견을 반영하여 예년의 편성을 따라가는 관행을 줄이고 낭비성 지출을 삭감하여 재정운영의 효율성과 투명성을 확보하고자 한다.[12] 또한, 참여예산제도는 주민자치구현과 재정민주주의 구현이라는 의의를 지닌다. 주민참여예산제도는 자치구나 광역시 및 지방자치단체의 자원배분과 예산배분의 결정에 대한 주민의 제도적 참여[13]로, 주민들의 행정적 수요를 반영하는 것을 목표로 한다. 참여예산제도 하에서 국민은 공공서비스의 단순한 수혜자, 혹은 과세자 지위를 넘어 예산과정에 자신들의 의사를 직접적으로 반영하고 예산운영을 감시함으로써 잘못된 부분에 대한 시정 여부를 요구하는 등 능동적인 주체가 될 수 있다.[14]

참여예산제도가 민주성과 효과성의 두 가지 목표를 실현하기 위해서는 참여와 숙의라는 두 가지 관점을 포괄하는 종합적인 기획이 필요하다. 민주주의의 핵심은

---

12. 곽채기. 2005. "지방재정의 공시와 주민참여 활성화: 주민참여예산제도의 모형설계와 성공적인 운영 전략." 『지방재정』.
13. 김관보·김옥일. 2007. "예산과정의 시민참여 성과의 영향요인에 관한 연구." 『지방정부연구』. 11(2). 87–108.
14. 최길수. 2006. "한국에서의 주민참여예산제도의 운영실태 및 성공적 발전방안." 『한국행정과 정책연구』. 4(1). 1–24.

시민들 사이에서 이루어지는 '공적인 판단' 역량을 개발하는 데에 있으며, 공적 판단은 상호의존적인 심사숙고의 과정과 상호작용을 통한 의견개진을 하는 시민들에 의해서만 행사될 수 있다.[15] '참여적 숙의' 과정에서 시민들은 공적인 문제와 관련하여 자신들의 견해를 표출하며, 한편으로는 다른 사람들과의 토론 과정에서 기존의 견해가 수정될 수 있다. 시민대중이 참여하는 이러한 이성적 토론의 과정은 소수 엘리트들 위주의 결정이 초래하는 정치적 편향을 극복할 수 있을 뿐만 아니라, 민주주의의 주된 논점이자 목표로서 '공공성'의 회복에도 기여한다.

무엇보다 참여의 양적 공정성이 확보된다고 해서 참여의 질이 반드시 보장되는 것은 아니기 때문에 질적인 측면에서 '숙의' 혹은 '심의적 참여'는 필수적으로 고려되어야 할 사항이다.[16] 심의적 참여는 다수의 여론에 무비판적으로 의존하는 것이 아닌 공적 판단(public judgment)을 요구하며, 공적판단은 정보에 근거해 일관되고 안정적인 것이어야 한다. 따라서 참여자들에게는 문제의 특성과 결과에 대한 모든 정보가 공유되어야 하며, 이를 바탕으로 충분한 시간동안 합리적 토론과 성찰적 판단을 이끌어내는 것이 필요하다. 이와 동시에 참여예산위원회 산하 심의기구의 다층성과 중층성을 검토하고 성찰적 판단을 끌어내기 위한 평가·환류체계의 유무 및 평가의 숙의수준 등을 고찰할 필요가 있다.

제도의 효과성, 효율성의 측면에서도 마찬가지다. 정치제도들은 시민들이 이성을 통한 충분한 의견교환 및 토론을 할 수 있는 조건을 제공해 주어야 하며,[17] 이를 위해서는 참여자들의 숙의 역량과 다양한 참여자의 구성을 통한 전문성의 보완 또한 뒷받침되어야 한다.

15. 김정희. 2016. "주민참여예산제 운영의 참여성과 심의성 연구." 『한국지방자치학회보』. 28(1). 77-104.
16. Barber, Benjamin. 1988. The Conquest of Politics. Princeton, NJ: Princeton University Press.
17. Stoker, G. 1996. Redefining Local Democracy. Pratchatt, L. Wilsom, D. eds. Democracy and Local Government. London: Macmillan.

2. 분석틀: 민주성 및 효과성 평가지표

해당 절에서는 참여예산제도와 참여 거버넌스를 평가하는 기존의 분석 지표에 대한 구체화 및 통폐합 과정을 통해 참여예산제도의 참여민주주의 구현 정도를 평가하기 위한 분석틀을 도출하였다. 우선, 분석틀은 크게 두 가지 질문으로 구성된다. 첫째, 무엇이 참여예산제도의 목표인가? (제도의 민주성 구현을 위한 목표); 둘째, 참여예산제도의 목표를 실현하기 위하여 민-관 행위자들이 고안해 내는 정책, 제도 및 전략 등에는 무엇이 있는가? (제도와 규칙 등 주의주의적 요소)? 물론 두 질문 이외에도 1) 지역의 사회적 자본이나 제도적 자본 등 행위자의 역량과 2) 제도를 둘러싼 맥락적, 환경적 요인 또한 영향을 미칠 수 있다. 하지만 맥락과 환경요인의 경우 선험적으로 지표화 할 수 없고 사후 연구를 통한 경험적 검증과 평가만이 가능하며, 근본적으로 두 요소는 모두 참여예산제도의 참여민주주의 구현의 성패에 있어 반드시 결정적인 요인이 아니기 때문에 본고의 연구 질문에서 제외한다.

우선, 참여예산제의 목표는 해당 제도가 지향하는 규범 및 속성과 관련되어 있다. 속성과 관련된 기존 문헌들은 다양한 기준을 활용하여 주민참여예산제 등 혁신적 민주주의 사례를 평가한다. 펑과 라이트(Fung & Wright)[18]는 EPG(Em-powered Participatory Governance)의 모델을 제시함으로써 실용성, 참여, 심의, 중앙집권적 조정, 정부의 감독 등 참여거버넌스 강화를 위한 조건들을 제시한다. 앞서 살펴본 국내 연구들 역시 참여, 심의, 투명성 등의 기준으로 참여 수준을 평가한다. 그중에서도 본고는 평가 분석틀을 도출해내기 위해 참여예산제도의 민주성, 효과성 구현 관련 세부목표를 도출하기 위해 주로 민주주의 제도 혁신에 관한 Smith(2009)의 지표를 활용하였다. 그 이외에도 지표의 세부 내용을 고안함에 있어 김의영(2011)의 굿 거버넌스 평가 분석틀, Rossmann(2012)의 참여예산제도 민

---

18. Fung, Archon and Erik Olin Wright. 2003. Deepening Democracy: Institutional Innovations in Empowered Participatory Governance. London: Verso

주성 연구, Sheedy(2008)의 성공적 시민참여를 위한 조건에 관한 연구 등을 참고하였다.

이러한 '과정'을 분석하기 위해 보편과 특수를 결합한 분석 도구, 주관과 객관을 결합한 분석 도구를 활용하고자 한다. 우선, 보편의 차원에서는 UN에서 규범적으로 제시한 'Good Governance'의 개념과 스미스(Smith)의 민주주의 혁신을 위한 제도적 조건을 원용한다. 우선, '굿 거버넌스'는 참여(Participation), 법의 지배(Rule of law), 반응성(Responsiveness), 합의지향(Consensus oriented), 공정성과 포괄성(Equity and inclusiveness), 효과와 효율(Effectiveness and Efficiency), 책임성(Accountability)의 7가지 기준을 포괄한다.[19] 이를 발전시킨 국내의 굿 거버넌스 사례연구[20]의 경우, 분석틀로 참여성, 분권화, 책임성, 효율성 및 효과성을 제시한다. 해당 틀은 '로컬 거버넌스,' 특정 환경 및 맥락적 배경을 바탕으로 주민과 정부 행위자 간의 관계가 어떻게 구성되고 그러한 관계 속에서 '거버넌스'의 속성이 실현되는지를 거시적으로 파악했다는 점에서 다른 연구들과 차별점을 보인다.

또한, 스미스(Smith)는 민주주의 혁신을 위한 제도적인 조건으로 포괄성(inclusiveness), 시민 통제(popular control), 숙려(considered judgement), 투명성(transparency), 효율성(efficiency), 전이성(transferability)의 총 6가지 기준을 제시한다.[21] 즉 얼마나 많고 다양한 시민을 포괄하는가, 시민에게 결정 권한이 부여되는가, 시민의 숙의와 심의에 기초하는가, 의사결정과정의 투명성이 담보되는가, 비용 부담이 효율적이며 해당 부담이 사회적 가치가 있는가, 다른 상위 영역과 타지역 사례에 적용 가능한가의 기준을 일컫는다.

기존 연구에 대한 일련의 구체화 및 통합 과정을 거친 결과, 본고는 참여성, 분

19. Shakya, Rajesh. 2015. Good governance in public procurement: An evaluation of the role of an e-procurement system. 10.13140/RG.2.1.1688.6242.
20. 김의영. 2011. "굿 거버넌스 연구 분석틀: 로컬 거버넌스를 중심으로." 『한국정치연구』. 20(2). 209-234.
21. Smith, Graham. 2009. Democratic Innovations: Designing Institutions for Citizen Participation. Cambridge: Cambridge University Press.

권화(권한 부여), 숙의성, 반응성(피드백), 효율성 및 효과성의 총 5가지 지표를 분석 기준으로 삼는다. 이는 Good governance와 민주적 혁심의 일반적인 기준과 서울시가 지닌 특수성을 상호 조합한 결과이다. 우선 Smith의 논의 중 '투명성'과 '전이성'의 요소를 고려하지 않았다. '투명성'의 경우 권한 부여(시민통제)의 전제 조건이기 때문에 중복이 된다는 판단 하에 제외하였다. '전이성'의 경우, 해당 연구는 서울시 참여예산제도라는 단일 사례에 대한 심층적 분석을 목표로 하기 때문에 이전가능성을 평가하지는 않지만, 서울시 참여예산제도가 한국 내 다른 광역시 및 지역구 차원에서 도입될 필요성이 있음을 제언에 피력하고자 한다.

또한, 굿 거버넌스 분석틀의 요소 중 포괄적인 의미를 내포하는 '책임성'을 구체화된 지표의 형태로 제시하고자 하였다. 참여예산위원은 추첨을 통해 무작위로 선발되었기 때문에 랜덤 선별로 인한 대표성 문제를 제기할 수는 있어도, 위원들의 포괄적 책임소재를 가지고 문제를 제기하기 어렵기 때문이다. 이에 참여위원의 '대표성'을 별도 요소로 다루기보다는 '참여성' 중 질적 참여의 하위 요소로 통합하며, 위원의 포괄적 '책임성' 지표 대신 민간 위원들과 관 행위자들 간 환류의 정도를 측정하기 위한 지표로 '반응성'을 새로 제시하였다.

참여예산제도의 민주성과 효과성의 구현에 있어서 정책, 제도, 전략 요소 역시 중요하다. 이는 현실조건의 한계나 문화적 장애에도 불구하고 행위자 차원의 전략과 제도적 고안에 따라 제도의 목표가 실현될 수 있다는 주의주의 전제와 상통한다. Abers[22]의 포르투알레그레 참여예산제도 연구는 해당 지역이 후견주의가 강했음에도 불구하고 참여 효능감을 높이기 위한 제도와 시민활동가의 적극적 활용 등을 통해 빈곤층 주민의 참여를 증진시켰음을 보여 준다. 이는 행위자가 정책과 제도적 개입을 통해 참여성을 실현한 경우라 할 수 있다.

이하에서는 다섯 가지 참여예산제도의 목표와 행위자의 제도 및 전략과 관련하여 향후 연구를 위한 지표, 기준, 가이드라인 등을 제시한다. 참여민주주의 구현을

---

22. Abers, Rebecca. 1998. "From clientelism to cooperation: Local government, participatory policy, and civic organizing in Porto Alegre, Brazil." Politics & Society. Vol. 26. No. 4.

위한 목표는 참여성, 분권화, 숙의성, 반응성(피드백), 효율성 및 효과성으로 나눌 수 있으며, 〈표 1〉는 평가 기준을 나타낸다. 다섯 가지 기준 중 참여성, 분권화, 숙의성, 반응성은 제도의 민주성을 측정하고 평가하기 위한 기준들이며, 효율성과 효과성은 제도 실현을 위해 각 행위자들이 부담하는 비용의 가치와 관련된다. 즉, 예산분배와 갈등 현안 해소에 있어 효율적인지, 효과성은 예산 관련 문제 이외에 학습효과, 효능감 증진 등 비가시적 효과가 있는지를 평가한다.

〈표 1〉 PB의 참여민주주의적 목표 분석틀

목표	평가기준
참여성	* 양적 참여와 질적 참여 • 다양성/ 대표성 –연령별, 성별 등 민관소통협의체 민간위원 균형구성 –주요 이해당사자가 참여하는가? • 참여의 정도 –민간위원의 회의참여율, 회의 개최 건수 및 부결 건수 –새로운 참여집단을 지속적으로 모색하고 있는가?
분권화	* 주민들의 실질적 권한과 영향력의 문제 –주민들의 참여가 참여의 목적 실현이 아니라 (이미지 구축 등) 명분 축적, 들러리나 책임회피 등의 수단에 불과하지 않은가? –주민들에게 어젠다 형성의 권한이 있는가? –민관예산협의회 분과위원회 등 예산심의 및 사업선정에 관여하는 집단 내부의 민주적 반응성 (e.g. 분과위원회 위원장을 위원들이 책임을 물을 수 있는지, 참여가 미진한 위원에 대한 책임 부여가 가능한지)
숙의성	* 심의를 위한 장치 및 숙의수준정도 • 회의의 숙의수준정도 –회의안건 관련 사전정보가 충실히 제공되며, 정보제공시점은 적절한가? –위원들이 회의 이전에 사업안건 정보를 잘 숙지하고 있는가? (혹은 회의 이전 안건 관련 정보에 대한 충분한 숙지가 이루어질 수 있는지?) –회의안건 관련 발언기회는 공정한가? –회의안건 관련 질의응답시간이 충분한가? • 역량강화: 예산학교 및 사전교육: 예산학교와 예산위원 사전교육은 예산위원의 제도 및 진행 과정에 대한 이해를 높여 숙의의 질 향상에 기여하는가? –교육과정 개설 시 주민수요가 반영되었는지 여부 –교육시간을 6시간 이상으로 정기적으로 운영하고 있는지 여부 –교육진행 후 만족도 조사가 실시되고 이것이 반영되었는지 여부
반응성	* 정부의 시민적 요구에 대한 즉각적 반응성 (피드백) –참여성의 증가로 정책결정과정에 영향이 있는가? –참여성 증가로 변화된 결정의 내용이 피드백 되었는가? –반대 의견이 얼마나 수용되었는가? 반대 견해의 수렴 시도 있었나? –계획수립, 집행 모니터링, 사업평가, 개선사항에 대한 환류 정도

효과성 (및 효율성)	*** 참여예산제도의 효율성**
	• 조정력
	−의제를 설정하고 사업을 결정하는 과정뿐 만 아니라 집행과정에서 발생하는 갈등을 관리하고 조정할 메커니즘이 존재하는가?
	−예산위원 간, 혹은 민−관 간 갈등을 조정할 위원회 또는 리더십 존재 여부?
	• 전문성
	−전문적인 외부 인력으로부터의 자문제도가 있는가?
	−실무추진단에 마을활동가, 민간전문가, 중간지원조직 등의 포함구성 여부?
	* 참여예산제도의 효과성
	−경험적으로 성과를 측정할 수 있는가?: 표면적 성과에 있어서 계량 가능한 지표를 활용 (e.g. 주민참여 예산 제안 건수와 총 예산액, 실제 지방자치단체예산에 반영된 예산과 반영비율)
	−실질적 효과에 있어서, 갈등/현안 해결 이외에 상대적으로 비가시적인 파급효과가 있었는가? : 정치적 효능감, 정치적 학습효과, 민−관 행위자들의 역량 증진, 정체성 형성, 조직문화 개혁 등

우선, 참여성은 참여의 양과 질이 보장되는지의 문제이다. 즉 얼마나 많이 참여하는가의 문제를 넘어서, 참여에 대한 기회가 보편적으로 개방되어 있는지, 참여인원의 연령 및 성별 구성이 균형적인지, 참여가 지속가능한지 등이 평가의 기준이 된다. 참여예산제도에 참여하는 시민이 나머지 시민들에 대한 대표성을 견지할수록 참여성의 정도가 높다. 반대로 아무리 많은 수의 시민들이 참여하더라도 특수 계층이나 특수 집단이 과대 대표되거나 특정 예산위원 및 특정 행위자가 과도한 발언력을 장악하게 될 경우 참여성이 낮아진다.

또한, 참여의 효과를 보장하는 것이 바로 분권화의 정도이다. 분권화는 단순히 권력의 이양과 분산 정도를 의미하는 것이 아니라, 주민들의 실질적 권한과 영향력의 정도를 의미한다. 스위스의 경우처럼 발의권과 결정권 등이 법적으로 보장되고 그것을 뒷받침하는 독립적인 행정 체계가 갖추어져 있고 시민이 자신의 법적제도적 권리를 충분히 인지하고 행사할 때 가장 분권화의 정도가 높은 수준에 도달하였다고 볼 수 있다.[23]

숙의성은 다수결 원칙이 '다수의 독재(Tyranny of majority)'로 변질되는 것을

---

23. 이정옥 외. 2014. "시민소통과 시민참여 행정." 「서울시 시민행정의 성과와 과제」. 서울특별시.

방지하고, 토론을 통한 학습 등 다양한 의견교환의 절차를 바탕으로 시민들의 합리적 판단의 역량을 배양하며 의사결정의 합치를 이루어내는 정책 과정이다.[24] 이는 타인과의 상호작용을 통해 경험적 성찰과 반성적 사고를 거듭함으로써 어떠한 사안을 심의하고 소통하는 절차 중심의 민주적 시민성을 고양시키는 요소다.[25] 서울시 시민참여예산제에 있어서 숙의성이란 사업 선정 및 예산 협의 과정이 제도와 사업에 대한 '충분한 이해'를 지닌 행위자들이 '충분한 논의'를 통해서 이루어지는지의 정도를 의미한다. 이에 숙의수준뿐만 아니라 '충분한 이해'의 기본 전제로써 예산학교 등 관련 교육의 효과를 살펴본다.

반응성은 피드백을 통해 협의가 이루어지는 절차 자체를 평가하고, 피드백 된 내용을 바탕으로 절차의 한계를 보완하여 보다 효과적인 과정으로 발전시키는 제도적 장치가 보장되어야 함을 강조하는 지표이다. 이를 위해 협의 과정에 다양한 이해관계자들의 견해를 수용하고 반영할 수 있는 방안들을 적극적으로 모색해야 할 것이며, 이러한 과정 전반에 대해서도 지속적인 평가가 이루어져야 한다. 또한, 민관 차원에서 공식, 비공식적 협의과정을 통해서 수렴된 의견을 명확하게 기록하고 예산위원 및 이해관계자들에게 특정 의견이 반영되지 못한 명확한 이유와 특정 의견 반영의 결과를 알림으로써 반응성을 높여야 한다.

효과성과 효율성의 개념은 과거에는 경제 행위를 설명하기 위한 기초개념으로 활용되었으나, 최근에는 행정 등 모든 영역에서 성과지표의 중심적인 개념으로 이해되고 있다. 효율성은 일반적으로 비용 대비 효과, 즉 비용 대비 설정 목표를 효과적으로 달성할 수 있는지의 지표이다. 효과성은 실질적인 효과에 있어서 갈등과 현안의 단순 해결 이외에 정치적 효능감 증진, 행위자들의 역량 증진 등 상대적으로 비가시적 파급효과가 있었는지의 지표이다.

---

24. John S. Dryzek. 1996. Political Inclusion and the Dynamics of Democratization. The American Political Science Review Vol. 90, No. 3.

25. Parkinson, J. 2004. Why deliberate? The encounter between deliberation and new public managers, Public Administration 82:2, 377-395.

본고는 3, 4장을 통해 위의 다섯 가지 세부 평가요소들을 바탕으로 서울시의 시민참여예산제도 및 관련 정책 운영 양상을 객관적으로 '읽고,' 더불어 연구자들의 주관을 결합하여 운영의 민주성과 효과성을 평가하고, 문제점 및 개선방안을 제시한다.

III. 서울시 시민참여예산제도의 민주성·효과성 현황

서울시 시민참여예산제도는 서울시민들이 예산편성 과정에 직접 참여해 재정운영의 투명성과 재원배분의 공정성을 높이는 제도이다. 이는 2012년 「서울특별시 주민참여예산제 운영 조례」를 제정·공포하며 처음 도입된 이래로 현재까지 7년에 걸쳐 운영해오고 있다. 특히 지난 2017년, 시민참여가 기반인 주민참여예산과 협치사업을 '시민참여예산제'로 확대 개편하여 재정분야의 시민 참여영역을 더욱 확장하였다.[26]

운영기구는 참여예산위원회와 참여예산지원협의회로 구성되며, 사업제안은 2017년부터 시정참여형, 시정협치형, 지역참여형, 구단위계획형, 동단위계획형으로 세분화하여 시민참여의 적극성과 전문성을 유도했다. 참여예산심사의 전 과정은 참여예산 홈페이지(yesan.seoul.go.kr)를 통해 공개된다. 이는 시민이 제안한 전체사업 및 사업선정 전체과정을 공개하여 심사를 보다 투명하게 하고 시민의 알 권리를 증대시키기 위함이다. 시민의견을 반영한 사업의 예산편성은 시민참여의 활성화를 높이며 새로운 시민 거버넌스 모델이 되고 있다.[27]

2019년 기준 서울시 시민참여예산제 운영 개요를 간략히 알아보자면, 전체 예산 규모는 700억 원 내외로, 시정분야(시정참여형, 시정협치형) 450억 원 내외, 지역분야(지역참여형, 구단위계획형, 동단위계획형) 260억 원 내외로 책정되어 있다.

---

26. 서울특별시. 2019. 「시민참여예산제 돌아보기 2018」. 서울특별시. pp.10-11.
27. 서울특별시. 2019. 「2019 시민참여예산 운영매뉴얼」. 서울특별시. p17.

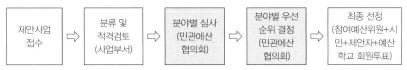

| 제안사업 접수 | ⇨ | 분류 및 적격검토 (사업부서) | ⇨ | 분야별 심사 (민관예산 협의회) | ⇨ | 분야별 우선 순위 결정 (민관예산 협의회) | ⇨ | 최종 선정 (참여예산위원+시 민+제안자+예산 학교 회원투표) |

〈그림 2〉 시정참여형 사업 추진 순서도

우선 시정참여형 사업의 경우, 2월부터 3월까지 참여예산사업 공모가 이루어져 시민으로부터 분야별로 제안사업을 접수받게 된다. 이는 시 사업부서에서 분류, 통폐합, 구체화 및 적격검토를 거쳐 5월부터 7월 중순까지 10주간 민관예산협의회에서 심사하게 된다. 이때 시민참여예산위원으로 활동할 시민들은 2월에 무작위 추첨을 통해 미리 선발해둔다.

민관예산협의회에서 사업심사를 할 때는 크게 6단계로 이루어진다. 첫 번째는 제안사업 적격/부적격 심사로, 이때 부적격 심사기준 해당사업은 제외된다. 두 번째는 제안자 사업설명 청취로, 적격 분류된 사업에 한하여 제안자로부터 사업목적, 사업내용, 사업효과 등에 대한 설명을 청취한다. 세 번째는 현장확인으로, 민관예산협의회 위원들이 필요하다고 인정하는 사업에 대해 현자확인을 실시하고 보고서를 작성해 협의회 심사시 보고토록 한다. 네 번째는 제안사업 1차 선정으로, 분야별 200% 사업선정이다. 제안자 설명, 부서 실무 보고서, 시민의견 등을 참고하여 평가지표에 따라 위원별 평가 후 결과 합산하여 고득점 순으로 결정하는데, 총 한도액은 사업예산 350억 원의 200%인 700억 원으로, 분야별 적격 사업수 및 사업비 비율로 배분한다. 다섯 번째는 사업내용 숙의 및 심사로, 민관예산협의회, 사업부서, 제안자 등이 참여하여 숙의를 실시하는데, 이때 토론으로 사업 보완 및 발전(구체화, 유사사업 통폐합 등) 후 평가지표에 따라 위원별 평가를 실시한다. 마지막 여섯 번째는 분야별 우선순위 결정 및 총회 상정으로, 위원별로 평가결과를 합산하고 고득점 순으로 우선순위 결정 후 총회에 상정하는 것이다. 이때 총 한도액은 사업예산 350억 원의 130%인 456억 원이다.

이후 7월 말 2주동안 총회 상정사업에 대한 이의제기 및 조정 기간이 있으며, 8월 말에 시민참여예산사업을 선정하는 한마당 총회가 열린다. 이때 분야별 민관예산협의회가 결정한 총회상정사업에 대해, 총회(참여예산위원), 예산학교 회원, 제안자, 시민 투표를 각각 실시하고, 그 결과를 합산해 최종사업을 선정한다.

일련의 과정에서 중요한 역할을 담당하는 것이 바로 '시민참여예산위원회'다. 시민참여예산위원은 '예산학교 회원' 중 무작위 추첨으로 선발한다. 시민참여 예산학교는 기본교육인 예산학교와 찾아가는 예산학교, 그리고 청소년 예산학교 교육으로 크게 세 종류가 있다. 이러한 예산학교 이수자는 예산학교 회원 자격을 부여받아 참여예산위원으로 추첨될 수 있고, 시민참여예산사업 선정 투표 시 10%의 투표권을 행사할 수 있다. 이들 중 선발된 위원들로 구성된 위원회는 크게 세 종류로, 민관예산협의회와 기능분과인 온예산분과 및 홍보분과가 있다.

이 외에도 시민참여예산지원협의회는 시민참여예산 운영계획 수립 및 운영에 따른 지원을 담당하며, 시민참여 예산학교 운영에 관한 의견제시 및 자문 등을 담당한다. 또한 시민참여예산사업 모니터링도 운영하고 있는데, 여기서는 시민참여예산사업 평가를 하며, 효율적 평가를 위한 심화교육(워크숍) 및 사업 현장 확인을 실시한다. 그리고 평가에 대한 환류로서 시민의견 및 평가결과는 사업부서에 송부하여 문제점 개선 및 사업 적기 추진을 권고토록 한다. 또한 자치구 참여예산제도의 운영지원이 있어 지역참여형, 구단위계획형, 동단위계획형을 각 대상에 맞게 지원토록 하고 있다. 이는 부적격 심사 절차개선 및 심사강화 등을 통해 사업 품질을 제고하려는 시 차원의 노력이라 볼 수 있다.

1. 민관예산협의회 구성 단계

예산학교 수료자를 대상으로 지역, 성별, 나이 등을 고려해 랜덤추출한 시민참여예산위원 300명은 온예산분과(5개분과, 75명)와 홍보분과(1개분과, 25명), 그리고 민관예산협의회(10개분과, 200명)로 배정받게 된다. 이 중 민관예산협의회는 주민제안사업을 직접적으로 평가하는 가장 중요한 위원회가 된다.

민관예산협의회는 10개의 분과(여성·교육, 경제·일자리, 복지·행정, 교통, 문화관광, 환경, 도시안전, 주택, 공원, 협치 등)로 구성되며, 각 분과는 시민참여예산 위원 20명, 민간전문가 3명, 공무원 4명이 소속된다. 이들은 협의회장과 간사를 선발하며, 약 2개월 간 시민 제안사업을 심사하고, 우선순위를 결정하며, 자치구 우선지원 사업의 적격심사 등을 수행한다.[28]

각 분과는 서로 독립해서 운영되어 분과별 차이가 다소 존재하지만, 대개의 일정은 다음을 따른다. 시민참여예산위원 위촉식이 공식적인 첫 일정이고, 분과 배정을 받은 후에 임시 반장을 선출한다. 이후 두 번째 모임인 워크숍에서 분과별 위원장과 간사를 선출한다. 이후 일정은 10개의 분과로 나눠져 운영되므로, 분과별로 약간의 차이는 존재한다. 분과 운영은 5-7월에 걸쳐 진행되며, 제안사업 적격/부적격 심사, 제안자 사업설명 청취, 현장확인, 제안사업 1차 선정, 사업내용 숙의 및 심사, 분야별 우선순위 결정 및 총회 상정으로 운영된다. 민관예산협의회 구성 단계는 전반적인 시민참여예산제도의 숙의과정에서 가장 중요한 부분인만큼, 평가지표를 보다 구체적으로 적용하고 넘어가고자 한다.

1) 참여성

우선, 참여성의 측면에서 민관예산협의회의 구성을 살펴보면, 예산학교 수료자를 대상으로 연령, 성, 지역을 고려해 랜덤 추출로 구성한다는 점에서 다양성과 대표성이 보장된다고 할 수 있다. 뿐만 아니라 시민참여위원이 다수를 구성하는 상황에서, 이들의 의사결정에 도움을 줄 있는 민간전문가와 공무원 등 다양한 주체가 포함되는 것도 다양성을 보장할 수 있는 방법이다.

다른 주민참여예산 제도와 다르게 서울시는 2017년부터 예산학교를 이수한 사람을 대상으로 참여예산위원으로 추첨될 수 있는 권한을 부여하고 있다. 예산학교 이수는 개인의 자발적인 의사에 달렸다는 점에서, 서울민주주의위원회 시민협력팀 최인욱팀장에 따르면, 이러한 방식은 이전에 비해 어느 정도의 자발적 참여를

---

28. 서울특별시. 2019. 「2019 시민참여예산 운영매뉴얼」. 서울특별시. p.18.

증진했다고 한다.

실질적 참여의 정도의 측면에서, 회의참여율은 참여성을 알아볼 수 있는 좋은 지표가 된다. 인터뷰 결과에 다르면, 회의에 대해서는 분과별로 다르지만, 정족수가 부족해 무산되기도 한다는 진술을 여러 차례 들을 수 있었다. 또한 몇몇 사례에서 공무원들이 참석하지 않는 경우도 있다고 했지만, 분과별로 출석 통계가 없어 일반화하기는 어려웠다. 그럼에도 시민참여예산제 발전방향 토론회에서 참석하지 않는 사람에 대한 징계 여부를 논의한 점, 90% 이상 참석한 사람에게 표창장을 부여한다는 점, 참여에 따른 지원금을 증액해달라는 주장이 있었다는 점은 출석률이 보다 상승할 필요가 있다는 점을 방증한다.

협의회가 제한된 인원으로 구성되어 있고, 이 제한된 인원이 오랜 기간에 걸쳐 사업심사를 한다는 점에서, 민관예산협의회가 참여의 양적인 측면에 방점을 둔 구성은 아닌 것으로 판단된다. 이는 협의회가 기본적으로 시민들의 숙의를 강조하는 측면에서 구성되었기 때문에 생긴 한계로 보인다.

운영의 측면에서, 대개의 경우 회의는 직장인의 참여를 위해 저녁 7시에 진행되며, 1~2주에 1회 정도로 운영된다. 이는 직장을 가지고 있지 않은 사람뿐 아니라 낮에 일을 해야 하는 사람까지도 참여할 수 있도록 만든 제도라고 할 수 있다. 회의는 2-3시간 정도 소요되는데, 참여가 활발한 경우 더 일찍 끝나기도 하고, 사안이 어렵거나 안건이 많아 오랜 논의를 필요로 할 경우 새벽까지 회의를 할 때도 있다.

2) 숙의성

서울시는 시민참여예산 모델을 수립할 때 참여성과 숙의성을 달성해야 할 목표로 보고, 이 중에서 숙의성의 개선에 대해 많은 성과를 이뤘다. 실제로 민관예산협의회는 숙의성의 측면에서 다양한 제도를 운영한다.

예산학교는 참여예산위원으로서의 기본소양을 함양하는 프로그램으로, 연간 15회 진행되며 원하는 시민은 누구나 이를 신청해 수강할 수 있다. 총 6시간(3시간씩 2회)으로 구성된 이 교육을 이수해야지만 예산학교 회원 자격을 부여받아 참여예산위원으로 추첨될 수 있다.[29]이에 대해 지나치게 원론적이고 실제 예산심사시에 도움이 되지 않는다는 비판과, 시민참여예산의 전반적 틀을 알 수 있어서 필요하다는 주장이 모두 존재하지만, 해를 거듭하며 제도가 발전하는 점에서 긍정적으로 볼 수 있다. 특히 청년, 여성, 장애인 등을 대상으로 하거나 시민의 관심도가 높은 분야(복지, 환경 등)에 대한 특화교육인 '찾아가는 예산학교'와, 청소년을 대상으로 하는 '청소년 예산학교 교육'도 존재해 그 약점을 보완한다.[30]

시민참여예산위원회 위원으로 선정되어 분과로 배정되면 분과별 활동에 필요한 전문지식과 실무능력을 높이기 위한 심화교육을 실시한다. 2019년의 경우 4월 2, 3주차에 분과별 교육을 진행했고, 4주차에 분과장과 간사를 대상으로 리더교육을 진행했다. 리더교육의 경우 갈등조정방법 등에 대한 내용이 포함된다.

현실적으로 한두 번의 교육으로 모든 시민이 전문성을 가지기는 힘들다. 이에 시민참여예산제는 기존에 경험한 사람들의 역할의 조언이 중요하다는 의견도 있었다.

"(시민위원이) 2–3년 계속 했으면 더 시너지 효과가 있지 않을까 생각해요. 오랫동안 한 사람들은 (시민참여예산에) 관련한 구체적인 운영 내용을 잘 알지만, 처음 온 사람들은 따라가는 식의 활동을 많이 합니다."

– 2019년 시민참여예산위원장 김○○

이에 최근 서울시에서는 기존 시민위원을 대상으로 컨설팅 자격을 주고, 참여예산제 사업 제안자와 연결하는 제도를 운영하고 있다. 실제로 활동한 사람의 진술에 따르면, 컨설팅을 받은 경우 사업 제안이 원활해지고 민관예산협의회 심사를 통과하기 쉬울 것이라 한다.

---

29. 서울특별시. 2019. 「2019 시민참여예산 운영매뉴얼」. 서울특별시. p16.
30. 서울특별시. 위의 책. p20.

3) 분권화

형식적인 측면에서 시민위원은 협의회의 다수를 구성하며, 이들만으로 과반수 참석이 가능해 개회가 가능하다. 실질적으로 회의가 시민들에 의해 운영되는지 여부에 대해 다양한 인터뷰를 통해 이를 확인할 수 있었다. 그럼에도, 분과에 따라 공무원이 낸 의견이 더 잘 채택된다는 의견도 있었다. 즉 최종적인 점수 배정이나 형식적 선택은 시민들이 하지만, 그 과정에서 전문가들의 의견이 더 비중 있게 받아들여진다는 것이다. 이는 제도적인 차원에서 시민들의 권한이 보장되지만, 실질적 내용의 측면에서는 시민들의 숙의와 전문성 정도에 따라 영향을 받을 수 있다.

"위원들의 권한이 막강해요. 그리고 이 권한은 점차 더 주어질 것 같아요 (…) 담당 공무원들의 어드바이스와 가이드가 중요하지만, 이들은 가이드 역할만 할 뿐 결정권이 없어요"
　　　　　　　　　　　　　　　　　　　　　　　　－ 2019년 시민참여예산위원장 김○○

"관에서 부적격이라 말을 해도 분과 위원이 이거 적격이다, 조건부 적격이다 이런 식으로 말하면 오케이를 하게 됩니다. 그런데 권한 부여가 이루어지려면 어느 정도 숙의할 시간도 있어야 하는데, 짧은 시간에 많은 것을 하다 보니 그 권한을 제대로 행사하지 못하는 것 같아요. 시간이 적어서 내용을 충분히 숙지하기가 어렵기 때문에…"
　　　　　　　　　　　　　　　　　　　　　　　－ 2019 민관예산협의회 시민위원 김○○

또한, 실제로 민관예산협의회에서 활동경험이 있는 인터뷰 대상자들은 공통적으로 위원장과 간사의 역할을 중요하게 여겼다. 이러한 직책은 대개 시민들이 맡는다는 점에서 이들에게 권한이 부여된다고 볼 수 있다

(분과장의) 리더십이 중요해요. 분과 회의 시간도 분과장이 잘 아는 사람이 하면 그 회의 요령이 있어요. (…) 기본 매뉴얼 속에서도 적격 부적격 여부, 점수 주는 방법 등을 위원장이 알고 있으면 설명을 잘 해줍니다. 그래서 (회의 진행에 대해)

빠르게 알 수 있고, (분과장을) 경험 있는 사람들이 하면 좋지요.

— 2019년 시민참여예산위원장 김○○

근데 분과장을 누가 하느냐가 중요한 것 같아요. 규칙 정할 때 명확하게 정하는 것이 중요하거든요. (…) 결국 사람이 제일 중요한 것 같아요.

— 2019 민관예산협의회 시민위원 김○○

4) 반응성, 효율성 및 효과성

민관예산협의회는 시민들이 주로 운영하기에 이들의 의견이 반영되는 과정에서 반응성이 보장된다. 그러나 구체적으로 반응성이 어떤 식으로 보장되는지는 추후 각 단계에서 살펴보았다.

공무원은 업무에 대한 전문성이 있지만, 정책 시행 시 그것이 현장에서 어떤 결과를 야기할지에 대한 예측이나 실제적인 삶의 문제에 대한 지식은 시민들이 더 잘 인지하고 있다. 이런 면에서 시민 참여예산제는 양 측의 조화를 통해 지역사회의 문제를 해결하고자 한다.

실제 운영 과정에서 시민들의 참여로 인해 세밀하고 현장의 목소리를 반영한 예산집행이 가능하다는 점에서 효율성 및 효과성에 대해 어느 정도 긍정적으로 평가할 수 있다. 다만, 구성 이후 실제로 그 역할이 수행되는 각 단계에서 분석하는 것이 적합해 보인다.

2. 제안사업 숙의심사 및 선정 단계

1) 제안사업 적격/부적격 심사

제안사업 적격/부적격 심사는 법적으로 정해진 부적격 항목과 제안사업을 비교해, 부적합한 사업을 제외하는 것을 말한다. 이는 1) 지방자치법, 지방재정법, 그 밖의 예산편성에 관하여 규정된 사항을 위반하는 사업, 2) 이미 설치 중인 시 또는 자치구 시설에 대한 운영비의 신규 또는 증액을 요구하는 사업 3) 단년도 사업이 아닌 계속사업 4) 기타 예산편성 기준과 절차를 피할 목적으로 제안된 사업을 의미한다. 각 자치구에서 진행하고자 하는 사업이나 시민참여가 필요 없는 사업 등에 시민참여예산제도을 악용하는 사례를 막기 위해 고안된 이 심사는 미리 제안된 사업 신청서를 바탕으로 담당 공무원들이 맡게 된다.

해당 심사는 기존의 자료나 담당 공무원 부처와의 연계, 해당 조항 확인 등 법적, 전문적 지식이 필요해 공무원들에게 우선적으로 일임된다는 점에서 참여도가 다소 미흡하지만, 효율적 진행을 위해 어쩔 수 없는 부분이다. 다만, 부적격으로 판명이 나더라도 분과에서 시민위원들이 적격으로 올리거나, 혹은 적격인 경우에도 부적격으로 내릴 수 있다는 점에서 어느 정도 분권화가 이뤄졌다고 볼 수 있다. 또한 제안사업을 분류한 책자는 회의 전에 먼저 각 위원에게 메일로 전송되고, 내년에는 책자로 배포할 계획도 있다는 점에서 위원들의 숙의성에도 기여하는 것으로 보인다.

2) 제안자 사업설명

시정참여형 사업의 경우, 민관예산협의회의 심사 및 조정으로 선정된 사업에 대해 엠보팅(전자투표)를 실시하고 투표 결과를 합산해 최종 사업으로 선정한다. 엠보팅 이전에 시민의견(온라인) 수렴, 제안자 사업설명 청취, 현장확인 등을 실시하고 현장확인 보고서 및 실무검토 의견서 등을 토대로 전체 위원 간 숙의심사가 진행된다.[31] 특히 제안자 사업설명 청취는, 적격 사업에 한하여 제안자로부터 사업목적, 사업내용, 사업효과 등에 대한 설명을 청취하는 것인데, 제안자 본인 출석이 어려울 경우 참고자료나 UCC를 제출토록 하고 있다.[32]

이러한 제안자 사업설명 청취에 대해 다섯 가지 평가지표를 적용해 보자면, 우선 참여성의 측면에서 그 대표성의 측면은, 제안자가 직접 와서 제안한 사업에 대

---

31. 서울특별시. 2019. 「시민참여예산제 돌아보기 2018」. 서울특별시. p.65.
32. 서울특별시. 2019. 「2019 시민참여예산제 운영 매뉴얼」. 서울특별시. p.13.

해 설명하고 위원들을 설득할 기회를 갖는다는 점에서, 대표성의 측면은 충분히 충족된다고 판단된다. 이렇게 시민이 직접 참여하는 단계에서 중요한 것은 참여의 정도일 텐데, 이 또한 관련 위원들의 인터뷰를 통해 조사한 결과, 시민들의 참여 정도는 매우 높은 것으로 나타났다.

"제안자 발표하시는 분들은 정말 열의 넘치게 잘 해 주세요. 저희도 놀랄 정도에
요."   - 2019년도 민간예산협의회 시민위원 김○○

다음으로 분권화의 측면에서는, 과연 이러한 사업설명 청취가 실질적인 권한이 있는가의 문제인데, 이에 대해서는 '보통'정도로 평가할 수 있겠다. 어떠한 제안자의 사업설명을 들을지는 민관예산협의회 위원들이 정하는 것이기에, 협의회 위원들의 의견이 우선적으로 반영되는 구조이다. 따라서 분권화의 측면에 있어서는 일정 부분 한계가 있다고 판단된다.

또한 숙의성의 측면에서는, '미흡'하다고 판단된다. 이는 시민위원들의 인터뷰 과정에서 분명히 드러났는데, 제안자의 열정적인 참여에도 불구하고 정작 발표자들에게 주어지는 시간은 3분정도밖에 되지 않는다는 것이다. 이러한 짧은 발표시간은, 참여자들에게 충분한 숙의의 과정을 거칠 기회를 제공하지 못한다는 점에서, 발표 시간을 좀 더 늘리고 숙의를 충분히 가질 수 있는 환경을 마련해야 할 것이라 판단된다.

"발표시간은 3분 주어지는데, 매우 짧아요. 그래서 그 시간 내에 최대한 많은 정
보를 쏟아내려 하시기도 하구요."
                                          - 2018, 2019년도 민간예산협의회 시민위원 김○○

그러나 반응성의 측면과 효율성 및 효과성의 측면에서는 어느 정도 성과를 보이고 있다고 판단되는데, 실제로 위원들이 제안자 사업설명 청취를 통해 특정 사업

들에 대한 필요성을 실감하고 공감하게 되는 계기로 작용하기 때문이다. 이는 시민적 요구에 대해 민관협의회 차원에서 즉각적으로 반응하고, 실질적인 예산집행으로 이어질 가능성을 높인다는 점에서 그러한 반응성과 효율성, 효과성은 '우수'하다고 판단된다.

> "제안자 발표를 듣다보면, 그래도 이분이 이래서 이런 말씀을 하시는구나 하고 느껴질 때가 많았어요. 그런 분들이 오셔서 더 잘 참여하시는 것 같기도 하구요."
>
> — 2018, 2019년도 민간예산협의회 시민위원 김○○

3) 현장확인

민관예산협의회 위원들이 필요하다고 인정하는 사업에 대해서는 현장 확인 또한 실시하는데, 현장 확인 일정은 서울시가 지정한 기간 내에서 분야별로 민관예산협의회 위원들이 합의하여 결정한다. 이때 현장 확인 보고서를 작성(사진 포함) 후 협의회 심사 시 보고토록 되어 있다.[33] 특히 현장 확인은 지역 상피제를 적용하여 출신지역이 아닌 사업에 한하여 실시된다. 이로써 심사의 공정성을 높이고 필요에 따라서는 현장에서 제안자를 만나 제안사업에 관한 설명을 청취할 수도 있다.

현장 확인의 경우, 참여성의 측면은 '미흡'하다고 판단된다. 현장 확인을 가는 기간을 행정의 입장에서 정해두고 해당 기간을 놓치면 아예 갈 수 없는 구조이기에, 가능한 일부 위원들에 국한되어 이루어지고 있다는 점에서 참여성의 측면은 향후 보완될 필요가 있을 것이다.

> "현장 확인은 저만 갔어요. 세 번인가 갔는데, 그러다보니 한계가 좀 있는 것 같아요. 기간을 넓게 둔 게 아니라, 행정 입장에서 기간 딱 정해놓다 보니까, 그때

---

33. 서울특별시. 2019. 「2019 시민참여예산제 운영 매뉴얼」. p.13.

되는 사람밖에 못 가는 구조인거죠."

– 2019년도 민간예산협의회 시민위원 김○○

　그러나 분권화의 경우, 실질적 권한을 제안자와 시민위원들에게 주고 공무원들은 조력자로서의 역할을 담당하는 것이란 점에서, '우수'하다고 판단된다. 또한 숙의성의 경우에도 공무원들이 함께 참여해 논의하기도 하고, 특히 시민위원과 제안자가 직접 만나 사업현장에서 해당 사안에 대해 논의할 시간을 가진다는 점에서 높게 평가된다. 다만 공무원들이 좀 더 참여하여 행정의 입장에서도 논의가 진전되어야 할 필요가 있다는 점은 한계로 지적할 수 있기에, 숙의성은 '보통'으로 평가된다.

　반응성의 경우 '독립문 근처 와이파이 공유기 설치사업'과 같이 실제 현장확인을 통해 그 필요성에 대한 인식을 공유하고 성공적으로 예산을 편성하는 등의 성공사례가 존재하고 시민위원들과 공무원들의 입장에서도 그러한 현장 확인에 대해 긍정적으로 인식하고 있는 만큼, 어느 정도의 성과가 있다고 판단된다. 다만 앞서 언급한 바와 같이, 공무원들의 참여가 부족해 일반시민들의 입장에서 주로 현장 확인을 하게 된다는 점은 반응성을 저해하는 요소로 작용할 수 있는 만큼, '보통'으로 평가되며, 효율성 및 효과성 또한 마찬가지로 판단된다. 현장 확인의 효과를 높이기 위해서는, 공무원 측의 참여가 좀 더 보장되어야 하며, 시간대를 보다 유동적으로 정해, 학교나 직장에 있어 참여하지 못하는 다른 여러 위원들의 참여율을 좀 더 높이고 그들의 의견 또한 반영되어야 할 것이다.

4) 제안사업 1차 선정:분야별 200% 사업 선정

　앞선 제안자 설명, 부서 실무보고서, 시민의견 등을 참고하여 평가지표에 따라 위원별 평가 후 결과를 합산하여 고득점 순으로 제안사업을 1차적으로 선정한다. 이때 총 한도액은 사업예산 350억 원(2019년도 기준)의 200%인 700억 원으로, 분야별 적격 사업 수 및 사업비 비율로 배분한다. 만약 분야별 적격사업이 200% 미만인 경우는 평가를 생략한다. 이러한 200% 사업선정에 대해 파악하기 위해 관련 공무원 및 시민위원들의 인터뷰와 함께 실제 민관예산협의회에서 사용되는 '민관예산협의회 사업 심사 평가표(200%)'를 활용하였다.

평가표의 평가항목은 필요성/시급성/공공성/효과성/목표달성도/수혜대상/성평등/사업비 적정성의 8가지로, 각 항목별로 1(그렇지 않다)부터 5(그렇다)까지 점수를 매겨 고득점 순으로 사업을 선정하게 된다.

우선 위와 같은 사업선정의 경우, 참여성의 측면에서는 참여한 모든 위원들이 이에 대해 평가하고 이를 합산하는 방식이라는 점에서 우수하다고 볼 수 있을지 모르나, 여러 시민위원이나 관련 공무원들의 인터뷰에서 공통적으로 나타난 민관예산협의회 자체의 문제점은, 시민위원으로 등록되어 있음에도 불구하고 참여하지 않는 위원들이 존재한다는 점이다. 그러나 그들의 생활이 있어 별도의 제재 조치나 처벌조항을 두고 있지 못해 그들의 참여를 독려하기 어려운 점이 있었다. 또한 참가한 위원들에게 지급되는 수당 또한 2만 원에 불과해 부족하다는 의견이 대다수였다. 이처럼 시민위원들의 참여를 독려할 방안이 제대로 마련되어 있지 못하다는 점은, 위와 같은 사업선정에 있어서도 한계를 가질 수밖에 없다는 점에서, '보통'으로 평가할 수 있다.

다음으로 분권화의 경우, 실질적으로 시민위원들이 점수를 매기고 이를 합산해 사업을 선정한다는 점에서, 시민에게 정책 결정 권한을 상당 부분 이양한 것으로 볼 수 있다. 그러나 숙의성의 경우 '미흡'하다고 볼 수 있는데, 이는 시민위원들이 해당 평가표의 항목들에 대해 잘 숙지하지 못한 채로 점수를 매기는 경우가 많기 때문이다.

"사업심사를 이 기준(평가표)에 따라서 점수를 매겨서 각 위원들의 평균을 매겨서 순위별로 계산해서 하는거 거든요. 사실 이 기준이 지극히 주관적이긴 해요. 특히나 제가 주관적이라고 느낀 건 성평등 부분인데, 예산의 성인지적예산이란 관점이 있어요. 예산이 집행되고 편성될 때는 어느 정도 성평등 관점에서 맞게

〈그림 3〉 민관예산협의회 사업 심사 평가표(200%)

출처: 서울특별시. 2019. 「2019 시민참여예산제 운영 매뉴얼」. 서울특별시. p.29.

해야 된다는 건데, 이 스케일을 1~5점으로 놨어요. 근데 되게 애매한 게, 버스정
류장에 발열의자 있잖아요. 그게 성평등에 부합하는가. 애매하죠. 전 5점 줬는데,
어떤 분은 관련 없다고 1점 주기도 해요. 그만큼 주관적이라, 이에 있어서도 합의
가 필요해 보여요."　　　　　– 2018, 2019년도 민간예산협의회 시민위원 김○○

"젠더 지표가 있는데, 이게 어떻게 평가해야 될지 모르겠는 거에요. 남성위주, 여
성위주로 들어갔을 때 이걸 만점을 줘야 하나 낮게 줘야 하나. 어떤 사안이 나왔
을 때 어떻게 평가해야 한다는 명확한 지표가 없다보니, 공평하면 성적인 지표를

가장 낮게 줘야 하나? 그런 지표가 모호해요. 그 혼동이 상당히 있었던 것 같아요. 저는 공평하면 다 오른쪽 줬거든요. 근데 어떤 분들은 이게 문제가 되지 않는다고 왼쪽 주기도 하구요." – 2019년도 민간예산협의회 시민위원 김○○

그러나 반응성의 경우 시민위원들에게 실질적인 평가의 권한을 부여하고 해당 점수에 맞추어 사업을 선정한다는 점에서, 행정 차원의 '반응'이 충분히 이루어진다고 볼 수 있다. 다만 위와 같이 시민위원들의 평가지표에 대한 불만사항 및 애로사항이 지속적으로 제기됨에도 불구하고 관 차원에서 평가지표에 대한 수정 및 교육 강화가 제대로 이루어지고 있지 못한 점은 한계라 볼 수 있겠다.

마지막으로 효율성 및 효과성의 경우, 앞선 제안자 사업설명 및 현장확인 등을 거치고 여러 회의를 거친 후에 점수를 매긴다는 점에서는 의미가 있겠으나 앞서 서술한 바와 같이 애매한 평가항목에 대한 위원들의 불만 등이 있음을 고려할 때, 전반적인 효율성 및 효과성 또한 보완될 필요가 있을 것이다. 향후 평가지표에 대한 교육을 강화해 위원들의 전문성과 그들의 숙의성을 보완함을 통해 이러한 사업선정에 대한 효율을 증대시킬 수 있을 것이다.

5) 사업내용 숙의 및 심사 및 130% 사업선정

200% 사업선정을 한 후엔 민관예산협의회, 사업부서, 제안자 등이 참여해 숙의를 실시한다. 이때는 제안자 설명, 현장확인 보고서, 시민의견 등을 토대로 토론을 실시하게 되는데, 이때 토론으로 사업 보완 및 발전(구체화, 유사사업 통폐합 등) 후 평가지표에 따라 위원별 평가를 다시금 실시하게 된다. 그리고 이때의 위원별 평가결과를 합산해, 고득점 순으로 우선순위를 결정 후 총회에 상정하게 된다. 이때의 총 한도액은 사업예산 350억 원(2019년 기준)의 130%인 456억 원으로, 수혜범위가 1개구로 제한적인 사업은 총회상정사업에서 배제된다. 단, 서울시 직접 수행사업(예: 한강, 서울숲 등 관련사업)이나 시범사업은 가능하다. 이때 총회 상정 사업수는 시민참여예산지원협의회에서 의견을 수렴한 후 결정된다.

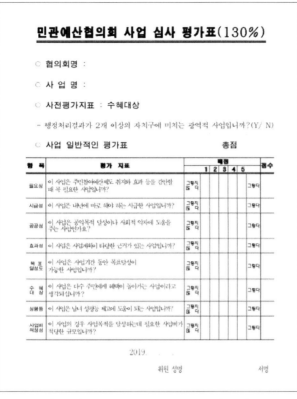

〈그림 4〉 민관예산협의회 사업 심사 평가표(130%)

출처: 서울특별시. 2019. 「2019 시민참여예산제 운영 매뉴얼」. 서울특별시. p.30.

이러한 사업선정 과정에도 다시금 평가표가 활용되는데, '민관예산협의회 사업 심사 평가표(130%)'가 활용된다. 이는 앞선 200% 심사 평가표와 거의 동일하나, 수혜대상에 대한 항목이 사전평가지표로 들어가 일반적 평가표의 항목은 7개라는 것이 차이점이다.

해당 사업선정 단계에 있어서는 제안자, 민관예산협의회 및 사업부서 등이 전반적으로 참여한다는 점에서 참여성의 중요 요소인 다양성과 대표성을 확보하고 있다고 볼 수 있다. 이러한 참여자의 다양성은 앞서 서술한 시민위원들의 부족한 참여율을 보완할 수 있다는 점에서, 우수한 참여성을 확보하고 있다고 판단된다.

분권화의 경우에도 시민위원과 제안자에게 실질적인 권한을 주고, 평가표에 맞추어 최종적인 선정을 내리는 것 또한 민관예산협의회 위원들이 직접 하는 것이기에, 분권화의 측면에서도 충분한 권한을 부여하고 있다고 볼 수 있다. 특히 130% 사업선정 과정에서 돋보이는 것은 숙의성의 측면인데, 이때는 시민제안자가 직접 사업을 발표하고, 심사위원들과 질의응답을 통해 보다 심층적인 심사가 이루어진다. 사업제안자와 사업부서가 민관 숙의과정을 통해 협의와 조정 과정을 거쳐 구체화하는 일련의 과정은, 심의를 위한 장치 및 숙의수준정도를 상당히 높여주는 요인이다. 다만 앞선 200% 사업선정과 동일한 평가표를 사용하기에, 해당 평가항목들에 대한 이해도가 충분히 뒷받침되지 못하는 위원들이 평가에 어려움을 겪을 수 있고, 실질적으로 숙의를 할 수 있는 시간이 많지 않다는 시민위원들의 의견이 있기에, 이러한 측면에서의 보완이 필요할 것이다.

"경제일자리분과는 총 158개 사업을 판별했어요. 하루에 158개를 처리해야 하다보니, 시간적 여유가 없어서 사업 내용 숙지 못하고 한 것도 있었어요. 그래서 시간에 쫓기다보니 공무원들의 판단에 쏠리기도 했구요. 그래서 안에서 나온 불만도, 그런 시간이 부족하다! 이걸 좀 늘려야 하는게 아니냐는 말이 많이 나왔어요."
                                                          – 2019년도 민간예산협의회 시민위원 김○○

반응성의 경우 앞서 서술된 높은 참여성을 바탕으로 다양한 의견을 수렴하고 실제 민관예산협의회에서 논의된다는 점에서 우수하다고 볼 수 있다. 또한 효율성 및 효과성의 측면에서도 이러한 우수한 참여성, 분권화 및 반응성의 측면은 장점으로 작용하겠으나, 숙의성의 부족한 측면이 보완되어야 향후 실제적인 결과의 측면에서도 보다 높은 효율을 낼 수 있으리란 점에서, 시민위원들의 의견에 따라 숙의시간 연장 및 평가항목 개선 등의 노력이 뒷받침되어야 할 것이다.

3. 한마당 총회 및 시민 투표

서울시 사업부서 검토와 시민참여예산위원회 민관예산협의회의 숙의/심사 과정을 통해 선정된 사업은 시민투표 및 한마당 총회 선정 결과에 따라 예산의 규모가 결정된다. 2019년 기준으로 495.8억 원(시정참여형 77건 418.3억 원, 시정협치형 24건 77.5억 원) 규모의 101건의 사업이 투표 대상이었다. 일반 시민(50%), 제안자(10%), 시민참여예산위원(30%), 예산학교 회원(10%)의 투표를 합산하여 사업의 선정 여부와 우선순위가 결정된다. 일반 시민과 예산학교 회원 및 제안자의 경우 서울시 투표 프로그램인 엠보팅을 통해 온라인으로 참여할 수 있다. 시민들은 각각 시정참여형에서는 88개 사업 중 7개의 사업을, 시정협치형에서는 24개 사업 중 3개의 사업, 도합 10개의 사업을 선정할 수 있다. 엠보팅을 통한 전자투표가 마감되는 날, 시민참여예산위원은 한마당 총회에서 현장에 설치되어 있는 PC로 투표를 하게 된다. 한마당 총회에서는 다음 해의 참여예산사업을 최종적으로 선정한다.

엠보팅 및 한마당 총회를 걸친 사업 최종 선정 과정을 다섯 가지 평가지표를 통해 검토해 보고자 한다. 먼저, 2020년도 사업 선정의 경우 엠보팅을 통한 최종 사업의 경우 156,390명의 시민들이 투표에 참여를 하였다. 서울시의 전체 인구가 977만 명이라는 점을 고려했을 때에 모집단을 완벽하게 반영할 정도로 큰 숫자는 아니지만, 매년마다 투표에 참여하는 시민의 수는 유의미하게 증가하고 있다. 2015년에는 102,535명이 투표에 참여했었으나 이후 2016년에는 107,938명, 2017년에는 116,943명, 2018년에는 120,801명으로 점진적으로 참여하는 인원이 증가하고 있음을 확인할 수 있다. 엠보팅을 통해 참여하는 일반 시민들뿐만 아니라 각 사업의 제안자들과 참여예산 위원들, 예산학교 회원 등 1,000여 명(2019년 기준)의 시민들이 참여했다는 점에서 활발한 참여가 이루어지고 있다고 평가할 수 있다. 앞서 언급한 주체들은 각각 시민참여예산사업과 이해관계가 밀접하게 있는 행위자들이고, 각자 주어진 지위에 따라 동등한 투표권 또는 발언권을 갖는다. 후보에 오른 사안들에 대하여 동일한 시간동안 제안자가 발표를 한다. 또한 참여의 방식 또한 투표라는 형식적 민주주의에 의거한 참여 방법을 채택하였다. 제도적으로 참여성을 일정 이상 확보했음에도 불구하고 아직 서울 시민 전체를 대표하기에는 참여인원의 수가 부족하다. 이에 한마당 총회의 참여성은 '보통'이라고 평가할 수 있다.

동일한 이유로 한마당 총회의 분권화 정도도 '우수'하다. 특히 분권화의 정도는 2019년에 들어 더욱 향상되었던 것으로 보인다. 2019년 한마당 총회에서는 처음으로 우수사업 경진대회를 주최하였다. 경진대회에서 유의미한 성과를 내기 위해 사업 제안자들은 보다 열성적으로 발표에 임하게 되었다 '2019 시민참여예산 우수사업 경진대회'는 다음과 같이 전개된다: 각 사업의 제안자가 당 해에 진행되었던 사업을 소개하면, 참석한 사람들이 발표를 듣고 예/아니오를 통해 유익성을 판단한다. 투표를 통해 가장 많이 '예'를 받은 상위 6개의 팀을 선정하여 시상한다. 주민들이 당 해에 유익하거나 필요했던 사업이 무엇인지 선정할 수 있다는 점에서 주민들에게 의제 형성의 권한이 있다고 평가할 수 있다. 또한 주민들이 필요하다고 여긴 모든 사업에 대해서 예/아니오 방식으로 투표를 할 수 있다는 점에서도 어젠다 형성에 기여하는 바가 크다. 즉, 상대평가를 통해 비교적 유익했던 사업을 선정하는 것이 아니라, 유익했던 모든 사업에 대해 투표할 수 있는 시스템을 구축하여 특정 사업에 대하여 주민들이 어떻게 평가하는지 확인할 수 있게 된다.

한마당 총회 및 투표를 통한 사업 선정은 '보통' 정도의 숙의성을 보여 준다. 이는 주민참여예산위원회, 분과위원회, 운영위원회 등 여러 절차를 걸쳐 숙의를 통해 선정된 여러 사업들 중, 어떤 사안이 선택될 지 알 수 없기 때문이다.

"시정사업의 경우 지역사업과 다르게 총회 당일 투표로 결정되기 때문에 그 전까지는 어떤 안이 선택 될 지 아무도 몰라요"

– 서울민주주의위원회 시민협력팀장 최○○

숙의성은 참여 주체의 사안에 대한 이해도에 지대한 영향을 받는다. 여러 교육을 통하여 참여예산제도에 대한 이해도가 높은 시민들도 결정자에 포함되어 있지만 인터넷을 통하여 투표하는 시민들(50%)의 경우 예산학교를 수료하지 않았거나 총회에 참석하지 않았기 때문에 이해도가 비교적 낮을 것이다. 그러나 숙의성을 높이기 위해 일반(예산학교를 수료하지 않았으나 엠보팅을 통해 참여하는) 시민들의 참여를 제한하거나 반영 비율을 줄이는 것은 참여성을 제한하는 역효과를 초래할 수 있다. 그러나 숙의성을 '미흡'이 아닌 '보통'으로 평가한 이유는 후보군에 오른 사안들이 기본적으로 오랜 시간 숙의 및 심사를 거친 사업들이고, 총회에 참여하는 시민들은 각 사안에 대한 깊은 이해를 가진 위원 및 예산학교 수료자이기 때문이다. 그러나 숙의 및 심의 과정을 통해 선정된 사업들이 후보군에 있다고 하여도 시민 투표 자체에서는 우수한 숙의성을 기대하는 것은 어려워보인다. 종합하여 정리하면 총회에서는 상당한 수준의 숙의성을 보이지만 시민투표는 충분한 숙의성을 확보했다고 평가하기 어렵다. 따라서 총회 및 시민투표의 숙의성은 '보통' 수준이다.

> 위원회는 총회를 개최하여 예산 편성 안에 대한 최종적인 조정의견을 시장에게 제출한다.　　　　　−〈서울특별시 시민참여예산제 운영조례 제 21초(총회) 1항〉

한마당 총회에서 선정된 예산안은 〈서울특별시 시민참여예산제 운영 조례〉에 따라 서울시장에게 바로 제출된다. 이는 정책 결정과 직결되고 우선순위에 따라 정책에 순차적으로 반영된다. 따라서 총회에서 결정된 사안에 대해 정부 차원에서 반응하고 실질적으로 성과를 낼 가능성이 크다. 이를 고려하면 총회의 제도적 특성을 종합해 봤을 때 반응성 및 효율성이 '우수'하다고 평가할 수 있다.

4. 환류 및 피드백

6개월 동안의 활동이 종료되고 위원들은 활동에 대한 평가 및 개선점을 남기기 위해 공식적, 비공식적 방법으로 환류 과정에 참여하게 된다. 공식적인 피드백 과정으로는 서울시 참여예산제도 발전방안 토론회가 있고, 비공식적인 과정으로는 민관예산협의회가 종료될 때 간사 혹은 분과장에게 분과별로 마지막 회의 시간에 서면으로 제출하는 피드백이 있다.

1) 공식적 피드백 과정: 발전방안 토론회

시민참여예산제 발전방안 토론회는 활동이 끝난 11월에 진행된다. 발제 및 토론의 과정으로 진행되는데, 2019년의 경우 참여예산과 숙의예산의 시민참여 통합 발전방안이라는 주제의 발제문을 기반으로 토론이 진행되었다. 최승우 서울시 시민참여예산지원협의회 부회장의 발제문에 따라 시민숙의예산의 필요성이 강조되었으며 이에 대해 5명의 전문성을 갖춘 패널들이 토론을 하는 방식이다.

패널의 토론이 끝나면 질의 응답을 하는 시간이 주어지며 민간인도 참여할 수 있다. 참여성의 방면에서 누구나 참여할 수 있다는 점에서는 장점이 있지만 한마당 총회와 다르게 비교적 적은 인원이 참여한다는 점에서 참여성을 '보통'이라고 평가할 수 있다. 실제로 인터뷰 및 발전방안 토론회에서 논의 중 발전방안 토론회를 참가했을 때에 시민들이 적극적으로 개선점을 제시하고, 그에 발맞추어 변화가 이루어졌다는 증언을 들을 수 있었다. 발전방안 토론회에서는 서면 제출된 피드백을 정리해 답변과 함께 제시했고, 주요한 피드백을 앞에서 발표하는 시간이 있었다. 올해는 91개의 피드백이 서면으로 토론회 참석자들에게 제공됐다. 이 피드백에는 본 논고의 주요한 문제의식을 대부분 담고 있었다. 이런 점을 고려했을 때 발전방안 토론회는 숙의성과 반응성이 '우수'하다. 서울시 차원에서도 제도적 개선 방안을 모색하고 동시에 시민참여예산에 대한 제도적 제언을 시민들도 제시하는데 양자의 공명이 효율성과 숙의성을 극대화한다. 또한 전문가의 의견과 참여한 위원들의 의견을 종합하여 발전방안을 모색한다는 점에서 효율성 역시 '우수'하다.

"시민참여예산제는 매년 달랐다." 2019년도 발전방안 토론회에서 나온 말이다. 실제로 참여예산제는 2012년 이후 매 년 크고 작은 변화를 도입해 왔으며, 이에 따라 매년 다른 방식의 제도가 운영되었다. 이에 대해 혼란을 가중시킨다는 비판도 있지만, 매 년 변화하는 제도는 시 차원의 노력을 필요로 한다. 즉, 이는 서울시 차원에서 시민들의 변화에 대한 다양한 요구와 피드백을 받았고, 이를 바탕으로 내부 논의를 통해 약점을 보완한 결과이다. 가령 2017년에는 기존의 문제의식을 기반으로 TF팀을 꾸려 회의를 한 끝에 민관예산협의회를 구성했고, 2019년 현재는 이를 '숙의예산제'라는 이름으로 확대하는 작업을 진행중에 있다. 또 본 연구 과정에서 인터뷰 대상자들에게 들은 많은 문제점이 피드백 자료에 포함되어 있었으며, 상당 부분 내년에 반영될 것이라는 답을 들었다. 시 차원의 적극적인 제도 보완과 발전 노력은 참여예산제의 반응성 측면에서 높게 평가받을 수 있다.

2) 비공식적 피드백 과정: 분과별 서면 피드백

각 분과별로 회의가 끝나면 피드백을 서면으로 제출하여 수합하는 과정을 거친다. 마지막 회의 이후 분과에 따라 별도로 워크샵을 잡아 서면 피드백을 제출하도록 하는 경우도 있다. 그러나 비공식적으로 진행되는 피드백은 각 분과의 분과장의 재량과 분위기에 따라 좌우된다는 한계점을 가지고 있다.

대부분의 분과에서 비공식적으로 피드백을 수합하는 시간을 마련하지만 일부 분과에서는 활발하게 이루어지지 않는다. 피드백을 수합할 때에 회의에 참여한 모든 인원이 참여하지만 위원의 개인 의사와 무관하게 분과에 따라 참여가 제한적이라는 점에서 참여성은 '보통'이라고 볼 수 있다. 또한 숙의의 측면에서도 아쉬운 점이 많이 발견되었다. 발전방안토론회와 달리 서면으로 단순히 제출하는 형식이기 때문에 별도의 워크샵을 가지지 않는 이상 서면으로 개인적인 생각을 담을 수밖에 없고, 평소에 미흡하다고 여겨왔던 점들도 서면에 옮겨 적는 과정에서 빠뜨리게 될 가능성이 커진다. 따라서 비공식적인 피드백의 숙의성은 '미흡'하다고 볼 수 있다.

"사실은 직접 만나서 한 번의 회의를 더 하고 얘기를 나누는 게 맞다고 생각해요. 얼굴을 맞대고 회의를 해서 나온 내용을 정리하고, 피드백을 제출하는 게 더 생생하고 많은 내용을 포함할거라 생각했어요. 그런데 올해도, 작년도 모이지 않았어요. 아마 이런 모임이나 워크샵을 한 분과도 있긴 할 거예요"

– 2018, 2019년도 민간예산협의회 시민위원 김○○

서면 피드백을 완성하는 데에는 미흡한 점이 존재하지만 참여예산지원협의회의를 통해 반응성을 보완하였다. 참여예산지원협의회는 예산관련 전문가 5인, 시민단체 활동가 3인, 참여예산위원 16인, 협치위원 2인, 시의원 1인, 공무원 3인으로 구성된 기구로, 시민참여예산제에 대한 운영계획을 수립하고 자문 역할을 하게 된다. 16인 안에는 주로 이전 년도 시민참여예산제 활동을 한 위원장이나 분과장이 소속된다.[34] 회의는 여러 차례에 걸쳐 진행되며, 기존 제도 운영에 대한 평가, 피드백에 대한 논의를 통해 이듬해 활동에 대해 논의한다. 제도적으로 직접 활동한 분과장들이 참여해 각 분과의 피드백을 전달할 수 있도록 보장했다는 점에서 이는 긍정적으로 평가받을 수 있다. 따라서 반응성은 '우수'하다.

〈표 2〉 서울시 시민참여예산제 분석결과 정리 (저자 작성)

서울시 시민참여예산제	참여예산제도 평가지표	평가 점수
민관예산협의회 구성	참여성	보통
	분권화	우수
	숙의성	우수
	반응성	–
	효율성 및 효과성	–

---

34. 서울특별시. 2019. 「2019 시민참여예산제 운영 매뉴얼」. p19.

제안사업 적격/부적격 심사	참여성	미흡
	분권화	보통
	숙의성	보통
	반응성	–
	효율성 및 효과성	–
제안자 사업설명 청취	참여성	우수
	분권화	보통
	숙의성	미흡
	반응성	우수
	효율성 및 효과성	우수
현장확인	참여성	미흡
	분권화	우수
	숙의성	보통
	반응성	보통
	효율성 및 효과성	보통
제안사업 1차 선정:분야별 200% 사업 선정	참여성	보통
	분권화	우수
	숙의성	미흡
	반응성	보통
	효율성 및 효과성	보통
사업내용 숙의 및 심사 및 130% 사업선정	참여성	우수
	분권화	우수
	숙의성	보통
	반응성	우수
	효율성 및 효과성	보통
한마당 총회 및 시민 투표	참여성	보통
	분권화	우수
	숙의성	보통
	반응성	우수
	효율성 및 효과성	우수
공식적 피드백 (발전방안 토론회)	참여성	보통
	분권화	우수
	숙의성	우수
	반응성	우수
	효율성 및 효과성	우수
비공식적 피드백 (서면 피드백 및 워크샵)	참여성	보통
	분권화	–
	숙의성	미흡
	반응성	우수
	효율성 및 효과성	미흡

IV. 서울시 시민참여예산제도의 개선방안

2019 시민참여예산제 발전방향 토론회에서, 많은 토론 참가자들은 당위적으로 시민들의 권한 확대에 대해 찬성했다. 보다 많은 시민들이 더 전문성을 가지고 참여의 영역을 확대하는 것이 민주주의의 원리에 부합하는 시대적 흐름이라는 것이다. 실제로 내년부터는 '숙의예산'이 생기고 이것이 참여예산제와 통합되며 시민들의 참여 가능한 영역이 대폭 확대된다. 이런 상황 속에서, 서울시 참여예산제의 운영 실태를 5가지 기준을 통해 점검한 본 조는, 각 영역에서의 추가적인 개선 방안을 제안하고자 한다.

1. 민관예산협의회 구성 단계

1) 분과장 및 간사의 역량 강화

본 연구 진행 과정에서 실제 참여예산제도에 참여한 사람들은 분과 운영 시 분과장과 간사 등 운영진의 역할에 대해 강조했다. 참여예산제도는 제도로 기능하지만, 그 안의 행위자들이 어떻게 제도를 이해하고 적극적으로 활동해 나가는가 하는 미시적 영역의 중요성이 제기되는 것이다. 특히 분과 운영은 최대한 제도적인 틀을 개발하더라도 기본적으로 자유로운 토론을 통한 회의가 핵심이기 때문에 회의를 운영하고 각 위원들의 참여를 증진시키는 리더들의 역할이 중요하다고 할 수 있다.

"(회의 참석률을 늘릴 수 있는 방안을 묻는 질문에 대해) 제가 분과장을 할 때는, 우선 회의가 잡히면 간사에게 연락을 해요. 톡을 올려서 참석 여부를 확인하고 독려를 합니다. 또 하나는, 회의가 끝나면 차 한잔을 마시면서 뒤풀이를 해요. 친목이 좋아지면 잘 모입니다. 결국 개인에게 (시민참여예산제도가) 다가오는 의미가 중요하고, 그래야 참여하는데, 본인이 그것을 못 느끼는 분과의 경우는 참여가 어렵죠"   – 2019년 시민참여예산위원장 김○○

이에 대해, 기존의 리더교육을 강화할 필요가 있다. 리더교육이 이론적인 내용을 학습하기보다 다양한 사례를 접하고 경험을 쌓으며 축적되는 측면이 있다. 따라서 교육 과정에서 서로 다른 분과 리더간의 교류를 촉진하고, 기존에 잘 운영된 모범사례를 선정해 '전년도 분과장과의 대화'와 같은 자리가 필요하다. 잘 운영되는 분과의 경우 구성원 간의 친밀성이 중요한 역할을 하는데, 이러한 인간적인 친밀함이나 의미를 느낄 수 있게 하는, 비제도적 측면에 대한 조언을 나눌 수 있을 것이다.

2) 민관예산협의회 운영 기간의 현실화

민관예산협의회는 현재 약 2개월에 걸쳐 활동한다. 그러나 이 시간이 현실적으로 수많은 사업을 제대로 파악하기에 충분한 시간은 아니다. 매년 시민들이 제안하는 사업이 증가하고 있고, 시민위원들의 권한도 확대되고, 이에 따른 추가교육도 필요한 상황에서 그 모든 활동을 2개월 안에 완료하려다 보면 오히려 숙의성이 떨어질 수 있다. 이에, 민관예산협의회 운영 기간을 적절하게 현실화하는 것이 필요하다. 구체적인 기간을 제시할 수는 없지만, 위원들이 크게 부담을 느끼지 않으면서도 어느 정도 일에 익숙해지고 전문성을 갖출 수 있는 숙의 기간의 확보가 필요하다.

3) 불참 위원에 대한 징계 혹은 위원 교체

불참 위원에 대한 징계나 임시위원 제도를 통한 불참위원 교체 등의 방안은 시민위원들 사이에서 많이 나오는 피드백으로, 2019년 발전방안 토론회 피드백 책자에도 여러 차례 제기된 문제이다. 현재는 위원들의 활동을 자발적으로 보고, 이들이 불참을 해도 불이익을 주거나 위원을 해임, 교체할 수 없게 되어 있다. 그러나 과반이 참석해야 회의가 열리기 때문에, 불참자가 생기게 되면 분과 전체가 피해를 보게 된다. 많은 전임 분과장들은 이를 문제로 지적한다. 한두 차례 참석하지 않는 경우는 괜찮지만, 대부분의 회의에 불참하는 경우도 있기 때문인데, 이 경우 본인이 사임하지 않고서는 그 자리가 교체되지 않는다. 이에 예비위원을 선정해, 출석률이 일정 기준 이하(가령 50%)이면 분과 회의를 통해 해임 후 새로운 위원으로 교체하거나, 혹은 해임할 수 있는 조항을 만들 필요가 있다고 판단된다.

2. 제안사업 숙의심사 및 선정 단계

1) 제안사업 적격/부적격 심사

매 해 제안된 사업 중 약 70% 이상이 부적격으로 분류되어 배제된다. 절반을 훌쩍 넘는 높은 수치는 사업 심사기준이 시민들에게 제대로 공지되지 않았음을 의미한다. 시민들의 참여를 활성화하고, 보다 참신하고 실생활에 적용 가능한 사업을 실행하기 위해서는 이러한 부분의 해소가 시급하다. 현재 서울시에서는 홈페이지 등을 통해 적격/부적격 기준을 제공할 뿐 아니라 기존 사업 제안서 등도 제공하고 있지만, 단순히 고지하는 것만으로는 일반 시민들이 사업을 제안하기 힘들 수 있다.

이는 기존 참여위원 경력자 활용과 연계해서 해결할 수 있다. 현재 서울시에서는 참여위원 경력자 중 원하는 사람은 컨설턴트가 되어 사업 제안자와 연결시켜주는 프로그램을 운영중인데, 이를 확장하는 것이 하나의 방안이다. 기존 위원들은 어떤 항목을 심사하는지 알기 때문에 구체적인 조언이 가능하며, 사업 제안자 입장에서도 실제 경험자가 개별적으로 도움을 준다면 적격심사를 통과할 가능성이 높아지기 때문이다.

2) 제안자 사업설명

제안자 사업설명을 청취함에 있어서, 어떤 제안자의 사업설명을 들을지는 민관예산협의회 위원들의 회의로 결정된다. 즉 우선적으로는 민관예산협의회 위원들의 의견이 반영된다는 것이다. 이는 제안자의 입장에서는 보다 확실히 자신의 사업제안을 설명할 수 있을 기회를 제공해 주지 못하고, 참여예산제도 전반의 숙의성 자체를 약화시킬 수 있는 요인이 된다는 점에서, 반드시 개선이 필요한 부분이다. 따라서 제안자의 견해와 필요성에 따라 사업설명을 할 수 있도록 제안자에게 재량권을 확대해야 할 것이다.

숙의성을 약화시키는 또 하나의 요인은, 지나치게 짧은 발표시간이다. 제안자 사업설명 발표시간은 약 3분정도로, 제안자의 의도를 충분히 전달하기에는 짧다. 이는 민간위원들 또한 인터뷰에서 전반적으로 짧다고 느꼈던 것으로, 발표시간을 약 5분정도까지 늘리고, 숙의를 충분히 할 수 있는 환경을 마련해야 한다. 시민참여예산제도 도입 취지 자체가 사업 제안자인 시민의 견해를 좀 더 반영하려는 것임을 고려할 때, 제안자 사업설명 발표시간 확대는 반드시 선행되어야 할 것이다.

3) 현장확인

현장확인에 있어서 가장 큰 문제는 위원들의 미흡한 참여이다. 현장확인을 나가는 것도 결국 위원들의 필요에 따라 가게 되는 것임에도 그들의 참여가 부족한 것은, 그들 자체의 의지 부족뿐만 아니라 환경적 요인이 큼을 인터뷰를 통해 알 수 있었다. 현장확인을 나가는 시간대를 하나로 한정하여 제시하다보니, 평일 낮 시간대처럼 일반 직장인들이나 학생들이 참여하기에는 어려울 수밖에 없었던 것이다. 따라서 현장확인을 나가는 시간대에 대해 여러 선택지를 제시하고 민간위원들이 보다 많이 참여할 수 있도록 독려해야 한다. 특히 평일 오후 시간대처럼 일반 직장인, 학생들이 참여하기 어려운 시간대는 가급적 지양하고 다양한 선택지를 제시하는 것이 필요하다.

또한 현장확인에 대해 민간위원들이 생각한 문제점 중 하나는, 공무원의 부족한 참여이다. 현장확인에 대해 공무원들의 참여가 보다 뒷받침되어야 민관 사이의 숙의성 정도가 높아질 것이며, 해당 사안에 대해 행정의 입장에서 어떠한 조치를 취할 수 있을지 가장 잘 아는 것은 결국 공무원이다. 따라서 관련 공무원들이 보다 많이 참여할 수 있도록 독려하고, 이처럼 시민참여예산제 전반에 대한 높은 참여도를 보이는 공무원들을 격려할 수 있는 포상을 추가적으로 마련하는 것에 대해 검토해 볼 필요가 있다.

4) 제안사업 1차 선정:분야별 200% 사업 선정

사업선정에 있어서는 민관예산협의회 위원들의 의사가 전적으로 중요한 만큼, 그들의 높은 참여가 있어야 높은 효율성 및 효과성을 보장받을 수 있다. 그러나 민간위원들의 부족한 참여가 문제가 되기에, 그들의 불참을 막을 수 있는 별도의 제재 조치나 처벌조항 신설이 필요하며, 이는 앞서 서술한 바와 동일하다. 이와 함께 민간위원들에게 지급되는 수당을 증가시키는 방안을 검토해 볼 필요가 있다. 현재 민간위원들에게 지급되는 수당은 2만 원에 불과한데, 이 또한 이전에 비해 늘린 것이라 하나 아직 부족한 것이 사실이다. 따라서 수당을 시간 당 최저임금의 비율에 맞게 증가시키거나, 소득수준에 따라 수당을 유연하게 조정하는 방법으로 참여를 독려시킬 것을 제안한다.

또한 사업심사 평가표의 평가지표를 구체화시킬 필요성이 있다. 앞서 서술한 바 있지만, 성평등 지표 등 와이파이 설치 같은 사업과는 큰 연관성이 없는 지표도 일괄적으로 적용시키는 것은 그 숙의성, 효과성 등을 심해 저해하는 요인이 된다. 따라서 민간위원들에게 평가지표에 대한 교육을 보다 철저화하고, 평가지표를 구체화시키며 모든 사업에 일괄적으로 같은 지표를 적용하는 것에 대해서는 재검토할 필요가 있다. 즉 젠더 및 성평등 사업과 관련해 성평등 지표를 적용하는 식의 유동적인 적용이 필요하다.

5) 사업내용 숙의 및 심사 및 130% 사업선정

130% 사업선정에서는 200%와 동일한 평가지표를 사용한다. 이는 이미 한 번 적용된 기준을 가지고 동일한 방법으로 사업을 선정하는 '중복 심사'로, 일률적 평가지표의 효용성과 필요성에 대해서 의문을 제기할 수 있다. 따라서 보다 구체화

된 다른 평가지표를 신설하여 적용하는 것도 고려해 볼만하다. 물론 이때도 평가지표에 대해 위원들에게 구체적으로 교육시키는 것이 필요할 것이다.

또한 민간위원들에게 주어진 사업의 개수에 비해 주어진 시간은 지나치게 부족하다. 이는 일련의 과정에서 숙의 및 검토의 시간 부족으로 이어져 그 질을 떨어뜨리는 요인이 된다. 따라서 민간위원 선정과 사업검토를 시작하는 시기를 보다 앞당겨서 사업에 대해 충분한 숙의와 심사를 거칠 수 있도록 한다면, 최종적인 130% 사업선정에 있어서도 그 평가의 질을 높일 수 있을 것이다.

3. 한마당 총회 및 시민투표

1) 엠보팅(시민투표) 지속적 홍보

한마당 총회과 시민투표가 최종적으로 사업 선정을 하는 단계인 만큼 충분한 정도의 참여성과 숙의성을 확보할 필요성이 있다. 먼저 1000만에 가까운 서울 시민의 목소리를 반영하기 위해서는 15만명이라는 숫자는 충분하지 않아 보인다. 서울시와 참여예산제 차원에서의 지속적인 홍보를 통해 보다 많은 시민들의 참여를 유도하는 것이 중요해 보인다. 엠보팅을 통한 시민투표를 활성화하기 위해서는 엠보팅 시스템 자체에 대한 홍보와 한마당 총회 전 투표 기간의 적극인 홍보가 반드시 수반되어야 할 것이다.

2) 이해할 수 있는 정보에 대한 접근성 확보

숙의성을 높이기 위해서 시민들이 양질의 정보를 제공받아 이에 반응하는 과정을 거쳐야 할 것이다. 엠보팅 사이트에 객관적인 사업 정보와 논의 과정 개괄을 첨부하는 등의 방법이 있다. 즉, 시민들이 이해할 수 있는 정보를 충분히 제공받아야 한다. 일반 시민들이 사업의 장단점 및 필요성에 대해 충분한 정보를 받는 것이 중요하며, 온라인을 통해 정보를 제공받는 시민들이 느끼는 정보의 진입장벽을 낮춤으로써 숙의성을 확보할 것을 제안한다.

4. 환류 및 피드백

1) 피드백 참여 위원에게 인센티브 제공

환류의 과정에서 가장 미흡했던 부분은 참여이다. 참여가 활발하지 않으면 양질의 피드백을 제공받지 못할 가능성이 커진다. 사업선정 과정까지는 활발하게 참여했던 의원들도 피드백 과정에서 적극적으로 참여하지 않는 경우도 있었다. 사업선정 과정에 기여할 수 있고, 꾸준히 참여했을 때에 상을 받을 수 있는 회의와 달리 피드백에는 실질적으로 참석할 유인이 없다. 따라서 피드백 과정에 적극적으로 기여하지 않았던 위원에게 약한 수준의 패널티를 부여하거나 피드백 하는 자리도 출석률에 반영하는 등의 조치가 필요할 것으로 보인다.

2) 분과별 피드백 토론회 제도화

분과별로 구성하는 위원들의 성격에 따라 분기 종료 시에 토론을 통해 피드백을 하는 여부가 결정된다. 임의적인 성격에 의해 특정 분과에서만 유의미한 피드백이 배출된다는 한계점을 보완하기 위해 분과별로 피드백을 하는 시간을 가질 것을 제안한다. 개인별로 서면 제출하는 방법보다 짧은 토론 과정을 속기록 등의 방법으로 기록하는 방법이 피드백의 질을 높일 것으로 기대된다. 따라서 마지막 회의 시간에 해당 연도에 대한 피드백을 가지는 시간을 확보하도록 제도적인 근거를 마련할 것을 제안한다.

V. 결론 및 제언

본 연구는 서울시 시민참여예산제도의 운영 및 시행과정에 대하여 분석 및 평가하였다. 서울시 시민참여예산제도는 효과성 및 효율성 측면에서는 상당한 완성도를 보였다.

서울시 시민참여예산제도는 지방정부나 자치구 차원의 주민참여예산제도에 비하여 참여구조가 복잡하다. 서울시는 25개의 자치구를 포함하는 넓은 공간적 범위를 지니며, 그로 인해 광역 사업에 대한 시민들의 수요가 상당하기에 지역사업과 광역사업을 별도로 분리하여 사업 선정을 하는 구조를 띤다. 서울시 참여예산제도는 시 전체의 균형적 발전에 기여해야 하기 때문에 사업성격을 분리하고 이에 따라 민관예산협의회를 형성하여 숙의를 통한 사업결정 구조는 적절하다. 참여와 심의를 결합한 방식은 시민에게 사업 결정 권한을 부여하고 직접 참여를 유도하기 때문에 이는 공공선에 대한 인식 및 시민성을 기르고 민주주의에 대한 효능감을 촉진한다는 점에서 긍정적이다.

다만 본 연구는 분석결과를 통해 여전히 실제적 시행의 영역에서는 여러 가지 보완 사항들이 필요함을 주장한다. 특히 제도에 직접적으로 참여하는 외적인 참여뿐 만 아니라 제도 안에서 위원들이 적극적으로 역할을 발휘하는 '내적 참여'로써 숙의 모두 개선되어야 한다.

서울시는 다양한 인구구성을 보유한 만큼, 참여에 있어서 시민 및 주민의 대표성을 확보하는 문제가 중요하다. 실제로 제도가 실시되는 초기부터 참여자들의 대표성 문제가 지속적으로 제기되어 왔으며, 제도의 개편 역시 참여의 대표성 증진을 위한 참여방법의 개선에 초점을 두고 이루어져 왔다.[35] 이에 주로 일반시민의 참여경로를 확대함에 있어, 전자투표 제도(M-Voting)의 도입 및 예산학교의 내실화 등의 방안을 활용하였다.

하지만 예산위원의 폭넓은 대표성 확보를 제도적으로 보장했던 포르투알레그레 등 참여예산제도의 모범사례와는 달리, 서울시 참여예산제도는 참여에 있어서 사회경제적 역량이 취약한 계층들이 직접 예산과정에 참여하고 자신들의 견해와 선호를 적극적으로 예산편성 및 배분에 반영할 수 있는 공식, 비공식 장치들이 부족하다. 무엇보다 특정 지역 출신의 예산위원들이 발언력을 독점하여 예산을 지역구

---

35. 손종필·김대진. 2017. "예산과정에 있어서 참여민주주의의 한계와 발전과제: 서울시 참여예산제도 사례를 중심으로." 「예산정책연구」, 제6권 제1호. p.143

이기주의의 방식으로 사용하려는 상황을 방지해야 한다. 다만 예산위원들의 권한 부여를 고려할 때 위원의 자율성 역시 존중해야 하는 문제이므로, 엄격한 조례의 제정보다는 분과 차원에서 유연한 규칙을 세울 것을 제안한다.

숙의의 요소는 내적 참여를 증진함으로써 제도를 단순히 형식적 운영에만 그치지 않도록 하기 위해 중요하다. 하지만 분석 결과에 따르면 제안자 사업설명 청취와 비공식적 피드백 과정에 있어서 위원들이 제안 사업에 대하여 충분한 지식 및 역량을 갖추지 못하며 논의 역시 불충분하게 이루어지고 있는 점이 현 제도의 가장 큰 문제점으로 지적되었다.

숙의의 근본적 개선을 위해서는 리더십 역량 강화 및 분과 위원회 구성원들 간에 회의 이외에 온, 오프라인 상으로 외적인 관계망을 형성하고 유대감을 강화하는 것이 방안이 될 수 있다. 외적 관계망은 구성원들 간 공적, 사적인 이야기(story)를 공유하는 장이 되며, 그러한 이야기들은 이익을 구성하거나 기존의 이해관계의 재구성을 돕는다.[36] 개인의 이야기는 새로운 구성원 역시 쉽게 충원할 수 있도록 하는 것을 넘어, 공감과 신뢰의 기반이 되며 이는 공동체를 재정의 할 수 있다.

양적 참여와 질적 숙의를 근본적으로 증진하기 위해서는 무엇보다도 시민들에게 시민참여예산제도의 존재와 제도의 필요성과 중요성에 대하여 홍보를 강화하는 것이 중요하다. 위원회 구성 시기에 예산학교 교육을 받은 위원들에게 홍보를 시행하는 것, 단순히 SNS를 통해서 소통하는 것을 넘어, 교육기관이나 언론 등을 통한 상시적 홍보 및 오프라인 부스 운영 등 홍보 경로를 다각화하는 것이 중요하다. 그리고 지속적으로 시민참여예산제의 진행 상황을 서울시 지하철역 등 공공장소에서의 광고를 통해 알리거나, 참여예산을 통해 성공적으로 시민들의 삶을 변화시킨 사례들을 지역 내에도 공유하는 방안 역시 활용할 수 있다. 무엇보다, 시민들에게 제도적 접근성과 친숙함을 높일 수 있는 예산학교 홍보 역시 필요하다.

---

36. Robert Putnam, Better Together: Restoring the American Community, (New York: Simon and Schuster, 2003, conclusion.

〈참고문헌〉

곽채기. 2005. "지방재정의 공시와 주민참여 활성화: 주민참여예산제도의 모형설계와 성공적인 운영 전략." 『지방재정』. 2005(2). 37-58.

김관보·김옥일. 2007. "예산과정의 시민참여 성과의 영향요인에 관한 연구." 『지방정부연구』. 11(2). 87-108.

김의영. 2011. "굿 거버넌스 연구 분석틀: 로컬 거버넌스를 중심으로." 『한국정치연구』 20(2). 209-234

김의영 외. 2017. "기초자치단체 수준의 주민참여예산제 연구: 관악구 사례." 오토피아. 32(1). p.156.

김정희. 2016. "주민참여예산제 운영의 참여성과 심의성 연구." 『한국지방자치학회보』. 28(1). 77-104.

박정범. 2008. "지방거버넌스(Local Governance)로서의 주민참여예산제 비교분석: 브라질의 포르투 알레그리시와 한국의 울산광역시를 중심으로." 연세대학교 대학원 석사학위논문.

손종필·김대진. 2017. "예산과정에 있어서 참여민주주의의 한계와 발전과제: 서울시 참여예산제도 사례를 중심으로." 『예산정책연구』. 제6권 제1호.

서울특별시. 2019. 『시민참여예산제 돌아보기 2018』. 서울특별시.

서울특별시. 2019. 『2019 시민참여예산제 운영 매뉴얼』. 서울특별시.

오현순. 2016. "주민참여예산제도 영향 요인에 관한 연구-심의민주주의 관점에서-." 경희대학교 박사학위논문.

유희숙·김예승. 2012. "주민참여예산제의 현황과 정책과제: 경기도 주민참여예산제 운영을 중심으로." 『한국정책연구』. 12(1). 243-260.

이정옥 외. 2014. "시민소통과 시민참여 행정." 『서울시 시민행정의 성과와 과제』. 서울특별시

이지문·권자경. 2013. "주민참여예산제도가 부패방지에 미치는 영향 연구." 『한국부패학회보』. 18(4).

이지문·권자경. 2015. "주민참여예산제도 효과의 결정요인에 관한 실증연구: 서울시를 중심으로." 『지방정부연구』 제19권 제1호(2015 봄).

정상호. 2014. "참여민주주의의 관점에서 본 서울시 주민참여예산제 연구." 『시민사회와 NGO』. 12(1).

최길수. 2006. "한국에서의 주민참여예산제도의 운영실태 및 성공적 발전방안." 『한국행정과 정책연구』. 4(1). 1—24.

Abers, Rebecca. 1998. "From clientelism to cooperation: Local government, participatory policy, and civic organizing in Porto Alegre, Brazil." Politics & Society. Vol. 26. No. 4.

Barber, Benjamin. 1988. The Conquest of Politics. Princeton, NJ: Princeton University Press.

Bhatnagar, Deepti, Animesh Rathore, Magui Moreno Torres, and Parameeta Kanungo. 2007. Participatory Budgeting in Brazil. World Bank.

D. Rossmann and E. Shanahan. 2011. "Participation-Based Budgeting: Defining and Achieving Normative Democratic Values in Public Budgeting Processes." Public Administration Review 72(1): 56-66.

Fung, Archon and Erik Olin Wright. 2003. Deepening Democracy: Institutional Innovations in Empowered Participatory Governance. London: Verso. Chapters. 1, (4).

John S. Dryzek. 1996. Political Inclusion and the Dynamics of Democratization. The American Political Science Review Vol. 90, No. 3.

Parkinson, J. 2004. Why deliberate? The encounter between deliberation and new public managers. Public Administration 82: 2, 377-395.

Robert Putnam. 2003. Better Together: Restoring the American Community. New York: Simon and Schuster.

Shakya, Rajesh. 2015. Good governance in public procurement: An evaluation of the role of an e-procurement system. 10.13140/RG.2.1.1688.6242.

Sheedy. 2008. "Handbook on citizen engagement: beyond consultation." Canadian Policy Research Networks Inc.

Stoker, G. 1996. Redefining Local Democracy. Pratchatt, L. Wilsom, D. eds. Democracy and Local Government. London: Macmillan.

Smith, Graham. 2009. Democratic Innovations: Designing Institutions for Citizen Participation. Cambridge: Cambridge University Press.